Handbuch Judentum

Michael L. Brown

Handbuch Judentum

Antworten auf die wichtigsten Fragen
aus christlicher Sicht

SCM R.Brockhaus

SCM

Stiftung Christliche Medien

Die amerikanische Originalausgabe erschien unter dem Titel
WHAT DO JEWISH PEOPLE THINK ABOUT JESUS

Deutsch von Oliver Roman

Hinweis des Verlags:
In den Zitaten werden »Gott« und »Herr« manchmal nicht ausgeschrieben,
weil das traditionelle Juden nicht tun.
»G-tt« und »H-rr« sind hier also keine Druckfehler.

Umschlag: Dietmar Reichert, Dormagen
Satz: www.factory-media.net | Remscheid
Druck: CPI – Ebner & Spiegel, Ulm
ISBN 978-3-417-26285-8
Bestell-Nr. 226.285

»Dies ist ein unschätzbares Handbuch von einem ausgewiesenen Experten, der Jesus und das Judentum liebt. Michael Brown gibt – in verständlicher Form – maßgebliche Antworten auf die Fragen, die Sie möglicherweise seit Jahren hatten, aber bei denen Sie nicht wussten, wem Sie sie stellen sollten.«

Lee Strobel, Autor von *Der Fall Jesus*

»Jede Generation hat christliche Gelehrte hervorgebracht, die Juden waren. Michael Brown ist der beste Gelehrte unter den heutigen messianischen Juden. Er hat ein absolut notwendiges Buch geschrieben, um seinen Mitchristen dabei zu helfen, die Juden zu verstehen. Er hat eine ausgewogene Meinung darüber, was das Judentum und die jüdischen Bräuche bedeuten. Dadurch können Christen die irdische Familie Jesu besser verstehen.

Es gibt gewisse Lehren von messianischen Gelehrten, die korrigiert werden müssen. Beispielsweise behaupten manche, dass der Name Jesus (*Iesus* auf Griechisch) in Wirklichkeit eine heidnische Verfälschung des Namens *Zeus* sei. Michael befasst sich mit jüdischer Geschichte und jüdischen Traditionen, indem er Fragen beantwortet wie ›Was sind die Hauptunterschiede zwischen Judentum und Christentum?‹ und ›Sollten alle Juden nach Israel zurückkehren?‹

Michael Brown glaubt, dass jeder lebende Jude, jesusgläubig oder nicht, ein Beweis dafür ist, dass es den Gott der Bibel gibt und dass er seine Versprechen hält!«

Moishe Rosen, Gründer von *Juden für Jesus*

»Dies ist ein erstaunliches Buch, selbst für Leute wie mich, die seit vielen Jahren mit unseren jüdischen Glaubensbrüdern unterwegs sind. Michael Browns eigener jüdischer Hintergrund, verbunden mit seinem jahrelangen fruchtbaren Dienst in der Kirche, machen ihn außerordentlich geeignet für diese Aufgabe. Das Buch ist erstaunlich wegen seiner Verwurzelung im jüdischen Denken, seiner Darstellung des heutigen Judentums, seiner Herausforderungen an die Kirche und seiner Einblicke in die Probleme, mit denen Glaubende heute konfrontiert sind. Das ist besonders hilfreich für die Kirche, da sie beginnt, sich ihrer jüdischen Wurzeln bewusst zu werden. Wir lernen, sensibler zu werden, sowohl Juden gegenüber, die bereits zum Glauben an den Messias Jeschua gekommen sind, als auch solchen, die noch die Offenbarung von Jesus annehmen müssen. Ich bete, dass das Buch ein langes und nützliches Leben haben wird. Gott segne Michael Brown!«

Don Finto, Direktor von *The Caleb Company*; Pastor im Ruhestand, Belmont Church, Nashville; Autor von *Dein Volk ist mein Volk*

INHALT

Vorwort

Als ein jüdischer Jesusgläubiger mit einer akademischen Vorbildung in Hebraistik und Judaistik werde ich nun schon seit vielen Jahren oft von Christen angesprochen, die alle möglichen »jüdischen« Fragen haben. Während der letzten paar Jahre, seit dem Start der verbesserten Internetseite von ICN Ministries (www.icnministries.org), zusammen mit einer Internetseite, die sich nur an Juden richtet (www.realmessiah.org), ist die Anzahl der Fragen dramatisch angestiegen.

Einige haben gefragt: »Sollten Christen den Sabbat halten?« Andere wollten wissen: »Wurde das Neue Testament ursprünglich in Hebräisch abgefasst?« Wieder andere erkundigten sich, ob ich den Hintergrund und die Bedeutung eines besonderen traditionellen jüdischen Brauches erklären könne. Manche wunderten sich auch ausdrücklich über den neuesten »jüdischen« Trend in der heutigen Kirche.

Die Fragen wurden mehr, doch die Zeit, die dazu notwendig war, diese Fragen zu beantworten, wurde unglücklicherweise nicht mehr. So entstand die Idee, all diese vielen Fragen in einem Buch zu beantworten. Aufgrund meiner Absicht, Eigeninitiative zu zeigen, hielt ich es sogar für klug, gleich viele weitere Fragen zu beantworten, die zwangsläufig gestellt werden würden. Dadurch wäre ich (hoffentlich!) in der Lage, in Zukunft zu sagen: »Ich habe das schon in meinem Buch beantwortet.«

Um sicherzugehen, habe ich nun mehr als 1500 Seiten mit Material geschrieben, das auf jüdische Bedenken gegen Jesus antwortet. Diese mehrbändige Reihe hat den Titel »Answering Jewish Objections to Jesus« (Antworten auf *jüdische* Einwände gegen Jesus). Die Fragen, die ich in dem vorliegenden Buch anspreche, sind dagegen in erster Linie Fragen von *Christen* zu Themen, die mit dem Judentum zu tun haben. Daher überschneiden sich diese beiden Studien nur minimal.

Es gab jedoch noch eine zusätzliche Motivation, dieses Buch zu schreiben: meine Sorge über die ständig wachsende Zahl bizarrer und manchmal häretischer Lehren, die von den Randgruppen der Bewegung stammen, die nach ihren jüdischen Wurzeln sucht. Wie die Leser dieses Buches sofort erkennen werden, bin ich äußerst engagiert dabei, wenn die Kirche ihre abgetrennten und oft vergessenen jüdischen Wurzeln freilegt. Doch ich bin noch engagierter, wenn es darum geht, dass alle Glaubenden, Juden ebenso wie Nichtjuden, einen jesuszentrierten Lebensstil pflegen. Dieser sollte frei sein von den meisten der nebensächlichen und (um es zu wiederholen) bisweilen häretischen Akzenten, die von diesen Randgruppen gesetzt werden.

Weiterhin soll dieses Buch informativ und zugleich praktisch sein. Im Hinblick auf die dogmatischen und praktischen Themen, die behandelt werden, habe ich mein Möglichstes getan, um mehr als 35 Jahre sorgfältigen Bibelstudiums auf den Seiten dieses Buches zusammenzufassen.

In einer letzten, persönlichen Anmerkung (wofür ja ein Vorwort da ist) bekenne ich, dass ich anfangs den Arbeitsaufwand unterschätzt habe, der erforderlich war, um dieses Buch zu schreiben; hatte ich doch gedacht, es wäre ein vergnügliches Projekt, das nicht viel Forschungsarbeit erfordert. (Mit dem einzigartigen Sprachgebrauch einer amerikanischen politischen Persönlichkeit: Ich habe es »missunterschätzt«.)[a] Doch als ich zu schreiben begann, wurde ich ständig von meiner wissenschaftlichen Seite angetrieben, die mich daran erinnerte, dass hier noch ein wenig mehr Dokumentation und dort eine weitere Anmerkung nötig war. Das Endergebnis ist nun ein Buch, das kein Fachbuch ist, geschrieben für ein breites Publikum, und doch mit annähernd dreihundert Anmerkungen; ein Buch, das viele Jahre des Studiums und der Reflexion bündelt. Es ist mein Gebet, dass die Leser die folgenden Seiten nicht nur erfreulich, sondern auch erbaulich finden mögen.

Meine dankbare Anerkennung gilt Jane Campbell und dem fantastischen Redaktionsteam im Verlag Chosen Books, ebenso Timothy Beals, der bei der Endredaktion des Materials außerordentlich geholfen hat.

Möge Jeschua-Jesus, der Messias Israels und der Retter der Welt, heute auf der Erde außerordentlich verehrt werden.

Michael L. Brown
im April 2007

---

a Das ist eine Wortschöpfung des ehemaligen amerikanischen Präsidenten George W. Bush, die in den Vereinigten Staaten weithin beachtet und publiziert wurde (»They misunderestimated me«, also: »Sie haben mich ›missunterschätzt‹«) (Anm. d. Übers.).

Teil 1:

Judentum und jüdische Bräuche

1. Gibt es jüdische Konfessionen?

Jüdische Konfessionen existieren nicht in genau derselben Weise wie christliche Konfessionen. Es gibt jedoch drei Hauptlinien des Judentums: Reformierte, Konservative und Orthodoxe, wobei die Reformierten am liberalsten und die Orthodoxen am traditionellsten sind. Weitere Untergliederungen sind u.a. das rekonstruktionistische Judentum, das links von den Reformierten angesiedelt ist, und das ultraorthodoxe Judentum (mit dem chassidischen Judentum), das den rechten Flügel der Orthodoxen bildet.

Bevor wir die Glaubensinhalte und Bräuche der drei Hauptlinien des Judentums vergleichen, wollen wir uns kurz einen Überblick über die historische Entwicklung des orthodoxen, des konservativen und des Reformjudentums verschaffen. Obwohl jede dieser drei Linien behauptet, dem Geist der alten Rabbis zu entsprechen (genau wie die verschiedenen christlichen Gruppierungen behaupten, dem Geist Jesu und der Apostel zu entsprechen), entstand aus historischer Sicht das Reformjudentum, auch liberales oder progressives Judentum genannt, vor ungefähr zweihundert Jahren als eine eigenständige, humanistisch angehauchte Reaktion auf das orthodoxe Judentum. Das konservative Judentum dagegen entwickelte sich vor ungefähr einhundert Jahren aus dem orthodoxen Judentum, allerdings in deutlichem Kontrast zum Reformjudentum.

Die Geschichte dieser drei Bewegungen soll hier kurz skizziert werden. Das Reformjudentum entstand in Deutschland im frühen 19. Jahrhundert, als Juden begannen, sich von den traditionellen Bräuchen zu lösen, weil sie glaubten, diese seien nun antiquiert und irrelevant. Wie im Wörterbuch »The Oxford Dictionary of the Jewish Religion« steht: »Seine historischen Ursprünge wurden weniger durch theologische oder ideologische Standpunkte motiviert als durch den Wunsch nach einer attraktiveren Gottesdienstform, die sich an Juden wandte, die in der Gefahr standen, das Judentum vollständig fallen zu lassen.«[1]

Vom Standpunkt der frühen Anführer der Reform aus musste das Judentum sich selbst relevant machen für ein aufgeklärtes Volk, das in einem aufgeklärten Zeitalter lebte. Anstatt die vollständige Anpassung dieses Volkes zu riskieren, sollte eine neue Erscheinungsform des Judentums mit zahlreichen Änderungen entwickelt werden. Diese Änderungen beinhalteten, dass Synagogen Tempel genannt wurden, dass Gebetbücher in der Landessprache verfasst wurden, nicht nur in Hebräisch, dass Predigten auf Deutsch abgehalten wurden und dass öffentliche Gottesdienste musikalisch (genauer: durch die Orgel) begleitet wurden. Jede dieser Änderungen stellte eine radikale Abkehr von den Traditionen dar, Traditionen, die von der gläubigen jüdischen Gemeinde für unantastbar gehalten wurden. Derartige Erneuerungen wurden deshalb energisch abgelehnt.

Es war nicht überraschend, dass nach ziemlich kurzer Zeit schwerwiegende theologische und ideologische Differenzen auftraten. Die Reformjuden begannen, Unterschiede zu machen: Auf der einen Seite stand das, was ihrem Gefühl nach die ewigen, wahrhaft inspirierten Aspekte der Bibel und der rabbinischen Traditionen waren, wie bspw. die ethische Lehre der Propheten und die Wichtigkeit des jüdischen Kalenders. Und auf der anderen Seite standen diejenigen Gesetze und Bräuche, die sie zu »Produkten eines besonderen Zeitalters«[2] erklärten – und die deshalb überholt, veraltet und daher unter Umständen peinlich seien – wie bspw. die biblischen Reinheitsvorschriften, das Tragen von Kopfbedeckungen und die absolute Unterwerfung unter die rabbinische Autorität.

Dementsprechend wurde schließlich das Motto der Reformierten auf die biblischen Gebote bezogen: »Beratung, nicht Herrschaft«. Dies spiegelt die Haltung der Reformierten wieder, dass das biblische und rabbinische Gesetz mit dem menschlichen Urteilsvermögen und durch zeitgemäße wissenschaftliche Methoden bewertet werden muss (wie bspw. die kritische Lektüre heiliger Texte).

Während das traditionelle Judentum oftmals am besten funktionierte, wenn es von der modernen Kultur isoliert war, wollte das Reformjudentum mit der modernen Kultur interagieren und sogar von ihr lernen. Die Juden kamen jetzt heraus aus ihrem Ghetto, und sie mussten mit dem Zeitgeist mithalten. Tatsächlich wurde sogar der Gedanke, das auserwählte Volk zu sein, dessen Heimatland Israel ist, für viele anstößig, weil er sie über die Nationen stellte (was dem Verständnis widersprach, mit einem Auftrag zu den Nationen gesandt zu sein), als wären sie Ausländer in ihrem eigenen Land. In der Tat erklärte ein grundlegend wichtiges Dokument des Reformjudentums, die *Pittsburgh Platform* von 1885, dass der Auftrag des Judentums sei, »auf der Basis von Rechtschaffenheit und Gerechtigkeit die Probleme zu lösen, die durch ... die augenblickliche Organisation der Gesellschaft gegenwärtig sind«.[3]

Die Anführer der Reformierten lehrten, dass die Juden als ständige Staatsbürger in ihren Ländern wohnen sollten, nicht als Ausländer, die sich nach dem Land ihrer Vorfahren sehnten. Dazu sollten sie viele derjenigen rituellen Elemente aufgeben, die sie von anderen abgrenzen.[4] Kurz, es war »eine religiöse Bewegung, die dafür eintrat, die orthodoxe Tradition zu verändern im Einklang mit den Erfordernissen des zeitgenössischen Lebens und Denkens«.[5] Einige reformierte Gemeinden gingen sogar so weit, den Gottesdienst am Sonntag zu halten statt am Samstag!

All dies stieß auf absolute Verachtung bei den traditionellen jüdischen Führern, die sich nicht nur diesen Neuerungen widersetzten, sondern auch versuchten, die Eröffnung von reformierten Gottesdiensthäusern zu verbieten. Man kann sich leicht vorstellen, wie die traditionelle jüdische Gemeinschaft auf die Nachricht reagierte, dass es bei einer Mahlzeit anlässlich der Graduierungsfeier des ersten reformierten Seminars in Amerika 1883 Garnelen gab – etwas, das durch die jüdischen Speisegesetze absolut verboten ist (vgl. Kapitel 12).[6] Das war der absolute Horror.

Es ist daher verständlich, dass in den Tagen, die zum Holocaust führen sollten, wo antijüdische Gesetze verabschiedet wurden, einige orthodoxe Rabbis tatsächlich auf das Reformjudentum als primären Grund für das Unheil zeigten. Sie behaupteten, dass die Reformbewegung, die in Deutschland ihren Ursprung hatte, zu einer Anpassung vieler Juden an die weltliche Kultur geführt habe und zur Aufgabe der altehrwürdigen Bräuche, wie bspw. der Einhaltung des Sabbats. Wie es in den 1930er-Jahren in der Zeitung *The Israelit* formuliert wurde:

> Wir selbst sind schuld daran, dass wir überhaupt Probleme haben. Als die Ghettotore fielen [d.h. als Juden ohne Weiteres und ungebunden ein Teil der Gesellschaft werden konnten] ..., war es unsere Pflicht zu demonstrieren, dass die Juden sich ihres besonderen Charakters bewusst bleiben, selbst wenn ihnen die Möglichkeit geboten wird, die Entwicklung ihrer äußeren Lebensumstände ungehindert voranzutreiben – dass

sie trotzdem nicht den Lebensstil aufgeben, der auf den Lehren und Regeln der Thora beruht. Die Juden hätten der ganzen Welt zeigen können, dass es zweifellos möglich ist, Kulturschätze wie Kunst und Wissenschaft zu erlangen, ohne den jüdischen Lebensstil aufzugeben. Wir haben diese Gelegenheit verpasst, eine Synthese zwischen dem Judentum und seinen ewigen Formen einerseits und den kulturellen Vorzügen der Umwelt andererseits zu erreichen.[7]

Dies zeigt deutlich, wie leidenschaftlich orthodoxe Juden fühlten, wenn ihre Traditionen aufgegeben wurden. Für sie bedeutete das nichts weniger als Tod und Zerstörung.

Das konservative Judentum war weit weniger reaktionär als das Reformjudentum. Es suchte »die Tradition in der modernen Umwelt zu bewahren, daher stammt der Name der Bewegung, konservatives Judentum«.[8] Wie Loel M. Weiss, ein konservativer Rabbi, erklärt: »Das konservative (positiv-historische) Judentum begann nicht als Bruch mit traditionellen Bräuchen, sondern eher mit einem Bruch mit der traditionellen Weise, unsere historischen Texte zu betrachten.«[9] Das jüdische Gesetz wurde also für sehr wichtig erachtet, doch weil Wissenschaftler nun die Bibel und die klassischen jüdischen Texte mit kritischem Blick lasen, waren die Traditionen für konservative Juden nicht von so großer Bedeutung wie für orthodoxe Juden. In gewissem Sinne musste alles durch die Brille der historischen, kritischen Wissenschaft betrachtet werden. Wie im Wörterbuch *The Oxford Dictionary of the Jewish Religion* erklärt wird: »Seit die konservative Bewegung das Judentum als dynamische, sich entwickelnde, von einem Volk praktizierte Tradition ansah, hatte sie Bedenken, klare ideologische Linien zu ziehen, … [welche] nicht nur kontraproduktiv gewesen wären, sondern unwahr im Verhältnis zu den historischen Realitäten der Tradition – im Unterschied zur reformierten Bewegung, welche 1885 und 1937 programmatische Erklärungen abgegeben hat.«[10]

Also erkannte die konservative Bewegung im Unterschied zum Reformjudentum die Unantastbarkeit der Traditionen an, argumentierte aber, dass sie eher auf eine historische, menschliche, wenn auch göttlich geführte Entwicklung zurückzuführen seien – was eher eine *permanente, flexible* Entwicklung bedeutete. Und vom Standpunkt der konservativen Juden aus war die orthodoxe Tradition zu starr und unbeweglich geworden, da sie es versäumt hatte, die alten Traditionen an die moderne Welt anzupassen und die alten, heiligen Texte kritisch zu lesen. Wie es Rabbi Joseph Telushkin ausdrückt:

> Bis auf den heutigen Tag schlägt das konservative Judentum einen Mittelweg ein zwischen reformiertem und orthodoxem Judentum. Im Unterschied zu den Reformierten versteht es sich selbst als gebunden an fast alle Rituale der Thora wie auch an die Ethik der Thora; im Unterschied zu den Orthodoxen versteht es sich als frei, Neuerungen im jüdischen Gesetz einzuführen, besonders bei den Gesetzen, die im Talmud formuliert sind.[11]

Im Gegensatz dazu steht die Sicht der orthodoxen Juden: Für sie gab und gibt es immer nur ein wahres Judentum: das Judentum, von dem sie glauben, dass es durch die Generationen von Mose bis heute in unveränderter Form überliefert wurde (vgl. Kapitel 3). Orthodoxe Juden behaupten, dass nur sie allein die Traditionen des Altertums treu befolgen, welche sie als verbindlich anerkennen, nicht als beliebig. Sie weisen auch darauf hin, dass es vor dem Aufkommen des Reformjudentums so etwas wie »Orthodoxie« nie gegeben hat. Mit anderen Worten: Entweder war man ein gläubiger Jude oder nicht. Und wer gläubig war, folgte den rabbinischen Traditionen, was aus orthodoxer Sicht bedeutet: Alle gläubigen Juden der Vergangenheit, einschließlich der Rabbis des Altertums, waren »orthodox«.

Allerdings gibt es selbst innerhalb des orthodoxen Judentums einen rechten und einen linken Flügel. Ersterer weigert sich, auf irgendeine Weise dem modernen, »aufgeklärten« Denken nachzugeben, und Letzterer befolgt streng alle Grundlagen der Orthodoxie (wie die Einhaltung des Sabbats und die Speisegesetze), ist aber viel mehr eingebunden in das kulturelle Umfeld. Die Vertreter des rechten Flügels werden Ultraorthodoxe oder *Charedim* (das bedeutet »die vor Gott zittern«[12]) genannt, während man die des linken Flügels moderne Orthodoxe nennt. Der rechte Flügel erkennt weder das konservative noch das Reformjudentum als rechtmäßige Formen des Judentums in irgendeiner Weise an. Für die strenge Erklärung der ultraorthodoxen rabbinischen Vereinigung, genannt *Agudat Israel*, vgl. Kapitel 57.

Was sind die Unterschiede im Glauben und bei den Bräuchen von orthodoxen, konservativen und Reformjuden? Um die Unterschiede hervorzuheben, werde ich den Kontrast zwischen Kernbereichen aufzeigen, die Orthodoxe und Reformierte trennen (und dabei das konservative Judentum in etwa als eine vermittelnde Position verstehen, obwohl es bei den Bräuchen näher bei den Reformierten liegt). Dabei werde ich alles ein wenig verallgemeinernd darstellen.

Heilige Schrift

Orthodoxe: Der *Tanach* (den Christen das Alte Testament nennen) ist Gottes vollkommenes, inspiriertes, autoritatives Wort mit der Thora, welche den höchsten Grad der Autorität innehat. Was Gott befiehlt, ist in dem Ausmaß, wie es heute befolgt werden kann, verbindlich für alle Juden. (Mit anderen Worten: Die Einhaltung ist zwingend vorgeschrieben.)

Reformierte: Der *Tanach* ist ein inspiriertes, aber nicht perfektes Produkt von Menschen, das von besonderer Wichtigkeit in moralischen und ethischen Angelegenheiten ist. Die Heilige Schrift hilft dabei, unsere nationale Identität und Berufung als Juden zu formen, doch die Gebote der Thora sind eher Leitlinien als Bestimmungen. (Mit anderen Worten: Die Einhaltung ist freiwillig.)

Rabbinische Autorität

Orthodoxe: Gott gab Mose ein schriftliches Gesetz und ein mündliches Gesetz. Dieses mündliche Gesetz wurde auf lebensnahe Art von jeder Generation der rabbinischen Leiter überliefert, deren Regeln und Lehren genau zu befolgen sind. Heutige Rabbis fungieren als Gemeinschaftsleiter und helfen dabei, die Forderungen der Thora auf unsere Zeit anzuwenden.

Reformierte: Die Rabbis vergangener Generationen sollten respektiert und geehrt, doch ihre Lehren sollten nicht sklavisch befolgt werden. Heutige Rabbis bieten moralische und inspirierende Leiterschaft für ihre Gemeinden, haben aber keine gesetzgebende Führungsposition.

Vorschrifteneinhaltung

Orthodoxe: Jeder Aspekt jüdischen Lebens ist im Einzelnen festgelegt, einschließlich der Vorschriften, wann man betet, welche Gebete an jedem Tag und bei jedem Anlass gesprochen werden, welche Texte zu studieren sind, wie man den Sabbat und Feiertage hält, was man isst, Familienbeziehungen und Reinheitsgesetze usw. Von orthodoxen Juden wird erwartet, dass sie alle Vorschriften einhalten. Je gläubiger die Gemeinschaft, desto mehr Synagogenbesuche gibt es gleichbleibend das ganze Jahr über.

Reformierte: Die ethischen und moralischen Gebote der Thora und der Propheten sollten befolgt werden, und zu einem jüdischen Lebenszyklus (Beschneidung, Bar-Mitzwa, Gottesdienst am Sabbat, Feiern der Feiertage) wird ermutigt, doch er ist nicht erforderlich. Speisegesetze und andere nichtmoralische Gesetze sind eine Frage der persönlichen Entscheidung. In einer typischen reformierten Gemeinde steigt der Gottesdienstbesuch während der Hauptfesttage im Vergleich zu den übrigen Zeiten im Jahr erheblich an.

Gott

Orthodoxe: Der Herr ist der Schöpfer des Universums und der König der Welt, allmächtig, allwissend, allgegenwärtig und vollkommen ungreifbar. Absoluter Glaube an ihn wird sowohl erwartet als auch vorausgesetzt. Er belohnt und straft und ist aktiv in der heutigen Welt, er antwortet auf die Gebete und Bitten seines Volkes.

Reformierte: Offiziell wird Gott als ungreifbarer Schöpfer der Welt angesehen, doch die meisten reformierten Rabbis sind nicht vertraut mit buchstäblichen Auffassungen von Gottheit, und ein reformierter Leiter erklärt:

> Wie Maimonides sind wir nicht fähig, einen Gott zu akzeptieren, der im Wesentlichen eine größere und bessere Version des Menschen ist – der den Kosmos lenkt, wie ein Dirigent ein Orchester leitet. Als Ganzes gesehen nehmen wir die Metapher bereitwillig an. Wir denken uns einen Gott, der offenbart ist in den Erfahrungen von Liebesbeziehungen, von Hoffnung gegen Verzweiflung und von Verpflichtung dem gegenüber, was jenseits unserer selbst liegt ... Wir sind jedoch Gläubige, welche die Vorstellung von Glauben sehr ernst nehmen. Ich habe noch nie einen reformierten Rabbi getroffen, der nicht gespürt hätte, dass etwas unermesslich Wichtiges in dem Augenblick geschieht, wenn er oder sie Juden dabei anleitete, sich zu ihrem Gott zu bekennen.[13]

Natur des Menschen und Heiligkeit

Orthodoxe: Das Menschengeschlecht wurde von Gott geschaffen, und in jedem Menschen kämpfen die gute Neigung und die böse Neigung miteinander. Besonders jeder Jude hat einen göttlichen Funken in sich, der ihn, wenn er entzündet ist, dazu bringen wird, das traditionelle jüdische Gesetz zu halten. Es wird eine enorme Betonung darauf gelegt, die Gebote zu halten und in Reinheit zu leben, sowohl rituell als auch moralisch.

Reformierte: Menschen sind das Produkt der Evolution, mit einem großen Potenzial, sogar dahingehend, ein messianisches Zeitalter einzuleiten, und jeder Mensch trägt einen göttlichen Funken in sich. Sünde wird eher als soziales Vergehen verstanden als als etwas, was gegen die Vorschriften der Heiligkeit oder gar gegen die Reinheitsgesetze verstößt.

Messias und Messianisches Zeitalter

Zu Details vgl. Kapitel 10.

Der kritische Leser wird bemerken, dass, innerhalb der Rahmenbedingungen des Judentums und unter Berücksichtigung der Unterschiede zwischen Judentum und Christentum (vgl. Kapitel 8), die Differenzen zwischen orthodoxen und Reformjuden ungefähr die gleichen sind wie die zwischen überzeugten Christen und Namenschristen. Die Ersteren fassen die Bibel als Gottes unfehlbares Wort auf und streben an, ihr Leben danach auszurichten. Sie sehen die Worte Jesu als verbindlich an, nehmen persönliche Sünde ernst, besuchen das ganze Jahr über regelmäßig die Gottesdienste und Bibelstunden und bemühen sich, jederzeit in einer gottbewussten Weise zu leben. Die Letzteren gehen nur hin und wieder in die Kirche, lesen fast nie in ihrer Bibel, tendieren dazu, Saisonchristen zu sein (Taufe, Abendmahl, Ostern, Weihnachten) und identifizieren sich als Christen aufgrund ihrer Religionszugehörigkeit, nicht aufgrund einer besonderen, kontinuierlichen Beziehung zum Herrn. Die Ersteren denken von den Letzteren, dass sie Kompromisse machen und nicht die Wahrheit des Evangeliums widerspiegeln; die Letzteren halten die Ersteren für fanatisch, engstirnig und sogar gefährlich. Dasselbe trifft auch auf die

Beurteilung des Reformjudentums durch die Orthodoxen (besonders die Ultraorthodoxen) zu und umgekehrt.

Auf der moralischen und ethischen Ebene veranschaulicht die Frage nach der Akzeptanz der Homosexualität zeitgemäß die Differenzen zwischen orthodoxen, konservativen und Reformjuden. Für orthodoxe Juden sind die Aussagen der Thora und der rabbinischen Tradition eindeutig, maßgeblich und endgültig: Homosexuelle Handlungen sind sündhaft und inakzeptabel, und praktizierende Homosexuelle können keine offizielle geistliche Funktion in der Gemeinschaft ausüben. (Obgleich orthodoxe Rabbis erklären würden, dass man gegenüber orthodoxen Juden, die mit gleichgeschlechtlichem Verlangen kämpften, Mitgefühl zeigen solle, können solche Juden in aller Regel ihre sexuellen Kämpfe nur im Verborgenen ausfechten.) Dass die Vertreter des traditionellen Judentums homosexuelle Praktiken verbieten, kommt daher, dass sie die Worte »Seid fruchtbar und vermehrt euch« (1. Mose 1,28) als das allererste Gebot betrachten, das Gott gegeben hat, weshalb die besonders gläubigen orthodoxen Familien auch keine Empfängnisverhütung betreiben.

Für konservative Juden ist die Frage der Homosexualität Gegenstand ernsthafter, andauernder Debatten, bei denen die alten Traditionen neu beurteilt und bewertet werden müssen, obwohl sich die vorherrschende konservative Meinung in Richtung Akzeptanz der homosexuellen Praktiken bewegt (indem ihre Anhänger ausdrücklich eingetragene Lebenspartnerschaften anerkennen und homosexuelle Rabbis ordinieren). Konservative Rabbis akzeptieren auch, dass die meisten ihrer Gemeindeglieder die Grundsätze des Judentums nicht in ihrem Privatleben einhalten. Wie Rabbi Weiss anführt:

> Wir sehen es heute in der gesamten konservativen Bewegung. Dass es Juden gibt, die *Kaschrut* [Speisegesetze] oder *Schabbat* [Sabbateinhaltung] nicht befolgen, oder dass diejenigen, die Mischehen eingegangen sind, mit derselben Hochachtung und demselben Respekt behandelt werden wie jene, die sich an die Regeln halten. In zu vielen konservativen Gemeinden sind *Schabbat* und *Kaschrut* etwas, was im öffentlichen Leben, in der Synagoge, zu befolgen ist, aber nicht notwendigerweise von jedem einzelnen Juden. Tatsächlich denken unsere Mitglieder trotz all unserer Bildungsmaßnahmen immer noch, dass Juden, die *Schabbat* und *Kaschrut* beachten, »orthodox« seien.[14]

Warum sollten dann schwule Juden und lesbische Jüdinnen irgendwie anders behandelt werden, wenn sie die Mitgliedschaft in einer konservativen Synagoge wünschen?

So überrascht es nicht, dass die wichtigste Schule für die Ausbildung konservativer Rabbis, das *Jewish Theological Seminary* (Jüdisches Theologisches Seminar) in Manhattan, einer seiner Graduiertensprecherinnen – einer Frau, die nun als zweite Rabbinerin in der größten Schwulen- und Lesben-Synagoge der Welt arbeitet – erlaubte, leidenschaftlich zur Akzeptanz der Homosexualität aufzurufen. Und welcher Richtung gehört diese Schwulen- und Lesben-Synagoge, genannt *Beth Simchat Torah* (Haus der Freude an der Thora), mit ihren stolzen 3500 Mitgliedern an? Wie leicht zu erraten ist, handelt es sich um eine reformierte Gemeinde. Das Reformjudentum unterstützt tatsächlich das Konzept der gleichgeschlechtlichen Ehen (und der eingetragenen Lebenspartnerschaften) und ordiniert bereitwillig schwule und lesbische Rabbis.[15] Dieses Zitat eines reformierten Rabbis, mit dem Hinweis auf seinen schwulen Bruder, illustriert reformjüdisches Denken:

> Ich weiß, was die Thora in der [Thora-]Lesung dieser Woche über Homosexualität sagt; sie wird »Gräuel, der mit dem Tod zu bestrafen ist« genannt. Doch ich glaube nicht, dass ein liebender Gott so etwas hätte schreiben können. Das kann nur von zwar wohlmeinenden, aber ignoranten Menschen stammen, die nicht erkennen konnten, dass Homosexualität ein Teil von Gottes mannigfaltigem Plan für die Menschheit war. Das kann nur von Leuten kommen, die fast nichts von dem wissen, was wir heute wissen. Es kann nur von Leuten kommen, die meinen Bruder Greg nicht kannten; deine Rechtschaffenheit und deine zutiefst jüdische Seele.[16]

In Übereinstimmung damit hat der derzeitige Präsident der *Union for Reform Judaism* (Union für Reformjudentum), Rabbi Eric Yoffie, leidenschaftlich verurteilt, was er als antihomosexuelle Frömmelei versteht, indem er eine Warnung gegen Amerikas »religiöse Rechte« anklingen ließ.[17]

Heute verzeichnet das Reformjudentum die meisten Anhänger in den Vereinigten Staaten (ungefähr 38 Prozent der amerikanischen Juden), knapp dahinter liegen die konservativen Juden mit 35 Prozent. Das orthodoxe Judentum wird von ungefähr 6 Prozent der amerikanischen Juden und mehr als 15 Prozent der Juden in Israel repräsentiert. Dort steigt die Prozentzahl schneller an als überall anders auf der Welt, weil die ultraorthodoxen Juden sehr große Familien haben (acht bis zwölf Kinder sind normal), während die säkularen israelischen Juden kleine Familien haben (weniger als durchschnittlich zwei Kinder je Haushalt).

Wegen seines modernen, »aufgeklärten« Zugangs zum jüdischen Leben und Gesetz beansprucht das Reformjudentum, das beste Mittel gegen jüdische Anpassung zu sein, weil es Juden, welche den traditionellen Glauben ablehnen, dabei hilft, so etwas wie eine jüdische Identität aufrechtzuerhalten.[18] Im Gegensatz dazu ist laut dem orthodoxen Judentum, besonders laut seinem rechten Flügel, die Anpassung vor allem auf den Reformjudaismus zurückzuführen. Die Orthodoxen weisen auch auf die moderne orthodoxe »Erweckung« in den letzten paar Dekaden hin, durch die viele nichtreligiöse Juden traditionell wurden. (Solch eine Person wird *baal teshuvah* genannt, wörtlich: »ein Meister der Buße«, doch es bedeutet lediglich, dass jemand zum traditionellen Judentum zurückkehrt, mit der Prämisse, dass dies der reine und ursprüngliche Glaube für alle Juden ist, daher der Begriff »Rückkehr«.) Von dieser orthodoxen Erweckung zeugen auch einige umfangreiche Publikationsprojekte, bei denen zahlreiche klassische Werke des Judentums (vgl. Kapitel 7) in zeitgemäßes Englisch übersetzt und als parallele hebräisch-englische Versionen mit ausführlichen Kommentaren wunderschön gestaltet wurden. Am bemerkenswertesten ist in dieser Gattung der 72-bändige *Schottenstein Talmud*, herausgegeben von ArtScroll.[19]

Die Ultraorthodoxen haben im Unterschied zu den drei Hauptzweigen des Judentums keine größeren Einrichtungen, sondern studieren stattdessen in Jeschiwot (Talmud-Akademien, Einzahl: Jeschiwa) viele Jahre, im Idealfall ihr gesamtes Leben lang, je nachdem, wie es die Arbeits- und Familienzeitpläne erlauben. Ihr Lernpensum ist sehr umfangreich, doch eng fokussiert. Die große Mehrheit der neuzeitlichen orthodoxen Rabbis wird an der *Yeshiva University* in New York City ausgebildet, obwohl es nun auch einige Akademien in Israel gibt. Die überwiegende Mehrheit der konservativen Rabbis wird am *Jewish Theological Seminary*, ebenfalls in New York City, ausgebildet, während die große Mehrheit der reformierten Rabbis am *Hebrew*

Union College and Jewish Institute of Religion studiert, das seinen Sitz in Cincinnati und Zweigstellen in New York City, Los Angeles und Jerusalem hat.

Um dem Ganzen eine etwas heiterere Note zu geben: Es gibt eine Reihe von jüdischen Witzen, welche die Unterschiede zwischen Orthodoxen, Konservativen und Reformierten hervorheben, z.B.: Die Orthodoxen sind verrückt (engl. *crazy*), weil sie als zu streng und zu fundamentalistisch bezüglich ihrer Bräuche und ihrer Interpretation des Gesetzes gelten, die Konservativen sind vage (engl. *hazy)*, weil aufgrund ihrer vermittelnden Position ihre wirklichen Überzeugungen nicht klar zum Ausdruck kommen. Und die Reformierten sind faul (engl. *lazy)* in Bezug auf ihre außerordentliche Laxheit bei der Befolgung jüdischer Vorschriften. Ein anderer Scherz lautet, dass die Orthodoxen *adonoi* sagen (entsprechend der osteuropäischen Aussprache des hebräischen Wortes für *Herr*), die Konservativen *adonai* (entsprechend der im Mittleren Osten üblichen Aussprache) und die Reformierten »I-don'-know« – deutsch: »Ich-weiß-nicht«, Aussprache ungefähr: *ai-don-no* – (wegen ihrer angeblichen Unkenntnis des Hebräischen und des wahren Judentums).[20]

2. Was ist chassidisches Judentum?

»Das chassidische Judentum entwickelte sich während einer Periode intensiven Elends für die meisten Juden in Osteuropa. Um die Mitte des 18. Jahrhunderts hatte die jüdische Bevölkerung von Polen und der Ukraine ein Jahrhundert lang unter periodisch auftretender Armut, Drangsalierung und Verfolgungen gelitten.«[21] Vor diesem Hintergrund entstand die chassidische Bewegung, und ihre Ursprünge im 18. Jahrhundert können direkt zurückverfolgt werden bis zu einem sehr charismatischen ukrainisch-jüdischen Mystiker, geboren als Israel ben Eliezer, doch später bekannt unter dem Namen *Baal Schem Tov* (deutsch: »Herr des guten Namens« oder auch »Guter Herr des Namens«).[a]

a Da im Judentum der Gottesname nicht ausgesprochen wird, gibt es verschiedene Umschreibungen dafür. Einer lautet HaSchem (ha = »der«, schem = »Name«) (Anm. d. Übers.).

Das Leben des 1698 sehr arm Geborenen, der früh verwaiste, ist heute von Legenden umrankt. Der Überlieferung nach ging er schon als Junge allein auf die Felder und in die Wälder, um mit Gott allein zu sein – was kein gängiger jüdischer Brauch war. Doch allen Berichten nach scheint es, als sei er nicht als nennenswerter jüdischer Führer anerkannt gewesen – tatsächlich hat er die Leute eher gar nicht beeindruckt –, bis er sich, seinen Anhängern zufolge, 1734 durch Wundertaten »selbst offenbarte« und seine Frömmigkeit demonstrierte. (Der Titel, den man ihm gab, *Baal Schem Tov*, abgekürzt *Bescht*, bezog sich auf seinen Gebrauch des Gottesnamens, wenn er Wunder tat.)

Als sein Ruhm größer wurde, begann er, eine breite Masse von Schülern anzuziehen, gelehrte und ungelehrte. Doch sein Ruf war eher der eines Wundertäters und Mystikers als der eines Gelehrten, und seine Lehren betonten mehr die freudige Beziehung zu Gott als die Gelehrsamkeit. Darin brach er mit Vielem, was seinerzeit im traditionellen jüdischen Fokus lag, welcher eine überproportionale Betonung auf herausragendes Thorastudium legte. (Mit Thorastudium ist hier vornehmlich das Studium der mündlichen Traditionen gemeint; vgl. die Kapitel 3 und 7.) Im Gegensatz dazu lehrte der *Baal Schem Tov*, dass selbst der ungelehrteste jüdische Bauer innige Vertrautheit mit Gott erfahren könne, und ermutigte dazu, bis zu einem gewissen Maß vom detaillierten, festgelegten System jüdischer Tagesgebete abzuweichen.

Nach Dr. Gerhard Falk:

> Der Baal Schem Tov lehrte, dass G-tt überall ist, nicht nur in Synagogen. Er lehrte, dass G-tt will, dass wir uns Ihm und Seiner Thora mit Freude und Fröhlichkeit nähern. ... Die armen und ungelehrten Juden Russlands ... waren erstaunt, diese Botschaft zu hören. Der Baal Schem Tov war glücklich in seiner Armut. Er lehnte die Förmlichkeit seiner Gegner ([genannt] Misnagdim) ab und betonte jüdischen Optimismus und Freude ...

> Da er glaubte, die höchste Form des Gebetes sei eine Haltung der Freude und des Glücks, des Singens und Tanzens, lehrte er seine Anhänger, dass eine gute Tat mehr wert sei als die Einhaltung aller 613 Mitzwot [Gebote]. Er lehrte auch, dass die Demütigen und die Ungelehrten eine größere Chance haben, die kommende Welt zu genießen, als die Arroganten und die Gelehrten.

Diese Lehren lösten eine große Begeisterung unter den im Elend lebenden Massen slawischer Juden aus. Da sie schlechter behandelt wurden als die Schwarzen in Mississippi vor der Zeit der Bürgerrechtsbewegung, hatten die Juden in Europa keinerlei Freude. Doch der Bescht lehrte sie Optimismus und Lachen inmitten von Pogromen [organisierten, gewalttätigen Angriffen auf Juden] und Hass. Er erhob sich buchstäblich aus dem Kontext seines täglichen Lebens und wurde eine enorme Inspiration für sein Volk. Seine Bewegung wurde Chassidismus oder Frömmigkeit genannt. Beinahe die Hälfte aller Juden [gemeint ist: in diesem Teil der Welt] schloss sich seiner Botschaft an, trotz des Widerstandes der Formalisten in Litauen und anderswo.[22]

Diese Formalisten jedoch, die noch immer die kommunale Mehrheit in fast allen größeren jüdischen Städten darstellten – hinsichtlich des sozialen Status, des Einflusses und der anerkannten jüdischen Führerschaft – und den größten Gelehrten dieser Ära hervorbrachten, ein außergewöhnliches Genie: Rabbi Elija, den *Vilna Gaon* (das heißt »das Genie von Vilna«), sprachen in schroffster Form einen Bann über chassidische Juden aus. Das verursachte ihnen viel Leid, und es wird angenommen, dass nach dem Tod des Vilna Gaon – es gilt zu bedenken, dass er *der* herausragendste jüdische Gelehrte seiner Zeit war – viele Chassidim jubelnd auf seinem Grab getanzt haben. Das unterstreicht, wie groß der ausgelöste Konflikt war!

Die Lehren des Baal Schem Tov wurden durch seine führenden Anhänger weitergegeben. Und mit der Zeit, als die chassidischen Juden immer mehr mit den traditionellen jüdischen Bräuchen übereinstimmten und sogar für ihre außergewöhnliche Hingabe bekannt wurden, nahm die Feindseligkeit zwischen ihnen und ihren Gegnern (auf Hebräisch *Misnagdim* oder *Mitnagdim* genannt) drastisch ab, auch wenn sie heute noch besteht. Ihre Betonung der Mystik hebt sich von anderen orthodoxen und ultraorthodoxen Juden ab, doch sie ist nicht vollkommen einzigartig, da das Studium des Sohar und anderer mystischer Texte als Teil des generellen, traditionellen Judentums betrachtet wird.

Einer der einzigartigsten Aspekte des chassidischen Judentums – das gibt es wirklich nur bei chassidischen Juden – ist die mystische Bedeutsamkeit, die der Person des Rebbe, dem Oberrabbiner der chassidischen Gemeinschaft, zugewiesen wird, und die Wichtigkeit, eine geistliche Beziehung zu dem Rebbe zu haben. Vom Rebbe, dessen Amt für gewöhnlich in direkter Linie auf seinen ältesten Sohn übergeht – weshalb von »chassidischen Dynastien« gesprochen wird –, wird geglaubt, dass er eine besondere und einzigartige Beziehung zu Gott hat und ein Wundertäter ist. Er ist ein Mann, dessen Segenssprüche begehrt sind und dessen Leitung von den Mitgliedern seiner Gemeinschaft gesucht wird, von denen manche ihren Rebbe über jedes menschliche Maß hinaus verehren. Tatsächlich wird in manchen chassidischen Kreisen das Erzählen von Geschichten über seinen Rebbe als eine Form von Anbetung betrachtet.

Ich erinnere mich daran, dass ich in den 70er-Jahren des letzten Jahrhunderts einige chassidische Juden in New York traf, die mich darüber in Kenntnis setzten, dass die einzige Sünde, die ihr Rebbe jemals begangen habe, die gewesen sei, seiner Mutter bei seiner Geburt Schmerzen verursacht zu haben. Sie versicherten mir sogleich, dass er sich seither dieser Sache angenommen habe. Das ist kein Witz![23] Andere Chassidim, die ich getroffen habe, betonten die hervorragende Bildung ihres Rebbe, während weitere auf das ihrem Rebbe zugeschriebene übernatürliche Wissen über Leute, Orte und Begebenheiten verwiesen (das er, wie geglaubt wird, durch göttliche Offenbarung erlangt habe). Es überrascht nicht, dass es üblich ist, Bilder des (sowohl früheren als auch gegenwärtigen) Rebbe einer Gemeinschaft in den Häusern der Chassidim an prominenter Stelle ausgestellt zu sehen. Diese Wichtigkeit des Rebbe zieht weiterhin Kritik von anderen Formen des Judentums auf sich, manche davon sehen darin einen Kult und, im Gegensatz zur üblichen jüdischen Tradition, eine zu große Betonung, die auf den Menschen statt auf Gott gelegt wird.

Obwohl ein großer prozentualer Anteil der chassidischen Juden von den Nazis abgeschlachtet wurde, überlebten einige ihrer Anführer und bauten ihre Bewegung in Amerika wieder neu auf, wo bis heute die Heimat von nicht weniger als einigen Hunderttausend Anhängern ist. Chassidische Gruppen werden nach dem Ort ihrer Entstehung benannt. Die prominentesten sind heute:

Die *Lubawitscher,* aus Lyubavichi in Weißrussland. Diese Bewegung, auch bekannt als *Chabad* (ein Akronym von *chochma*, »Weisheit«, *binah*, »Verstand«, und *daat*, »Wissen«), wurde außergewöhnlich groß unter der Leitung von Rabbi Menachem Mendel

Schneerson (1902–1994), dem Siebten und Letzten in seiner dynastischen Erbfolge (er hatte keine Kinder), der von vielen seiner Anhänger als Messias bejubelt wurde.

Schneerson, der seine Bewegung von Brooklyn aus leitete und nie in Israel war, entwickelte ein weltweites jüdisches Kontaktprogramm, welches Juden, die das jüdische Gesetz nicht befolgten, zum traditionellen Judentum zurückbringen sollte. Zu diesem Zweck baute er ein engmaschiges Netzwerk von Schulen für Kinder und Begegnungsstätten für Erwachsene auf. Sein Erfolg und seine Lehren über das nahegekommene Zeitalter der Erlösung, gestützt von einigen Elementen des mystischen Glaubens der Lubawitscher Chassidim, halfen dabei, die »Der Rebbe ist der Messias«-Bewegung zu bilden. Und bis zum heutigen Tag sieht man Reklametafeln in vielen Teilen Israels, die Schneerson als Messias-König proklamieren. Es sind nicht weniger als 200 000 Menschen, die mit den Lubawitschern direkt oder lose verbunden sind. Und entgegen aller Erwartungen erfreuen sich die Lubawitscher seit dem Tod ihres Rebbe, der keinen Nachfolger hatte, eines deutlichen Wachstums.[24] Allerdings ist anzumerken, dass die aktuelle Zahl der engagierten Lubawitscher Chassidim weit unter 200 000 liegt.

Die *Satmar*, aus Satu Mare (d.h. »Heilige Maria«!) in Rumänien (ursprünglich Szatmárnémeti, Ungarn). Die Satmar sind strenger in der Vorschriftenbefolgung als die Lubawitscher – es gab sogar im Laufe der Jahre zahlreiche Zusammenstöße zwischen beiden. Im klaren Kontrast zu den Lubawitschern leben die Satmar völlig zurückgezogen. Sie sprechen für gewöhnlich mehr Jiddisch und Ungarisch als Englisch, trotz der Tatsache, dass sie vornehmlich in Brooklyn und im nördlichen Teil des Staates New York wohnen. Eine »Modell-Gemeinschaft« der Satmar, die Kiryas Joel heißt und ihren Sitz in der Stadt Monroe hat, »ist eine Gemeinschaft, wo traditionelle Werte und die zentrale Stellung der Gemeinde noch die leitenden Prinzipien eines Gemeinschaftslebens sind. Sie ist ein Ort, wo Eltern und Kinder gemeinsam teilhaben an den wunderschönen Ritualen und den Bräuchen des chassidischen und orthodoxen jüdischen Lebens. Um diese unverfälschten Werte zu bewahren, ist Kiryas Joel eine Gemeinschaft ohne Fernsehen oder Radio. Einige wenige Wochenzeitungen und andere Zeitschriften in jiddischer Sprache werden in der Stadt verkauft.«[25] Satmars prominentester Rebbe war Joel Teitelbaum (1887–1979), nach dem Kiryas Joel benannt wurde. Als heldenhafter Überlebender von Auschwitz, wo er einen Großteil seiner Familie verloren hatte, war er ein leidenschaftlicher Gegner des modernen Staates Israel. Denn er glaubte, dass diese Nation von ungläubigen und atheistischen Juden gegründet worden sei und dass ihre Existenz dem messianischen Zeitalter im Wege stehe, da nur der Messias allein die Exiljuden sammeln und die Nation wieder errichten dürfe. Die Anzahl der Satmar beträgt ungefähr 120 000, was sie zur größten chassidischen Bewegung, bezogen auf die Zugehörigkeit ab der Geburt, macht (da viele Lubawitscher sich entweder nur als Gäste verbunden fühlen oder neu zum chassidischen Judentum konvertiert sind).

Die *Breslov*, aus Bratslav in der Ukraine. Diese Bewegung wurde von Rebbe Nachman von Bratslav (1772–1810) gegründet, einem Urenkel des Baal Schem Tov. Seine chassidische Bewegung ist einzigartig, weil sie fast zweihundert Jahre lang eine Gemeinschaft ohne Rebbe war, die sich auf die Lehren ihres letzten Rebbe (einschließlich vieler Parabeln und Erzählungen), Legenden, die Lehren seiner Schüler und die von deren Schülern stützte. Die Breslov sind bekannt für ihre fröhlich wirkenden Gottesdienste (allen chassidischen Gottesdiensten ist ein starker Ausdruck der Freude und Leidenschaft gemeinsam), und man sieht sie in Israel auf den Straßen tanzen, was ein Teil ihrer Kontaktarbeit zur säkularen Gemeinschaft ist.[26] Ihr Einfluss verhält sich umgekehrt proportional zu ihrer kleinen Anzahl.

Zu den bedeutsamen Gruppen zählen auch die *Bobov*, die ihren Hauptsitz jetzt in Borough Park, Brooklyn, haben. Sie sind wahrscheinlich die zweitgrößte chassidische Gruppierung in Amerika, nach den Satmar. In Israel sind die *Ger*, *Vishnitz* und *Belz* wichtige chassidische Gruppen.

Noch ein Wort zum Begriff *chassidisch*: Das hebräische Wort *chasid* bedeutet »Frommer, Gottesfürchtiger« und kommt 34-mal in der hebräischen Bibel vor, manchmal auf den Herrn bezogen (vgl. Psalm 145,17; Jeremia 3,12), aber für gewöhnlich in Bezug auf gottesfürchtige Menschen (vgl. 1. Samuel 2,9; 2. Samuel 22,26; Micha 7,2); das Wort kommt am häufigsten in den Psalmen vor, vgl. Psalm 4,4; 12,2; 16,10; 37,28; 85,9; 116,15; 145,1.5.9). Im 2. Jahrhundert v.Chr. wurden die gottesfürchtigen Juden, die sich den heftigen Angriffen des Hellenismus entgegenstellten, *Chasidäer* oder »Gottesfürchtige« genannt. Bis zum 17. Jahrhundert jedoch war der Begriff *Chasid* zumeist dazu gebraucht worden, eher gottesfürchtige Individuen als besondere jüdische Gruppierungen zu bezeichnen, und es gab bis dahin kein »chassidisches Judentum«. Weiterhin ist zu bemerken, dass eine andere Schreibweise dafür *hassidisch* ist, wenn der hebräische Anfangsbuchstabe *Chet*, ein Guttural, den man wie im Schottischen *ch* in *Loch Ness* ausspricht, nicht entsprechend umschrieben wird. Außerdem findet man die Schreibweisen *chasidisch* (oder *hasidisch*). Das Hauptwort *Chassidut* (oder *Hassidut*) bezieht sich auf die Bräuche des chassidischen Judentums.

3. Was ist das mündliche Gesetz?

Dem traditionellen Judentum zufolge gab Gott Mose, als er ihm die geschriebene Thora auf dem Berg Sinai überreichte, auch eine mündliche Thora, die Erklärungen zur geschriebenen Thora enthält, und außerdem Auslegungsprinzipien, durch die das geschriebene Gesetz verstanden werden kann. Mose hat dann angeblich dieses mündliche Gesetz an Josua weitergegeben, der es an die Ältesten der nächsten Generation weitergab, dann wurde es an die Propheten weitergereicht und an die Leiter, die man die *Große Versammlung* nennt (seit der Zeit Esras), dann an bestimmte Leiter in den Jahrhunderten vor Jesus und danach an alle Generationen der Leiter der folgenden Jahrhunderte. (Für eine klassische rabbinische Formulierung, vgl. m. Avot Kap. 1.)

Warum war ein mündliches Gesetz nötig? Die Rabbis würden sagen, dass ohne weitere mündliche Erläuterung viele, wenn nicht alle biblischen Gebote unverständlich sind. Beispielsweise gebot Gott den Israeliten, am Sabbat nicht zu arbeiten, wobei er eine Todesstrafe für die erließ, die das Gebot übertraten. Doch nirgendwo definiert die Thora exakt, was Arbeit bedeutet. Dem traditionellen Judentum zufolge gab Gott Mose weitere Erläuterungen im mündlichen Gesetz, wo er die sogenannten 39 Unterabteilungen der Arbeit, die am Sabbat verboten sind, detailliert beschrieb.[27]

Ein weiteres Beispiel für ein angeblich unklares Gebot steht in 5. Mose 6,6-9, wo Mose zu Israel sagte:

> Bewahrt die Gebote, die ich euch heute gebe, in eurem Herzen. Schärft sie euren Kindern ein. Sprecht über sie, wenn ihr zu Hause oder unterwegs seid, wenn ihr euch hinlegt oder wenn ihr aufsteht. Bindet sie zur Erinnerung um eure Hand und tragt sie an eurer Stirn, schreibt sie auf die Pfosten eurer Haustüren und auf eure Tore.

Was genau bedeutet: »Bindet sie [die Gebote] zur Erinnerung um eure Hand und tragt sie an eurer Stirn«? Was bedeutet: »Schreibt sie auf die Pfosten eurer Haustüren und auf eure Tore«? Die Rabbis behaupten, auch hierfür die Erklärung zu haben, indem sie diese Verse sehr wörtlich auslegen mit dem Verweis auf Phylakterien und die Mesusa (vgl. Kapitel 20 und 21).

Es gäbe noch Dutzende von weiteren Beispielen, doch das Muster ist dasselbe: Das traditionelle Judentum behauptet, dass das geschriebene Gesetz nicht ohne das mündliche Gesetz verstanden werden kann.

Warum gibt es dann in der Schrift so wenige oder gar keine direkten Hinweise auf dieses mündliche Gesetz? Die Rabbis würden sagen, dass ein direkter Hinweis nicht notwendig sei, da es eine ununterbrochene Überlieferungskette durch die Generationen gegeben habe – vom Sinai bis heute –, und so gebe es keinen Zweifel an der Verlässlichkeit der Traditionen. Und sie würden argumentieren, dass eine mündliche Tradition in den gesamten hebräischen Schriften vorausgesetzt wird.

»Aber«, mögen Sie vielleicht protestieren, »stimmt es nicht, dass Gott seinen Bund mit Israel auf das geschriebene Wort gegründet hat?« (vgl. 2. Mose 24,3-8; 34,27 u.a.). Die Rabbis würden dieser Aussage bis zu einem gewissen Grade zustimmen, doch sie würden betonen, dass der schriftliche Bund ohne die mündliche Tradition nicht verstanden werden kann. Sie würden daher nachdrücklich erklären, dass es ein mündliches Gesetz für den schriftlichen Bund geben musste, damit er verbindlich und anwendbar sein konnte, im alten Israel wie heute. Sie würden auch argumentieren, dass man nicht erwarten könne, in geschriebenen Texten Hinweise auf ein ungeschriebenes Gesetz, also auch auf das mündliche Gesetz, zu finden! (Das klingt ein wenig nach Zirkelschluss, nicht wahr?)[28]

Traditionellen Juden zufolge ist es das mündliche Gesetz, was sie von anderen Glaubensrichtungen unterscheidet, die sich ebenfalls auf die hebräische Bibel als heilige Schrift berufen – besonders von den Christen –, und es ist das mündliche Gesetz, das besonders geliebt wird. Wie Dr. Immanuel Jakobovits, früherer Oberrabbiner von Großbritannien, erklärt:

> Als unsere Weisen erklärten, dass »der Heilige, gesegnet sei er, seinen Bund mit Israel nicht gemacht hat außer kraft des mündlichen Gesetzes« (Gittin 60B), haben sie nicht nur einen wichtigen jüdischen Glaubensinhalt vertreten, sie haben auch eine Wahrheit ausgedrückt, die heute so offensichtlich ist wie zu talmudischen Zeiten. Der wahre Charakter des Judentums kann nicht erkannt werden außer durch den vertrauten Umgang mit dem mündlichen Gesetz. Das geschriebene Gesetz, das sind die fünf Bücher Mose, und sogar den Rest der Hebräischen Bibel teilen wir mit anderen Glaubensrichtungen. Was uns und unseren Glauben unterscheidbar und einzigartig macht, ist die mündliche Tradition als der authentische Schlüssel zum Verständnis des geschriebenen Textes, den wir Thora nennen.[29]

Einfach ausgedrückt: Es gibt kein traditionelles Judentum ohne die Traditionen und kein rabbinisches Judentum ohne die Rabbis.

Nun gibt es keinen Grund zu leugnen, dass es Traditionen im Leben des alten Israels gab und sie sich dort entwickelt haben – doch es ist etwas völlig anderes zu behaupten, dass diese Traditionen göttlich inspiriert wurden, dass sie von Gott auf dem Berg Sinai gegeben wurden und dass sie in unveränderter, maßgeblicher Form durch die Generationen überliefert wurden. Das ist eine Theorie, die nur von den orthodoxen Juden akzeptiert wird. Tatsächlich sind es sogar nur ultraorthodoxe Juden, die diesen Gedanken als völlig zutreffend akzeptieren.

Ironisch daran ist, dass die *mündlichen* Traditionen eines Tages *aufgeschrieben* und in ihrer geschriebenen Form bewahrt wurden. Noch ironischer wird das alles dadurch, dass der Talmud angibt, die geschriebene Thora sei nicht mündlich und die mündliche Thora sei nicht schriftlich überliefert worden (b. Gittin 60b). Doch als die mündlichen Traditionen zunahmen und die Lebensbedingungen der Juden schwieriger wurden, was Verfolgung und Zerstreuung einschloss, wurde es unvermeidlich, diese mündlichen Traditionen aufzuschreiben und so das mündliche Gesetz durch Bücher zu bewahren.

Orthodoxe Juden würden jedoch betonen, dass, obwohl die mündlichen Traditionen in den letzten 1800 Jahren aufgeschrieben wurden – und noch weiterhin aufgeschrieben werden –, diese Traditionen nur im Kontext einer lebendigen Gemeinschaft vollständig erfahren und verstanden werden können; das ist der Grund für die Notwendigkeit weiterer mündlicher Unterweisung, weiterer Erklärungen und weiterer Vorbilder.

Die vielen Bücher des mündlichen Gesetzes (vgl. Kapitel 7) enthalten eine Auseinandersetzung mit den Erläuterungen und der Anwendung der Thoragesetze; juristische Überlegungen; neue Gesetze, Bräuche und Erlasse; Kommentare zur Thora und anderen Teilen der Heiligen Schrift; Volkstum, Parabeln, Erzählungen und alles andere, was sich auf so ziemlich jeden Bereich jüdischen Lebens bezieht – alles aus einer rabbinischen Perspektive.

Traditionellen Juden zufolge wurden die hauptsächlichen Übermittler der mündlichen Gesetze während der letzten zwei oder drei Jahrhunderte v.Chr. *Sugot* oder »Paare« genannt, was sich auf zwei bedeutende Leiter in jeder Generation bezieht. Ihnen folgten die *Tannaim*, die in den ersten zwei Jahrhunderten des nachchristlichen Zeitalters lebten (die Einzahl *Tanna* bedeutet »Wiederholer« oder »Lehrer«; diese Lehrer übermittelten die hauptsächlichen Traditionen, die weitergegeben und entwickelt wurden). Ihnen folgten die *Amoraim*, die im 3. bis 5. Jahrhundert lebten (*Amora* bedeutet »Sprecher«; diese Lehrer entwickelten die Traditionen weiter und versuchten ferner, sie in den biblischen Text zu integrieren). Danach kamen die *Saboraim* im 6. Jahrhundert (*Sabora* bedeutet »kluger Kopf«; diese Männer waren die Endredakteure des Babylonischen Talmuds). Vom 7. bis zum 10. Jahrhundert gab es die *Gaonim* (das bezieht sich auf die Leiter der babylonischen Akademien); darauf folgten die *Rischonim* vom 11. bis zum 15. Jahrhundert (Der Begriff *Rishonim* bedeutet wörtlich »die Früheren«; sie waren verantwortlich für die Hauptkommentare zur Bibel und zum Talmud, außerdem für die Entwicklung der Gesetzessammlung). Seit dem 16. Jahrhundert und bis heute gibt es die *Achronim* (wörtlich: »die Späteren«, als Kontrast zu den Rischonim).

Traditionelle Juden glauben, dass es, allgemein gesprochen, einen geistlichen Verfall in jeder Generation gibt, weil jede neue Generation weiter entfernt ist von der Offenbarung am Sinai, wie im Talmud[a] dargelegt wird: »Waren die Früheren Engel, so sind wir Menschen, waren die Früheren Menschen, so sind wir Esel« (b. Schabbat 112b). Das heißt: Eine Interpretation, eine Entscheidung oder ein Brauch, der von einer früheren Generation – besonders von der Generation der Tannaim oder Amoraim – eingeführt wurde, ist so gut wie unantastbar in den folgenden Generationen.

4. Was ist der Tanach?

Tanach ist der jüdische Name für die hebräische Heilige Schrift, die Christen das Alte Testament nennen. Das Wort selbst ist ein Akronym, das für drei Wörter steht: *Thora* (der Pentateuch), *Nebi'im* (die Propheten, gesprochen: *Newi-im*) und *Ketubim* (die Schriften, gesprochen: *Ketuwim*). Die letzten beiden Abschnitte, Nebi'im und Ketubim, können *Nach* genannt werden, doch dieser Begriff wird vornehmlich in frommen jüdischen Kreisen benutzt.

Obwohl die Inhalte des Tanach mit den Inhalten des Alten Testaments identisch sind, sind die einzelnen Bücher unterschiedlich angeordnet, da sie leicht unterschiedlichen Ordnungskriterien folgen. Die Reihenfolge der Bücher, die den meisten christlichen Lesern vertraut ist, folgt der Septuaginta-Tradition und ist wie folgt unterteilt: Gesetz (die fünf Bücher Mose); Geschichte (Josua bis Ester); Poesie und Weisheit (Hiob bis Hoheslied) und Propheten (Jesaja bis Maleachi mit Daniel und Klageliedern).

Die Reihenfolge der biblischen Bücher im Tanach wird nach drei großen Kategorien geordnet:

Thora: Die fünf Bücher Mose, das ist identisch mit der Reihenfolge des »Alten Testaments«, doch die Bücher werden nach dem ersten Wort jedes Buches benannt. So heißt Genesis (1. Mose) Bereschit; Exodus (2. Mose) heißt Schemot, vom zweiten Wort des hebräischen Textes »Namen«; Levitikus (3. Mose) heißt Wa-jiqra; Numeri (4. Mose) heißt Bemidbar und

a Alle folgenden Talmudtexte aus dem Babylonischen Talmud werden zitiert nach: Der Babylonische Talmud, Lazarus Goldschmidt (Übers.), 12 Bände, 4. Aufl., Frankfurt a.M.: Jüdischer Verlag, 2004.

Deuteronomium (5. Mose) heißt Debarim (gesprochen: Devarim), vom zweiten Wort des hebräischen Textes, »Worte«. Für weitere Informationen zum Begriff Thora vgl. Kapitel 5.

Propheten: Dieser Abschnitt ist aufgeteilt in die »Vorderen Propheten« Josua, Richter, 1.–2. Samuel und 1.–2. Könige, da man glaubt, dass diese Bücher sämtlich von Propheten geschrieben wurden, und die »Hinteren Propheten« Jesaja, Jeremia, Hesekiel und Hosea bis Maleachi, genannt »Die Zwölf«.

Schriften: Diese Kategorie beinhaltet alle verbleibenden Bücher, üblicherweise in der folgenden Reihenfolge: Psalmen, Hiob, Sprüche, Rut, das Hohelied (für gewöhnlich »Lied der Lieder« genannt, nach dem ersten Vers des Buches), Prediger (für gewöhnlich Kohelet genannt, was »Prediger« oder »Vorsitzender« bedeutet, beruhend auf dem ersten Vers), Klagelieder (genannt Echah, »Wie«, nach dem Anfangswort des Buches), Ester, Daniel, Esra, Nehemia und 1.–2. Chronik.

Die fortlaufende Lektüre von Abschnitten der Heiligen Schrift ist ein fester Teil der jüdischen Liturgie, wobei der Schwerpunkt auf der Thora liegt, welche im Verlauf eines Jahres vollständig in den Synagogen vorgelesen wird. Dies wird wöchentlich ergänzt durch eine Lesung aus den Nebi'im (Propheten), genannt *Haftarah* (das bedeutet »Ergänzung«, üblicherweise *Haftorah* ausgesprochen), während andere Teile der Heiligen Schrift, besonders der Psalmen, in den täglichen Gebeten enthalten sind.

Das ist der jährliche Lesungszyklus von Thora und Propheten, der jeden Herbst von Neuem beginnt. Also lesen alle gläubigen Juden jede Woche dieselben Abschnitte aus der Thora. Ein Thora-Abschnitt wird eine *parascha* oder *parscha* genannt und nach seinem ersten Wort benannt.

1. Mose/Genesis (*Bereschit*)		
Bereschit	1,1–6,8	Jesaja 42,5–43,10
Noach	6,9–11,32	Jesaja 54,1–55,5
Lech Lecha	12,1–17,27	Jesaja 40,27–41,16
Wa-jera	18,1–22,24	2. Könige 4,1-37
Chajje Sara	23,1–25,18	1. Könige 1,1-31
Toldot	25,19–28,9	Maleachi 1,1–2,7
Wa-jetse	28,10–32,3	Hosea 12,12–14,10
Wa-jischlach	32,4–36,43	Hosea 11,7–12,12
Wa-jeschew	37,1–40,23	Amos 2,6–3,8
Miqqets	41,1–44,17	1. Könige 3,15–4,1
Wa-jiggasch	44,18–47,27	Hesekiel 37,15-28
Wa-jechi	47,28–50,26	1. Könige 2,1-12

2. Mose/Exodus (*Schemot*)		
Schemot	1,1–6,1	Jesaja 27,6–28,13; 29,22-23
Wa-era	6,2–9,35	Hesekiel 28,25–29,21
Bo	10,1–13,16	Jeremia 46,13-28
Beschallach	13,17–17,16	Richter 4,4–5,31
Jitro	18,1–20,26	Jesaja 6,1–7,6; 9,5-6
Mischpatim	21,1–24,18	Jeremia 34,8-22; 33,25-26
Teruma	25,1–27,19	1. Könige 5,26–6,13
Tetsawwe	27,20–30,10	Hesekiel 43,10-27
Ki Tissa	30,11–34,35	1. Könige 18,1-39
Wa-jaqhel	35,1–38,20	1. Könige 7,40-50
Pequde	38,21–40,38	1. Könige 7,51–8,21

3. Mose/Levitikus (*Wa-jiqra*)		
Wa-jiqra	1,1–5,26	Jesaja 43,21–44,23
Tsaw	6,1–8,36	Jeremia 7,21–8,3; 9,22-23
Schemini	9,1–11,47	2. Samuel 6,1–7,17

Tazira	12,1–13,59	2. Könige 4,42–5,19
Metsora	14,1–15,33	2. Könige 7,3-20
Achare Mot	16,1–18,30	Hesekiel 22,1-19
Qedoschim	19,1–20,27	Amos 9,7-15
Emor	21,1–24,23	Hesekiel 44,15-31
Behar	25,1-62	Jeremia 32,6-27
Bechuqqotai	26,3–27,34	Jeremia 16,19–17,14

4. Mose/Numeri (*Bemidbar*)		
Bemidbar	1,1–4,20	Hosea 2,1-22
Naso	4,21–7,89	Richter 13,2-25
Beha-alotcha	8,1–12,16	Sacharja 2,14–4,7
Schelach	13,1–15,41	Josua 2,1-24
Korach	16,1–18,32	1. Samuel 11,14–12,22
Chuqqat	19,1–22,1	Richter 11,1-33
Balak	22,2–25,9	Micha 5,6–6,8
Pinchas	25,10–30,1	1. Könige 18,46–19,21
Mattot	30,2–32,42	Jeremia 1,1–2,3
Mass-e	33,1–36,13	Jeremia 2,4-28; 3,4

5. Mose/Deuteronomium (*Debarim*)		
Debarim	1,1–3,22	Jesaja 1,1-27
Wa-etchannan	3,23–7,11	Jesaja 40,1-26
Eqew	7,12–11,25	Jesaja 49,14–51,3
Re-e	11,26–16,17	Jesaja 54,11–55,5
Schoftim	16,18–21,9	Jesaja 51,12–52,12
Ki Tetse	21,10–25,19	Jesaja 54,1-10
Ki Tabo	26,1–29,8	Jesaja 60,1-22
Nitsawim	29,9–31,30	Jesaja 61,10–63,9
Ha-azinu	32,1-52	2. Samuel 22,1-51
We-zot Ha-Beracha	33,1–34,12	Josua 1,1-18

Es gibt andere, besondere Lesungen für verschiedene Feiertage. Besonders erwähnenswert ist die Lesung der sogenannten Fünf Rollen (hebr. *chamesch megillot*) an fünf der Hauptfeiertage. Zu den Fünf Rollen zählen das Hohelied, das an Passah (*pesach*) gelesen wird, um an Gottes Liebesbeziehung zu seinem Volk zu erinnern; Rut, das an *Schawuot* (Pfingsten) gelesen wird, wegen der erntebezogenen Bildsprache; Klagelieder (genannt *Echah*, nach dem ersten Wort des Buches, »Wie«), das an Tischa b'Ab gelesen wird (der Neunte des Ab, das ist der letzte Trauertag im jüdischen Kalender); Prediger (genannt *Kohelet*, beruhend auf dem ersten hebräischen Wort des Buches in Prediger 1,1, das »Prediger« oder »Vorsitzender« bedeutet und in der Neues Leben Bibel mit »Lehrer« übersetzt wird), das an Sukkot, dem Laubhüttenfest, gelesen wird, im Gedenken an die vergängliche Natur des Lebens; und Ester, das an Purim gelesen wird, dessen Hintergrund in Ester 9,26-32 geschildert wird.

Da die Mehrheit der Juden weltweit heute nicht die religiösen Vorschriften einhält (tatsächlich sind ungefähr 90 Prozent der Juden *nicht* orthodox, vgl. Kapitel 1), sind viele von ihnen nicht mehr mit ihren eigenen Schriften vertraut. Im Kontrast dazu kennen sich Juden, welche die Vorschriften beachten, doch sehr gut mit den Tanach-Abschnitten aus, die Teil ihres liturgischen Jahres und ihres Studienjahres sind, allerdings sind sie mit anderen Abschnitten des Tanach nicht so sehr vertraut, weil sie vor allem den Talmud und verwandte juristische Literatur studieren (vgl. Kapitel 3).

Zum Gebrauch von Akronymen (wie Tanach) gilt es anzumerken, dass es buchstäblich Hunderte davon im Judentum gibt. So wird Rabbi Moses ben Maimon (Maimonides) *Rambam* genannt (beruhend auf den Buchstaben R-M-B-M) und Rabbi Moses ben Nachman (Nachmanides) wird *Ramban* genannt (R-M-B-N). Entsprechend heißt Rabbi David Kimchi *Radak* (R-D-K) und Rabbi Levi ben Gerschom *Ralbag* (R-L-B-G).

5. Was ist mit dem Begriff Thora genau gemeint?

Das hebräische Wort *Thora* bedeutet »Unterweisung, Lehre, Gesetz«. In einigen Fällen bedeutet es vor allem »belehrendes Gebot, Gesetz«, wie in 2. Mose 12,49; EB: »*Ein* Gesetz [*Thora*] soll gelten für den Einheimischen und für den Fremdling, der sich mitten unter euch aufhält.« Ähnlich ist der Gebrauch von *Thora* in Versen wie 3. Mose 6,2, wie in der englischen *New Jewish Version* (»Neue Jüdische Version«, im Folgenden: NJV) wiedergegeben: »Befiehl Aaron und seinen Söhnen so: Dies ist das Ritual [*Thora*] des Brandopfers« (vgl. EB: »Befiehl Aaron und seinen Söhnen und sage: Dies ist das Gesetz des Brandopfers«). In anderen Fällen bedeutet *Thora* vor allem »Anleitung, Weisung«, wie in Sprüche 3,1; EB: »Mein Sohn, meine Weisung [*Thora*] vergiss nicht, und dein Herz bewahre meine Gebote!« Doch selbst hier, wo *Thora* »Weisung« bedeutet, hat es eine autoritative Note, wie im zweiten Halbvers gezeigt wird, der sich auf »meine Gebote« bezieht. Als Gott nun Israel *die* Thora gab, gab er seinem Volk nicht einfach eine Gesetzessammlung, noch gewährte er ihm nur eine göttliche Offenbarung. Vielmehr gab er ihm eine verbindliche Anleitung, seine Bundesgebote, seine göttliche Weisung. Er sagte ihm: »So sollt ihr vor mir leben, und dies sind die Konsequenzen des Gehorsams oder Ungehorsams. Das ist, was ich von euch verlange.«

Um dies zu verdeutlichen, übersetzt die englische NJV gelegentlich *Thora* mit »Weisung«, wie in Josua 1,8: »Lass dieses Buch der Weisung nicht von deinen Lippen weichen, sondern rezitiere es bei Tag und Nacht, damit du alles treu hältst, was darin geschrieben ist. Nur dann werden deine Unternehmungen gelingen, und nur dann wirst du erfolgreich sein.« In diesem Kontext bezieht sich *Thora* auf göttlich gegebene, verbindliche Weisung. Sie ist voller Gesetze, doch sie ist nicht ausschließlich Gesetz. Sie ist göttliche Offenbarung.

Im Laufe der Zeit wurde *Thora* jedoch besonders mit Gottes Gesetz für Israel assoziiert, und als dann die Übersetzer der Septuaginta das Wort *Thora* übersetzten (die Septuaginta wurde im 3./2. Jh. v.Chr. übersetzt), haben sie es gewöhnlich mit dem griechischen Wort *nomos* wiedergegeben, das vor allem »Gesetz, Brauch, Verordnung« bedeutet, aber die Nuance »Weisung« vermissen lässt. Ebenso haben die Autoren des Neuen Testaments, die auf Griechisch schrieben, diese bewährte Gepflogenheit übernommen und das Wort *nomos* benutzt, wenn sie sich auf die Thora bezogen, wie in Lukas 24,44, Römer 6,14, 1. Korinther 9,8-9 und an vielen anderen Stellen.[30]

Jüdische Gelehrte haben zu Recht Einspruch erhoben gegen die strikte Verknüpfung von *Thora* mit »Gesetz«, da sie spürten, dass diese Verknüpfung zu einer falschen Auffassung vom Judentum als einer besonders gesetzlichen Religion beiträgt. Das ist gewiss ein berechtigter Einwand, da die Gleichsetzung von *Thora* mit »Gesetz« die Bedeutung einengt. Richtig verstanden kann die Thora jedoch als Gottes heiliger Maßstab betrachtet werden, als sein definitives Wort an das alte Israel, als seine autoritative Unterweisung – und das passt gut zur Auffassung vom göttlichen Gesetz. Ich finde es auch interessant, dass dieselben Gelehrten und Rabbis, die sagen, dass *Thora* nicht mit »Gesetz« übersetzt werden soll, sich auf das mündliche Gesetz und das geschriebene Gesetz beziehen, obwohl die hebräischen Texte von einer mündlichen *Thora* und einer geschriebenen *Thora* sprechen. Warum sollte man diese Begriffe mit »mündliches Gesetz/geschriebenes Gesetz« übersetzen, wenn *Thora* das überhaupt nicht bedeutet?

Es ist auch nur recht und billig zu fragen, warum das traditionelle Judentum große Gesetzessammlungen (vgl. Kapitel 7) herausgebracht hat, die täglich studiert und bis auf den Punkt befolgt werden, wenn es falsch ist, *Thora* als »Gesetz« zu verstehen. Und warum ist der Talmud selbst *voll* von schwindelerregenden juristischen Erörterungen – die sämtlich als ein wichtiger Teil des Thorastudiums betrachtet werden –, wenn *Thora* nicht »Gesetz« bedeutet? Und weisen nicht Bibelstellen wie Psalm 119, der voll ist vom Lobpreis der Gebote der Thora, auf eine Verbindung zwischen Thora und Gesetz hin?

Ich werfe diese Fragen jedoch *nicht* auf, weil ich etwa dazu raten würde, das Wort *Thora* vorrangig mit »Gesetz« zu übersetzen. Wenn man dabei *nur* an »Gesetz« denkt, bekommt man *wirklich* eine falsche Vorstellung davon. Vielmehr möchte ich betonen, dass es berechtigt ist, die Thora als Gesetz Gottes anzusehen, wenn man erkennt, dass sein Gesetz viel mehr enthält als nur Gesetze. In diesem Sinne ist es interessant zu beobachten, wie der Gebrauch von *nomos* im Griechischen durch den Begriff *Thora* beeinflusst und erweitert wurde. Ein gutes Beispiel hierfür steht in Johannes 10,34, wo Jesus sich auf »euer Gesetz [*nomos*]« bezieht, wobei sein Zitat nicht aus dem Pentateuch stammt, sondern aus den Psalmen. Ebenso bezieht sich im Koran der Begriff *tawrah* meist auf das Alte Testament als Ganzes (während *injil*, »Evangelium«, sich auf das gesamte Neue Testament bezieht).

Zurück zum traditionellen Judentum – *der* thorazentrierten Religion schlechthin. Das Wort *Thora* wird allumfassend in seiner Bedeutung. Thorastudium bedeutet das Studium aller religiösen jüdischen Texte, und die höchste Form der Anbetung ist *talmud tora lischmah*, Studium der Thora um seiner selbst willen, traditionell vor allem auf das Talmudstudium bezogen. Und die *Thora* wird zum jüdischen Lebensstil, wie diese großartige Geschichte aus dem Talmud veranschaulicht:[a]

> Es wird gelehrt: R. Aqiba erzählte: Einst folgte ich R. Jehosua in den Abort, und ich lernte von ihm dreierlei: Ich lernte, dass man nicht seine Notdurft verrichte [in der Richtung] nach Osten oder Westen, sondern nach Norden oder Süden; ich lernte, dass man sich nicht stehend entblöße, sondern [erst] sitzend; und ich lernte, dass man sich nicht mit der Rechten abwische, sondern mit der Linken. Ben Azaj sprach zu ihm: So weit hast du dich gegen deinen Lehrer erdreistet!? Jener erwiderte: Dies ist ja Lehre; ich wollte lernen.
>
> Es wird gelehrt: Ben Azaj erzählte: Einst folgte ich R. Aqiba in den Abort, und ich lernte von ihm dreierlei: Ich lernte, dass man nicht seine Notdurft verrichte [in der Richtung] nach Osten oder Westen, sondern nach Norden oder Süden; ich lernte, dass man sich nicht stehend entblöße, sondern [erst] sitzend; und ich lernte, dass man sich nicht mit der Rechten abwische, sondern mit der Linken. R. Jehuda sprach zu ihm: So weit hast du dich gegen deinen Lehrer erdreistet!? Jener erwiderte: Dies ist ja Lehre; ich wollte lernen.
>
> R. Kahana legte sich unter das Bett Rabhs, und als er ihn plaudern [mit seiner Frau], scherzen und das Erforderliche verrichten hörte, sprach er zu ihm: Es hat den Anschein, als hätte der Mund Abbas die Speise noch nie gekostet. Da sprach dieser zu ihm: Kahana, hier bist du; hinaus, es ist nicht schicklich! Dieser erwiderte: Es ist ja Lehre; ich will dabei lernen.
>
> b. Berachot 62a

a Das Wort *Thora* wird hier mit »Lehre« übersetzt.

Demnach ist selbst die Art und Weise, wie ein rabbinischer Lehrer mit seiner Frau sexuellen Umgang hat, eine Frage der Thora! Das vermittelt einen Eindruck davon, mit welch breitgefächerter Bedeutung der Begriff *Thora* im Judentum gebraucht wird.

Zur Etymologie (Herkunftsgeschichte) des Wortes *Thora* im Hebräischen gibt es verschiedene mögliche Erklärungen. Manche haben es auf das akkadische Wort *tertu*, »göttliches Orakel«, zurückgeführt. (Akkadisch war die Sprache der alten Assyrer und Babylonier.) Eine gängigere Erklärung ist, das Wort *Thora* von der hebräischen Wortwurzel *j-r-h* mit der Bedeutung »lehren« oder »einen Pfeil abschießen« abzuleiten.

6. Was ist der masoretische Text?

Ich habe oft gehört, wie Christen damit prahlten, dass die Übersetzung des Alten Testaments, die sie benutzen, »auf dem masoretischen Text basiert«. Tatsächlich basiert so gut wie jede Übersetzung des Tanach in jegliche Sprache auf dem masoretischen Text, weil das der einzige vollständige Text der hebräischen Schriften ist, den wir haben. Die einzigen Ausnahmen bilden einzelne hebräische Lesarten, die in den Qumran-Schriftrollen bewahrt wurden, und Varianten in alten Versionen – vor allem in der Septuaginta –, welche anscheinend auf ein anderes hebräisches Original hindeuten. Auf jeden Fall kann jeder Übersetzer der hebräischen Schriften eben nur diesen einen Text benutzen: den masoretischen Text!

Was also ist der masoretische Text (üblicherweise abgekürzt mit MT)? Es ist eigentlich präziser, von der masoretischen Texttradition zu sprechen, da buchstäblich Tausende von mittelalterlichen Manuskripten der hebräischen Schriften kopiert und von den jüdischen Schriftgelehrten bewahrt wurden, die Masoreten (wörtlich: »die Übermittler«) genannt werden, und es gibt Tausende von sehr kleinen Varianten in diesen Manuskripten. Mit anderen Worten: Es gibt keinen »Meistertext« der hebräischen Bibel, doch die Schriftgelehrten waren so sorgfältig bei ihren Übertragungsmethoden, dass die Unterschiede in den masoretischen Texten in den allermeisten Fällen von äußerst geringer Bedeutung sind.

Die Arbeit der Masoreten wird für gewöhnlich auf die Zeit vom 6. bis 11. Jahrhundert n.Chr. datiert, doch die älteste vollständige Abschrift der hebräischen Bibel, die uns heute vorliegt, stammt aus dem 11. Jahrhundert (sie wird als Leningrad B19a bezeichnet). Was ist mit früheren Abschriften geschehen? Und wie verlässlich kann ein Text aus dem 11. Jahrhundert überhaupt sein? Das waren schließlich mehr als dreizehn Jahrhunderte, nachdem das letzte Buch des Tanach geschrieben wurde! Im Gegensatz dazu datiert man die älteste vollständige Abschrift des griechischen Neuen Testaments auf weniger als drei Jahrhunderte nach der Abfassung des letzten Buches des Neuen Testaments.

Wer an der Genauigkeit der masoretischen Manuskripte gezweifelt hatte, erlebte eine Überraschung, als in den späten 1940er-Jahren die Qumran-Rollen entdeckt wurden. Hier waren hebräische Manuskripte, die mehr als *tausend Jahre* älter waren als die ältesten masoretischen Texte, und trotzdem stimmten einige von den Qumran-Rollen Wort für Wort und Buchstabe für Buchstabe mit den masoretischen Texten überein. Was für ein Zeugnis für die sorgfältige Arbeit dieser jüdischen Schriftgelehrten! Natürlich gab es andere Schriftrollen, die erheblich von den masoretischen Manuskripten abwichen – besonders was die Rechtschreibregeln angeht. Doch diese Abweichungen zeigen nur, dass entweder die damaligen Rechtschreibregeln angewendet wurden (was bedeutet, dass die alten Manuskripte *weniger* zuverlässig waren als die mittelalterlichen) oder dass eine abweichende alte Texttradition bewahrt wurde (was bedeutet, dass nicht die Überlieferungsgenauigkeit, sondern der Ursprung der Tradition fraglich ist).

Was wurde dann aus all den Manuskripten aus der Zeit nach den Qumran-Rollen bis zum B19a-Manuskript aus dem 11. Jahrhundert? Da die biblischen Texte als heilig betrachtet wurden, konnten sie nicht einfach zerstört werden. Also hat man sie entweder begraben, wenn sie nicht länger benutzt werden konnten, oder man hat sie in eigens dafür eingerichteten Räumen gelagert, die als verborgenes Depot dienten, manchmal ganz hinten in einer Synagoge. (Einer der berühmtesten Schatzfunde hebräischer Manuskripte wurde in solch einem Synagogenraum gemacht, den man die Kairoer Geniza nennt. Das Wort *genizah* bedeutet »Lagerraum«. Man sollte auch nicht vergessen, dass die Qumran-Rollen zur sicheren Aufbewahrung versteckt wurden, nur damit sie neunzehn Jahrhunderte später entdeckt werden konnten.)

Wie kam es nun, dass die jüdischen Schriftgelehrten vor und auch nach den Masoreten den biblischen Text mit solcher Genauigkeit bewahren konnten? Erstens ist es offensichtlich, dass Gott wollte, dass sein Wort für sein Volk durch die Zeiten bewahrt wird. Das ist der wichtigste Grund, warum der biblische Text der hebräischen und griechischen Schriften so wunderbar und beinahe unglaublich durch die Zeiten erhalten werden konnte. Zweitens waren die Schriftgelehrten peinlich genau auf ihre Überlieferungsmethoden bedacht, weil sie glaubten, dass sie mit heiligen Texten arbeiteten. So zählten sie die Buchstaben, Wörter und Sätze in jedem Buch des Tanach und notierten den mittleren Buchstaben, das mittlere Wort und den mittleren Satz eines jeden Buches (oder der Thora als ganzer). Man kann sich kaum vorstellen, wie mühsam das war. Und stellen Sie sich vor: Wenn im Manuskript nur ein einziger Buchstabe fehlte, wurde es nicht weiter verwendet. Das ist schriftgelehrte Genauigkeit! Drittens waren die Schriftgelehrten, weil das Judentum enormes Gewicht auf das Studium und das Auswendiglernen der heiligen Texte (also des Tanach und der rabbinischen Literatur, vgl. Kapitel 7) legte, besonders ausgebildet für ihre Aufgabe, sehr vertraut mit den biblischen Texten und hatten ein hohes Maß an akademischer Disziplin.

Die Masoreten waren außerdem verantwortlich für die Entwicklung des Vokalsystems, das in den heutigen hebräischen Bibeln verwendet wird. (Hebräische Vokale werden zumeist nicht, wie im Deutschen, mit Buchstaben dargestellt. Stattdessen notiert man sie mit einer Reihe von Punkten oder kurzen Strichen unter, über oder neben die Konsonanten.) Die Masoreten haben auch ein kunstvolles (und irgendwie geheimnisvolles) System von Randnotizen entwickelt, mit dem sie alle Arten von Textphänomenen und Varianten kommentierten.

7. Welche sind die heiligen Bücher des Judentums?

Das jüdische Volk ist nicht nur das »Volk des Buches« (gemeint ist hier die Bibel); es ist auch das Volk der *vielen* Bücher, von denen einige Sammlungen darstellen, die Millionen von Wörtern enthalten.

Mit diesen anderen Büchern – und ihren begleitenden Traditionen – legen gläubige Juden die Bibel aus.

Das wichtigste heilige Buch des Judentums – in Bezug auf das inspirierte Wort Gottes – ist der Tanach (das Alte Testament, vgl. Kapitel 4) mit der Thora, die der wichtigste Teil des Tanach ist. Denn traditionelle Juden glauben, dass Gott die Inhalte der Thora Mose auf dem Berg Sinai wörtlich diktiert hat, wobei er diese geschriebene Thora mit Tausenden von mündlichen Erläuterungen und Prinzipien ergänzt hat. Diese mündlichen Traditionen, Bräuche, Gesetze und Interpretationen wurden schließlich seit ca. 200 v.Chr. aufgeschrieben (vgl. Kapitel 3; noch einmal: das ist die traditionelle jüdische Sicht).

Obwohl zwischen dem Abschluss des Tanach und den frühen Jahrhunderten dieses Zeitalters viele jüdische Werke produziert wurden – von denen manche in den Apokryphen erhalten sind, die von Katholiken als Teil der Bibel betrachtet werden, und andere unter den Qumran-Rollen entdeckt wurden –, wird keines dieser Bücher im traditionellen Judentum für heilig erachtet. Freilich wurden manche davon, wie das Henochbuch (das zu den sogenannten Pseudepigrafen gehört) oder die Tempelrolle (aus Qumran), in gewissen jüdischen Kreisen vor ungefähr zweitausend Jahren für heilig erachtet. Doch nachdem diese Ausdrucksformen des Judentums – von vielen Gelehrten als »Judaismen« bezeichnet – nach der Tempelzerstörung im Jahr 70 n.Chr. nicht mehr gediehen und nachdem das pharisäische Judentum, das sich zum rabbinischen Judentum entwickelt hat, letzten Endes die Oberhand gewann, messen heute traditionelle Juden diesen alten Schriften, die sie als externe, häretische Schriften bezeichnen würden, keinerlei Bedeutung bei. (Für traditionelle Juden würde das Neue Testament ebenfalls in diese Kategorie externes, häretisches Dokument fallen.) Was die Autorität der »heiligen Bücher« im Judentum betrifft, gilt: Je näher das Buch am Berg Sinai verortet werden kann, desto mehr Autorität hat es (für weitere Erklärungen hierzu vgl. Kapitel 3).

Was für ein Verhältnis haben traditionelle Juden zu ihren heiligen Büchern? Diese Bücher werden zweifellos als heilig angesehen. Sie zu studieren bedeutet, die Thora zu studieren (vgl. Kapitel 5), die Wege und den Willen Gottes zu lernen, am geistlichen Leben des Volkes teilzunehmen und dabei die Generationen zu überbrücken. Und die heiligen Bücher werden ganz real als Fortführungen der Sinaioffenbarung verstanden, als Umsetzung der göttlichen Wahrheit und Handlungen durch die erwählte Nation. Andererseits haben traditionelle Juden nicht das gleiche Verhältnis zu ihren heiligen Büchern – außer der Bibel selbst und, in gewisser Weise, dem Talmud – wie die Christen zum Neuen Testament. Das heißt, weil das traditionelle Judentum seiner Natur nach eine Religion ist, die auf Tradition beruht, muss nicht jedes Wort seiner heiligen Bücher als direkte, unfehlbare Wahrheit gelten. Das bedeutet auch, dass bis heute »heilige Bücher« von gläubigen Juden geschrieben werden können – als Teil der fortlaufenden Kette der Tradition –, doch wieder gilt, dass sie nicht dieselbe Autorität erlangen können wie die grundlegenden Bücher des Judentums.

Diese grundlegenden Werke können unterteilt werden in juristische Texte (genannt *halacha*) und biblische, interpretierende Texte (genannt *haggada*), wobei der Talmud viel von beidem enthält und einige interpretierenden Texte einen juristischen Schwerpunkt haben. Es folgt ein Glossar, das die wichtigsten Bücher (oder Buchsammlungen) des Judentums beschreibt:

Babylonischer Talmud: der grundlegende Text für jüdische Religionsstudien. Er enthält 2,5 Millionen Wörter hebräischen und aramäischen Kommentars und Erweiterungen der Mischna. Er beinhaltet viel Halacha und auch Haggada und betrifft so ziemlich jeden Bereich des Lebens, Religion, Rituale, Brauchtum und Gesetz. Er hat seine endgültige Form zwischen 500 und 600 n.Chr. erhalten und ist im Wesentlichen das Produkt von babylonischen Gelehrten. Vgl. *Palästinischer Talmud.*

Haggada (manchmal *Aggada* geschrieben): nichtjuristische (d.h. unverbindliche) rabbinische Geschichten, Predigten und Kommentare in Bezug auf den Tanach und das jüdische Leben. Siehe auch *Halacha* und *Midrasch.*

Halacha: Spezifische juristische Entscheidungen (»Was ist die *halacha* in diesem Fall?«) oder allgemeiner rabbinischer juristischer Stoff. Dem Wort *Halacha* wird die Bedeutung »Der Weg, der zu gehen ist« gegeben. Siehe auch *Haggada.*

Chumasch: Ein anderer Name für die fünf Bücher Mose. Wörtlich bedeutet es »Fünftel«, abgekürzt für die »fünf Fünftel der Thora«.

Jerusalemer Talmud: Siehe *Palästinischer Talmud.*

Kabbala: Der landläufige Begriff für jüdische mystische Werke und Traditionen. Er bedeutet wörtlich »das, was erhalten wurde«. Siehe auch *Sohar.*

Midrasch: Rabbinische Kommentare zu einem Vers, Kapitel oder ganzen Buch des Tanach, gekennzeichnet durch Kreativität und Interpretationsgabe. Die bekannteste Sammlung wird *Midrasch Rabba* genannt und behandelt die fünf Bücher Moses und die Fünf Rollen (vgl. Kapitel 4).

Mischna: Die erste schriftlich festgehaltene Sammlung von juristischem Material, die sich auf die Gesetze der *Thora* und die Verordnungen der Weisen bezieht. Sie bildet den Ausgangspunkt für alle folgende *Halacha.* Sie wurde um 200 n.Chr. von Rabbi Judah HaNasi (das heißt »der Prinz«) zusammengestellt und betont besonders die Tradition der Rabbis, die von 70 bis 200 n.Chr. großen Einfluss hatten. Siehe *Talmud* und *Halacha.*

Mischne Tora: Systematische Zusammenstellung des gesamten jüdischen Gesetzes durch Moses Maimonides (auch Rambam genannt, 1135–1204 n.Chr.). Sie ist bis heute der juristische Standardtext. Siehe auch *Schulchan Aruch.*

Palästinischer Talmud: Das Gleiche wie der *Babylonische Talmud,* doch beruht er vornehmlich auf der Arbeit der Weisen in Israel. Er ist von geringerem Umfang, weniger autoritativ und wird daher weniger studiert als der *Babylonische Talmud.* Er hat seine endgültige Form in Israel um das Jahr 400 n.Chr. erlangt.

Responsen: Als eine Hauptquelle für *Halacha* von 600 n.Chr. bis heute bestehen sie aus den Antworten auf spezifische juristische Fragen, die an führende rabbinische Autoritäten in jeder Generation gestellt werden.

Schulchan Aruch: Der autoritativste jüdische Standardgesetzeskodex, zusammengestellt von Rabbi Joseph Karo (1488–1575 n.Chr.). Siehe auch *Mischne Tora.*

Siddur: Das traditionelle jüdische Gebetbuch. Es enthält eine Auswahl aus dem Tanach und von Rabbis zusammengestellte Gebete.

Talmud: Siehe *Babylonischer Talmud* und *Palästinischer Talmud* (oder *Jerusalemer Talmud*).

Tanach: Akronym von *Torah, Newi'im, Ketubim*; jüdischer Name für das gesamte Alte Testament. Obwohl die Reihenfolge der Bücher von der des christlichen Alten Testaments abweicht, ist der Inhalt beider exakt identisch. Für Details vgl. Kapitel 4.

Targum: wörtlich »Übersetzung«. Das bezieht sich auf die ausführlichen aramäischen Übersetzungen der hebräischen Bibel, die in den Synagogen gelesen wurden, als biblisches Hebräisch nicht mehr verstanden wurde. Sie wurden zwischen 300 und 1200 n.Chr. niedergeschrieben. Die wichtigsten *Targume* sind *Targum Onkelos* zu den fünf Büchern Mose und *Targum Jonathan* zu den *Newi'im* (Propheten).

Sohar: Das grundlegende Buch jüdischer Mystik. Es wurde im 13. Jahrhundert n.Chr. zusammengestellt, obgleich die mystische Tradition es ins 2. Jahrhundert n.Chr. datiert. Der landläufige Begriff für mystische Werke und Traditionen ist *Kabbala* (siehe dort), die heute in einer popularisierten und etwas entstellten Form bekannt ist. *Kabbala* bedeutet wörtlich »das, was erhalten wurde«.

Eine ältere, doch überaus nützliche Einführung in die meisten heiligen Bücher des Judaismus ist Barry W. Holtz (Hg.), *Back to the Sources: Reading the Classic Jewish Texts*, Nachdruck, New York: Simon & Schuster, 1986. Siehe auch Barry W. Holtz (Hg.), *The Schocken Guide to Jewish Books*, New York: Schocken, 1992.[31]

8. Was sind die Hauptunterschiede zwischen Judentum und Christentum?

Obwohl Judentum und Christentum den Tanach (das Alte Testament) gemeinsam haben, und obwohl das »Christentum« tatsächlich im 1. Jahrhundert eine jüdische Sekte war – man beachte den Titel des beliebten Buches von Edith Schaeffer, *Christianity Is Jewish* (Christentum ist jüdisch)[32] –, gibt es eine Reihe grundlegender Unterschiede zwischen dem neutestamentlichen messianischen Glauben und dem talmudischen rabbinischen Glauben. Diese Unterschiede sollen hier auf ihre grundlegende Ebene reduziert werden, in dem Wissen, dass dieses Verfahren vieles einfacher darstellt, als es ist. Das betrifft auch den Gebrauch der Begriffe »Judentum« und »Christentum«, als würden sie sich gegenseitig ausschließen. Es ist auch zu beachten, dass, wann immer Judentum und Christentum genannt werden, stets das traditionelle Judentum und die im Großen und Ganzen allgemeingültigen, grundsätzlichen christlichen Glaubensinhalte gemeint sind. Die Absicht dahinter ist, gegensätzliche Bereiche aufzuzeigen, nicht vollständig zu beschreiben, was Judentum und Christentum glauben.

Gott: Im Judentum glaubt man an Gottes absolute Einheit; im Christentum glaubt man an Gottes Dreieinigkeit. Im Judentum glaubt man, dass es für Nichtjuden akzeptabel ist, Gott als Trinität zu verehren, stellt aber klar, dass dies für einen Juden Götzendienst ist, besonders weil das die Anbetung Jesu einschließt. Im Judentum wird Gottes vollständige Körperlosigkeit betont; im Christentum legt man weniger Gewicht auf seine körperlose Natur.

Messias: Im Judentum glaubt man, dass der Messias, der vollkommen Mensch sein wird, erst noch kommen wird, obwohl es jüdische Traditionen gibt, die darauf hinweisen, dass es in jeder Generation einen potenziellen Messias gibt. Dieser Messias wird die Exil-Juden wieder sammeln, die Kriege des Herrn ausfechten, den Tempel in Jerusalem wieder aufbauen und allumfassenden Frieden und Gotteserkenntnis bringen (für Weiteres vgl. Kapitel 10). Im Christentum glaubt man, dass der Messias, der ganz Mensch und zugleich ganz Gott war – das fleischgewordene Wort, der Sohn Gottes –, bereits vor zweitausend Jahren gekommen ist, um für unsere Sünden zu sterben, vom Tod aufzuerstehen und Gottes Geist auf die Erde zu senden, um sein Werk fortzuführen. Er wird am Ende der Zeiten wiederkehren, um sein Königreich auf Erden zu errichten, Gottes Feinde zu vernichten und allumfassenden Frieden und Gotteserkenntnis zu bringen.

Sünde: Im Judentum glaubt man, dass in jedem Menschen der Hang zum Guten (*jetzer hatow*) und der Hang zum Bösen (*jetzer hara*) miteinander kämpfen. Doch man glaubt nicht an die Lehre von der »Erbsünde«, sondern betont stattdessen, dass durch die Macht der Buße der Hang zum Bösen überwunden werden kann. Im Christentum glaubt man, dass sich Adams Sündenfall auf die gesamte Menschheit ausgewirkt hat (das wird auch vom Judentum geglaubt, doch nicht so radikal), dass selbst die Besten unter den Menschen Gottes Herrlichkeit und Vollkommenheit nicht erreichen und man nur durch das Blut des Messias Jesus geistlich verändert werden kann.

Erlösung: Im Judentum gibt es die Vorstellung von einer individuellen Erlösung nicht. In den späten 1970er-Jahren, als eine große christliche Organisation in den USA die evangelistische Kampagne »I Found It« (»Ich habe es gefunden«) startete, begann ein jüdisch-orthodoxer Rabbi – mit dem ich höhere Fachsemesterkurse an der Universität New York besucht hatte – die Kampagne »We Never Lost It« (»Wir haben es nie verloren«). Im Judentum wird mehr gemeinschaftlich gedacht als im Christentum, und obwohl die Begriffe Vergebung der Sünden und Sühne wichtig sind (siehe den nächsten Absatz), gibt es so etwas wie »gerettet sein« oder »gerettet werden« im Judentum nicht. Es wird auch viel weniger Gewicht auf das Leben nach dem Tod gelegt (siehe die nächsten beiden Absätze).

Sühne: Obgleich traditionelle Juden täglich für den Wiederaufbau des Tempels und die Wiedereinsetzung der Tieropfer beten (Reformjuden haben derartige Bitten aus ihren Gebetbüchern gestrichen), glauben die Juden nicht, dass Blutsühne unentbehrlich ist für persönliche Sühne. Stattdessen nehmen Buße, gute Taten und persönliches Leiden (es wird bisweilen als Bezahlung für begangene Sünden betrachtet) den Platz der Opfer ein; das wird teilweise gestützt durch 2. Chronik 7,14, neben anderen Versen. Das Christentum lehrt, dass Sühne nur durch den stellvertretenden Tod des Messias geschehen kann und dass wahrer rettender Glaube Buße beinhaltet (vgl. Apostelgeschichte 2,38; 20,21; 26,20).

Leben nach dem Tod: Obwohl die Juden anerkennen, dass diese Welt nur der Vorhof der kommenden Welt ist, und sie täglich für das Kommen des Messias und des messianischen Zeitalters beten, liegt das Hauptgewicht im Judentum auf der gegenwärtigen Welt, im Hier und Jetzt, im Einklang mit dem Schwerpunkt des Tanach. Im Christentum wird die zukünftige Welt – besonders Himmel und Hölle – als von größter Bedeutung gesehen. Das geht so weit, dass die Art und Weise, wie wir in dieser Welt zu leben berufen sind, nur im Licht der Ewigkeit vollständig Sinn ergibt. Während es eine gesunde Würdigung des Lebens in dieser Welt gibt, kann es nicht getrennt werden von der kommenden Welt.

Bekenntnis kontra Tat: Im Judentum gibt es grundlegende Bekenntnisse – besonders beachtenswert sind Moses Maimonides' »Dreizehn Prinzipien des Glaubens«, obwohl einige davon heutzutage heftig diskutiert werden –, und es gibt grundsätzliche, wesentliche Glaubensinhalte. Der größere Schwerpunkt liegt jedoch auf den Taten – besonders auf der Einhaltung der Gebote der Thora, wie sie traditionell verstanden und überliefert wurde. Im Christentum wird großer Wert auf gute Werke gelegt und die Wichtigkeit eines veränderten Lebens betont. Doch es wird mehr Wert darauf gelegt, an den wesentlichen Glaubenslehren festzuhalten, woraus naturgemäß ein verändertes Leben und gute Werke hervorgehen. Daher heißt es bisweilen: Das Judentum betont Orthopraxie (das rechte Handeln), das Christentum betont Orthodoxie (die rechte Lehre). Oder anders ausgedrückt: Das Judentum ist die Religion der Tat, das Christentum ist die Religion des Bekenntnisses. Diese Behauptungen sind allerdings etwas übertrieben.[33]

Mission: Juden und Christen fühlen sich berufen, ein Licht für die Welt zu sein und Gott bekannt zu machen. Doch dieser Missionssinn kommt im Judentum und Christentum sehr unterschiedlich zum Ausdruck. Das Judentum legt den Schwerpunkt darauf, der jüdischen Berufung treu zu sein, also der Thora und den rabbinischen Traditionen gemäß zu leben, die gemeinschaftlichen Gebete zu sprechen und die heiligen Texte zu studieren. Indem die Juden das tun, wird das Beispiel des jüdischen Volks letzten Endes die Welt erleuchten. Christen empfinden eine heilige Berufung, die Botschaft von der Erlösung auf jede mögliche Weise bekannt zu machen. Dazu gehört, ein Leben zu führen, das ganz dem Herrn gewidmet ist (und dadurch ein Beispiel zu sein und der Erlösung nachzujagen), und, ganz bewusst, die gute Nachricht von Jesus allen weiterzusagen. Daher gab es im Christentum immer Missionare, während das im Judentum mehr als 1 900 Jahre lang nicht der Fall war. (Zu jüdischen Missionaren unter Juden vgl. Kapitel 2, unter *Lubawitscher.*)

Kalender: Im Judentum ist man einem täglichen, wöchentlichen und jährlichen Lebenszyklus viel mehr verpflichtet als im Christentum. Daher dreht sich das Leben der Juden mehr um den Kalender als das der Christen, welche mehr Gewicht auf die individuelle Beziehung zu Gott und das Leben im Geist legen (im Kontext einer Gemeinschaft von Gläubigen) als auf den geordneten Lebensstil einer Glaubensgemeinschaft. (Diese Aussage würde etwas anders ausfallen, wenn es sich um liturgisch orientierte Kirchentraditionen handelt.) Im Judentum spielt der Sabbat eine zentrale Rolle für den wöchentlichen Terminplan, und das ganze Jahr über sind die Feiertage die Schwerpunkte religiösen Lebens (im Herbst *Rosch HaSchana* oder Neujahrstag, in der Thora Trompetentag genannt; *Jom Kippur*, der Sühnetag; *Sukkot*, Laubhüttenfest; im Frühling *Pesach*, Passah; *Schawuot*, Wochenfest oder Pfingsten, mit jeweils dazwischenliegenden Feiertagen). Im Christentum werden die Sonntage von vielen Christen als Sabbat betrachtet, allerdings nicht in der umfassenden, strengen Weise, wie der Sabbat im Judentum gehalten wird, während für viele andere Christen der Sonntag einfach der bevorzugte Tag für gemeinsamen Gottesdienst ist. (Zur Sabbatfrage vgl. Kapitel 49.) In liturgischen Kirchen sind die Hauptfeiertage wie Ostern und Weihnachten Teil eines heiligen traditionellen Tageszyklus, doch auch hier nicht mit dem

Gewicht oder in der umfassenden Weise wie im Judentum. In nichtliturgischen Kirchen ist Ostern oder der Auferstehungssonntag ein besonderer Tag zum Feiern und sogar zur Verkündigung des Evangeliums, doch nicht viel mehr als das, während für viele Christen Weihnachten nicht von tiefer religiöser Bedeutung ist.

Nach dieser Zusammenfassung einiger grundlegender Unterschiede zwischen »Judentum« und »Christentum« ist es wichtig, daran zu erinnern, dass es viele Bereiche mit Gemeinsamkeiten gibt. Und viele Christen widmen sich der Wiederentdeckung der jüdischen Wurzeln ihres Glaubens – ohne zu versuchen, orthodoxe Juden zu werden (obwohl das unglücklicherweise einige tun!), sondern um vielmehr festzustellen, dass viele Kirchentraditionen mit den Jahren die biblischen, jüdischen Grundlagen verschleiert haben, auf welchen der Glaube an Jeschua, den Messias, ursprünglich errichtet war. (Mehr hierzu im Kapitel 43.)

9. Was denken Juden über Jesus?

Es gibt keine einfache Antwort auf diese Frage, bei dieser großen Verschiedenheit der Glaubensinhalte und Sichtweisen unter den Juden. Und größtenteils verbringen Juden nicht sehr viel Zeit damit, ernsthaft über Jesus nachzudenken. Das heißt, außerhalb der Weihnachtsfeierlichkeiten und abgesehen von der Besorgnis über Religionsrechte oder den neuesten Medienwahn – wie den Aufruhr um den Film *The Da Vinci Code – Sakrileg* im Jahr 2006 oder den Tumult wegen *Die Passion Christi* 2004 – ist die Person Jesus kein Thema, worüber in den meisten jüdischen Haushalten diskutiert oder nachgedacht wird. Insgesamt würden die Juden wohl sagen: Wir sind Juden, keine Christen, und Jesus ist für Christen (d.h. Heiden) da.

In den meisten Fällen wird Jesus daher von der großen Mehrheit der Juden nicht als direkt relevante religiöse Gestalt betrachtet. Es stimmt, dass jetzt mehr Juden wahrnehmen, dass Jesus – Jeschua! – ein Jude war, was mir selbst nicht klar war, bis ich fast 13 Jahre alt war. Nachdem ich das entdeckt hatte, habe ich meinen jüdischen Schulfreunden einen Witz erzählt, ich fragte sie: »Wann wurde Jesus Katholik? Nachdem er auferstanden war?« Das zeigt, wie wir darüber dachten! Unter dem Aspekt derartiger Wahrnehmungen ist es nicht überraschend, dass die meisten Juden »Christus« nicht sofort mit »Messias« verbinden, da sie das zuerst als Teil des Namens Jesu ansehen.

Wenn Juden Meinungen über Jesus haben, fallen diese sehr unterschiedlich aus. Aus der Sicht der Ultraorthodoxen ist Jesus ein abtrünniger Jude und ein Erzfeind des jüdischen Volkes, der Gründer einer destruktiven Religion. Er hat über Generationen unaussprechliche Not und Verfolgung über uns gebracht. Manche glauben, dass er wirklich sagte, was das Neue Testament ihm zuschreibt – nicht, dass sie es selbst gelesen hätten. Andere glauben, dass vor allem seine Nachfolger dafür verantwortlich waren, dass sie vom Weg abgekommen sind. (Paulus wird hier besonders kritisiert, vgl. Kapitel 44.) So oder so, in dem Maß, wie sie glauben, dass der Talmud und die anderen rabbinischen Schriften tatsächlich über genau diesen Jesus berichten (den sie als Jeschu kennen; vgl. Kapitel 38), würden sie ihn als Betrüger der breiten Masse ansehen.[34]

Weniger religiöse Juden und solche, die bereits über die Person Jesus nachgedacht haben, neigen zu einer positiveren Einschätzung, wenngleich es auch unter ihnen vielfältige Meinungen gibt. Manche sehen Jesus als bedeutenden Rabbi an, der von seinen Nachfolgern der nächsten Generationen entweder missverstanden oder falsch dargestellt wurde, was zur Entstehung des Christentums führte. Manche sehen in ihm einen Weisen oder sogar einen Propheten; manche betrachten ihn als mutige Persönlichkeit, die sich gegen die Tyrannei Roms aufgelehnt hat; andere halten ihn für einen Mystiker oder Guru (wobei sie in vielen Fällen auf Jesus zurückprojizieren, was sie selbst als geistliche positive Qualitäten empfinden). Wieder andere haben den Eindruck, dass man nicht viel von ihm wissen kann, da sie im Verein mit der kritischen, skeptischen Wissenschaft die Zuverlässigkeit der verfügbaren Quellen in Zweifel ziehen, wie das auch im »Jesus-Seminar« in Kalifornien geschieht.

So stark diese Ansichten auch voneinander abweichen – Betrüger, Rabbi, Prophet, Lehrer, Mystiker –, haben sie doch alle eines gemeinsam: Mit Ausnahme der Juden, die an Jeschua glauben, erkennen Juden Jesus *nicht* als Messias an und sehen ihn, noch nachdrücklicher, *nicht* als menschgewordenen Gott. Daher mag er ein bedeutender

Rabbi oder sogar ein edler Revolutionär gewesen sein, aber gewiss nicht der Erlöser. Vielleicht ein erleuchteter Guru, aber definitiv nicht Gott!

In den vergangenen Jahrzehnten wurde von jüdischen Gelehrten immer häufiger der Wunsch geäußert, Jesus wieder als Juden zu sehen; einige davon sind Orthodoxe. Und obwohl diese Rückbesinnung nicht so weit geht, ihn Messias oder Herr zu nennen, ist sie doch ein Schritt in die richtige Richtung.[35] In Israel lernen Schulkinder ebenfalls etwas über Jeschua (auch sie kennen ihn als Jeschu; vgl. Kapitel 38), obgleich sie, um es noch einmal zu sagen, *nichts* über ihn als Retter oder Erlöser lernen.

Eine aktuelle, herausfordernde Studie über die Probleme der Juden mit dem christlichen Jesus ist das Werk der jüdischen Professorin Amy-Jill Levine, *The Misunderstood Jew: The Church and the Scandal of the Jewish Jesus* (Der missverstandene Jude: Die Kirche und der Skandal um den jüdischen Jesus).[36] Ich stimme mit einer ganzen Reihe ihrer Hauptprämissen nicht überein, und ihr ökumenisches Anliegen, Judentum und auch Christentum voll anzuerkennen, ist nicht haltbar (vgl. Kapitel 60). (Wie ich wiederholt angemerkt habe: Wenn Jesus nicht der Messias Israels ist – was eine grundlegende Wahrheit des Neuen Testaments ist –, dann sollte niemand ihm nachfolgen. Anders gesagt: Entweder ist Jesus für alle der Messias oder für keinen.) Dennoch ist ihr Buch eine Hilfe für den christlichen Leser, um wertvolle Einblicke in einige der Schwierigkeiten zu bekommen, die Juden mit Jesus haben.

Ein persönliches Erlebnis zu diesem Thema: Ein messianischer jüdischer Leiter erzählte mir vor kurzem, dass seine Gemeinde sich weitreichender Beziehungen zu der jüdischen Gemeinschaft in seinem Heimatort erfreue. Sie hätten sogar Zusammenkünfte mit der Synagoge der Konservativen – was bei messianischen Gemeinden fast beispiellos ist – und würden zusammen eine Israelreise unternehmen. Solch wertvolle Beziehungen unterhalten sie schon seit mehreren Jahren. Und doch äußerte sich dieser Leiter mir gegenüber traurig, dass auch nach all der Zeit, die diese beiden Gruppen zusammen verbracht haben, es den Mitgliedern der konservativen jüdischen Gemeinde nicht aufgegangen sei, dass Jeschua auch nur irgendeine Relevanz für sie habe.

Das ist typisch für die große Mehrheit der Juden weltweit, und wenn ich einem Juden erzähle, dass ich an Jesus glaube, ist bis zum heutigen Tag die typische Antwort darauf: »Also Sie *waren* Jude, doch nun glauben Sie an Jesus?« oder »Wie können Sie Jude sein und an Jesus glauben?«. Dies beides scheint ihnen unvereinbar zu sein, wie der jüdische Komiker (und Rabbi) Jackie Mason sagte: »So etwas wie einen Juden, der für Jesus ist, gibt es nicht. Das ist, als ob man sagen würde, dass ein Schwarzer für den Ku-Klux-Klan ist. Du kannst nicht Tisch und Stuhl zugleich sein. Du bist entweder ein Jude oder ein Nichtjude.«[37]

Es sieht also ganz danach aus, als gäbe es noch jede Menge zu tun, damit die Juden verstehen, dass Jesus/Jeschua einer von ihnen ist und es das Jüdischste ist, was sie überhaupt tun können, ihn als Messias anzunehmen. Doch es gibt Fortschritte und es ist auch normal, wenn ich einem Juden von meinem Glauben erzähle, dass ich die Antwort bekomme: »Dann bist du ein Jude für Jesus!«. Wenigstens haben sie von dem Gedanken gehört! Am allerbesten ist, dass es eine wundervolle Verheißung im Wort Gottes gibt für die wunderbare geistliche Bestimmung des jüdischen Volkes (vgl. Kapitel 59).

10. Erwarten Juden buchstäblich einen Messias?

Traditionelle Juden erwarten buchstäblich einen Messias, den Sohn Davids, der vieles von dem tun wird, was Christen von Jesus bei seiner Rückkehr erwarten. Zu jener Zeit werden Textstellen wie Jesaja 2,1-4 oder Jesaja 11 erfüllt werden; siehe auch Jeremia 23,5-6.

Dem großen jüdischen Glaubens- und Gesetzeslehrer Moses Maimonides (1135–1204 n.Chr.) zufolge wird der Messias auf folgende Weise bekannt werden:

> Wenn sich ein König aus dem Haus Davids erheben wird, der bewandert ist in der Thora und die Mitzwot [die Gebote der Thora] befolgt, wie es vorgeschrieben ist im geschriebenen Gesetz und im mündlichen Gesetz, wie es David, sein Ahne, tat, und der ganz Israel dazu bringen wird zu wandeln [auf dem Weg der Thora] und der auf die Übertretungen [der Gebote] hinweisen wird und der die Kriege G-ttes ausfechten wird, dürfen wir ihn, mit Zuversicht, als den Messias betrachten.

Wenn es ihm gelingt, das Obige zu tun, wenn er den Tempel auf seinem Platz errichtet und wenn er die Versprengten Israels sammelt, dann ist er definitiv der Messias.

Wenn ihm das nicht in vollem Maße gelingt oder er getötet wird, ist er gewiss nicht [der Erlöser], der von der Thora verheißen wurde. [Vielmehr] sollte er wie all die anderen tugendhaften und vollkommenen Könige der Davidischen Dynastie betrachtet werden, die gestorben sind. G-tt ließ ihn nur sich erheben, um die Vielen zu prüfen, wie [Daniel 11,35; EB] sagt: »Und von den Verständigen werden (einige) stürzen, damit unter ihnen geläutert und geprüft und gereinigt werde bis zur Zeit des Endes. Denn (es verzögert sich) noch bis zur bestimmten Zeit.«[38]

Der Messias wird laut Maimonides, dessen Ansicht von den meisten traditionellen Juden als autoritativ angesehen wird, kein Wundertäter sein, und er wird gewiss nicht sterben und dann von den Toten auferstehen. Stattdessen wird er ein außergewöhnlich begabter Mensch sein, der Israel und die Nationen zu Gott zurückführen wird.

Es gibt eine Tradition aus talmudischer Zeit, die eine zweite messianische Person erwähnt, welche der »Messias, Sohn von Joseph« genannt wird, wenngleich der Ursprung dieses Glaubens sehr schwer zurückzuverfolgen ist.[39] Manchen Traditionen zufolge wird er nur kommen, wenn das jüdische Volk des Messias', Sohn von David, nicht würdig ist. (Diese Personen werden *Messias ben David* und *Messias ben Joseph* genannt; traditionelle Juden sagen eher *Moschiach* als Messias.) Er wird viele der messianischen Aufgaben erfüllen, bevor er in der Schlacht des letzten großen Krieges fallen wird. Zu diesem Zeitpunkt wird der Messias, Sohn von David, ihn von den Toten erwecken, die übrigen messianischen Aufgaben erfüllen und Gottes Königreich auf der Erde errichten. Sein Tod wird jedoch nicht im stellvertretenden Sinne verstanden – wie der Tod Jesu für unsere Sünden –, weshalb dieser Messias, Sohn von Joseph, zwar ein leidender Messias, aber *kein* erlösender Messias ist.[40]

Es gibt viele mystische Vorstellungen, die mit dem Kommen des Messias verbunden sind, so auch die Vorstellung, dass in jeder Generation ein potenzieller Messias darauf wartet, offenbart zu werden. Daher kommt es, dass einige der einflussreichsten Juden vergangener Generationen – besonders jene, die von Mystizismus erfüllt waren –

nach ihrem Tod als potenzielle Messiasgestalten ihrer je eigenen Generation angesehen wurden. Doch ihre eigene Generation wurde nicht für wert befunden und so wurde dieser potenzielle Messias nie offenbart. (Zu den messianischen Erwartungen der Lubawitscher Chassidim vgl. Kapitel 2.)

Dies unterstreicht wieder den traditionellen jüdischen Glauben, dass der Messias ganz Mensch sein wird. Und es erklärt auch talmudische Traditionen, die aussagen, dass, wenn das Volk von Israel nur einen einzigen Sabbat hielte (oder gemäß anderer Traditionen: zwei aufeinanderfolgende Sabbate), der Messias offenbart werden würde. (Mit anderen Worten: Er ist hier in jeder Generation, er wird nur nicht als Messias erkannt und nicht in seiner vollen Herrlichkeit oder seiner vollen Macht offenbart.) In Übereinstimmung damit beten und bekennen traditionelle Juden täglich, wie es von Maimonides formuliert wurde: »Ich glaube mit voller Überzeugung an die dereinstige Erscheinung des Meschiach, und ob er gleich säume, dennoch harre ich sein jeglichen Tag, dass er kommen werde.«[a]

Dieser Bericht im Talmud hat mich immer bewegt:

> R. Jehošua b. Levi traf einst Elijahu am Eingange der Höhle des R. Šimon b. Johaj; da sprach er zu ihm: Werde ich in die zukünftige Welt kommen? Dieser erwiderte: Wenn es diesem Herrn gefällig sein wird. R. Šimon b. Johaj erzählte, er habe zwei Personen gesehen und die Stimme eines Dritten gehört. Hierauf fragte er ihn weiter: Wann wird der Messias kommen? Dieser erwiderte: Geh, frage ihn selbst. – Wo befindet er sich? – Am Tore von Rom. – Woran erkennt man ihn? – Er sitzt zwischen den mit Krankheiten behafteten Armen; alle Übrigen binden [ihre Wunden] mit einem Male auf und verbinden sie wieder, er aber bindet sie einzeln auf und verbindet sie, denn er denkt: Vielleicht werde ich verlangt, so soll keine Verzögerung entstehen. Hierauf ging er zu ihm hin und sprach zu ihm: Friede mit dir, Herr und Meister! Dieser erwiderte: Friede mit dir, Sohn Levis! Er fragte: Wann kommt der Meister? Dieser erwiderte: Heute. Darauf kehrte er zu Elijahu zurück, der ihn fragte: Was sagte er dir? Er erwiderte: Friede mit dir, Sohn Levis! Da sprach dieser: Er hat dir und deinem Vater die zukünftige Welt verheißen. Jener

a Gebete der Israeliten, M. Sachs (Übers.), revidierte übersichtlich geordnete Ausg., Tel-Aviv, Israel: Sinai Publishing House, 1988, 125 (zwölfte der »dreizehn Grundlehren des israelitischen Glaubens nach Maimonides«).

entgegnete: Er hat mich belogen, denn er sagte mir, er werde heute kommen, und er kam nicht. Dieser erwiderte: Er hat es wie folgt gemeint: Wenn ihr heute auf seine Stimme hören werdet.[41]

Als ich 1998 als Gastprofessor an der *Trinity Evangelical Divinity School* eine Doktorandenklasse über die rabbinische Interpretation messianischer Prophetie unterrichtete, las ich diesen Abschnitt mit der kleinen Studentenklasse und brach fast in Tränen aus, weil es mir das Herz zerreißen wollte wegen der Erlösung unseres Volkes. Das kam ziemlich unerwartet in einer akademischen Umgebung wie dieser! Der Messias, der hier in seinem Leiden gezeigt wird, war so begierig, sein Volk zu erlösen – »vielleicht werde ich verlangt, so soll keine Verzögerung entstehen« –, doch wir waren noch nicht bereit.

Konservative Juden erwarten noch immer buchstäblich einen Messias, doch das Reformjudentum in seiner klassischen Form legt größeres Gewicht auf das messianische Zeitalter, das durch die Mission des jüdischen Volkes und die Selbstvervollkommnung des Menschengeschlechts verwirklicht werden soll. Das stimmt überein mit den ein wenig humanistischen, gegen alles Übernatürliche gerichteten Ansichten des Reformjudentums, entspricht aber ganz gewiss nicht dem historischen jüdischen Glauben.

Es sollte jedoch nicht vergessen werden, dass die Mehrheit der heutigen Juden – sowohl in Amerika als auch weltweit – nicht tiefgläubig ist und daher der Glaube an einen Messias nichts ist, was sehr vielen Juden am Herzen liegt. Für sie muss erst der Glaube an Gott die Mitte ihres Lebens werden, bevor sie gründlich über die Vorstellung eines Messias nachdenken.

11. Benutzen Juden Jehova als Namen Gottes?

Der Name *Jehova* kommt eigentlich von einer falschen Lesung des biblischen Textes durch mittelalterliche christliche Gelehrte, die zwar die hebräische Sprache gelernt hatten, aber mit gewissen jüdischen Schriftgewohnheiten nicht vertraut waren. Kurz gesagt haben sie nicht erkannt, dass es eine jüdische Tradition war, die Vokale für das Wort *adonai*, »Herr«, mit den Konsonanten für den Namen Jahwe, bekannt als Tetragrammaton, zusammenzuschreiben, und sie lasen dieses Mischwort als *Jehowa* oder auf Englisch »Jehova«. Das heißt, *den Namen Jehova (oder Jehowa) gab es in Israel nicht* – abgesehen von der Popularität dieses Namens in englischsprachigen christlichen Kreisen und abgesehen von religiösen Organisationen wie den Zeugen Jehovas.

Bevor wir über die ursprüngliche Schreibweise des Gottesnamens JHWH ins Detail gehen, soll die jüdische Schreibgewohnheit erklärt werden, die als *qere-ketif* bekannt ist, das ist Aramäisch für »das zu Lesende« und »das Geschriebene«. Dieses Verfahren umfasste mehrere unterschiedliche Schreibregeln, unter anderem: 1) die Regel, gewisse Wörter nicht zu lesen, die im biblischen Text anstößig waren, und sie durch weniger kritische zu ersetzen, und 2) die Regel, die Lesart eines Wortes durch die abweichende Lesart desselben Wortes zu ersetzen, um dabei für gewöhnlich einen kleinen Unterschied in der Aussprache oder Grammatik wiederzugeben. Ein Beispiel für die erstgenannte Regel wäre die Lesart des Verbs »liegen bei« (hebr. *schachaw*) für das Verb »vergewaltigen« (hebr. *schagal*). Das kommt viermal im Tanach vor, 5. Mose 28,30; Jesaja 13,16; Jeremia 3,2 und Sacharja 14,2. Aus diesem Grund übersetzt die Neues Leben Bibel bei zwei der Stellen (Jesaja und Sacharja) mit »vergewaltigen« (wie es auch im hebräischen Text steht), doch in der Synagoge hätte man im Altertum den Randtext »liegen bei« gelesen. In diesem Fall wäre »vergewaltigen« das *ketif*, das im hebräischen Bibeltext steht, während »liegen bei« das *qere* wäre, also das Wort, das zu lesen ist anstelle von dem, das geschrieben steht. Ein Beispiel für die zweite Regel wäre die Verwendung der Pluralform eines Wortes für eine Singularform. Oder, um ein Beispiel aus der englischen Sprache anzuführen, wenn man »colour« (britisch) durch »color« (amerikanisch) ersetzt. Diese Ersetzungsarten kommen häufig vor. Wieder ist die Ersatzform das *qere*, während die zu ersetzende Form das *ketif* ist.

Wie haben jüdische Schriftgelehrte das kenntlich gemacht? In manchen Manuskripten wurde das zu ersetzende Wort (das *ketif*, das Wort, das im Bibeltext geschrieben steht) ohne Vokale notiert, was sehr auffällig war. (Wie in Kapitel 6 erwähnt, werden hebräische Vokale mit kurzen Strichen und Punkten unter, neben oder über den

Konsonanten notiert.) Am Rand des Textes wurde das *qere* vollständig ausgeschrieben (also mit Konsonanten und Vokalen). In anderen Manuskripten blieben die Konsonanten des Wortes im Text (*ketif*) stehen, doch es wurden die Vokale des zu lesenden Wortes (*qere*) notiert. So entstand eine Mischform. Die Konsonanten des *qere* wurden an den Rand geschrieben.

Um das im Deutschen nachzukonstruieren – das ist lediglich zu Illustrationszwecken gedacht, da die Sprachen sehr unterschiedlich sind –, werde ich den Namen Maria durch den hebräischen Namen Mirijam ersetzen und dazu die beiden eben erwähnten Methoden verwenden.

Die erste Methode würde so aussehen, dass die Vokale des fraglichen Wortes im Text (des *ketif*) weggelassen werden und das zu lesende Wort (das *qere*) voll ausgeschrieben wird:

Der Name dieser Jungfrau war Mr. Mirijam

Die zweite Methode würde so aussehen, dass die Vokale des Wortes am Rand (des *qere*) in das Wort im Text (das *ketif*) eingefügt werden und so ein Mischwort im Text gebildet wird, das es nicht gibt, wobei das Wort am Rand ohne Vokale geschrieben wird:

Der Name dieser Jungfrau war Miria. Mrjm

In beiden Fällen würde ein deutscher Leser sofort erkennen, dass mit der Form im Text (Mr oder Miria) etwas nicht stimmt, und augenblicklich an den Rand schauen, um das Ersatzwort zu lesen. Wie kam es dann, dass die christlichen Gelehrten, die im späten Mittelalter begannen, Hebräisch zu studieren, übersehen haben, dass die hebräische Form *jehowah* eine Kombination der Konsonanten von *jahweh* und der Vokale von *adonaj* ist?

Das ist ganz einfach. Im Fall des Gottesnamens *jhwh*, der ungefähr 6800-mal in der hebräischen Bibel vorkommt, haben die Schriftgelehrten die *qere*-Form *adonaj* nicht an den Rand geschrieben. So hatten diese Gelehrten keine Ahnung davon, dass sie gerade eine Mischform betrachteten, vergleichbar mit dem zur Illustration geschaffenen Mischwort *Miria*.

Jahrhundertelang glaubten die Juden, dass der Name des Herrn zu heilig ist, um ausgesprochen zu werden. Wann immer er also im Text stand, sagten die Juden stattdessen »der Herr« (*adonaj*). Das lässt sich zurückverfolgen bis zur Septuaginta, der griechischen Übersetzung der hebräischen Bibel, die von jüdischen Gelehrten vom 3. bis 2. Jahrhundert v.Chr. erstellt wurde. Dort wird das griechische Wort *kyrios*, »Herr«, für den Namen *jahweh* verwendet. Auch eine Eigenart der Qumran-Rollen spiegelt diesen Glauben der Juden wider: In ihnen wurden für die Konsonanten *j-h-w-h* die Buchstaben einer anderen Schrift benutzt.

Es gab also keinen Grund für die späteren jüdischen Schriftgelehrten, ständig am Rand anzuzeigen, dass *jehowah* nicht die ursprüngliche Schreibweise war, weil das allen Juden, die lesen und schreiben konnten, bekannt war. Die christlichen Gelehrten allerdings, die Neulinge im Hebräischen waren, wussten das nicht. So hielten sie die Mischform des Namens für die ursprüngliche Namensform.[42]

Wie wurde dann der Name des Herrn ursprünglich ausgesprochen? Er wird am besten mit *jahweh* rekonstruiert, einer Kausativform der Wurzel »sein«, und bedeutet: »Er, der macht, dass Dinge sind; er, der Dinge geschehen lässt.« (Die berühmten Worte »Ich bin, der ich bin« in 2. Mose 3,14; EB, lauten auf Hebräisch: *ehjeh ascher ehjeh*. Dabei ist das Wort *ehjeh* ein Wortspiel mit *jahweh*, da es von derselben Wurzel »sein« stammt.) Diese Rekonstruktion gründet sich auch auf die Kurzform *ja*, die im Wort »Halleluja« vorkommt (es besteht aus den hebräischen Wörtern *hallelu* [lobt] und *ja*) und ebenso in Namen wie Elija (vom Hebräischen *elijahu*, verkürzt für »mein Gott ist Jahwe«).

Gläubige Juden würden nicht einmal im Traum daran denken, sich mit dem falschen Namen Jehova oder gar dem richtigen Namen Jahwe auf Gott zu beziehen, weil der Erstere schlicht bedeutungslos für sie ist und sie den Letzteren für zu heilig erachten, um ihn auszusprechen. Für sie heißt er Gott oder Herr oder *HaSchem* (wörtlich: der Name; im volkstümlichen Gebrauch wurde HaSchem der neue Name des Herrn). Wenn allerdings Wörter wie *Gott* oder *Herr* von gläubigen Juden geschrieben werden, werden sie nicht ausgeschrieben – daher die gängigen Formen G-tt oder H-rr –, weil sie als zu heilig betrachtet werden, um sie auszuschreiben, außer in offiziellen heiligen Texten wie der Bibel oder dem Gebetbuch.

Während wir alle uns an die (falsche) Form Jehova gewöhnt haben und manche von uns mit der (richtigen) Form Jahwe vertraut sind, wäre interessanterweise die englische Aussprache des Wortes *jahweh* eigentlich »Jahveh«[a] – was in unseren Ohren recht merkwürdig klingt. Dennoch ist das viel näher am selbstoffenbarten Namen des Herrn als Jehova! Zum Glück freut sich unser Vater im Himmel, wenn wir mit ihm in enger, vertrauter Nachfolge den Weg gehen. Er lässt sich nicht davon abschrecken, wenn man ihn Jehova nennt, noch stört es ihn, wenn wir ihn nicht Jahwe nennen, obwohl es so scheint, als ob sein Volk ihn mehr und mehr mit dem Namen anbeten würde, den er gebrauchte, als er sich ihm offenbarte.

12. Was bedeutet der Begriff *koscher*?

Der Begriff *koscher* ist abgeleitet von der hebräischen Wurzel *k-sch-r*, die »angemessen« oder »brauchbar« bedeutet.[43] Im Judentum bezieht es sich zuerst auf die Speisegesetze, wo es Nahrungsmittel beschreibt, die akzeptabel (*koscher*) für einen gläubigen Juden sind, um sie zu essen. Die Frage: »Ist das koscher?« bedeutet: »Kann ich als Jude, der die Gebote hält, dieses Nahrungsmittel essen? Entspricht es den rabbinischen Anforderungen?« Ausgehend von diesem Gebrauch wurde das Wort allgemeingebräuchlich und wird auch in nicht jüdischen Kreisen mit Bezug auf alle Arten von Themen, die nichts mit Ernährung zu tun haben, mit dieser Bedeutung benutzt: »in Ordnung, akzeptabel, legal, einwandfrei«. Ein Beispiel hierfür wäre, wenn Ihnen jemand ein unglaublich lukratives Geschäft anbieten würde, eines, das zu gut ist, um wahr zu sein. Das brächte Sie dazu, sich zu fragen, ob es dabei wirklich grundehrlich zugeht, und Sie würden fragen: »Ist das koscher?« In diesem Fall würden Sie gewiss nicht meinen: »Wurde das von den Rabbis genehmigt?«

Kehren wir jedoch zur ursprünglichen Bedeutung von *koscher* zurück. Christen scheinen eher nicht zu wissen, wie umfassend die jüdischen Speisevorschriften sind. Normalerweise weiß man, dass gläubige Juden kein Schweinefleisch, keine Garnelen oder Hummer

a klingt wie: dschaweh

essen. Die Koscher-Vorschriften gehen aber viel weiter als das. Sie sind sozusagen eine eigene Lebensart geworden. Wie der christliche Alttestamentler John Hartley schreibt, der zurückverweist auf die biblischen Speisegesetze, Gesetze, die von den Rabbis enorm erweitert wurden:

> Indem sie diese Speisegesetze befolgten, gehorchten die Israeliten Gottes Anweisungen mehrmals täglich und entwickelten so tief in ihrem Bewusstsein eine Gesinnung des Gottesgehorsams. Dass das ganze Volk diese Vorschriften bei jeder Mahlzeit befolgte, war eine gewaltige Kraft der Solidarität, welche das Volk als Gottes besonderen Schatz (2. Mose 19,5) vereinte. Das grenzte die Israeliten von ihren polytheistischen Nachbarn ab und wurde zu einem Unterscheidungsmerkmal ihrer nationalen Identität. Diese Speisegesetze gewannen noch an Bedeutung, als die Juden unter die Völker versprengt wurden. Sie wurden zu einer signifikanten Kraft dabei, die jüdische Identität zu wahren. Sie errichteten eine hohe Barriere gegen die Anpassung und Verschmelzung des jüdischen Volkes, die zum Verlust ihrer Rassenidentität geführt hätten. Koscher bleiben ist heute ein Unterscheidungsmerkmal eines sehr strenggläubigen Juden und vermittelt das Verständnis, dass diese Person zum erwählten Volk Gottes gehört.[44]

Die grundlegenden Bibeltexte, welche die Speisegesetze kurz umreißen, stehen in 3. Mose 11 und 5. Mose 14,3-21 (weitere relevante Texte werden unten erörtert). Beachten Sie, dass der genannte Text aus 5. Mose direkt auf 5. Mose 14,1-2 folgt: »Da ihr Kinder des Herrn, eures Gottes, seid, sollt ihr euch niemals wegen eines Toten die Haut einritzen oder die Haare über der Stirn abrasieren. Ihr seid für den Herrn, euren Gott, geheiligt. Er hat euch unter allen Völkern der Erde zu seinem Eigentum erwählt.« Die Speisegesetze waren also ein wesentlicher Teil von Gottes Berufung für sein Volk Israel, seine eigenen Kinder zu sein, heilig und abgesondert.

Bedenken Sie nur, wie viele Aktivitäten mit einer Mahlzeit verbunden sind – Zeit mit der Familie, Gemeinschaft mit Christen, Treffen mit Freunden, Aufbau von Beziehungen, geschäftliche Besprechungen –, und stellen Sie sich vor, wie es wäre, nicht dabeisitzen und mitessen zu können aufgrund solcher Speisevorschriften. Das würde eine richtige Abgrenzung erzeugen, und das war eine der Absichten der Speisegesetze. Manche haben argumentiert, dass die Speisegesetze auch aus gesundheitlichen Gründen erlassen wurden (wegen hygienischer Fragen beim Essen von Schweinefleisch, von Schalentieren usw.), und andere meinten, es stünden noch andere Beweggründe hinter der göttlichen Auswahl, welche Nahrungsmittel gegessen werden können.

Im Laufe der Zeit führte die rabbinische Interpretation einer Reihe von anderen Versen zu einer viel komplizierteren Entwicklung der Speisegesetze, welche auch das Verbot, Milchprodukte zusammen mit Fleischprodukten zu verzehren (vgl. Kapitel 13), und die Erfordernis rabbinischer Aufsicht über den Vorgang der Tierschlachtung (genannt *schechita*; eine rituelle Schlachtung heißt *schochet*) beinhaltete.[45] Am wichtigsten waren dabei: 2. Mose 23,19; 34,26; 5. Mose 14,21, wo verboten wird, ein Ziegenböcklein in der Milch seiner Mutter zu kochen, und 5. Mose 12,21, wo es angeblich um eine von Gott gegebene Form der rituellen Schlachtung geht. Hinzu kommt noch, dass die späteren Rabbis, weil sie sich über die exakte Identität jedes einzelnen Tieres, das in 3. Mose 11 und 5. Mose 14 aufgelistet ist, nicht vollkommen sicher waren, die Liste der verbotenen Tiere erweitert haben, nur um sicherzugehen.

Es gibt viele komische – und manchmal schmerzvolle – Geschichten über christliche Ignoranz oder Unsensibilität, was die *koscher*-Gesetze und Bräuche angeht. Beispielsweise haben einige Christen mit der Begründung, dass das Neue Testament die Speisegesetze abgeschafft habe, die Rechtgläubigkeit und geistliche Freiheit neu zum Glauben gekommener Juden »getestet«, indem sie sie baten – oder sogar von ihnen verlangten –, ein Brot mit Schweinefleisch zu essen! Noch schlimmer: Einige mittelalterliche Taufformeln verlangten von Juden zu bekennen, dass sie lernen würden, eine Vorliebe für Schweinefleisch zu entwickeln, selbst wenn sie es bis dahin ihr Leben lang gemieden hatten. Können Sie sich die Arroganz und Ignoranz hinter solch einer Formel vorstellen?[46]

Etwas harmloser: Einige evangelikale Christen mit einer großen Liebe zu Israel entschlossen sich 2006 in Italien, sich an die messianischen Juden in ihrem Land zu wenden, um sie zu einem Tag der Nachfolge und Zusammenarbeit einzuladen. Bei jeder Mahlzeit wurden – völlig unbeabsichtigt, versteht sich – in erster Linie (und unvermeidbar) Schweinefleischerzeugnisse angeboten. Sie wollten die Mahlzeiten zu etwas Besonderem machen und hatten keine Ahnung, dass viele dieser jüdischen Gläubigen – entweder aufgrund ihrer Lebensweise oder ihrer geistlichen Entscheidung (aus Solidarität zu ihren jüdischen Wurzeln) – lieber kein Schweinefleisch essen wollten. Zum Glück verursachte das keine bleibenden Schäden, doch es zeigte, dass diese lieben Christen noch eine Menge zu lernen hatten.

13. Warum haben traditionell lebende Juden in ihren Küchen unterschiedliches Geschirr für Fleischprodukte und Milchprodukte?

Die Gewohnheit, unterschiedliches Geschirr für Fleisch- und Milchprodukte zu haben – sogar die Küche nach Fleisch- und Milchgebrauch zu unterteilen –, gründet auf einer rabbinischen Interpretation des Verbots aus der Thora, ein Ziegenböcklein in der Milch seiner Mutter zu kochen. Dieses Verbot findet sich dort dreimal (vgl. 2. Mose 23,19; 34,26; 5. Mose 14,21).

Was ist der Ursprung dieses Verbots? Der jüdische Bibelwissenschaftler Nahum Sarna umreißt kurz die Geschichte der jüdischen Auslegung dieses Verbots, dessen Erklärung »weithin ein Rätsel bleibt«. Die Meinungen verschiedener jüdischer Gelehrter zitierend, schreibt er:

> Seine Bedeutung kann daran gemessen werden, dass es noch zweimal in der Thora wiederholt wird, in Exodus 34,26 und Deuteronomium 14,21. In dieser letztgenannten Quelle erscheint das Verbot im Kontext der Speisegesetze, doch die beiden anderen Quellen zeigen, dass ihr Ursprung im übergreifenden Kontext der Feste liegt. Das Nebeneinanderstellen dieser Regel mit dem Gesetz der Erstlingsfrüchte brachte Menahem ibn Saruq (10. Jh.) dazu, *gedi* nicht als Ziegenböcklein zu verstehen, sondern als »Beeren«. Diese exzentrische Erklärung wurde von Menahem ben Solomon (1. Hälfte des 12. Jh.) aufgenommen, der »Milch seiner Mutter« bildlich verstand als den Saft der Knospe, welche die Beere enthält. Der gesamte Abschnitt schien ihm ein Verbot zu sein, die Erstlingsfrüchte einzubringen, bevor sie reif sind. Viele Gelehrte des Mittelalters und der Moderne folgen den Vorschlägen des Maimonides, dass dieses Gesetz einen heidnischen Brauch verbietet – obwohl derzeit kein solcher bekannt ist.

Raschbam, Bechor Schor, Ibn Esra und Abravanell führen allesamt auf unterschiedliche Weise den Beweis für eine tierfreundliche Motivation an [vgl. 2. Mose 22,29]. Raschbam hat einen weiteren Vorschlag: Da es bei Festen Fleischmahlzeiten gab und weil Ziegen für gewöhnlich mehrere Junge gleichzeitig werfen und viel Milch geben, war es üblich, eines der Jungen eines neuen Wurfes zu schlachten und in der Milch der Mutter zu kochen. Die Thora betrachtet ein derartiges Vorgehen als Erweis der Unsensibilität gegenüber den Gefühlen der Tiere. Die Erklärung von Raschbam wird gestützt durch die Beobachtung der Moderne, dass in biblischen Zeiten im Land Israel Ziegen viel zahlreicher vorhanden waren als Schafe und sie die Hauptlieferanten für Milch waren. Das Fleisch des Ziegenböckleins ist zarter und wohlschmeckender als Lammfleisch. Da die Brunstzeit von Ziegen während der Sommermonate beginnt und sie während der Regenzeit werfen, kommt der früheste Wurf gerade um das Sukkotfest herum. Dieses Verbot regelt also die Feierlichkeiten am Erntedankfest.[47]

Es gibt also eine Diskussion über die logische Grundlage des Gesetzes, doch seine Anwendung scheint recht einfach zu sein: Koche ein Ziegenböcklein nicht in der Milch seiner Mutter. Die talmudischen Rabbis jedoch erweiterten es enorm, wie der Bibel- und Semitistik-Wissenschaftler Jeffrey H. Tigay erklärt:

Der Text nennt lediglich das Kochen des Fleisches des Böckleins in der Muttermilch. Die halachische [jüdisch-juristische] Exegese interpretierte die Bestimmung noch weitgehender, indem sie das Kochen oder Essen jeglichen Nutztieres zusammen mit der Milch oder den Milchprodukten eines jeglichen Nutztieres verbat, ferner jeden Gewinn aus einer solchen Vermischung. Ergänzende Verordnungen verboten außerdem, Geflügel oder Wild mit Milch zu essen, und forderten getrenntes Geschirr für Milch und Fleisch, einschließlich der Produkte aus ihnen. Diese weitgehende Interpretation beruht vermutlich auf dem Wunsch, einer unabsichtlichen Übertretung des ursprünglichen Gebotes vorzubeugen. In einer Gesellschaft mit kleinen Siedlungen, wo auf den Höfen Milchvieh und Schlachtvieh nicht getrennt gehalten wurde, war es sehr wahrscheinlich, dass, wenn ein Jungtier in Milch gekocht wurde, die Milch von seiner eigenen Mutter stammte. Überdies sehen Milch und Fleisch verschiedener Tierarten gleich aus, und kleine Lebensmittelteile können an fast allen Arten von Geschirr haften. Die Halacha minimiert die Möglichkeit von Fehlern aufgrund dieser Faktoren.[48]

Also fasst Sarna zusammen:

> Das Verbot, ein Böcklein in der Milch seiner Mutter zu kochen, wurde verallgemeinert, um jedes Mischen von Fleisch und Milch (gemeint sind alle Milchprodukte) zu verhindern. Seine dreifache Anführung in der Thora wurde von Rabbi Simeon bar Johai so erklärt, dass dies drei Aspekte des Verbots anzeige: eine solche Mischung zu kochen, sie zu essen und irgendeinen Nutzen daraus zu ziehen [b. Hullin 115b].[49]

Anders ausgedrückt bedeutete die dreifache Nennung dieses Gesetzes in der Thora, dass es Juden verboten war, Milch und Fleisch zusammen zu sich zu nehmen, zu probieren oder zu genießen. Das provozierte die sarkastische Erwiderung eines nichtgläubigen Juden aus dem 19. Jahrhundert: Weil das ausdrückliche Verbot des Ehebruchs nur zweimal in der Thora stehe, bedeute dies wohl, dass Juden ihn zu sich nehmen und probieren, aber nicht genießen dürften!

Für gläubige Juden allerdings ist das alles andere als ein Grund zum Lachen. Wie auf der Internetseite *Judaism 101* erklärt wird:

> Diese Trennung [von Milch und Fleisch] erstreckt sich nicht nur auf die Lebensmittel selbst, sondern auch auf das Geschirr, die Töpfe und Pfannen, in denen sie gekocht werden, die Teller und Platten, von denen sie gegessen werden, die Geschirrspüler oder Abwaschschüsseln, worin diese gesäubert werden, und die Geschirrtücher, mit denen sie abgetrocknet werden. Ein koscherer Haushalt hat mindestens zwei Sätze Töpfe, Pfannen und Schüsseln: einen für Fleisch und einen für Milchprodukte ...
>
> Man muss eine bestimmte Zeit zwischen Fleisch- und Milchgenuss abwarten. Die Meinungen über die genaue Dauer gehen auseinander und variieren zwischen drei und sechs Stunden. Das kommt daher, dass Fettrückstände und Fleischpartikel dazu neigen, im Mund zu verbleiben. Von Milchprodukten zu Fleisch jedoch muss man lediglich seinen Mund ausspülen und etwas neutrales Festes wie Brot essen, sofern nicht das fragliche Milchprodukt ebenfalls etwas ist, das dazu neigt, im Mund zu kleben.
>
> Es ist zu beachten, dass selbst die kleinste Menge Milchiges (oder Fleisch), das in etwas enthalten ist, es komplett zu etwas Milchigem (oder Fleisch) im Sinne der Kaschrut werden lässt. Beispielsweise sind die meisten Margarinesorten Milchprodukte im koscheren Sinne, weil sie eine kleine Menge Molke oder anderer Milchprodukte enthalten, die ihnen einen milchartigen Geschmack verleihen.[50]

So wurde das simple Verbot, ein Böcklein nicht in der Milch der eigenen Mutter zu kochen – entweder aus Gründen der Tierfreundlichkeit oder als Reaktion auf heidnische Bräuche –, die Basis für ein ausgeklügeltes System von Speisegesetzen, welche unterschiedliche Sätze von Küchengeschirr erfordern – tatsächlich sogar eine zweigeteilte Küche –, ganz zu schweigen von den minutengenauen rabbinischen Anweisungen, was genau wann gegessen werden kann.

So überrascht es nicht, dass Verse wie 1. Mose 18,8 den rabbinischen Auslegern, die behaupten, Abraham habe das mündliche und das geschriebene Gesetz gehalten, beträchtliche Schwierigkeiten bereiten. Der Vers lautet: Abraham »nahm … Butter und Milch und das gebratene Fleisch und servierte es den Männern. Während sie aßen, wartete er bei ihnen unter den Bäumen.« Hat Abraham also das rabbinische Gesetz gebrochen, indem er Milch und Fleisch zusammen servierte? Eine rabbinische Erklärung dafür lautet, dass die Gäste nicht wirklich aßen, sondern es nur so schien, weil sie Engel waren. (Vermutlich ist das der Grund, warum Abraham ganz ungeniert die rabbinischen Vorschriften verletzte, weil er ja wusste, dass sie nicht essen würden!) Eine andere Erklärung ist, dass Abraham, entgegen der scheinbaren Textaussage, das rabbinische Gesetz eingehalten hat und etliche Stunden wartete, um das Fleisch deutlich nach den Milchprodukten zu servieren. (Schließlich musste er seinen Gästen etwas zu essen vorsetzen, und es dauerte lange, das Kalb vorzubereiten und zu kochen!)

Der reformierte jüdische Gelehrte Gunther Plaut, welcher als liberaler Rabbi diese orthodoxen Interpretationen, die die späteren rabbinischen Bräuche in den Bibeltext hineinprojizieren, nicht akzeptiert, merkt an:

> Traditionelle [jüdische] Ausleger stoßen hier auf große Schwierigkeiten [gemeint ist 1. Mose 18]. Wenn die drei göttliche Boten sind, warum essen sie dann? Dem Midrasch zufolge schienen sie nur zu essen. Raschi zufolge verstellten sie sich aus Höflichkeit. Der Text ist sich natürlich späterer jüdischer Speisegesetze, die es verboten, Milch und Fleisch bei derselben Mahlzeit zu servieren, nicht bewusst.[51]

Sicherlich hat Plaut recht, und Abraham hatte niemals von den rabbinischen Vorschriften gehört, die die Trennung von Milch- und Fleischprodukten fordern. Doch für einen ultraorthodoxen Juden sind dies heilige Gebote, die auf die Zeit der Patriarchen zurückgehen und zweifellos auf dem Sinai erlassen wurden. Das ist auch ein Teil dessen, was rabbinisches Judentum »einen Zaun [*sejag*] um die Thora machen« nennt (vgl. m. Avot 1,1). Das ist ungefähr so, als wenn man eine eingehaltene Geschwindigkeit von 50 Kilometern pro Stunde erreichen will, indem man ein 30er-Schild aufstellt – nur um es den Leuten einfacher zu machen, sich an das Gesetz zu halten. Genauso ist es mit einer Menge rabbinischer Gesetze, wie der Vorschrift, dass Sabbatkerzen mindestens 18 Minuten vor Sonnenuntergang angezündet werden müssen. Dieser Brauch wird im nächsten Kapitel besprochen.

14. Warum zünden traditionelle Juden zu Beginn des Sabbats Kerzen an?

Traditionell lebende Juden zünden zu Beginn des Sabbats aus praktischen und geistlichen Gründen Kerzen an. Werfen wir zunächst einen Blick auf die praktischen Gründe. Das sind Gründe, die in den vergangenen Jahrhunderten relevant waren, aber für fast alle Juden weltweit heute keine Rolle mehr spielen.

In 2. Mose 35,3; EB wird, nachdem einige der Sabbatgesetze wiederholt wurden (vgl. 2. Mose 35,1-2), das göttliche Gebot gegeben: »Ihr dürft am Sabbattag in all euren Wohnsitzen kein Feuer anzünden.« Was genau bedeutet das? Dieses Gebot steht nur hier in der Bibel, und es gibt dafür verschiedene Auslegungen. Ein christlicher Kommentator schreibt, dass »hier [in 2. Mose 35,1-3] ein Verbot hinzugefügt wird, am Sabbat Feuer zu machen, eine Definition dessen, was mit gewöhnlicher Arbeit am Sabbat gemeint ist, sehr wahrscheinlich eine, die mit der Essensvorbereitung zu tun hat (vgl. [2. Mose] 16,22-30).«[52] Ein anderer christlicher Kommentator schreibt: »Obwohl das Verbot, ein Feuer am Sabbat anzuzünden (V. 3), nirgendwo anders erwähnt wird, wird es teilweise in 16,23 impliziert«, ein Vers, der ebenfalls von der Essensvorbereitung am Sabbat handelt.[53]

Ohne weitere Informationen ist die volle Bedeutung dieses Verses der Diskussion ausgesetzt. Wir wissen sicher, dass Juden in späterer Zeit das Verbot verallgemeinernd und wörtlich befolgt haben.

Und wenn man bedenkt, dass bis zum 20. Jahrhundert nur Kerzen und Öllampen benutzt wurden, um die Häuser nachts zu beleuchten, stellte dieses Gebot ein Problem dar. Wie soll man nachts zu Hause ohne Licht etwas tun? Deshalb kam der Brauch auf, Kerzen oder Öllampen vor dem Sabbatbeginn anzuzünden und so Licht für ein paar Stunden zu haben. Denn die talmudischen Rabbis lehrten, dass, wenn das Licht vor dem Sabbatbeginn entzündet wurde (man bedenke, dass der jüdische Tag von Sonnenuntergang bis Sonnenuntergang geht, nicht von Sonnenaufgang bis Sonnenaufgang), das Feuer weiterbrennen konnte.

Es gibt jedoch in der Geschichte Diskussionen darüber, wie dieser Brauch einen so festen Platz im Judentum bekommen konnte, bis dahin, dass traditionelle Juden beinahe zweitausend Jahre lang glaubten, dass es wirklich ein göttliches Gebot sei, die Sabbatkerzen anzuzünden. In seinem Kommentar zu 2. Mose 35,3 erklärt Professor Nahum Sarna:

> Die Weise, in der das Verbot formuliert ist, am Sabbat Feuer anzuzünden, brachte die Rabbis des Talmud zu dem Verständnis, dass das Feuer nicht am Sabbat selbst angezündet werden darf; Feuer jedoch, das vor dem Sabbat angezündet und bei dem am Sabbat kein Brennstoff nachgefüllt wird, ist erlaubt. Die jüdischen Sektierer, bekannt geworden als Karäer, wiesen diese Auslegung zurück und verbrachten den Tag in Dunkelheit, obwohl einige spätere Anhänger die rabbinische Praxis annahmen. Vielleicht um den Widerspruch gegen die Sicht der frühen Karäer zu demonstrieren, wurde das Anzünden von Kerzen am Sabbatvorabend nach und nach obligatorisch. Aus diesem Grund setzten die Geonim, die nachtalmudischen Leiter der babylonischen Akademien, das Sprechen eines Segens über sie ein.[54]

Deshalb rezitieren die jüdischen Frauen, welche die Sabbatkerzen anzünden, jede Woche diesen Segen, der lautet: »Gelobet seiest Du, Ewiger, unser Gott, König der Welt, der uns heiligt durch seine Gebote, und *uns geboten hat, Lichter anzuzünden für den Sabbat*«[a] (Hervorhebung vom Autor).

---

a Gebete der Israeliten, 151.

Wann hat Gott das geboten? Wenn Sie in die Heilige Schrift sehen, werden Sie kein solches Gebot finden – noch nicht einmal einen Hinweis darauf –, und traditionelle Juden würden in diesem Punkt nicht widersprechen. Sie würden sagen, dass dies eines der sieben rabbinischen Gebote ist, die so befolgt werden, als seien sie eines der 613 Gebote der Thora (vgl. Kapitel 24).

Historiker ermöglichen einen zusätzlichen Einblick in das, was tatsächlich zur formalen Etablierung des Brauches führte:

> Es wurde behauptet, dass der Brauch als Protest gegen den babylonischen Glauben gedacht war, der Sabbat sei ein unglücklicher und düsterer Tag, an dem kein Feuer oder Licht angezündet werde. Zur Zeit des römischen Reiches war das Anzünden der Sabbatlampen ein Unterscheidungsmerkmal für jüdische Häuser, und der jüngere Seneca [ein wichtiger römischer Autor] tadelte die Römer, diesen Brauch nachzuahmen (*Epistulae* 95,47).[55]

Natürlich glauben traditionelle Juden, die viele ihrer Gewohnheiten in die biblische Zeit zurückprojizieren, dass die Patriarchen und ihre Frauen ebenso die Sabbatlichter anzündeten. So behauptet Rabbi Naftali Silberberg:

> Diese Mitzwa [dies Gebot] hat ihren Ursprung bei der ersten jüdischen Frau, unserer Matriarchin Sara, deren Sabbatkerzen auf wundersame Weise von einem Freitagnachmittag bis zum nächsten brannten. Als Isaak sah, dass die Kerzen seiner neuen Frau Rebekka dieselbe wundersame Eigenschaft hatten, wurde er gewahr, dass er wirklich eine würdige Nachfolgerin seiner gerechten Mutter gefunden hatte.[56]

Ultraorthodoxe Juden glauben das mit äußerster Ernsthaftigkeit, so weit hergeholt es auch klingt und so anachronistisch es auch ist.

Was wir sicher wissen, ist, dass im Laufe der Zeit eine Reihe von geistlich verstandenen Bräuchen auf irgendeine Art fest verankert wurde. Dazu zählt: das Anzünden von zwei Kerzen, welche der Tradition zufolge für die zweiteilige Verordnung stehen, des Sabbats zu gedenken und ihn zu halten (2. Mose 20,8; 5. Mose 5,12), das Bedecken der Augen der Frau, während sie den Segen rezitiert (doch nachdem sie die Kerzen angezündet hat) und das kreisförmige Bewegen ihrer Hand über den Kerzen, für gewöhnlich dreimal.

Warum bedeckt die Frau ihre Augen? Rabbi Shraga Simmons zufolge:

> Vom Kodex des jüdischen Gesetzes her scheint es, dass der Brauch lediglich darin besteht, die Hand vor die Kerzen zu halten, damit man sie nicht vor dem Segen sieht. Für gewöhnlich sprechen wir den Segen und tun dann etwas (wie Challah essen oder den Schofar blasen). Aber wenn die Sabbatkerzen angezündet werden, würde, sobald wir den Segen sprechen, angenommen, dass bereits Sabbat ist, und dann wäre es zu spät, um ein Feuer zu entzünden, was an Sabbat verboten ist. Also zünden wir in diesem Fall die Kerzen erst an, bedecken aber unsere Augen bis nach dem Segen, und erschaffen so das »Erleuchten« erneut nach dem Segen.[57]

Haben Sie das verstanden? Normalerweise kommt zuerst der Segensspruch, dann die Handlung – ähnlich wie Christen vor dem Essen beten –, in diesem Fall jedoch würde der Segen, wenn er zuerst rezitiert würde, den Sabbat einleiten, an dem es verboten ist, ein Licht anzuzünden. Und so wird die Kerze angezündet, die Augen werden bedeckt (damit man das Licht nicht sieht), der Segen wird gesprochen und dann werden die Augen geöffnet! Das mag verworren klingen, doch es ist die typische rabbinische Denkweise, und es hielt die traditionellen Juden nicht davon ab, jahrhundertelang mit glühendem Eifer den Sabbat zu halten.

Mit einer interessanten Umdeutung verändern messianische Juden, die der rabbinischen Tradition vom Anzünden der Sabbatkerzen folgen, manchmal das rabbinische Gebet, da in Wirklichkeit das Anzünden der Kerzen nichts mit dem biblischen Sabbatgebot zu tun hat. Daher rezitieren manche von ihnen ihre eigene Version des Segens, in der sie Gott danken, dass er uns Jeschua gegeben hat, das Licht der Welt, und unsere Berufung akzeptierten, ein Licht für die Nationen zu sein. Also nehmen messianische Juden eine rabbinische Tradition und erschaffen selbst eine neue und (für sie) bedeutungsvollere Tradition.

Warum bewegen die Frauen ihre Hände über den Sabbatkerzen? Es gibt eine ganze Reihe unterschiedlicher Meinungen dazu, unter anderem: Die Frau sammelt Licht und Wärme für sich selbst; oder sie zeigt mit der Bewegung, dass sie im Begriff ist, einen Segen über den Kerzen zu sprechen. Allerdings ist nichts davon sicher, und es erscheint unmöglich, die Spur des Ursprungs dieser Tradition zu verfolgen.

Es gibt auch eine Reihe sehr kurioser Bräuche, die entstanden sind als Folge des rabbinischen Verständnisses vom Anzünden eines Feuers am Sabbat (was, erweitert verstanden, das An- oder Ausschalten elektrischer Geräte einschließlich Lampen beinhaltet; zum Fahrverbot vgl. Kapitel 15). So haben heute viele traditionelle Juden Zeitschaltuhren für ihre elektrischen Haushaltsgeräte – mit anderen Worten: Wenn tatsächlich keine jüdische *Person* die Handlung Ofen ausschalten oder Licht ausschalten vollzieht, ist es in Ordnung. Es gibt sogar etwas, das sich Sabbataufzug nennt: Er ist so programmiert, dass er in jedem Stock hält (weil ein gläubiger Jude am Sabbat nicht den Aufzugknopf drücken darf). Ich habe solche Aufzüge in Hotelhochhäusern in Israel benutzt, und das war eine lange Fahrt!

Traditionelle Juden entfernen auch die Glühbirne aus dem Kühlschrank oder schrauben sie ein bisschen los, damit sie nicht aus Versehen beim Öffnen oder Schließen der Kühlschranktür das Licht an- oder ausschalten. Auch das wird im rabbinischen Gesetz geregelt, und ein modernes, oft verwendetes Kompendium der Sabbatgesetze äußert sich folgendermaßen:

> Wenn man beim Öffnen eines elektrischen Kühlschranks am Sabbat oder Jom Tov [Feiertag] merkt, dass das eingebaute Licht automatisch angeschaltet wurde,
>
> a) ist es dadurch nicht verboten, die Lebensmittel zu essen, die darin sind, aber
>
> b) man sollte eine qualifizierte rabbinische Autorität dazu konsultieren, wie man vorgehen soll, um die Kühlschranktür wieder zu schließen.[58]

Aus vielen Gründen bin ich mir ziemlich sicher, dass Gott niemals beabsichtigt hatte, derartige Vorschriften mit dem Halten des Sabbats zu verbinden. Andererseits würden Ihnen traditionelle Juden sagen, 1. dass sie Heiligkeit in den Details finden, 2. dass sie mit diesen Bräuchen aufgewachsen sind, sodass sie für sie eine natürliche Lebensweise sind; und 3. dass sie am Sabbat große Freude haben (vgl. Jesaja 58,13-14). In der Tat werden traditionelle Juden oft eine/n nichttraditionelle/n Juden/Jüdin am Freitagabend zu sich nach Hause einladen, damit er oder sie die Schönheit des Sabbats mit ihnen genießen kann. Das ist eine übliche Kontaktmethode bei Gruppen wie Chabad (Lubawitsch; vgl. Kapitel 2).

Andere Juden empfinden diese vielen Sabbatgesetze als belastend und bedrückend. Das ist oft der Fall bei Juden, die nicht mit der Befolgung der Vorschriften aufwuchsen, die sie dann eine Zeit lang befolgten, die aber später den orthodoxen Lebensstil wieder aufgaben. Für sie scheint jede neue Vorschrift eine neue Einschränkung zu sein, ganz und gar ohne Bezug zum Sinn dieses Tages. Es gibt auch Juden, die orthodox aufgewachsen sind und bei der Einhaltung des Sabbats in ihrer Gemeinschaft Heuchelei und Gesetzlichkeit erfahren haben, was sie darin bestärkte, sich von der Tradition abzuwenden.

Das ist aber nicht die Norm. Von einer großen Mehrheit der traditionellen Juden wird der Sabbat jede Woche freudig und erwartungsvoll begrüßt.

Die neueste interessante Sabbat-Erfindung ist die Koscher-Lampe, deren Schirm gedreht werden kann, um das Licht abzudunkeln. Damit kann ein traditioneller Jude sogar am späten Freitagabend (genannt *erew schabbat*, »Sabbatabend«) im Bett lesen und einfach den Schirm drehen, wenn es Zeit zum Schlafen ist. Was für eine Erfindung![59] Die Erfinder werben auf ihrer Internetseite stolz damit, dass sie genauestens mit dem Thoragesetz übereinstimmt und von führenden Rabbis anerkannt ist.

Rabbi Shlomo Eliyahu Miller aus Toronto war einer der Förderer dieser Lampe. Seine offizielle Billigung hat mit dem rabbinischen Konzept von *Muktza* (oder *Muktze*) zu tun, das sich auf Gegenstände bezieht, die am Sabbat oder an Feiertagen nicht bewegt oder benutzt werden dürfen oder nicht für den Gebrauch an diesen Tagen vorgesehen sind. Rabbi Miller schreibt:

> Ich wurde von Rabbi Shmuel Veffer wegen einer elektrischen Lampe gefragt, genannt »Koscher-Lampe«, die er erfunden hatte.
>
> Im Hinblick auf die »Bewegungs-*Muktza*« ist der Lampenkörper *Muktza*, doch der obere Bereich der Lampe [der Schirm und der innere Zylinder] ist ein separater Teil und ist ein »*kli heter*« (zugelassenes Gefäß), allerdings sollte man beim Drehen des Schirms vorsichtig sein, um nicht den

Lampenkörper zu bewegen. Aber das Berühren oder Halten des unteren Teils der Lampe, ohne sie zu bewegen, ist ebenfalls erlaubt.[60]

Ja, das ist rabbinisches Gesetz! Rabbi Yehoshua Y. Neuwirth, Herausgeber des oben erwähnten Sabbatgesetz-Kompendiums, wird auch unterstützend zitiert:

Alle Autoritäten würden das Drehen des Schirms am Schabbes erlauben. Es entspricht dem Öffnen oder Schließen einer Schranktür, in der am Schabbes ein Licht brennt. Das ist auch dann der Fall, wenn der Schirm ein Teil der Lampe ist. R. Neuwirth schreibt ausdrücklich in Shemiras Shabbos [das ist sein Kompendium zum Sabbathalten]:

Ein Schirm, der dazu dient, das Licht zu lenken oder es völlig zu verdecken, darf am Sabbat ausgerichtet werden, selbst wenn er so konstruiert ist, dass er einen Teil der Lampe darstellt.[61]

Michael Kress berichtet in einem Artikel der *Dallas Morning News* vom 27. November 2004 unter dem Titel »Lighter Duty« über diese Erfindung, wobei er anmerkt, dass »jüdische Vorschrifteneinhaltung immer eine schwierige Sache war, doch die heutigen Juden können auf Technologie und Produktentwicklung zählen, die das Leben ein wenig leichter machen. Die Koscher-Lampe ist eins von etlichen neuen Produkten, die darauf abzielen, die Härten der traditionellen jüdischen Lebensweise zu erleichtern.«[62]

Kress listet auch eine Reihe von »heiligen Geräten« auf und beschreibt einige der neuesten technischen Spielereien:

Einige hochwertige Backöfen haben einen »Sabbatmodus«, der sicherstellt, dass keinerlei verbotene Handlungen damit vorgenommen werden können, wenn sie am Sabbat geöffnet werden, wie die Beleuchtung einzuschalten, digitale Anzeigen zu ändern oder den Heizmechanismus zu bedienen. Im Sabbatmodus schaltet sich der Backofen auch nicht nach einigen Stunden automatisch aus, wie er es sonst tun würde, sodass er den ganzen Sabbat eingeschaltet bleiben kann. (Kochen ist am Sabbat verboten, aber vorbereitete Speisen dürfen erhitzt werden.)

Für diejenigen ohne sabbatfreundlichen Backofen produziert das britische Unternehmen Vikron ein automatisches Aufwärmgerät für Lebensmittel, das aussieht wie ein Möbelstück.

Und General Electric und andere haben vor Kurzem eine Vorrichtung für Kühlschränke vorgestellt, die das Licht und den Eisbereiter außer Betrieb setzt und so sicherstellt, dass das Öffnen der Tür nicht etwa eine Sabbatentweihung verursacht.

Sukkot ist das Herbstfest, währenddessen Juden in vorübergehend aufgestellten Laubhütten essen und manchmal auch schlafen. In der Vergangenheit mussten die Hütten, genannt Sukka, von Grund auf selbst gebaut werden oder aus Bausätzen, die Werkzeug und beträchtliche Aufbauzeit benötigten. Heute können Juden eine zusammenklappbare Sukka kaufen, die innerhalb von Minuten aufgebaut ist, ganz ohne Werkzeug.[63]

Sie denken, das wäre schon alles? Es gibt noch mehr!

Viele der Erfindungen wurden in Israel entwickelt, wo Rabbis ständig daran arbeiten sicherzustellen, dass die Gesundheits- und Verteidigungssysteme des Landes funktionieren, ohne den Sabbat zu brechen.

Ein Beispiel: Der Sabbatfüller, mit dem man das Schreibverbot am Sabbat umgeht, indem man das Zugeständnis im jüdischen Gesetz ausnutzt, dass eine Handlung nur dann verboten ist, wenn sie bleibend ist. Die Tinte dieses Füllers verschwindet nach ein paar Stunden, sodass Ärzte, Soldaten und andere, die den Sabbat halten und gleichzeitig Dienst haben, sich schnell Notizen machen und sie nach dem Sabbat mit permanenter Tinte nachschreiben können …

Abgesehen davon, ob so ein Gegenstand technisch erlaubt ist, müssen sich Juden, welche die Vorschriften einhalten, mit einer weiteren Frage herumschlagen, die Rabbi Shafran so formulierte: »Untergräbt das in irgendeiner Weise den Sinn des Gesetzes?« Beispielsweise missbilligen viele Rabbis, die nichts gegen Zeitschaltuhren haben, deren Gebrauch, um am Sabbat fernzusehen.

Doch ein Großteil der Experten hat kein Problem mit den meisten dieser Produkte.[64]

Während solche Erfindungen von vielen nichttraditionellen Juden amüsiert aufgenommen werden – als sei dies ein weiterer Beweis für traditionelle jüdische Heuchelei und gesetzliche Kasuistik –, weisen traditionelle Juden zu Recht darauf hin, dass nichttraditionelle Juden dazu neigen, den Sabbat fast vollständig zu ignorieren. Und so geht die Diskussion weiter, ohne dass ein Ende in Sicht wäre.

15. Warum fahren traditionelle Juden am Sabbat nicht Auto?

Der ursprüngliche Grund dafür, dass ein traditionell lebender Jude am Sabbat nicht Auto fährt, stammt aus 2. Mose 35,3, demselben Vers, der im letzten Kapitel erörtert wurde: das Verbot, ein Feuer am Sabbat anzuzünden. Da der Vorgang der Zündung als das Gleiche angesehen wird wie das Anzünden eines Feuers – was auch als »kreative« Tat betrachtet wird, welche am Sabbat ebenso von den Rabbis verboten wurde –, sähe man es als eine klare Verletzung des Sabbats an, wenn man einen Automotor starten würde.
Wie auf der Internetseite *Ask Moses* (»Frag Mose«) erklärt wird:

> Die Drehung eines Schlüssels im Auto schaltet die Zündung ein, was einen Funken erzeugt – ein Feuer. Nicht die Art von Feuer, wie wenn man zwei Steine zusammenschlägt, aber nichtsdestotrotz ein Feuer – ein Mensch erschafft etwas, obwohl G-tt befiehlt, dass er von allem schöpferischen Handeln ruhen soll.
>
> Zugegeben, einiges davon ist Routine und alltäglich, ohne dass »Arbeit« dabei wäre, und scheint keinerlei echte kreative Anstrengung zu erfordern, doch das ist eben die Herausforderung, den Sabbat gemäß dem Buchstaben des Gesetzes zu halten.[65]

Eine Folge davon ist das Sabbatgebot, das in 2. Mose 16,29; EB steht: man soll seinen »Platz« am Sabbat nicht verlassen. Dieser Befehl erging im Zusammenhang mit dem Einsammeln des Manna: Am sechsten Tag würde die doppelte Menge Manna da sein, und es würde nicht über Nacht verrotten (im Gegensatz zu den anderen Tagen der Woche, an denen das Manna nicht über Nacht gelagert werden konnte; vgl. 2. Mose 16,14-26).

Die Rabbis im Altertum verstanden dieses Verbot in einem allgemeinen Sinn, anstatt es nur darauf zu beziehen, dass man hinausgeht, um Manna zu sammeln. So schufen sie einige Hintertürchen für das Reisen am Sabbat innerhalb eng vorgeschriebener Grenzen (vgl. Apostelgeschichte 1,12). Das hatte den Effekt, dass die Juden am Sabbat in ihren Häusern, in deren Nähe und in ihrer Nachbarschaft blieben. Daher würde Autofahren sowohl vom Sinn her als auch vom

Buchstaben des Gesetzes her – nach rabbinischem Verständnis – gegen dieses Prinzip verstoßen, und aus diesen Gründen fahren traditionelle Juden am Sabbat nicht Auto.[66]

Deswegen neigen orthodoxe Juden auch dazu, nah beieinander zu wohnen und nur einen Fußweg entfernt von der Synagoge, wo sie sich alle mit ihren Familien treffen. Dabei nehmen sie bezüglich ihrer Wohnsituation gewisse Einschränkungen in Kauf. Bräuche wie dieser, verknüpft mit den verschiedenen Einschränkungen durch die Speisegesetze, bewirken auch, dass gläubige Juden über eine ganze Reihe von Schutzmechanismen gegen Anpassung und gleichzeitig über eine recht starke gemeinschaftliche Basis verfügen.

Im Gegensatz dazu fühlen sich konservative und Reformjuden nicht an solche Einschränkungen gebunden. Bei der konservativen jüdischen Gemeinde, in der ich aufgewachsen bin, war die Synagoge bei den meisten von uns ungefähr eineinhalb Kilometer von der Wohnung entfernt. Nur der Rabbi ging zu Fuß zur Synagoge und wieder zurück. Für ihn als unseren religiösen Führer war das ja auch nur angemessen! Allerdings fuhren einige der Männer, als ob sie den Anschein erwecken wollten, dass sie den Sabbat ehren, zwar mit dem Auto zum Sabbatgottesdienst, parkten aber einen Häuserblock entfernt und gingen den Rest der Strecke zu Fuß.

Es sind Handlungsweisen wie diese, die orthodoxe Rabbis – besonders die ultraorthodoxen – dazu gebracht haben, nichtorthodoxe Formen des Judentums zu verachten (vgl. Kapitel 1). Manche nichtorthodoxen Juden würden jedoch auf das hinweisen, was aus ihrer Sicht eine endlose Reihe von Hintertürchen darstellt, welche die traditionellen Rabbis geschaffen haben, um ihre unglaublich strengen Regeln erträglich zu machen. Dazu würde die kürzlich entworfene »Koscher-Lampe« für den Sabbat passen, die oben bereits diskutiert wurde (vgl. Kapitel 14).

16. Warum tragen traditionelle jüdische Männer ein Scheitelkäppchen (Jarmulke oder hebräisch Kippa genannt)?

Obwohl es für einen gläubigen Juden heutzutage undenkbar wäre, mit unbedecktem Kopf herumzulaufen, gibt es keine Bibelstelle, die diesen Brauch explizit stützen würde. Aus der Zeit Jesu haben wir wenige bis keinen Hinweis darauf, dass es einen religiösen Brauch für jüdische Männer gab, ihre Köpfe zu bedecken.

Das traditionelle Judentum lehrt, dass es für einen Mann verboten ist, auch nur ein paar Schritte zu gehen, ohne seinen Kopf zu bedecken (mit Ausnahmen, beispielsweise beim Duschen). Daher wird ein traditionell lebender jüdischer Mann unverzüglich, nachdem er aus dem Bett aufgestanden ist, seine Jarmulke aufsetzen und oft auch einen Hut über dieser Jarmulke tragen, wenn er ausgeht. Nichttraditionelle Juden tragen eher keine Jarmulke, außer bei religiösen Versammlungen (wie den Synagogengottesdiensten) oder Feierlichkeiten (wie einer Hochzeit). Um dies zu erleichtern, haben konservative Synagogen eine Kiste mit Jarmulken und Gebetsschals am Eingang. So machen es auch manche Reformsynagogen, obwohl Reformjuden viele Jahrzehnte lang ihre Synagogengottesdienste stolz mit unbedecktem Kopf gefeiert haben. (Zu Kopfbedeckungen und den Bräuchen traditionell lebender jüdischer Frauen vgl. Kapitel 17.)

Die Ursprünge der Jarmulke liegen im Dunkeln, da nichts in der Thora darauf hinweist (außer der Tatsache, dass der Hohepriester eine Art Kopfbedeckung trug). Im Talmud finden sich nur knappe Erwähnungen dieses Brauches, abgesehen vom Bezug auf einen außergewöhnlich frommen Mann, der nicht mehr als ein paar Schritte gehen würde, ohne seinen Kopf zu bedecken, »weil die Göttlichkeit über meinem Haupte ist«[67] (b. Kidduschin 31a). Klar ist jedenfalls, dass im Laufe der Jahrhunderte »das Bedecken des Kopfes ein Zeichen der Verehrung und Ehrfurcht wurde und der Anerkennung der Allgegenwart Gottes«[68] – besonders beim Beten und Studieren. Tatsächlich wurde dies zu solch einem bedeutenden Zeichen der Frömmigkeit, dass, wenn ein jüdischer Mann seinen Kopf *nicht* bedeckte, er damit gleichsam seine *Gottlosigkeit* laut verkündete. Dazu passt, dass ein berühmter Rabbi des 20. Jahrhunderts als kleiner Junge von seiner

Mutter scharf getadelt wurde, als er nicht schnell genug seine heruntergefallene Jarmulke wieder auf den Kopf setzte. Wie, fragte sie, könne er so respektlos sein?

Dieser Brauch, der sich nicht vor dem späten Mittelalter etabliert hat, wurde dann von traditionellen Juden zurückprojiziert in die biblische Zeit. Tatsächlich erzählte mir ein Rabbi einen traditionellen jüdischen Witz, in dem es heißt, dass wir anhand der Thora beweisen könnten, dass Isaak seinen Kopf bedeckte. Der zitierte Text ist 1. Mose 24,63, der schildert, dass Isaak aufs Feld ging, um nachzudenken. Der »Beweis« lautet folgendermaßen: »Willst du etwa behaupten, dass Isaak beten und nachdenken würde, ohne seinen Kopf zu bedecken?«

In etwas ernsthafterem, historischen Sinne sollten Christen wissen, dass jegliche Darstellung von Jesus, worauf er eine Jarmulke trägt, anachronistisch wäre, denn es gibt keinerlei Beweis, dass das in dieser Zeit Brauch gewesen wäre – besonders in Form des traditionellen Scheitelkäppchens. In der Moderne kann der Grad der »Orthodoxie« eines jüdischen Mannes teilweise an der Art seines Scheitelkäppchens abgelesen werden (vorausgesetzt, er trägt es den ganzen Tag): Wenn es klein und gestrickt ist, ist er wahrscheinlich ein moderner Orthodoxer oder ein engagierter Konservativer; wenn es größer ist und schwarz (und nicht gestrickt), ist er ein Orthodoxer; und wenn er einen Hut über seiner Jarmulke trägt, ist er ultraorthodox. Bei festlichen Anlässen, einschließlich Sabbaten und Feiertagen, tragen ultraorthodoxe (besonders chassidische) Juden einen *Schtreimel*, einen Pelzhut, der mehrere tausend Euro kostet und meist aus Zobel hergestellt ist.

Der Ursprung des jiddischen Wortes *jarmulke* (auch *jarmulka* oder *jarmelke* ausgesprochen) ist unsicher, obgleich eine Minderheit meint, dass es von den hebräischen/aramäischen Wörtern *jarei malka*, »die den König fürchten«, abgeleitet ist.

Interessanterweise ist es auch in anderen Religionen für Männer – besonders für religiöse Oberhäupter – üblich, ihre Köpfe zu bedecken, so auch im Islam und in Teilen des Christentums. Rabbi Joseph Telushkin erzählt:

> Eine lustige Bildunterschrift einer Fotografie soll 1964 in der Jerusalem Post erschienen sein – ich habe das Original nicht gesehen –, als Papst

Paul VI. Israel besuchte. Er traf sich mit dem israelischen Präsidenten [der kein religiöser Jude war und daher keine Jarmulke trug], und die Bildunterschrift lautete: »Der Papst ist der, der die Jarmulka trägt!«[69]

Es ist üblich, dass messianische Juden während ihrer Gottesdienste Kopfbedeckungen tragen, entweder als Zeichen für Juden, die zu Gast sind, dass es tatsächlich jüdisch ist, an Jesus zu glauben, oder als etwas, das in ihrem eigenen Leben vor Gott Bedeutung hat. Widerspricht dies Paulus' Worten in 1. Korinther 11,4; EB? Er schreibt dort: »Jeder Mann, der betet oder weissagt und (dabei etwas) auf dem Haupt hat, entehrt sein Haupt.« Mehr dazu finden Sie gleich in der nächsten Antwort.

17. Warum tragen traditionelle jüdische Frauen Perücken (oder rasieren sich gar den Kopf)?

Laut *The Oxford Dictionary of the Jewish Religion* gilt: »Für verheiratete Frauen geht die Verpflichtung, den Kopf zu bedecken, zurück bis in uralte Zeiten (vgl. Jesaja 3,17; *B.Q.* 8,6), und die öffentliche Entblößung des Kopfes einer Frau war [gemäß der Mischna] ein Grund für die Scheidung (*Ket.* 7,6).«[70] Das steht vielleicht in Beziehung zur antiken nahöstlichen Kultur: »In Mesopotamien wurde das Abrasieren der Hälfte der Kopfbehaarung als Strafe benutzt, die öffentliche Demütigung bewirken sollte.«[71] Paulus schreibt auch: »Jede Frau aber, die mit unverhülltem Haupt betet oder weissagt, entehrt ihr Haupt; denn sie ist ein und dasselbe wie die Geschorene. Denn wenn eine Frau sich nicht verhüllt, so werde (ihr) auch (das Haar) abgeschnitten; wenn es aber für eine Frau schändlich ist, dass (ihr das Haar) abgeschnitten oder geschoren wird, so soll sie sich verhüllen« (1. Korinther 11,5-6; EB). Der Neutestamentler Craig Keener erklärt:

Das Haar der Frauen galt in der Antike in der Regel als Gegenstand der Begierde. In den meisten Ländern des östlichen Mittelmeerraumes wurde daher von den Frauen erwartet, dass sie ihr Haar bedeckt trugen. Wenn eine Frau ihr Haar nicht bedeckte, wurde ihr unterstellt, die männliche Begehrlichkeit wecken zu wollen, so wie es noch heute in manchen Kul-

> turen den Frauen unterstellt wird, die im Badeanzug schwimmen gehen. Auch im jüdischen Palästina (wo zur Kopfbedeckung zusätzlich noch der Gesichtsschleier gehörte) und an anderen Orten war es üblich, dass die Frauen ihr Haar verbargen, wenngleich sich die Angehörigen der Oberschicht, die gern ihre kunstvollen Frisuren vorführten, nicht immer daran hielten. Paulus hat es also wieder einmal mit dem Zusammenprall verschiedener Kulturen und Gesellschaftsschichten in der Gemeinde zu tun: mit dem lässigen und freien Lebensstil der Oberschicht und mit der Sorge der Unterschicht, dass die Gebote der Schicklichkeit verletzt werden könnten.[72]

Die Worte des Paulus stehen also im Einklang mit der antiken jüdischen Sicht, dass es wichtig ist, dass Frauen – besonders verheiratete Frauen – ihr Haar bedeckt halten. Nur einen Vers zuvor jedoch scheint er dem zu widersprechen, was ein traditioneller jüdischer Brauch für Männer geworden ist, nämlich immer ihren Kopf zu bedecken, besonders beim Gebet und im Gottesdienst: »Jeder Mann, der betet oder weissagt und (dabei etwas) auf dem Haupt hat, entehrt sein Haupt« (V. 4, EB). Wie erklären das messianische Juden, da doch viele von ihnen eine Jarmulke im Gottesdienst und beim Gebet tragen (vgl. Kapitel 16)?

Der messianisch-jüdische Kommentator David Stern schreibt:

> … Und dabei etwas über sein Haupt gezogen hat, so die wörtliche Übersetzung, mit der ich deutlich machen wollte, dass Scha-ul hier von einem Schleier und nicht von einem Hut spricht. In der üblichen Übersetzung »etwas auf dem Haupt (hat)« kommt das nicht klar genug zum Ausdruck, was im messianischen Judentum zu der Frage führte, die niemals hätte aufkommen dürfen: ob es angemessen ist, dass ein messianischer Jude beim öffentlichen Gottesdienst eine *Kippah* … trägt. Selbstverständlich ist das angemessen, denn alle Einwände dagegen gründen sich lediglich auf eine schlechte Übersetzung des vorliegenden Verses.[73]

Zurück zu unserer ursprünglichen Frage über Frauen, die ihr Haar bedecken. Im *The Oxford Dictionary of the Jewish Religion* steht, dass »in der Neuzeit orthodoxe verheiratete Frauen ihre Köpfe mit einer Perücke oder einem Kopftuch bedecken, wenn sie in der Öffentlichkeit sind«.[74] Das zu unterlassen würde als Affront gegen Gott und auch den Ehemann aufgefasst werden. Es ist eine Frage der Sittsamkeit und Reinheit, weil von den Männern außer den nächsten Angehörigen nur der Ehemann das Vorrecht haben sollte, ihr echtes Haar zu sehen. Es ist auch bei traditionellen jüdischen Mädchen und unverheirateten Frauen üblich, das Haar mit einem Kopftuch zu bedecken. Wieder ist das eine Frage der Sittsamkeit, genau wie die amischen oder mennonitischen Mädchen und Frauen ihr Haar bedecken. Und weil das Judentum Frauen dazu ermutigt, sich schick zu machen und schön auszusehen (aber in aller Bescheidenheit), wird das Bedecken des Haares mit einem hübschen Kopftuch nicht als erniedrigend oder negativ empfunden.

Der Brauch vieler chassidischer Gemeinschaften ist allerdings schwerer nachzuvollziehen, da »Frauen all ihr Haar vor der Hochzeit abrasieren und danach ein Kopftuch tragen« (auf Jiddisch *tikhel* genannt).[75] Dieser Brauch treibt anscheinend den Wunsch nach Sittsamkeit etwas zu weit, da die Frau ihrer Würde beraubt wird. Ich möchte dies nicht verteidigen. Es ist ganz gewiss nicht biblisch (man beachte, dass die rabbinischen Kommentatoren dem Rasieren des Kopfes einer Frau, die im Krieg gefangen genommen wurde, eine negative, abstoßende Bedeutung geben; vgl. 5. Mose 21,10-14; b. Yevamot 48a). Und es widerspricht dem Sinn dessen, was Paulus geschrieben hat – was natürlich für einen chassidischen Juden keine Rolle spielt –, dass nämlich langes Haar der Frau als Schleier und zu ihrer Ehre gegeben ist (vgl. 1. Korinther 11,15-16).

Warum wird das dann gemacht? Es wird in weiten Teilen des traditionellen Judentums nicht gemacht – tatsächlich findet man diesen Brauch heutzutage fast ausschließlich bei chassidischen Juden ungarischen Ursprungs (wozu vor allem die Satmar gehören) – und die Begründung wie auch der Hintergrund werden diskutiert. Eine Ansicht ist, dass die Frauen, als sie noch in Ungarn lebten, ihre Köpfe rasierten, damit sie nicht von den heidnischen Adligen mitgenommen wurden. Eine andere Sicht gründet auf einem traditionellen Brauch im jüdischen Mystizismus, bei dem Frauen einen Teil ihres Haares abschneiden, bevor sie ins rituelle Bad (*mikwe*) steigen, was sich dann zum Brauch entwickelt habe, den Kopf ganz zu rasieren. Was auch immer die Ursprünge dieser unschönen Tradition sind, es ist überraschend, dass sie sich in gewissen Kreisen gehalten hat, bis sie eine feste Gewohnheit für fromme jüdische Frauen wurde, die ein Zeugnis für die Kraft von Tradition und Bräuchen im Judentum ist.[76]

18. Warum tragen manche jüdischen Männer lange Schläfenlocken?

Das Wachsenlassen der Schläfenlocken, genannt *peot*, wörtlich »Ecken« (traditionell ausgesprochen: *pejos*), kommt von dem Verbot in 3. Mose 19,27 (vgl. 3. Mose 21,5): »Ihr sollt euer Haar an den Schläfen nicht abschneiden und euren Bart nicht stutzen.« Vgl. auch 5. Mose 14,1: »Da ihr Kinder des Herrn, eures Gottes, seid, sollt ihr euch niemals wegen eines Toten in die Haut einritzen oder die Haare über der Stirn abrasieren.« (Die Leser werden sich von der Diskussion der Koschergesetze in Kapitel 12 an diesen Vers erinnern.)

Nun ist es vom Kontext her klar, dass sich dieses Verbot primär auf Handlungen bezieht, die entstellen oder verletzen – man beachte das Verbot, sich selbst zu ritzen, in 5. Mose 14,1, besonders im Kontext der Totenklage, und vergleiche es mit 3. Mose 19,28, direkt nach dem Gebot in 3. Mose 19,27. Das stimmt überein mit der Erklärung von Raschi, dem herausragendsten jüdischen Bibelkommentator, zu 5. Mose 14,1: »Macht euch keine Schnitte oder Einritzungen ins Fleisch[, um] die Toten [zu beklagen], so wie es die Amoriter tun, denn ihr seid Kinder des Allgegenwärtigen und es ist für euch angemessen, schön und nicht zerschnitten zu sein oder die Haare ausgerissen zu haben.«

Die Rabbis aber haben diese Verse nicht einfach als Verbot von entstellenden Praktiken interpretiert. Sie verstanden ihn im Kontext von Gottes Auftrag für Israel, ein abgesondertes Volk zu sein, wie in 5. Mose 14,2 steht: »Ihr seid für den Herrn, euren Gott, geheiligt. Er hat euch unter allen Völkern der Erde zu seinem Eigentum erwählt.« Wir haben bereits in Kapitel 12 gesehen, dass dies ein Hauptgrund für die Speisegesetze war. In der Tat ist die Abgesondertheit ein Teil der Definition von Heiligkeit: abgesondert sein *von* Sünde und Unreinheit, und abgesondert sein *für* Gott.

Daher hat das rabbinische Judentum 3. Mose 19,27 in einer sehr eigenen Weise verstanden (wiederum übereinstimmend mit dem Geist des traditionellen Judentums, das glaubt, dass jeder Bereich des Lebens durch das göttliche Gesetz geregelt wird). Es folgt Raschis Kommentar zu diesem Vers. Die Verweise in eckigen Klammern beziehen sich auf den Talmud und andere grundlegende rabbinische Dokumente:

> Du sollst die Ränder deines Kopfes nicht abrunden. Das bezieht sich auf jemanden, der [sein Haar in der Weise schneidet, dass er das Haar an] seine[r] Schläfe gleich lang macht wie das hinter seinem Ohr und an seiner Stirn [das ist der vordere Haaransatz] und dadurch verursacht, dass [der Haaransatz] rund um seinen Kopf [zu] ein[em] Kreis wird, weil der hauptsächliche Haaransatz hinter den Ohren auf einem viel höheren Niveau ist als [das Haar an] seine[n] Schläfe[n]. [*Makkot* 20b] Den Rand deines Bartes [bedeutet:] das Ende des Barts und seine Grenzen. Und davon gibt es fünf: zwei an jeder Wange oben [Rand der Wange] nahe beim Kopf, wo [die Wange] breit ist, und zwei »Ecken« [d.h. äußerste Enden – eines nahe der Schläfe und das andere am Ende des Wangenknochens zur Mitte des Gesichts hin] – und eine unten, am Kinn – an dem Punkt, wo die beiden Wangen zusammentreffen. [*Torath Kohanim* 19,74, *Makkot* 20b][77]

Wenn man so verfährt, entstehen dabei Schläfenlocken, die in manchen Kreisen als Beweis der Frömmigkeit angesehen werden, besonders von den Ultraorthodoxen, den einzigen Juden, die heute diesen Brauch pflegen, obwohl es dabei selbst unter den ultraorthodoxen Juden Unterschiede gibt (was nicht überrascht!). Die Lubawitscher Chassidim tragen ihre Schläfenlocken hinter den Ohren (also weniger betont), während die Satmar-Chassidim ihre *pejos* einfach nur herunterhängen lassen, wenn auch ganz gelockt. (Für weitere Informationen zu diesen Gruppen vgl. Kapitel 2.) Daher haben die Satmar den Eindruck, die Lubawitscher würden Kompromisse eingehen. Im heutigen Israel sieht man des Öfteren junge jüdische Männer, deren Köpfe fast vollständig rasiert sind, doch ihre Schläfenlocken sind über 30 Zentimeter lang – ich habe welche gesehen, die bis zur Taille gingen –, und das ist Teil ihrer Hingabe an Gott.

Sonderbarerweise hat die rabbinische Anwendung des biblischen Gebots, *nicht* irgendwelche eigenartigen Sachen mit unserem Gesichts- oder Haupthaar anzustellen, zu einem sehr eigenartigen Aussehen geführt. Und es gibt keinen Grund anzunehmen, dass Juden in der alttestamentlichen Zeit ihr Haar derart getragen hätten, obwohl ich ziemlich sicher bin, dass ultraorthodoxe Juden da widersprechen würden.

19. Warum tragen manche jüdischen Männer weiße Fransen außen an ihren Hemden?

Im Großen und Ganzen wird der Brauch, weiße Fransen zu tragen, die man auf Hebräisch *zizit* nennt, nur von orthodoxen Juden gepflegt. Er beruht auf dem biblischen Gebot, das in 4. Mose 15,37-41 steht (vgl. auch 5. Mose 22,12):

> Und der Herr sprach zu Mose: »Gib den Israeliten folgende Anweisung: ›Ihr und eure Nachkommen sollt Quasten an dem Saum eurer Gewänder befestigen und an jeder Quaste eine blaue Kordel anbringen. Jedes Mal, wenn ihr sie anschaut, sollen die Quasten euch an die Gebote des Herrn erinnern, damit ihr sie befolgt und nicht eure eigenen Wege geht und mir so untreu werdet. Sie sollen euch daran erinnern, dass ihr allen meinen Geboten gehorchen sollt und so für euren Gott heilig seid. Ich bin der Herr, euer Gott, der euch aus Ägypten geführt hat, um euer Gott zu sein. Ich bin der Herr, euer Gott!‹«

Im Altertum trugen die Männer lange, viereckige Gewänder, kein Hemd, das in die Hose gesteckt wird. Und bisweilen war es bei nahöstlichen Königshäusern Brauch, eine besondere Art von blauen Quasten an den Ecken dieser Gewänder zu tragen. Als Gott seinem Volk gebot, dieselben blauen Quasten zu tragen, erinnerte er sie also daran, dass sie ein Königreich von Priestern (vgl. 2. Mose 19,4-6) waren, welche die Verantwortung trugen, die Gebote ihres Königs zu befolgen.

Was machte die blaue Farbe so bedeutsam? Das hebräische Wort für »blau« in 4. Mose 15 lautet *techelet*, oft »königsblau« genannt (von dem einige Gelehrte meinen, dass es eher violett oder blaurot war), da der Farbstoff, den man zur Herstellung dieser Farbe benötigte, von einer seltenen Schnecke namens *chilason* kam, einer Schnecke, die mehr als ihr Gewicht in Gold wert war. Daher war eben diese Farbe ein Zeichen von Reichtum und königlicher Abstammung.

Warum tragen dann jüdische Männer heute weiße statt blaue Fransen? Im Laufe der Zeit stellten die Rabbis fest, dass es die *chilason* nicht länger gibt. Statt nun einen ähnlich aussehenden blauen Farbstoff zu finden, entschieden sie, das Blau völlig wegzulassen. Daher kommen die weißen Fransen, die heute zu sehen sind. Als sich dann die Kleidungsgewohnheiten änderten und jüdische Männer nicht länger diese viereckigen Gewänder trugen, wurden andere Anpassungen vorgenommen. Daher tragen traditionelle jüdische Männer heute etwas, das *tallit qatan* (ein kleiner *tallit*) genannt wird, unter ihren Hemden. Das ist so ähnlich wie ein T-Shirt, nur dass es weiße Fransen an seinen Ecken hängen hat. (Der Gebetsschal, den jüdische Männer während des Betens tragen, wird, abhängig von der jüdischen Aussprachetradition, *tallit* oder *tallis* genannt. Der *tallit* hat ebenfalls diese Quasten oder Fransen.)

Weniger religiöse orthodoxe Juden tragen diese Fransen in ihre Kleider gesteckt. Doch Juden, welche die Gebote strenger befolgen, tragen sie außen, um noch sorgfältiger das biblische Gebot zu erfüllen, dass sie die Fransen *ansehen* und sich daran erinnern sollen, die Gebote der Thora zu halten. Die Rabbis haben dementsprechend verschiedene Gewohnheiten entwickelt, in diese Fransen eine Reihe von Knoten zu knüpfen, die ebenfalls als Erinnerung an die Gebote dienen sollen, gemäß dem rabbinischen Judentum 613 an der Zahl. (Diese Knoten werden auch in die Fransen des Gebetsschals *tallit* geknüpft, was den jüdischen Witz über den Rabbi erklärt, der seinen *tallit* in die Reinigung brachte und ihn erst zwei Wochen später zurückbekam mit der Notiz: »Rabbi, bitte entschuldigen Sie die Verspätung, doch ich brauchte ewig, um all diese Knoten rauszubekommen!«)

Es sind also tatsächlich 613 Knoten in die Fransen geknüpft – *wirklich* eine Menge Knoten! –, doch sie werden nach einer besonderen Strategie geknüpft, wie Professor Jacob Milgrom erklärt:

> Der hebräische numerische Wert der Konsonanten des Wortes *zizit* beträgt 600. Wenn fünf (für die Zahl der Doppelknoten) und acht (für die Zahl der Fadenenden) addiert werden, kommt man auf insgesamt 613, was den rabbinischen Traditionen zufolge die Anzahl der biblischen Gebote ist, an welche die *zizit* die Träger erinnern sollen.[78]

Wann immer also ein jüdischer Mann auf eine dieser Fransen sieht, wird er an seine Verpflichtung erinnert, alle 613 Gebote zu halten. Daher wurde genau dieses Gebot – die Fransen zu tragen und sie anzusehen – im rabbinischen Judentum sehr wichtig. Mit den Worten des großen juristischen Systematikers Moses Maimonides (1135–1204 n.Chr.):

> Man sollte stets Acht geben auf das Gebot, *zizit* zu tragen, denn die Thora stellte alle anderen *mitzwot* [Gebote] damit gleich und verband sie damit, wie geschrieben steht: »Und du sollst sie sehen und dich erinnern an alle Gebote des Herrn und du sollst sie halten« (*Laws of Tsitsit*, 3,13).

Warum tragen orthodoxe jüdische Frauen diese Fransen nicht? Einer rabbinischen Tradition zufolge sind Frauen von zeitaufwendigen Geboten befreit, vor allem wegen ihrer Verantwortung für Haushalt und Familie. Da der Text sich nun darauf bezieht, die Fransen *anzusehen*, was nur bei Tage geschehen kann, sind Frauen nach dem rabbinischen Gesetz davon befreit, die Fransen zu tragen.

Hat Jesus selbst diese Fransen getragen, die im 1. Jahrhundert ja blau gewesen sind? Da er ein thoratreuer Jude war, haben wir jeden Grund anzunehmen, dass er sie trug, obwohl er das demonstrative Tragen der Fransen anprangerte, wie es manche taten (vgl. Matthäus 23,5). Matthäus 9,20 und Lukas 8,44 deutet auch in diese Richtung, wenn beschrieben wird, wie die Frau, die an Blutungen litt, die Hand ausstreckte und den *Saum* von Jeschuas Gewand berührte (vgl. auch Matthäus 14,36 und Markus 6,56, wo die Kranken den Saum seines Gewandes berühren wollten). Bezeichnenderweise ist das griechische Wort für »Saum« *kraspedon*, und in der Septuaginta, der alten jüdischen Übersetzung der hebräischen Bibel ins Griechische, wird dasselbe Wort gebraucht, um das hebräische Wort für Fransen (oder Quasten) in 4. Mose 15,38-39; 5. Mose 22,12 und Sacharja 8,23 zu übersetzen. Es wird auch in Matthäus 23,5 benutzt, wo Jesus die religiösen Heuchler tadelt, weil sie ihre Quasten besonders lang machen. Das alles weist also darauf hin, dass Jesus einen Umhang mit Fransen trug und es diese Fransen waren – da sie die äußersten Ränder seines Gewandes bildeten und, gemäß einer Minderheitsmeinung, mit besonderen Kräften versehen waren –, welche diese Kranken voller Glauben berührt haben und alle geheilt wurden.[79]

20. Warum beten traditionelle jüdische Männer mit schwarzen Kästchen (Phylakterien oder Gebetsriemen, hebräisch *tefillin* genannt) an ihren Köpfen und Armen?

Dieser Brauch wurde zur Zeit Jeschuas in weiten Kreisen gepflegt – es ist genau genommen sogar sehr wahrscheinlich, dass er selbst sie getragen hat –, und der Herr bezog sich auf diesen Brauch, als er einige der heuchlerischen religiösen Führer anprangerte: »Alles, was sie tun, tun sie nur nach außen hin. Am Arm tragen sie besonders große Gebetsriemen, und sie haben extra lange Fransen an ihren Gewändern« (Matthäus 23,5).

Beachten Sie, dass Jesus sie nicht deshalb kritisierte, weil sie *Phylakterien trugen*, traditionell bekannt als *tefillin* (wörtlich: »Gebete«), sondern weil sie es so zur Schau stellten. Vielmehr ist das Tragen von Quasten an den Gewändern ein Thoragebot (vgl. Kapitel 19), sodass der Herr sie sicherlich nicht wegen des Quastentragens, sondern wegen des exzessiven öffentlichen Gebrauchs, damit es von anderen gesehen werden konnte, kritisierte.

Was genau beschrieb Jesus da? Die Phylakterien waren »kleine Leder- oder Pergamentkästchen, die man am Arm oder um die Stirn gebunden trug (vgl. 2. Mose 13,9.16; 5. Mose 6,8; 11,18) und die ein Stück Schreibpergament enthielten, auf dem vier Texte aus dem Gesetz geschrieben standen (2. Mose 13,2-10.11-16; 5. Mose 6,4-9; 11,13-21). Um der Welt ihre Frömmigkeit zu zeigen, fertigten diese religiösen Führer große, auffällige Phylakterien an.«[80]

Wann gebot Gott den Israeliten, diese Kästchen zu tragen? Dazu schauen wir uns einige Texte aus der Thora an, die diese Lederkästchen zur Zeit Jesu enthielten und auch heutzutage enthalten. In 5. Mose 6,6-9 sagte Mose zum Volk Israel:

> Bewahrt die Gebote, die ich euch heute gebe, in eurem Herzen. Schärft sie euren Kindern ein. Sprecht über sie, wenn ihr zu Hause oder unterwegs seid, wenn ihr euch hinlegt oder wenn ihr aufsteht. Bindet sie zur Erinnerung um eure Hand und tragt sie an eurer Stirn, schreibt sie auf die Pfosten eurer Haustüren und auf eure Tore.

Eine ähnliche Ausdrucksweise wird in 2. Mose 13,16 mit dem Hinweis auf den Freikauf der Erstgeborenen gebraucht. Dort sagt Gott: »Dieser Brauch soll euch – wie ein Zeichen auf eurer Hand oder an eurer Stirn – daran erinnern. Denn der Herr hat uns mit großer Macht aus Ägypten geführt.«

Was genau bedeutet das: »Bindet [die Gebote] zur Erinnerung um eure Hand und tragt sie an eurer Stirn«? Wie wurde an die Befreiung aus Ägypten erinnert mit dem »Zeichen auf eurer Hand oder an eurer Stirn«?

Es gibt Hinweise darauf, dass nur manche jüdischen Gruppen im Altertum, wie die Samaritaner (vgl. Kapitel 28), diese Verse nicht wörtlich ausgelegt haben, wohingegen es bemerkenswert ist, dass die Übersetzer der Septuaginta, die zwei- bis dreihundert Jahre vor Jesus tätig waren, diese Verse metaphorisch verstanden. Und Raschbam, ein berühmter mittelalterlicher rabbinischer Kommentator, stimmte dem zu, dass diese Verse bildlich ausgelegt werden sollen (vgl. Sprüche 1,9; 3,3; 4,9; 6,21; 7,3; man sollte jedoch beachten, dass er auch erklärte, die Phylakterien sollten getragen werden, weil dies traditionell gelehrt wurde).

Andererseits wissen wir, dass es spätestens seit dem 2. Jh. n.Chr. in etlichen jüdischen Kreisen üblich war, diese Verse wörtlich auszulegen, wie durch die Entdeckung der Phylakterien in den Archiven von Qumran belegt wurde. Diese Phylakterien haben sehr große Ähnlichkeit mit denen, die detailliert in den rabbinischen Schriften beschrieben und heute von gläubigen Juden beim Morgengebet getragen werden (außer am Sabbat und an bestimmten Feiertagen).[81]

Kann nachgewiesen werden, dass Gott von seinem Volk verlangte, schwarze Lederkästchen auf den Armen und der Stirn zu tragen? Die rabbinischen Traditionen behaupten, dass Gott Mose auf dem Berg Sinai ausdrücklich die Einzelheiten dieses Gebots übermittelt hat (vgl. mündliches Gesetz), wie Rabbi Nathan Cardozo erklärt:

> Nirgendwo beschreibt die geschriebene Thora dieses Zeichen und diese Zierde. Die *tefillin*, die wir heute benutzen, sind das Ergebnis der Tradition der mündlich überlieferten Thora. Trotzdem sind nicht nur die Fragmente der *tefillin*, die bei den Qumran-Ausgrabungen gefunden wurden, unseren ähnlich; auch die Reihenfolge der Bibeltexte, die auf diese Frag-

mente geschrieben wurden, zeigt an, dass die Meinungsunterschiede zwischen Raschi (11. Jahrhundert) und Rabbenu Tam (12. Jahrhundert) zurückreichen bis zu den frühesten Momenten jüdischer Geschichte, weil *tefillin* beider Arten gefunden wurden! Auch Jahrhunderte später »fand man in Nehardea und Jerusalem zwei Sätze *tefillin:* einen nach der Weisung des Raschi und den anderen nach Rabbenu Tam« (*Piskei Tosafot, Menachot* 34b).[82]

Der Talmud enthält auch einige sehr weit hergeholte Erklärungen dafür, wie die besonderen Details der Phylakterien aus dem biblischen Text abgeleitet werden können, besonders in b. Sanhedrin 4b, wo eine unmögliche linguistische Ableitung vom berühmten Rabbi Akiva angeführt wird.

Egal ob Gott ursprünglich wollte, dass sein Volk diese schwarzen Kästchen trägt – sei es den ganzen Tag lang, wie es in talmudischen Zeiten Brauch war, oder vor allem während des Morgengebets –, das Anlegen der *tefillin* (oder wie es traditionelle Juden nennen: das »Legen von *tefillin*«) wurde zur beliebtesten traditionellen Sitte, das Arm-*tefillin* nahe am Herzen (weil es am linken Arm angelegt wird) und das Kopf-*tefillin* nahe am Verstand (weil es an der Stirn angelegt wird).

Obwohl die Fakten, entgegen der Behauptungen des traditionellen Judentums, die Annahme sehr nahelegen, dass Gott dem alten Israel nicht wörtlich befohlen hat, Phylakterien herzustellen und zu tragen, steht fest, dass das Tragen der Phylakterien eine mehr als zweitausend Jahre alte Tradition widerspiegelt. Dieser Brauch hatte jahrhundertelang große Bedeutung im Leben der traditionellen Juden, indem er sie sehr buchstäblich mit den Geboten der Thora verband.

21. Was sind die kleinen Behälter (Mesusot) an den Türpfosten der Häuser von orthodoxen Juden?

In der Bibel bedeutete das Wort *mesusa* einfach »Türrahmen, Schwelle« und kommt insgesamt 18-mal vor (vgl. 2. Mose 12,7.22-23; 21,6; 5. Mose 6,9; 11,20; Richter 16,3; 1. Samuel 1,9; 1. Könige 6,31.33; 7,5; Jesaja 57,8; Hesekiel 41,21; 43,8 [zweimal]; 45,19 [zweimal];

46,2; Sprüche 8,34; der Plural des Wortes lautet *mesusot*). Christen sind wohl am ehesten vertraut mit Versen wie 2. Mose 12,22-23, wo Gott den Israeliten in Ägypten gebot, das Blut des Opferlamms an die Türpfosten ihrer Häuser zu streichen, als das Passahfest eingesetzt wurde. Doch diese Verse beziehen sich nicht auf das Anbringen der Mesusot an jüdischen Häusern. Schlüsselverse hierfür sind eher 5. Mose 6,9 und 11,20, wo Gott gegenüber den Israeliten anordnete, seine Gebote »auf die Pfosten eurer Haustüren und auf eure Tore« zu schreiben (also auf die Tore ihrer Städte; vollständiger informieren 5. Mose 6,4-9 und 11,18-20).

Diese Stellen wurden hier bereits zitiert, als es um das Anlegen der Phylakterien ging und gefragt wurde, ob Gott seinem Volk *buchstäblich* geboten habe, sich sein Wort vor die Augen zu halten (vgl. Kapitel 20). Dieselbe Frage stellt sich im Hinblick auf 5. Mose 6,9 und 11,20: Wollte Gott von seinem Volk, dass es seine Worte *buchstäblich* an die Türrahmen seiner Häuser und an seine Tore schreibt? Es ist für Christen nicht unüblich, Bibelsprüche in verschiedenen Zimmern ihres Hauses aufzuhängen, die sie an die Schlüsselverheißungen oder wichtige ethische Lehren erinnern. Manche Gläubige haben sogar einen Vers wie Josua 24,15; EB an ihrer Haustür hängen: »Ich aber und mein Haus, wir wollen dem Herrn dienen!« Ist es das, was der Herr meinte?

Es gibt ein faszinierendes Beispiel aus dem alten Israel. Archäologen entdeckten eine Inschrift, die tatsächlich auf den Türrahmen eines Hauses geschrieben wurde. Bemerkenswert daran ist, dass es ein Gebet war, das an Jahwe und seine göttliche Gattin gerichtet war! Die Inschrift, die im nördlichen Israel Mitte der 1970er-Jahre in einem Ort entdeckt wurde, der heute Kuntillet ʻAjrud heißt, lautet folgendermaßen: »Sprich … sprich zu Yehalle[lel] … und zu Yoʻasa und … Ich habe euch gesegnet durch JHWH von *Samaria* und durch seine Aschera.«[83] Diese Inschrift spiegelt den wild wuchernden Götzendienst wider, der im nördlichen Königreich Samaria herrschte (vgl. 2. Könige 17,7-17). In diesem Licht besehen ist es höchst unwahrscheinlich, dass diese Inschrift aus Gehorsam gegenüber Jahwes Thoragebot angefertigt wurde.[84] Das ginge wirklich zu weit! Doch diese Inschrift weist möglicherweise auf einen Brauch hin, der im alten Israel nicht unüblich war. Also könnte das Gebot, Gottes Worte an die

Türrahmen oder Stadttore zu schreiben, doch wörtlich gemeint gewesen sein.

Traditionelle Juden behaupten jedoch, dass Gott damit etwas ganz Spezielles meinte: Sie glauben, dass der Herr den Israeliten gebot, zwei Schlüsseltexte aus der Thora auf eine kleine Rolle zu schreiben (5. Mose 6,4-9; 11,13-21, zwei der Texte, die in den Phylakterien enthalten sind) und diese Texte in einen kleinen Behälter zu stecken, genannt Mesusa, welcher auf bestimmte Weise am Türrahmen angebracht wird. Auf diese Weise wären diese Verse, ohne dass man sie sehen könnte, tatsächlich am Türrahmen des Hauses und würden als Erinnerung an diese Worte und an Gottes Gegenwart dienen.

In Übereinstimmung mit der Gesinnung des traditionellen Judentums, das nur wenig Bewegungsspielraum bei der Ausführung der Gebote lässt, muss die Mesusa eine bestimmte Größe haben und am rechten Türrahmen auf einer bestimmten Höhe und in einem bestimmten Winkel angebracht werden. Wenn ein traditioneller Jude durch die Türöffnung geht, berührt er die Mesusa mit seiner Hand und küsst sie. Man sieht für gewöhnlich den hebräischen Buchstaben *schin* auf der Mesusa. Er steht für *Schaddai*, einen biblischen Titel Gottes, der üblicherweise mit »Allmächtiger« übersetzt wird.[85] Andernfalls wird das *schin* auf die Rückseite der Rolle geschrieben, die in der Mesusa steckt.

Auf die Frage, warum die Mesusa in einem bestimmten Winkel angebracht wird, wird auf der Internetseite *Judaism 101* geantwortet: »Die Rabbis konnten sich nicht entscheiden, ob sie horizontal oder vertikal angebracht werden sollte. Deshalb haben sie einen Kompromiss geschlossen!«[86]

22. Warum tragen manche gläubigen jüdischen Männer lange schwarze Mäntel?

Ich habe diese Frage einmal einem ultraorthodoxen Juden gestellt, weil es zumeist die Ultraorthodoxen sind, die solche langen schwarzen Mäntel anhaben. Er antwortete: »Wir tun es, weil unsere Väter es taten.« Das ist die Macht der Tradition im Judentum! Er meinte auch, dass dies mit den Gewohnheiten der biblischen Zeit übereinstimme, in der die Leute eher lange Gewänder trugen als kurze Hosen. Es ist also auch eine Frage der Sittsamkeit, obgleich religiöse Juden nicht in der Bibel nach Begründungen für lange schwarze Mäntel suchen.

Anders betrachtet gibt es die fragliche Art der Kleidung – diese Sorte langer schwarzer Mäntel – erst seit relativ kurzer Zeit, und sie beruht auf traditionellen europäisch-jüdischen Gewohnheiten. Kurz gesagt: Die Art der Kleidung, die in gewissen traditionellen jüdischen Gemeinschaften in Osteuropa vor einigen Jahrhunderten Mode war, wurde beibehalten. Das ist wieder ein Zeugnis für die Macht des Brauchtums im Judentum. (Es heißt sogar: »Der Brauch der Leute ist Gesetz.«) Mit anderen Worten: Wenn eine Gemeinschaft eine bestimmte Gewohnheit annimmt – sei es auf dem Gebiet der Kleidung, des Familienlebens oder des Studiums – und diese Gewohnheit wird so gebräuchlich, dass man sagen kann: »Alle tun es«, und wenn dieser Brauch dann durch die Generationen Bestand hat (mit rabbinischer Erlaubnis, versteht sich), dann wird er sozusagen unantastbar und ist nicht mehr einfach zu ändern. Ähnlich ist es beim Brauch der mennonitischen Frauen, die eine bestimmte Kopfbedeckung tragen, oder bei den amischen Männern, die ihre Bärte wachsen lassen, sich aber den Oberlippenbart wegrasieren.

Mit der Macht des Brauchtums hängt – besonders im Judentum – die Vorstellung von der »guten alten Zeit« zusammen. Das bedeutet, dass man annimmt, die früheren Generationen hätten sich auf einer höheren geistlichen Ebene befunden als die nachfolgenden, und die jüdischen Gemeinschaften bestimmter Epochen werden als besonders heilig und fromm betrachtet. Daher wurde an ihren Bräuchen pflichteifrig festgehalten. Genau das passierte mit der gewöhnlichen Kleidung der osteuropäischen Gemeinschaften – den langen Mänteln, den besonderen Hüten und den altmodischen Hosen. Das heißt, manches davon war ursprünglich noch nicht einmal jüdisch, sondern die übliche allgemeine Kleidung der Gesellschaft. Doch diese jüdischen Gemeinschaften wurden von den nachfolgenden Generationen so sehr verehrt, dass sogar ihre Kleidung bis heute kopiert wird. Tatsächlich kann man in manchen ultraorthodoxen Gemeinschaften in Israel, wie beispielsweise im Jerusalemer Stadtviertel Mea Schearim, die dazugehörigen Männer an der Kleidung erkennen, die sie tragen; Kleidung, die man mit bestimmten osteuropäischen jüdischen Gemeinschaften assoziiert. Manche von ihnen tragen immer noch die altmodischen Hosen und weiße Mäntel; andere diese Hosen mit schwarzen Mänteln; wieder andere schwarze Mäntel und normale Hosen.

Ich besuchte einmal eine Jeschiwa (ein Lernzentrum für orthodoxe rabbinische Studien) in Lakewood, New Jersey: Ich war von einem meiner ultraorthodoxen Freunde eingeladen worden, der dort studiert. (An dieser Jeschiwa studieren täglich ungefähr tausend Männer, was sie zur größten Jeschiwa der Welt macht.) Jeder Mann dort trug schwarze Hosen und ein weißes Hemd – ohne Ausnahme und ohne, dass es eine Zugangsvoraussetzung gewesen wäre –, und am Eingang zur Jeschiwa hing mein Freund seinen (schwarzen) Hut und seinen (schwarzen) Mantel auf, die einer von vielen (in meinen Augen) identischen Hüten und Mänteln wurden, obwohl mein Freund mir versicherte, dass sie für ihn leicht unterscheidbar seien.

Jedenfalls gibt es keine biblische Grundlage für den Brauch, lange schwarze Mäntel zu tragen, noch wird behauptet, dass es eine gibt.

23. Warum behaupten traditionelle Juden, dass die jüdische Abstammung matrilinear ist (also von der Mutter kommend), nicht patrilinear (also vom Vater kommend)?

Für viele Bibelleser scheint das Gegenteil zuzutreffen, nämlich dass das Jüdischsein eher vom Vater als von der Mutter weitergegeben wird. Schließlich zeigen biblische Stammbäume die Abstammung vom Vater an, wir reden von den Patriarchen Abraham, Isaak und Jakob, nicht von den Matriarchinnen Sara, Rebekka, Rahel und Lea, und die Männer waren in biblischer Zeit bekannt als der Sohn ihres Vaters (z.B. bedeutet *Simon Bar Jona* »Simon, Sohn des Jona«). Warum behauptet dann der Talmud, dass die jüdische Abstammung von der Mutter weitergegeben wird? Und warum ist das im jüdischen Gesetz noch heute der vorrangig entscheidende Faktor (»Ist deine Mutter jüdisch?«)? Das ist so sehr in der jüdischen Kultur etabliert, dass ein Jude, der die israelische Staatsangehörigkeit bekommen möchte, beweisen muss, dass seine Mutter jüdisch war.

Viele Gelehrte glauben heute, dass dieses Verständnis bis in die ersten Jahrhunderte n.Chr. nicht fest verankert war, und manche zitieren Apostelgeschichte 16,1-3 als einschlägiges Beispiel. Dort lesen wir, dass Paulus in Lystra Timotheus traf, »dessen Mutter eine jüdische Gläubige, dessen Vater aber ein Grieche war. … Paulus [wollte], dass er ihn auf seiner Reise begleitete. Mit Rücksicht auf die Juden in dieser Region ließ Paulus Timotheus vor ihrer Abreise beschneiden, denn alle wussten, dass sein Vater ein Grieche war.« Dem jüdischen Historiker Shaye Cohen zufolge weist dies darauf hin, dass die Auffassung, die jüdische Identität komme von der Mutter her, noch nicht in der ganzen jüdischen Welt verbreitet war. Deshalb wurde Timotheus nicht gleich nach seiner Geburt beschnitten. Für Paulus jedoch war er ein Jude, deshalb war er bereit, ihn zu beschneiden, während Titus nicht beschnitten wurde, da er ein Heide war (vgl. Galater 2,3).[87]

Professor Cohen schreibt weiter:

> Zahlreiche israelitische Helden und Könige heirateten ausländische Frauen: Zum Beispiel heiratete Juda eine Kanaaniterin, Josef eine Ägypterin, Mose eine Midianiterin und eine Äthiopierin, David eine Philisterin und Salomo Frauen jeder Herkunft. Durch ihre Heirat mit einem Israeliten wurde eine ausländische Frau in den Stamm, das Volk und die Religion ihres Ehemannes aufgenommen. In vorexilischer Zeit wäre niemandem jemals in den Sinn gekommen, dass solche Ehen null und nichtig wären, dass ausländische Frauen zuerst zum Judentum »konvertieren« müssten oder dass die Nachkommen dieser Ehe keine Israeliten wären, wenn die Frauen nicht zuvor konvertiert wären.[88]

Traditionelle Juden glauben jedoch, dass das Konzept matrilinearer jüdischer Abstammung tatsächlich auf die Bibel zurückgeht, was mit ihrer Auffassung übereinstimmt, dass die Traditionen, denen sie heute folgen, ihren absoluten Ursprung in der Heiligen Schrift haben (wie sie durch das mündliche Gesetz interpretiert wird). Was ist dann die Grundlage für diesen Glauben? Verschiedene Schriftstellen werden zur Unterstützung angeführt, von denen hier einige erörtert werden. Der Talmud (b. Kidduschin 68a-b) weist auf 2. Mose 21,4 hin: »Hat … [der] Herr [seinem Sklaven] jedoch eine Frau gegeben und sie bekamen Söhne oder Töchter, dann soll die Frau mit ihren Kindern bei ihrem Herrn bleiben, der Mann aber soll allein freigelassen werden.« Das wird wie folgt erklärt: »Das bezieht sich auf eine heidnische Leibeigene, die einem hebräischen Sklaven zur Frau gegeben wird. Die Kinder bleiben Sklaven, wenn ihr Vater freigelassen wird. Das zeigt, dass sie den Status ihrer Mutter teilen.«[89] (Man sollte beachten, dass in der Thora *nicht* steht, die Frau sei eine Heidin; das wurde von den späteren Rabbis in den Text hineingelesen.)

Ein weiterer Text, der in der talmudischen Diskussion zitiert wird, ist 5. Mose 7,3-4:

> Heiratet nicht in ihre Familien [der benachbarten, heidnischen Nationen] ein: Verheiratet eure Töchter nicht mit ihren Söhnen oder eure Söhne nicht mit ihren Töchtern. Denn sie würden eure Kinder dazu bringen, sich von ihm abzuwenden und andere Götter zu verehren. Dann aber würde sich der Zorn des HERRN gegen euch richten und euch schnell vernichten.

Der Talmud fragt dazu: »Wir wissen nun, dass die Antrauung mit ihr nichtig ist, woher, dass das Kind ihr gleiche? R. Johanan erwiderte im Namen des R. Simon b. Johaj: Die Schrift sagt: *denn er wird deinen Sohn von mir abwendig machen;* dein Sohn von einer Jisraeliten [sic!] heißt dein Sohn, dein Sohn von einer Nichtjüdin heißt nicht dein Sohn, sondern ihr Sohn« [Kidduschin 68b].[90] Das ist typisch für talmudische Argumentation: Jedes Wort in der Thora kann eine besondere Bedeutung annehmen, daher wird diese an den Haaren herbeigezoge Folgerung hier möglich.

Zwei weitere, ähnliche Abschnitte, die von orthodoxen Juden zitiert werden, sind Esra 10 und Nehemia 9. Dort wurden die jüdischen Männer dazu aufgerufen, Rechenschaft darüber abzulegen, dass sie ausländische Frauen geheiratet hatten. Und sie wurden angewiesen, sich von ihren Frauen scheiden zu lassen und sie mit ihren gemeinsamen Kindern wegzuschicken. Das würde ebenfalls auf den nichtjüdischen Status dieser Kinder hindeuten. Warum sonst wäre den Vätern befohlen worden, sie wegzuschicken?

Diese Argumente, die sehr ausführlich im Talmud und in den rabbinischen Schriften entwickelt werden, sind kaum überzeugend. Im Falle von Esra und Nehemia könnte es sich einfach nur um ein pragmatisches Vorgehen gehandelt haben, da erwartet wurde, dass eher die Mutter die Kinder erzieht als der Vater (damals gab es so etwas wie Hausmänner nicht!). Der Standpunkt von Professor Cohen, der oben im Hinblick auf die vielen Israeliten, die ausländische Frauen heirateten, zitiert wurde, ist stichhaltig: Ihre Kinder wurden als Israeliten angesehen, ohne jeglichen Bericht, dass die Frauen formal zum israelitischen Glauben konvertiert wären. Dennoch wurde fast zweitausend Jahre lang in jüdischen Gemeinschaften nur die jüdische Abstammung von der Mutter anerkannt, bis das Reformjudentum 1983 entschied, auch die Kinder von jüdischen Vätern (patrilineare Abstammung) aufzunehmen, ohne dass ein Konvertierungsprozess stattfinden muss. Orthodoxe Juden verwerfen erwartungsgemäß diese Ansicht, obwohl sehr gute Gründe für patrilineare Abstammung vorgebracht werden können.

Messianische jüdische Leiter haben diese Frage auch diskutiert, wobei bis jetzt kein allgemein verbindlicher Standpunkt eingenommen wurde, obgleich manche folgende Richtlinie vorgeschlagen haben: Wenn jemand entweder einen jüdischen Vater oder eine jüdische Mutter hat und sich selbst als jüdisch betrachtet, soll er oder sie auch so akzeptiert werden.

24. Stehen wirklich 613 Gebote in der Thora?

Es gibt keinen biblischen Hinweis auf 613 Gebote, obwohl die späteren rabbinischen Führer behaupten, dass in den Zehn Geboten alle 613 Gebote erwähnt werden. Die erste ausdrückliche Erwähnung von 613 Geboten findet man in einem sehr langen Talmudabschnitt. Dort wird Rabbi Simlai (3. Jh. n.Chr.) zitiert: »Sechshundertdreizehn Vorschriften sind Mose überliefert worden; dreihundertfünfundsechzig [Verbote], entsprechend den Tagen des Sonnenjahres, und zweihundertachtundvierzig [Gebote], entsprechend den Gliedern des Menschen«[91] (b. Makkot 23b-24a; wir werden am Ende dieses Kapitels zu dieser Stelle zurückkehren). Auf der Grundlage dieses Kommentars versuchten die mittelalterlichen jüdischen Gelehrten zu einer Einigung über die exakte Zählung und Abgrenzung der 613 Gebote zu kommen, da es ziemlich viele Mehrdeutigkeiten in der Zählung gibt.[92]

Ein Beispiel: Würden Sie »Seid fruchtbar und vermehrt euch« aus 1. Mose 1,28, wiederholt in 1. Mose 9,1, zu den 613 Geboten zählen? Die Rabbis taten es, weil sie darin die erste Anweisung sahen, die der menschlichen Rasse gegeben wurde. Was ist mit Geboten, die einander überschneiden? Sollte man sie unterteilen?

Neben vielen anderen haben Fragen wie diese die Gelehrten dazu gebracht, leicht unterschiedliche Zählungen zu präsentieren – es gab dabei wesentliche Übereinstimmungen über die große Mehrzahl dieser Gebote. Die berühmteste Zusammenstellung von allen, Maimonides' *Buch der Gebote*, hat tatsächlich nur 606 explizite Thoragebote gezählt. Die letzten sieben sind *rabbinische* Gebote, nämlich: 1) das Gebot, die Hände vor dem Essen zu waschen (man beachte den Konflikt darüber schon in Matthäus 15 und Markus 7); 2) Gesetze in Bezug auf den *Eruw*, ein rabbinisches Konzept, das einige Sabbateinschränkungen auf sehr besondere Weise aufgehoben hat; 3) das Sprechen eines Segens vor dem Essen oder der Teilnahme an jeglicher Art von Vergnügen; 4) das Anzünden der Kerzen am Sabbat; 5) die Feier des Purimfestes, welches zwar im Buch Esther erwähnt, dessen Beachtung dort aber nicht geboten wird (vgl. Esther 9,23-32); 6) die Feier von Chanukka, einem Fest, das an Ereignisse aus dem 2. Jh. v.Chr. erinnert, einige Zeit nachdem der Tanach bereits abgeschlossen war; und 7) das Sprechen des Hallelgebets zu bestimmten Gelegenheiten.

Manche jüdischen Führer waren jedoch mit Maimonides darin uneins, diese rabbinischen Gebote, als von Gott durch die Autorität der Rabbis gegeben, in die Zählung der 613 mit einzubeziehen. Wie bereits angemerkt (vgl. Kapitel 14), preist deshalb eine jüdische Frau, die die Sabbatkerzen anzündet, Gott, »der uns gebot, die Sabbatkerzen anzuzünden«, auch wenn das nicht in der Thora steht, sondern von den Rabbis stammt.

Das hebräische Akronym für 613 ist *tarjag*, denn der hebräische Buchstabe *t* entspricht 400, *r* entspricht 200, *j* entspricht 10 und *g* entspricht 3. So kennt man die 613 Gebote im Hebräischen als *tarjag mitzwot*. Im Einklang mit Rabbi Simlais Erklärung sind die Gebote aufgeteilt in negative und positive Vorschriften (d.h. »Du sollst nicht« und »Du sollst«). Weil der Tempel zerstört wurde und es keine funktionierende Tempelpriesterschaft mehr gibt, können Juden heute nur 77 der 365 negativen Gebote und 194 der 248 positiven Gebote befolgen, die in der Thora stehen. Das ist einer der Hauptgründe, warum gläubige Juden dreimal täglich für den Wiederaufbau des Tempels und die Erlösung ihres Volkes beten: Sie wollen unbedingt auch den Rest der Gebote einhalten!

Ich werde dieses Kapitel mit dem gesamten langen Abschnitt aus dem Talmud beschließen, den ich bereits angeführt habe (b. Makkot 23b-24a). Sie werden überrascht sein!

R. Simlai predigte und sprach: Sechshundertdreizehn Vorschriften sind Mose überliefert worden; dreihundertfünfundsechzig [Verbote], entsprechend den Tagen des Sonnenjahres, und zweihundertachtundvierzig [Gebote], entsprechend den Gliedern des Menschen. R. Hamnuna sagte: Welcher Schriftvers deutet hierauf? *Ein Gesetz verordnete uns Mose zum Erbbesitze für die Gemeinde Jaqobs;* der Zahlenwert [des Wortes] *Tora [Gesetz]* beträgt soviel. [Das Wort] *Tora* beträgt nämlich sechshundertundelf, und [die Gebote] *ich bin,* und: *du sollst nicht haben,* hörten wir aus dem Munde der Allmacht. Hierauf kam David und brachte sie auf elf, denn es heißt: *Ein Psalm Davids. Herr, wer darf in deinem Zelte wohnen, wer darf auf deinem heiligen Berge ruhen? Wer makellos wandelt und recht tut und vom Herzen Wahrheit redet, auf seiner Zunge nicht Verleumdung hegt, seinem Nächsten nichts Böses zufügt und nicht Schmach auf seinen Freund lädt; dem der Verworfene als verächtlich gilt, während er, die den Herrn fürchten, in Ehren hält; der, wenn er zu seinem Schaden geschworen hat, es doch nicht abändert; der sein Geld nicht um Zins gibt und nicht Bestechung gegen den Unschuldigen annimmt. Wer solches tut, wird nimmermehr wanken. Wer makellos wandelt,* das ist Abraham, von dem es heißt: *wandle vor mir und sei makellos. Und recht tut,* wie beispielsweise R. Saphra. *Auf seiner Zunge nicht Verleumdung hegt,* das ist unser Vater Jaqob, von dem es heißt: *Vielleicht wird mich mein Vater betasten, so würde ich in seinen Augen wie ein Betrüger dastehen. Seinem Nächsten nichts Böses zufügt,* der nicht ins Handwerk seines Nächsten greift. *Und nicht Schmach auf seinen Freund lädt,* der sich seiner Verwandten annimmt. *Dem der Verworfene als verächtlich gilt,* das ist der König Hizqijahu, der die Gebeine seines Vaters auf einer Strickbahre schleifte. *Während er, die den Herrn fürchten, in Ehren hält,* das ist Jehosaphat, König von Jehuda, der, wenn er einen Gelehrten sah, von seinem Throne aufstand und ihn umarmte und küsste und ihn Vater, Lehrer und Meister nannte. *Der, wenn er zu seinem Schaden geschworen hat, es doch nicht abändert,* wie beispielsweise R. Johanan; er sprach nämlich einst: Ich will im Fasten verweilen, bis ich nach Hause komme. *Der sein Geld nicht um Zins gibt,* nicht einmal an einen Nichtjuden. *Und nicht Bestechung gegen einen Unschuldigen annimmt,* wie beispielsweise R. Jismael b. R. Jose. Es heißt: *Wer solches tut, wird nimmermehr wanken.* Wenn R. Gamliel an diesen Vers herankam, weinte er, indem er sprach: Nur, wer dies alles tut, wird nicht wanken, wer aber nur eines von diesen tut, wird wanken! Da entgegnete man ihm: Es heißt ja nicht: wer dies *alles* tut, sondern: wer solches tut, auch eines von diesen. Wie willst du, wenn du nicht so erklären wolltest, folgenden Schriftvers erklären: *Ihr sollt euch nicht mit all diesem verunreinigen;* ist man etwa nur dann unrein, wenn man sie alle berührt hat, nicht aber, wenn eines von diesen!? Vielmehr heißt dies: mit einem von diesen, ebenso auch hierbei: eines von diesen. Hierauf kam Jesaja und brachte sie auf sechs, denn es heißt: *Wer in Rechtschaffenheit wandelt, und Redlichkeit redet, wer Gewinn durch Erpressung verschmäht, wer Bestechung mit den Händen abwehrt, wer sein Ohr verstopft, um nicht Mordpläne zu hören, und seine Augen verschließt, um nicht das Böse zu schauen. Wer in Rechtschaffenheit wandelt* das ist unser Vater Abraham, von dem es heißt: *denn ich habe ihn erkoren, damit er seinen Kindern gebiete etc. Und Redlichkeit redet,* der seinen Genossen nicht öffentlich kränkt. *Wer den Gewinn durch Erpressung verschmäht,* wie beispielsweise R. Jismael b. Elisa. *Wer Bestechung mit den Händen abwehrt,* wie beispielsweise R. Jismael b. Jose. *Wer sein Ohr verstopft, um nicht Mordpläne zu hören,* der nicht die Schmähung von Gelehrten schweigend anhört. *Und seine Augen verschließt, um nicht das Böse zu schauen,* wie R. Hija b. Abba erklärte, der keine Frauen betrachtet, wenn sie beim Waschen stehen. Und es heißt: *der wird auf Höhen wohnen.* Hierauf kam Mikha und brachte sie auf drei, denn es heißt: *Er hat dir gesagt, o Mensch, was frommt! Und was fordert der Herr von dir außer Gerechtigkeit zu tun, sich der Liebe zu befleißigen und demütig zu wandeln vor deinem Gott. Gerechtigkeit zu tun,* das ist die Rechtspflege. *Sich der Liebe zu befleißigen,* das ist die Wohltätigkeit. *Und demütig zu wandeln,* das ist das Hinausführen eines Toten und das Ausstatten einer Braut. Es sind Dinge, die man [durch einen Schluss] vom Leichteren auf das Schwerere folgern kann: Wenn die Thora von Dingen, die man nicht heimlich zu tun pflegt, sagt, dass man sie heimlich tue, um wie viel mehr gilt dies von Dingen, die man heimlich zu tun pflegt. Hierauf kam Jesaja abermals und brachte sie auf zwei, denn es heißt: *So spricht der Herr: Wahret das Recht und übt Gerechtigkeit.* Alsdann kam Amos und brachte sie auf eines, denn es heißt: *So spricht der Herr zum Hause Jisrael: Forscht nach mir, damit ihr am Leben bleibt.* R. Nahman b. Jiçhaq wandte ein: Vielleicht ist unter *forschen* zu verstehen, nach der ganzen Thora?! – Vielmehr, hierauf kam Habaquq und brachte sie auf eines, denn es heißt: *der Gerechte wird durch seinen Glauben leben.*[93]

Ja, der abschließende Kommentar besagt, dass die 613 Gebote auf eines reduziert wurden, wie es in Habakuk 2,4 ausgedrückt wird: »Durch den Glauben hat ein Gerechter Leben« – ein Lieblingsvers von Paulus (vgl. Römer 1,17; Galater 3,11). Natürlich heißt das *nicht*, dass die talmudischen Rabbis Christen waren, sondern, dass Paulus in guter Gesellschaft war, wenn er alles auf den einen Punkt brachte, nur aus Glauben zu leben.

25. Was sind die sieben Gesetze von Noah?

Der jüdischen Tradition zufolge hat Gott grundlegende, allumfassende Anforderungen an die gesamte Menschheit und bestimmte, detaillierte Anforderungen an das jüdische Volk. Das steht im Einklang mit den ersten Kapiteln des Buches Amos. Dort werden Israels Nachbarvölker von Gott scharf zurechtgewiesen für Sünden gegen die Menschlichkeit – wie Bundesbruch und Grausamkeit –, aber die Menschen von Israel und Juda werden getadelt, weil sie die Thora des Herrn übertreten haben (ab Amos 2,4).

Da 1. Mose 9,1-7 die Anweisungen Gottes an Noah und seine Familie nach der Flut enthalten, fanden die Rabbis darin sieben grundsätzliche Gesetze für die Menschheit. So steht es im Talmud: »Die Rabbanan lehrten: Sieben Gesetze wurden den Noahiden auferlegt: die Rechtspflege, [das Verbot der] Gotteslästerung, des Götzendienstes, der Unzucht, des Blutvergießens, des Raubes und [des Genusses] eines Gliedes von einem lebenden Tiere«[94] (b. Sanhedrin 56a. Die Diskussion wird in 56b fortgesetzt, wo andere Rabbis leicht veränderte Listen präsentieren; für weitere Talmudreferenzen zu diesen sieben Gesetzen von Noah vgl. b. Awoda Sara 2a).

Folgendes wird in einer Fußnote zum Soncino Talmud erklärt:

> Diese Gebote können als die Grundlagen jedes menschlichen und moralischen Fortschritts betrachtet werden. Das Judentum hat sowohl eine nationale wie auch eine universale Zielsetzung im Leben. Im ersteren Sinne ist es partikularistisch, indem es ein Volk bildet, das durch sein eigentümliches religiöses Gesetz andersartig und abgesondert von anderen ist. Doch im letzteren Sinne erkennt es, dass moralischer Fortschritt und seine gleichzeitige göttliche Liebe und Anerkennung das Privileg und die

Verpflichtung der ganzen Menschheit sind. Und deshalb stellt der Talmud die sieben noachitischen Vorschriften auf, durch deren Befolgung die gesamte Menschheit geistliche Perfektion erlangen mag, und ohne die unvermeidlich der moralische Tod folgen muss. Das ist vielleicht die Idee, die der Behauptung zugrunde liegt … dass ein Heide die Todesstrafe verdient hat, wenn er eine davon missachtet. Das Letztgenannte ist besonders lehrreich, weil es die große Bedeutung zeigt, die der humanen Behandlung von Tieren zukommt; so sehr, dass sie als grundlegend erklärt wird für menschliche Gerechtigkeit.[95]

Wenn Sie sich nun einen Moment Zeit nehmen und die Verse in 1. Mose 9 lesen, werden Sie sich vielleicht an den Kopf fassen und sich wundern, wie die alten Rabbis hier sieben Gebote gefunden haben. Denn der Text verbietet lediglich Mord und das Essen von Fleisch, in dem noch Blut ist. Nun, die Rabbis waren Experten darin, ihre Tradition in die Heilige Schrift hineinzulesen. Sie sahen oftmals mehrfache Bedeutungsebenen im Thoratext und glaubten, dass jedes göttliche Gebot, das im mündlichen Gesetz enthalten war (vgl. Kapitel 3) – mit ganz wenigen Ausnahmen –, an einem Vers oder einem Satz oder einem Wort oder einer unüblichen Schreibweise im biblischen Text festgemacht werden kann. Tatsächlich widmen sich die talmudischen Diskussionen genau diesem Thema, nämlich wie man Belege für traditionelle Bräuche in der Heiligen Schrift findet. Das führt zu manchen einfallsreichen Argumenten.

Ganz gleich, woher diese Gebote stammen: Es ist jedenfalls klar, dass es in neutestamentlicher Zeit gottesfürchtige Heiden gab, welche die Synagogen besuchten und den Gott Israels anbeteten und von denen erwartet wurde, dass sie nach diesen grundlegenden Anforderungen lebten, ohne zum Judentum zu konvertieren. Die Apostelgeschichte erwähnt sie an mehreren Stellen (vgl. 8,27; 10,2.22; 13,26.50; 17,4.17), und in einer Reihe von Städten waren diese Gottesfürchtigen die ersten Heiden, die an die gute Nachricht von Jesus, dem Messias, glaubten: »Einige Zuhörer ließen sich überzeugen und bekehrten sich, darunter zahlreiche gottesfürchtige Griechen sowie viele angesehene Frauen der Stadt« (Apostelgeschichte 17,4). Diese Botschaft war wirklich eine gute Nachricht, wie Paulus den Ephesern erklärte, denn »die Nationen sollen nämlich Miterben und Mit-(Glieder am gleichen) Leib sein und Mitteilhaber der Verheißung in

Christus Jesus durch das Evangelium« (Epheser 3,6; EB). So wurden die Heiden den Juden geistlich gleich, ohne Juden werden zu müssen (vgl. Kapitel 54).

Das wiederum störte einige der jüdischen Gläubigen. Sie bestanden darauf, dass die volle Mitgliedschaft in Gottes Haushalt die Beschneidung und eine vollständige Unterwerfung unter die Thora erforderte, indem sie lehrten, »die Nichtjuden müssten beschnitten werden und sich an das mosaische Gesetz halten« (Apostelgeschichte 15,5; Paulus' Brief an d ie Galater musste dieser Lehre deutlich entgegentreten). Im Widerspruch dazu sagte Petrus: »Vielmehr glauben wir, durch die Gnade des Herrn Jesus in derselben Weise gerettet zu werden wie auch jene« (Vers 11; EB), und das endgültige apostolische Urteil war einfach das: »Deshalb bin ich der Überzeugung, dass wir den Nichtjuden, die sich zu Gott bekehren, das Leben nicht unnötig erschweren sollten. Allerdings sollten wir ihnen schreiben und ihnen auftragen, kein Fleisch zu essen, das den Götzen geopfert wurde, alle Unzucht zu meiden und weder Blut noch das Fleisch nicht ausgebluteter Tiere zu essen« (Verse 19-20; vgl. außerdem Kapitel 48). Diese Anforderungen scheinen den sieben noachitischen Gesetzen sehr zu ähneln, doch sie reflektieren einfach die praktische Wirklichkeit: Wenn wir als gläubige Juden und Christen zusammen leben und zusammen arbeiten sollen, müssen zumindest diese Grundregeln befolgt werden.

Dies erhellt die Briefe an die nichtjüdischen Gemeinden im Neuen Testament: Paulus lehrt diesen Gläubigen die grundlegendsten Dinge, wie Reinheit in der Moral, Reinheit in der Beziehung, Arbeits- und Familienethik, da er nicht davon ausgeht, dass sie diese zuvor kannten. Andererseits sagt er ihnen nicht: »Unterwerft euch der Thora!« Als Nichtjuden mussten sie das nicht tun, und als Jesusgläubige, die bereits in die Wirklichkeit des kommenden Zeitalters eingetreten waren – ebenso wie ihre jüdischen Mitgläubigen –, standen sie in einer völlig anderen Beziehung zur Thora (vgl. Kapitel 48).

Doch zurück zu unserer ursprünglichen Frage: Heute gibt es eine wachsende noachitische Bewegung, die bisweilen die *B'nei Noah* (»Söhne Noahs«) genannt wird. Diese Bewegung besteht aus Nichtjuden, die das Judentum gut und attraktiv finden, sich aber dazu entschlossen haben, nicht zum Judentum zu konvertieren. Viele dieser

Nichtjuden waren früher Christen, die aus einer Reihe von Gründen, einschließlich des Irrglaubens, dass der trinitarische Glaube Götzendienst sei, ihren christlichen Glauben aufgegeben haben.[96]

Aber die Sache geht noch weiter. Einer der Leiter dieser noachitischen Bewegung ist Dr. Vendyl Jones, der jahrzehntelang nach der Bundeslade gesucht hat und behauptete, dass er das Vorbild für die Indiana-Jones-Filme gewesen sei. Diese Unterstellung wurde allerdings sowohl von Steven Spielberg als auch von George Lucas zurückgewiesen.[97]

Die einzige jüdische Gruppe, die aktiv die sieben Gesetze Noahs in der nichtjüdischen Welt verbreitet – und das lediglich in unbedeutendem Maße –, ist die chassidische Gemeinschaft der Lubawitscher (vgl. Kapitel 2) – das ist auch die jüdische Gruppe, die am aktivsten mit missionarischer Arbeit nichtreligiöse Juden zur traditionellen Vorschrifteneinhaltung bringen will. Das passt also zu ihrem missionarischen Schwerpunkt, und ebenso, wie sie Juden aufrufen, den rabbinischen Traditionen zu folgen, rufen sie Nichtjuden dazu auf, die sogenannten Sieben Gesetze Noahs zu befolgen.[98]

Teil 2:

Das jüdische Volk und die jüdische Geschichte

26. Woher stammt das Wort *Jude*? Können Juden heute wirklich ihre Abstammung bis zum jüdischen Volk der Bibel zurückverfolgen?

Das deutsche Wort *Jude* ist abgeleitet vom hebräischen Wort *jehudi*, das wiederum abgeleitet ist von *jehuda* oder Juda.

Juda war der Name von Jakobs viertem Sohn (vgl. 1. Mose 29,35). Seine Nachkommen wurden später der Stamm Juda genannt. Noch später wurde Juda zum Namen des südlichen Königreichs (das nördliche Königreich wurde Israel genannt), und nach der babylonischen Gefangenschaft gab es eine Provinz, die Juda hieß. Wer im Reich (oder später in der Provinz) Juda geboren wurde, den nannte man Judäer, griechisch *Iudaios*, lateinisch *Iudaios*, dann althochdeutsch *judeo*, mittelhochdeutsch *jude*, so wie heute auch: *Jude*.

Das bedeutet, dass Abraham genau genommen kein Jude (und auch kein Israelit) war. Mose war kein Jude (obwohl er ein Israelit war), und berühmte biblische Führungspersönlichkeiten des nördlichen Israels wie Elia, Elisa, Amos und Hosea – um nur ein paar zu nennen – waren auch keine Juden (obwohl sie wiederum alle Israeliten waren). Weil *Juden* der Name des gesamten Volkes wurde, werden, historisch betrachtet, alle diese Menschen als Teil der jüdischen Geschichte angesehen: Für einen Juden ist Abraham »unser Vater« (*awinu*) und Mose ist »unser Lehrer« (*rabbenu*).

Können alle Juden heute wirklich ihre Abstammung bis zur Provinz Juda zurückverfolgen? Ja, zu einem großen Teil, doch es ist wichtig, nicht zu vergessen, dass 1) selbst in der Provinz Juda auch Israeliten von den anderen Stämmen waren, die sich zuvor mit den »Judäern« zusammengetan hatten, 2) sogar das frühere, südliche Königreich Juda vor allem aus den Stämmen Juda, Benjamin und Levi bestand, 3) es Israeliten gab, deren Vorfahren Generationen zuvor ins Exil geführt worden waren und sich dort schließlich mit anderen judäischen Verbannten vermischt hatten und 4) Nichtjuden die ganze jüdische Geschichte hindurch bis heute zum Judentum konvertiert sind und vollständig in die jüdische Gemeinschaft integriert wurden. Tatsächlich war einer der berühmtesten talmudischen Führer, Rabbi

Akiva, der Sohn eines zum Judentum Konvertierten. (Für eine weitere Erörterung des jüdischen Ursprungs vgl. Kapitel 27.)

Es gibt einen Mythos, der besagt, dass die heutigen Juden (besonders die aschkenasischen) nicht wirklich Juden seien, sondern von den Chasaren abstammen würden, die vor mehr als tausend Jahren massenweise zum Judentum konvertierten. Es gab sogar einen jüdischen Autor, Arthur Koestler, der diese Sicht in seinem Buch *The Thirteenth Tribe* (deutsch.: *Der dreizehnte Stamm*[1]) verteidigte. Als er nach einem offensichtlichen Selbstmord tot aufgefunden wurde, wurde behauptet, er sei von anderen Juden wegen seiner Ansichten ermordet worden.[2] Doch fehlende Beweise waren noch nie ein Hindernis dafür, dass wilde Theorien weiterverbreitet werden, und im Januar 2007 erzielte eine Google-Suche nach »thirteenth tribe« noch 41 000 Treffer – einschließlich antisemitischer Internetseiten wie RadioIslam.org, wo es heißt:

> Chasar-Juden. Die Offenlegung eines weiteren jüdischen bösartigen Witzes. Endlich für ALLE erhältlich – Absoluter historischer Beweis: Die Juden stammen nicht ursprünglich aus Palästina! Sie sind keine »Nachkommen« der mythischen Juden der Bibel! Die Information, welcher die Zionisten ein Ende bereiten wollen! Die Tatsache, dass über 90 Prozent derer, die sich heute »Juden« nennen, tatsächlich Nachkommen des Chasar-Volkes sind, die aus dem *südlichen Russland* stammen.[3]

Vor einigen Jahren war ich mit einem ähnlichen Mythos konfrontiert, als ich einer Gruppe von *Black Hebrews* (»Schwarze Hebräer«) auf den Straßen New York Citys begegnete. Diese Sekte, die von den *Ethiopian Jews* (»Äthiopische Juden«) oder Schwarzen, die zum Judentum konvertiert sind, zu unterscheiden ist, glaubt, dass die Weißen eine Erscheinungsform Satans seien und dass sie, die schwarzen Hebräer, die wahren Juden seien.

Diese Männer predigten an einer Straßenecke in Manhattan mit einem lauten Verstärker, sie trugen auffällige Kleidung, die man am besten als eine Mischung aus biblischen Gewändern und Star-Trek-Kostümen beschreibt. Nachdem ich eine Weile ihrer Predigt zugehört hatte – sie zitierten alles, von der Bibel bis zu den Apokryphen und darüber hinaus –, fragte ich: »Wenn wir wirklich keine Juden sind, warum versuchte Hitler dann, uns auszurotten?«

Der Hauptredner sah mich mit Verachtung an und zitierte dann eine angebliche Äußerung Hitlers, die besagen sollte, dass Hitler auch wusste, dass wir nicht wirklich Juden seien! Die Situation war total absurd. Er fuhr fort und bezog sich auf ein hebräisches Wort, demzufolge die Juden gemäß der Heiligen Schrift »verdunkelt« oder »geschwärzt« werden (ihm ist zugute zu halten, dass er das Hebräische richtig aussprach und sogar den Begriff *Tanach* kannte). Irgendwie übersah er den Vers, der besagt, dass Judas Fürsten »reiner als Schnee, weißer als Milch« waren – vgl. Klagelieder 4,7 –, und er verstand nicht, dass das Verb, das er zitierte, *qadar*, »aschfahl werden« bedeutet, für gewöhnlich aus Trauer und Traurigkeit. Jedenfalls werden die Judäer der Antike eher wie die heutigen Bewohner des Mittleren Ostens ausgesehen haben, also dunkler als die meisten Weißen und heller als die meisten Schwarzen.[4]

Interessanterweise haben DNA-Untersuchungen von denen, die behaupten, von Aaron abzustammen, bei Vielen eine gemeinsame genetische Historie ergeben (sie haben oft den Nachnamen »Cohen«, was auf hebräisch »Priester« bedeutet). Die DNA-Ergebnisse derer dagegen, die ihre Abstammung allgemeiner vom Stamm Levi herleiten (und auch oft mit Nachnamen Levi heißen), sind zwar beachtlich, doch nicht annähernd so aussagekräftig.[5] Andere Juden behaupten, sie könnten ihre Abstammung bis David zurückverfolgen, und berufen sich dabei auf genetische Beweise.[6] (Zur angeblichen Verbindung zwischen den Indianern und Israel vgl. Kapitel 27.)

Was die Bedeutung des hebräischen Wortes für Jude (*jehuda*) angeht, haben einige 1. Mose 49,8 zitiert: »Dich, Juda [*jehuda*], ja dich, werden deine Brüder rühmen [*joducha*].« Dort wird der Name Juda mit dem Verb *rühmen* verbunden. Auf der Grundlage dieser Verbindung wird oft behauptet, dass *Jude* von der Wurzel »rühmen« (*j-d-h*) abgeleitet sei oder, direkter ausgedrückt: »Juda bedeutet jemand, der Gott rühmt.« Das ist jedoch etwas übertrieben. Es gibt keinen Grund anzunehmen, dass das jüdische Volk in biblischen Zeiten von sich dachte, dass sie die »Rühmenden« seien. Vielmehr liegt in 1. Mose 49,8 einfach ein Wortspiel vor, was in der hebräischen Bibel häufig vorkommt. Es wäre genauso, als wolle man behaupten: »Sein Name ist Frank Frei, weil er so frank und frei seine Meinung sagt«, obwohl der Name Frank Frei mit der Redensart *frank und frei* nichts direkt zu tun hat. Es ist in der Tat möglich, dass *jehuda* von der Wurzel *j-d-h*, »bekennen« oder »rühmen, preisen« kommt, doch das heißt nicht, dass dieser Zusammenhang für die Leute damals besonders auffällig gewesen wäre.

27. Was sind die zehn verlorenen Stämme Israels?

Die Theorie über die *zehn verlorenen Stämme* ist teils mythischen und teils wahren Ursprungs. Er ist zum Teil mystisch, wie Rabbi Joseph Telushkin schreibt: »Uns fehlen präzise Informationen über das Schicksal der zehn verlorenen Stämme«, und deshalb:

> Es ist eine Vielzahl von Legenden entstanden, die darüber spekulieren, was aus ihnen geworden ist. In der Regel wurde über jede Nation, die die Juden schon einmal untertstützt hat (z.B. England, nachdem es die Balfour-Deklaration verabschiedet hatte) oder irgendein Ritual vollzogen hat, das einem Ritual in der Thora entspricht (wie es manche amerikanischen Indianerstämme tun), gemutmaßt, von den zehn verlorenen Stämmen abzustammen. ... In der dunkelsten Zeit des Mittelalters, als fast alle Juden unter christlicher oder muslimischer Unterdrückung lebten, verbreiteten sich Geschichten von einem mächtigen Königreich jenseits des legendären Sabbatjon, das von den zehn Stämmen bewohnt sei und eines Tages kommen und seine leidenden Brüder retten werde.[7]

Diese Theorie ist insofern teilweise richtig, als ein großer Anteil der Bevölkerung der zehn nördlichen Stämme Israels vor mehr als 2700 Jahren ins Exil ging und unter die Nationen verstreut wurde, und die Identität von vielen von ihnen ging vollständig verloren. Lassen Sie uns nun die relevanten Bibeltexte noch einmal sorgfältig betrachten und danach die Mythen von der Realität trennen.

Wegen König Davids Sünde mit Batseba verkündete ihm der Prophet Nathan: »Nun denn, so soll das Schwert von deinem Haus auf ewig nicht weichen« (2. Samuel 12,10; EB). Das war in gewisser Hinsicht der Anfang des Niedergangs des vereinigten Königreiches aus Israel und Juda. Und als König Salomo, Davids Sohn, dem schwerwiegenden Götzendienst verfiel, verkündete der Herr dem

Jerobeam: »Ich entreiße Salomo das Reich und gebe dir zehn Stämme! Einen Stamm werde ich ihm lassen, meinem Diener David und der Stadt Jerusalem zuliebe, die ich aus allen Stämmen Israels auserwählt habe« (1. Könige 11,31-32). Nachdem Salomo gestorben war, wurde das Königreich auseinandergerissen: Es wurde aufgeteilt in die zehn nördlichen Stämme, Königreich Israel genannt, und die zwei südlichen Stämme Juda und Benjamin, Königreich Juda genannt. (Die Hauptstadt von Israel war Samaria, die Hauptstadt von Juda war Jerusalem.)

Im Jahr 721 v.Chr. konnten die Assyrer die zehn nördlichen Stämme wegen deren Sünde stark schwächen, wie in 2. Könige 17,20.23 beschrieben: »Da verstieß der Herr alle Nachkommen Israels. Er bestrafte sie, indem er sie Plünderern preisgab, bis er sie aus seiner Gegenwart vertrieben hatte. ... Am Ende wurden die Israeliten aus ihrem Land nach Assyrien verschleppt, wo sie bis heute leben.« (Dieser Vers wurde vor mehr als 2 500 Jahren geschrieben; »wo sie bis heute leben« verweist auf diese Zeit.)

Was geschah mit den Stämmen des Königreichs Israel? 1) Ein Teil des Volkes blieb in Samaria und wurde als die Samaritaner bekannt. Sie betrachteten sich selbst als die wahren Israeliten, doch andere Juden, besonders im Altertum, hielten sie für Mischlinge (vgl. Kapitel 28). 2) Ein anderer Teil des Volkes machte sich auf nach Juda und wurde in die größere »jüdische« Bevölkerung mit aufgenommen (vgl. besonders 2. Chronik 34,3-9, woraus hervorgeht, dass ein Rest der zehn nördlichen Stämme nach dem assyrischen Exil intakt geblieben war). Dies zeigt sich auch in neutestamentlichen Stellen, wo von den zwölf Stämmen Israels die Rede ist (vgl. Apostelgeschichte 26,7; Jakobus 1,1), was das Selbstverständnis der Juden in neutestamentlicher Zeit zeigt, dass sie die zwölf Stämme Israels repräsentierten, nicht nur Juda, Benjamin und Levi. Außerdem ist anzumerken, dass die zwölf Stämme Israels ein Teil von Gottes Zukunftsplänen bleiben (vgl. Matthäus 19,28; Lukas 22,30). 3) Wieder ein anderer Teil des Volkes wurde vollständig von den Nationen einverleibt, in die die Menschen verstreut waren, und ging für die Geschichte verloren (aber nicht für den Mythos!). 4) Manche mögen vielleicht wirklich ihre israelitisch-jüdischen Ursprünge beibehalten haben, indem sie ihre alten Traditionen behielten und weiterhin eine bewusste Identität als Israeliten oder Juden bewahrten. Zu diesen zählen möglicherweise Gruppen wie die äthiopischen Juden.

Nun scheint es trotz vieler Mythen und wilder Theorien (einschließlich der »Zwei-Häuser-Theorie«, vgl. Kapitel 54), dass viele Israeliten, die unter die Nationen verstreut worden waren, tatsächlich vollständig für die Geschichte verloren gingen. Das war ein Teil des Gottesgerichts über dieses Volk, und nach allem, was wir wissen, war es für sie endgültig. Es ist einfach nichts Wahres an den Behauptungen von Gruppen wie den »British Israelites« (»Britische Israeliten«), die glauben, dass »die Nachkommen der verlorenen zehn Stämme des nördlichen Hauses Israel in den Angelsachsen-Kelten und ihrem heutigen verwandten Volk gefunden werden können«.[8] Und kein Hinweis stützt die Behauptung der Mormonen, dass die Indianer Nachkommen der alten Israeliten seien – wenn man davon absieht, dass kein Geringerer als der Semitistik-Wissenschaftler C.H. Gordon (1908–2001) auf mögliche Verbindungen zwischen den Israeliten (oder präziser: Judäern) und Indianern hinwies und behauptete, dass es Beweise für altertümliche hebräische Inschriften in Amerika gebe.[9] DNA-Untersuchungen (und anderes) sprechen gegen eine derartige Identifikation, und das neueste Buch des früheren Mormonenbischofs Simon G. Southerton, eines Molekulargenetikers aus Australien, mit dem Titel *Losing a Lost Tribe: Native Americans, DNA, and the Mormon Church*[10] (»Einen verlorenen Stamm verlieren: Indianer, DNA und die mormonische Kirche«) hat – kaum überraschend – eine heftige Reaktion von mormonischen Vertretern hervorgerufen, so erdrückend sind seine Schlussfolgerungen für das Mormonentum.[11]

Andererseits gibt es weltweit verschiedene Gruppen, bei denen biblisch-jüdische Gebote wie die Beschneidung und das Halten des Sabbats beibehalten wurden – aber keine späteren, rabbinischen Traditionen –, und die ihre Abstammung auf die biblischen Stämme Israels zurückführen. Während es etliche Diskussionen gibt, ob ihre Behauptungen authentisch sind – z.B. behaupten einige Traditionen, dass die Äthiopischen Juden Nachkommen des biblischen Stammes Dan seien, während andere sagen, dass sie Nachkommen der angeblichen Vereinigung von Salomo und der Königin von Saba seien –, begrüßt der Staat Israel heute diese verschiedenen Gruppen mit offenen Armen, entweder als solche, die zu verschiedenen Zeiten in der Geschichte zum Judentum konvertiert sind und jetzt vollständig integriert werden müssen, oder als legitime Nachkommen der alten Stämme von Israel.

Dem entspricht ein Bericht auf World Net Daily vom 23. November 2006: »›Verlorener Stamm von Israel‹ kehrt heim. Gruppe indischer ›Nachkommen von Josef‹ trifft im jüdischen Staat ein.«[12] Eine der wichtigsten Organisationen, die solchen Gruppen helfen, nach Israel zurückzukehren, heißt Shavei Israel (Shavei.org, der Name bedeutet »die nach Israel zurückkehren«; die Organisation wurde ursprünglich Amishav genannt). Auf der Internetseite heißt es: »Shavei Israel, bestehend aus einem Team von Akademikern, Lehrern und rabbinischen Persönlichkeiten, wendet sich an ›verlorene Juden‹ und hilft ihnen, ihr Erbe und ihre Identität mit einer von Toleranz und Verstehen bestimmten Gesinnung anzunehmen.«[13] Das ist ein bedeutendes Unterfangen!

Der Kopf von Shavei Israel, Michael Freund, sagte: »Ich glaube wirklich, dass dies ein Wunder von immenser historischer und sogar biblischer Bedeutung ist. Wie es die Propheten vorhergesagt haben vor so langer Zeit, werden die verlorenen Stämme von Israel nun wieder aus dem Exil zurückgeführt.«[14]

Alles in allem gibt es ungefähr achttausend dieser indischen Juden, die Bnei Menashe genannt werden, aufgrund ihres Glaubens, dass sie vom Stamm Manasse (hebräisch: *menasche*) abstammen, und die große Mehrheit von ihnen ist noch in Indien. Doch sind sie wirklich wahre Israeliten? Es gab offensichtlich einen gewissen Teil von Mischehen (dasselbe kann über äthiopische Juden und andere Gruppen gesagt werden), doch das trifft auch auf andere Juden (und Israeliten) im Laufe der Geschichte zu, wenn auch nicht in diesem Maße.

Interessanterweise gibt es ultraorthodoxe Rabbis in Israel, welche die Behauptungen dieser verschiedenen Gruppen eindringlich diskutiert haben. Ein Grund dafür ist, dass diese Gruppen zwar mit gewissen biblischen Geboten vertraut sind, aber keine Kenntnis vom mündlichen Gesetz haben. Doch gemäß dem rabbinischen Judentum gab Gott Mose das geschriebene und das mündliche Gesetz, und wenn Gruppen wie Bnei Menashe wirklich Juden wären, würden sie die Traditionen des mündlichen Gesetzes kennen (vgl. Kapitel 3). Andere jedoch weisen gerade auf Gruppen wie diese hin und nehmen sie als Beweis dafür, dass Mose kein mündliches Gesetz gegeben wurde und dass die Traditionen der Rabbis nachträglich in die biblische Zeit datiert wurden. (Ich pflichte der letztgenannten Position bei, nämlich dass Gott Mose keineswegs ein autoritiatives mündliches Gesetz gab, aber ich habe keine Expertenmeinung zu den Behauptungen dieser verschiedenen Gruppen, »ursprüngliche Israeliten« zu sein.)

Insgesamt ist der allgemeine Konsens der israelischen Bevölkerung, dass diese Gruppen in ihrer Mitte herzlich willkommen geheißen werden sollten, und sie unterstützen Regierungseinsätze wie die berühmte Operation Solomon, die 1991 Tausende äthiopischer Juden zurück ins Land geholt hat, und das mit außergewöhnlichem, gut geplantem Einsatz während sehr instabiler Bedingungen in Äthiopien. Als überdies die traditionellen Rabbis darauf bestanden, dass sich diese äthiopischen Juden gewissen Bestandteilen der jüdischen Konvertierung unterziehen sollten, schlug sich die öffentliche Meinung gegen die traditionellen Rabbis auf die Seite der Äthiopier (wobei eine solche antitraditionelle Gesinnung im heutigen Israel typisch ist). Ähnliche Anforderungen wurden an die Bnei Menashe gestellt, nämlich dass sie ebenfalls formell zum Judentum konvertieren sollten. Ihre Geschichte ist recht ergreifend:

> Nach der mündlichen Tradition der Bnei Menashe wurde der Stamm von Israel ins Exil geführt und in den Osten gedrängt, bis er sich endlich in den Grenzregionen von China und Indien niederließ, wo die meisten Angehörigen heute noch leben. Ein Großteil bewahrte die Bräuche gemäß der jüdischen Tradition, einschließlich des Einhaltens des Sabbats, der Koschergesetze, der Beschneidung am achten Tag im Leben eines männlichen Säuglings und der Beachtung der talmudischen Familienreinheit.
>
> In den 1950er-Jahren wollten sich Tausende Bnei Menashe zu Fuß nach Israel aufmachen, wurden aber von den indischen Behörden schnell gestoppt. Davon unbeeindruckt begannen viele, orthodoxes Judentum zu praktizieren, und gelobten, es bis nach Israel zu schaffen. Sie besuchen nun Gemeinschaftszentren, die Shavei Israel errichtet hat, um die Bnei Menashe jüdische Tradition und modernes Hebräisch zu lehren.

Arbi Khiangte, einer der Bnei Menashe, der hier am Dienstag angekommen ist, sagte: »Der Heilige, gesegnet sei er, gebot uns, dort zu leben. Es ist eine Mitzwa (positive, gute Tat), und es ist eine, die zu erfüllen meine Ahnen schon so lange erwarteten.«[15]

Gibt es andere israelitische Gruppen, die noch zu entdecken sind? Das weiß nur Gott.[16]

28. Sind die Samaritaner wirklich Juden?

Es ist falsch, Samaritaner als Juden zu bezeichnen, da sich die Samaritaner selbst eher als direkte Nachkommen des nördlichen Königreichs Israel – das Samaria zur Hauptstadt hatte – verstehen, denn als Nachkommen des südlichen Königreichs Juda, von dem die meisten Juden ihren Ursprung herleiten (vgl. Kapitel 26). Daher sollten allenfalls die Samaritaner, die vorwiegend in Gemeinschaften nahe dem Berg Garizim und in Holon (nahe Tel Aviv) leben, eher als Israeliten betrachtet werden denn als Juden. Sie zählen heute weniger als siebenhundert (und selbst diese Zahl ist die Folge einer größeren Zahl von Mischehen in den letzten Jahren).

Doch sind sie wirklich Israeliten? Die Samaritaner selbst sehen sich als wahres Überbleibsel Israels, die treuen Bewahrer der Thora, die noch Tieropfer und Beschneidung praktizieren und die biblischen Feiertage zelebrieren, doch die späteren Traditionen der jüdischen Rabbis ablehnen. Sie folgen allein der Thora und ihren religiösen Traditionen, erkennen aber die Autorität der übrigen Heiligen Schriften nicht an und setzen ihre Anbetung auf dem Berg Garizim fort. Der geistliche Leiter des Volkes ist der samaritanische Hohepriester.[17]

Auf der offiziellen Internetseite der Samaritaner steht: *»Die Samaritaner sind die Nachkommen des alten nördlichen Königreichs Israel. Dieses Überbleibsel [sic!] sind die Erben der zehn verlorenen Stämme, die noch die Fahne der alten Heiligtümer Israels hochhalten.«*[18] Sie behaupten auch, dass sie im 4. Jahrhundert n.Chr. noch eine Million Menschen zählten, doch durch Verfolgung und Gegnerschaft sei bis zu Beginn des 20. Jahrhunderts ihre Zahl auf ungefähr 150 geschrumpft.[19]

Die Samaritaner haben ihre eigene, einzigartige Form der hebräischen Schrift (sie weicht vom Stil der Schrift ab, die von den jüdischen Gemeinschaften nach dem Babylonischen Exil angenommen wurde), ihre eigenen hebräischen liturgischen Traditionen (einschließlich einer einzigartigen Aussprache des Althebräischen) und ihre eigenen gesonderten Thora-Manuskripte, welche leicht von der masoretischen Texttradition abweichen (vgl. Kapitel 6).

Warum wird dann ihre Legitimität als wahre Israeliten infrage gestellt? Und warum sahen die talmudischen Rabbis sie bestenfalls als Konvertiten an? Dazu müssen wir einen Blick auf den Text in 2. Könige 17 werfen, der beschreibt, was geschah, als das Nordreich Israel von den Assyrern wegen seines Götzendienstes dezimiert wurde:

> Am Ende wurden die Israeliten aus ihrem Land nach Assyrien verschleppt, wo sie bis heute leben.
>
> Der König von Assyrien ließ Leute aus Babel, Kuta, Awa, Hamat und Sefarwajim kommen und siedelte sie statt der Israeliten in den Städten Samariens an. So übernahmen sie Samaria und die anderen Städte Israels. Doch weil sie bei ihrer Ankunft nicht den Herrn anbeteten, schickte der Herr Löwen zu ihnen, die einige von ihnen töteten. Da meldete man dem König von Assyrien: »Die Leute, die du in den Städten Samariens angesiedelt hast, wissen nichts von der Verehrung des Gottes dieses Landes. Deshalb hat dieser Gott Löwen geschickt, die unter den Menschen wüten, weil sie ihn nicht anbeten.«
>
> Daraufhin befahl der König von Assyrien: »Einer der aus dem Land verbannten Priester Samariens soll zurückkehren, dort wohnen und sie darin unterweisen, wie der Gott des Landes anzubeten ist.« So kam es, dass einer der Priester, die aus Samaria verbannt worden waren, nach Bethel zurückkehrte und sie lehrte, wie sie den Herrn anbeten sollten.
>
> (Verse 23–28)

Wenn dieser Text, den die Samaritaner nicht als heilig betrachten, ihre Ursprünge beschreibt, waren sie einfach sehr frühe Konvertiten zum israelitischen Glauben, doch sie sind kein Teil der ursprünglichen zehn Stämme des Nordreiches (vgl. Kapitel 27; zu Massenkonversionen vgl. Esther 8,17). Doch selbst in diesem Licht hinterfragten einige talmudische Rabbis die Legitimität der Konversion der Samaritaner – vorausgesetzt, der Text beschreibt ihre Herkunft –, weil behauptet wurde, ihre Konversion sei eher unter Zwang (Löwen!) geschehen, als aus Liebe zur Wahrheit. Und trotz der Tatsache, dass es einige talmudische Traditionen gibt, welche den Thoragehorsam der Samaritaner (*Kuthim* genannt) rühmen und sie daher akzeptieren, hält die Mehrheit sie für Bürger zweiter Klasse oder, noch schlimmer, für Mischlinge.[20] Jahrhundertelang war die Tatsache, dass die Samaritaner viele der rabbinischen Traditionen nicht akzeptierten, ein Affront gegen die rabbinische Gemeinschaft, weil die Rabbis behaupteten, dass ihre Traditionen direkt auf Mose auf dem Berg Sinai zurückgingen (vgl. Kapitel 3). Doch die Samaritaner beanspruchten für sich eine noch ältere Ahnenreihe als die Rabbis und bestätigten keineswegs die Vorstellung von einem auf Mose zurückgehenden mündlichen Gesetz.

In einem Kommentar in Johannes 4,9 spiegelt sich die jüdische Feindseligkeit gegenüber den Samaritanern wider: »… sonst wollen die Juden nichts mit den Samaritern zu tun haben.« Das Evangelium nach Johannes reflektiert auch die Auseinandersetzung über die heiligen Stätten zur Anbetung: Ist es Jerusalem, wie die Juden sagen, oder ist es der Garizim, wie die Samaritaner sagen? Der neutestamentliche Kommentator Merrill C. Tenney erklärt:

> Die Samaritaner gründeten ihre Behauptung auf die historische Tatsache, dass Mose, als er das Volk über den Einzug ins verheißene Land unterrichtete, ihnen gebot, dass sie einen Altar auf dem Berg Ebal errichten sollten und die Stämme sich aufteilen sollten, die eine Hälfte auf den Berg Ebal, die andere auf den Berg Garizim. Als die Leviten das Gesetz lasen, antwortete das Volk im Wechselgesang. Die auf dem Garizim gaben Gottes Segensworte wieder, und die auf dem Ebal Gottes Fluchworte über die Sünde (5. Mose 27,1–28,68). Die Juden hielten dagegen, dass, seitdem Salomo beauftragt worden war, den Tempel in Jerusalem zu bauen, das Zentrum der Anbetung dort angesiedelt sei.[21]

Bis zum heutigen Tag wird der Berg Garizim von den Samaritanern für heilig erachtet. Sie behaupten, dass die jüdischen Thorarollen redaktionell bearbeitet worden seien, um die Wichtigkeit des Garizim herunterzuspielen und Jerusalem unangemessen zu betonen.

Sind die Samaritaner also wahre Israeliten, ein lebendes Überbleibsel der zehn verlorenen Stämme? Oder sind sie Konvertiten aus der Zeit des Altertums vor mehr als 2700 Jahren? So oder so sollten sie als Volk angesehen werden, das an den Gott Israels glaubt und dessen Traditionen tatsächlich sehr alt sind. Ein Volk, das jahrhundertelang bewahrt wurde, vielleicht auf wundersame Art. Interessanterweise schien Jeschua selbst die Samaritaner als eigene Gruppe anzusehen, da er in Matthäus 10,5-6 von Heiden, Samaritanern und dem Haus Israel sprach. Dieses Verständnis scheint sich ebenso in der Apostelgeschichte widerzuspiegeln (siehe 8,4-18).

29. Wer sind die Karaiten?

Die Karaiten (oder Karäer) sind Juden, welche die Autorität der hebräischen Bibel akzeptieren, aber die der rabbinischen Traditionen ablehnen. (Die Karaiten glauben nicht an Jesus und haben das also gemeinsam mit den rabbinischen Juden.) Ihr Name ist abgeleitet von der hebräischen Wurzel *k-r-‹* (oder *q-r-‘*), »lesen«, eng verwandt mit dem Substantiv *mikra‹* (oder *miqra‘*), »Schrift«. Daher sehen sich die Karaiten selbst als das höchste »Volk des Buches«. Was sind die Ursprünge dieser jüdischen Gruppe, einer Gruppe, die heute weniger als fünfzehntausend Leute zählt?

Eine offizielle karaitische Internetseite erklärt stolz:

> Karaismus ist das ursprüngliche Judentum, das in der Geschichte unter verschiedenen Namen existierte, einschließlich Gerechte, Sadduzäer, Boethusianer, Ananiten und Karaiten, welche alle die Thora befolgt haben, ohne Zusätze.[22]

Was genau bedeutet das? Ihre Internetseite führt das detaillierter aus:

> Karaismus gibt es, seit Gott den Juden seine Gesetze gab. Anfangs wurden jene, die JHWHs Gesetzen folgten, einfach »Gerechte« genannt und erst im 9. Jh. n.Chr. nannte man sie Karaiten. Die Frage, warum Gottes Nachfolger heute Karaiten genannt werden, ist in Wirklichkeit eine Frage nach den Ursprüngen der anderen Religionsgemeinschaften. Anfangs gab es keinen Grund, die Gerechten als eine eigene Religionsgemeinschaft zu bezeichnen, weil es nur diese eine Religionsgemeinschaft gab,

> die das ganze jüdische Volk umfasste. Im Laufe der Geschichte entstand eine Vielfalt von Religionsgemeinschaften. Nur um die Gerechten von diesen anderen Gruppen zu unterscheiden, gaben sie sich zu verschiedenen Zeiten die Namen Sadduzäer, Boethusianer, Ananiten und Karaiten.[23]

Demnach erheben die Karaiten denselben Anspruch wie die heutigen Juden, die sagen, dass sie die wahren Träger der Thora sind. Die Karaiten argumentieren, dass 1) die »Gerechten« in alttestamentlicher Zeit identisch seien mit denen, die später Karaiten genannt wurden, weil die Gerechten in biblischer Zeit an der geschriebenen Thora ohne rabbinische Traditionen festhielten, gerade wie es die Karaiten tun; 2) sobald sich vor mehr als 2 000 Jahren das pharisäische Judentum zu entwickeln begann, die Pharisäer andere Gruppen wie die Sadduzäer und Boethusianer (eine Sekte, die zu den Sadduzäern offensichtlich enge Beziehungen hatte) verbannten, weil diese Gruppen die pharisäischen Traditionen zurückwiesen. Den Karaiten zufolge waren es Gruppen wie die Sadduzäer und Boethusianer, die sich authentisch und treu an die Thora hielten, während die Pharisäer, deren Traditionen sich zum rabbinischen Judentum entwickelt haben, nicht authentisch waren; 3) beginnend mit dem 8. oder 9. Jahrhundert n.Chr. die wahren Thoranachfolger als Ananiten (d.h. Nachfolger von Anan ben David; mehr über ihn unten) und dann als Karaiten identifiziert wurden. Diesen letzten Namen tragen sie heute noch. Daher verfolgen die Karaiten ihre Wurzeln 3 500 Jahre zurück bis zu Mose und der Thora.

Ist an dieser Behauptung etwas Wahres dran? Einerseits ist es ähnlich wie bei der islamischen Behauptung, dass alle wahren Anbeter Gottes – einschließlich Abraham, Mose und Jesus – in Wirklichkeit Muslime waren. Das heißt, die Karaiten projizieren ihren eigenen Glauben in die Bibel hinein, ebenso wie Muslime das tun (mit dem deutlichen Unterschied, dass der Koran den Tanach und das Neue Testament umschreibt und verzerrt, wohingegen die Karaiten verlässlich an der Wahrheit des Tanach festhalten). Andererseits haben die Karaiten recht, wenn sie feststellen, dass die rabbinischen Traditionen nicht in einer autoritativen, ununterbrochenen Überlieferungskette auf Mose zurückgehen.

Doch aus historischer Sicht haben die Karaiten unrecht, wenn sie behaupten, dass es eine ununterbrochene Kette von karaitischen Juden gab. Vielmehr war das rabbinische Judentum unter den Juden jahrhundertelang vorherrschend, mit nur relativ wenigen abweichenden Positionen, bis es durch Anan ben David und andere im 8. bis 9. Jahrhundert n.Chr. infrage gestellt wurde. Anan rief sich selbst als Exilarch der babylonischen Judenheit aus – das war eine leitende, regierende Position – und führte andere antirabbinische Juden zu einem andersartigen Judentum, das konsequent zum Karaismus weiterentwickelt wurde durch an der Praxis orientierte, doch antirabbinische Juden. (Der *Jewish Encyclopedia* zufolge eignete sich Anans Gesetzgebung »besser für den Weltverzicht übenden Einsiedler als für die freien Bürger der Welt«.[24])

Diese wachsende antirabbinische Bewegung war – besonders in ihrer anfänglichen ananitischen Phase – Gegenstand scharfer polemischer Angriffe durch Rabbi Saadiah Gaon, der führenden Stimme des 10. Jahrhunderts in Babylon (892-942 n.Chr.), und seine Schriften halfen, das Blatt gegen die antirabbinischen Juden zu wenden. Die karaitische Attacke auf das rabbinische Judentum war ebenso heftig, wie eine berühmte antirabbinische Polemik des Karaitenführers Salmon ben Yeruham aus dem 10. Jahrhundert zeigt, die u.a. den Geist der Mischna (vgl. Kapitel 3) mit dem Geist der Bibel vergleicht:

> Ich habe in meinem Herzen ein weiteres Argument entdeckt,
> Ein stattliches, und majestätisch genug,
>
> Zu dienen als Krone für die Karaiten,
> Ihr Ornament, Stolz und Herrlichkeit zu sein.
>
> Ich sah wieder in die sechs Ordnungen der Mischna,
> Und siehe, sie repräsentieren die Worte moderner Menschen.
>
> Darinnen sind keine majestätischen Zeichen und Wunder,
> Und es fehlt ihnen die Formel: »Und der
> Herr sprach zu Mose und Aaron.«
>
> Ich habe sie darum zur Seite gelegt und ich sagte:
> Es ist kein wahres Gesetz darin,
> Denn das Gesetz ist in anderer Art gezeigt,

In einer majestätischen Darstellung von Propheten, von Zeichen und Wundern;
Doch all diese majestätische Schönheit
sehen wir in der ganzen Mischna nicht.[25]

Also waren, den Karaiten zufolge, die rabbinischen Schriften Worte von Menschen, in scharfem Kontrast zu der Heiligen Schrift, die das Wort Gottes war.

Manche Gelehrte haben geschätzt, dass die karaitischen Juden in ihrer Blütezeit vor ungefähr tausend Jahren um die zehn Prozent der jüdischen Bevölkerung weltweit ausmachten und so eine wirkliche Bedrohung für das rabbinische Judentum darstellten. Dieses hatte in den muslimischen Ländern, in denen sowohl karaitische als auch rabbinische Juden lebten, nur begrenzte oder gar keine Autorität über sie. Während dieses goldenen Zeitalters des Karaismus wurden eine ganze Reihe guter Kommentare über Teile des Tanach geschrieben – die Besten der Karaiten waren wirklich hervorragende hebräische Gelehrte und äußerst vertraut mit dem biblischen Text –, doch nur ein kleiner Teil dieser Schriften blieb erhalten. Anderes wichtiges juristisches Material wurde von den karaitischen Autoren weiterentwickelt, doch wiederum blieb fast nichts davon erhalten. Ironischerweise wurde ein Buch mit dem Titel *Hizzuk Emunah* (das bedeutet »Gestärkter Glaube«), das gläubige Juden oft als das wirkungsvollste Werk gegen das Christentum bezeichnen, das jemals geschrieben wurde, von einem Karaiten aus dem 16. Jahrhundert verfasst, Isaac Troki! In spätere Ausgaben dieses Buches wurden Zitate aus dem Talmud und anderen rabbinischen Quellen aufgenommen – Quellen, die Troki selbst abgelehnt hätte –, um es »orthodoxer« erscheinen zu lassen. So ist also ein wichtiges polemisches Werk, das über Jahrhunderte von rabbinischen Juden benutzt wurde, in Wirklichkeit von einem Karaiten geschrieben worden.

Andererseits ist es ironisch, dass die Karaiten selbst auch Traditionen und Gesetzeswerke entwickelten, von welchen einige im Einklang mit rabbinischen Traditionen stehen. Das scheint die rabbinische Behauptung zu stützen, dass es ohne ihre mündlichen Traditionen nicht möglich sei, die Thora zu befolgen (vgl. Kapitel 3). Die Karaiten jedoch erhoben den Anspruch, dass ihre Traditionen von der Thora abhängig und durch angemessene Schriftauslegung hergeleitet seien.[26]

Jedenfalls verringerte sich im Laufe der Jahrhunderte die Zahl der Karaiten dramatisch. Sie wurden verdrängt durch die überwältigende Zahl derer, die sich zum rabbinischen Judentum hielten, weshalb ein bekannter Interneteintrag lautet: »Einst waren die Karaiten ein beträchtlicher Teil der jüdischen Bevölkerung. Heute jedoch sind nur noch schätzungsweise 2000 Karaiten in den USA, ungefähr 100 Familien in Istanbul und zirka 12 000 in Israel übrig; die meisten von ihnen leben nahe der Stadt Ramleh.«[27]

Weiter oben in diesem Buch wurde bereits erklärt, warum traditionelle jüdische Männer weiße Fransen an ihrer Kleidung tragen, warum sie beim Beten schwarze Kästchen, Phylakterien oder *tefillin* genannt, an ihre Köpfe und linken Arme binden und warum sie Schläfenlocken tragen (vgl. Kapitel 18, 19 und 20). Im Gegensatz dazu tragen die Karaiten blaue Fransen, benutzen keine Phylakterien und tragen auch keine Schläfenlocken. Die Erklärungen der Karaiten für ihre Gebräuche sind, im Gegensatz zum rabbinischen Judentum, ein hervorragendes Beispiel für die aktuelle karaitische Bibelauslegung. Zur Frage nach den Fransen vgl. http://www.karaite-korner.org/tzitzit.shtml; zur Frage nach den Phylakterien vgl. http://www.karaite-korner.org/tefillin.shtml; zur Frage nach dem Rasieren und Schläfenlockentragen vgl. http://www.karaite-korner.org/shaving.shtml.

30. Warum wurden die Juden jahrhundertelang so gehasst und verfolgt?

Ich habe in meinem Buch *Our Hands Are Stained with Blood* (deutsch: *Unsere Hände sind mit Blut befleckt*) viel zum Thema Antisemitismus geschrieben, und bei etlichen Gelegenheiten habe ich Vorlesungen gehalten über die Frage, *warum* Antisemitismus existiert. Von allen Arten des Hasses auf der Welt ist der Antisemitismus einzigartig.

Auf die Einladung von christlichen Studentengruppen hin sprach ich an der Yale- und an der Columbia-Universität, zwei der renommiertesten Bildungszentren Amerikas, und beantwortete über eine Stunde lang die Fragen der Zuhörer. Meine Provokation war ganz simpel: »Ich habe eine übernatürliche, biblische Erklärung für das

Phänomen des Antisemitismus, und sie schließt sogar den Teufel selbst mit ein« – nicht gerade die beliebteste Theorie für das Umfeld einer Universität! »Hat einer von Ihnen eine bessere Antwort?«

Nach jeder Vorlesung hörte ich mir Vorschlag um Vorschlag genau an. Ungeachtet des Bildungsstandes vieler dieser Hörer, die Studenten und Graduierte dieser Universitäten waren, konnte nicht ein einziger Vorschlag das »Warum« des Antisemitismus völlig erklären. Tatsächlich war die beste Theorie, die angeboten wurde, dass vielleicht Außerirdische am Antisemitismus schuld seien! (Lesen Sie weiter, wenn Sie mehr zum »Außerirdischen-Antisemitismus« wissen wollen. Ich werde mich dem gleich noch widmen.) Was macht den Antisemitismus also zu solch einem einzigartigen Hass?

Erstens ist es *der älteste Hass* überhaupt. Er ist mindestens 2300 Jahre alt (oder noch älter, wenn man das Buch Esther mitberücksichtigt). Wie es der katholische Gelehrte Edward Flannery ausdrückt: »Antisemitismus ist der älteste und tiefste Hass der menschlichen Geschichte. … Welcher andere Hass hat dreiundzwanzig Jahrhunderte überdauert und einen Völkermord mit 6 000 000 Opfern in seiner dreiundzwanzig Jahrhunderte währenden Existenz, und war danach noch immer unversehrt und voller Potenzial für viele weitere Lebensjahre?«[28] Heute ist der Antisemitismus auf seinem höchsten Stand seit unmittelbar vor dem Holocaust. Er ist sogar tatsächlich so stark wie vor dem Holocaust. Wie kann das sein?

Folgende Worte, vor 25 Jahrhunderten geschrieben, klingen immer glaubwürdig in den Herzen vieler Antisemiten heute: »Es gibt ein Volk, das zerstreut und abgesondert unter den Völkern … lebt. Das Gesetz dieses Volkes unterscheidet sich vom Gesetz aller anderen Völker, und seine Angehörigen halten sich nicht einmal an die [internationalen] Gesetze …. Deshalb liegt es nicht … [in unserem] Interesse …, sie unbehelligt zu lassen« (Esther 3,8 mit geringfügigen Veränderungen, um den Text auf heute zu beziehen). Warum halten dieser Hass und die Furcht vor den Juden so lange an?

Man stelle sich den Angriff auf das jüdische Volk in der Zeit Esras vor, auch vor ungefähr 2500 Jahren:

> Dem König sei kundgetan, dass die Juden, die von dir zu uns heraufzogen, nach Jerusalem gekommen sind und diese aufrührerische und ver-

> dorbene Stadt wieder aufbauen. Sie vollenden die Mauern und bessern die Fundamente aus. Nun sei dem König kundgetan: Wenn jene Stadt gebaut wird und die Mauern vollendet werden, dann werden sie keinen Tribut, keine Steuern und keinen Zoll entrichten. Dies wird den Königen sicherlich schaden! Da auch wir mit dem Salz des Palastes würzen, ist es uns unmöglich, die Schande des Königs mitanzusehen: Deshalb senden wir diese Nachricht und machen es dem König bekannt. Man soll in den Chroniken deiner Väter nachforschen. Dort in den Chroniken wirst du finden und erfahren, dass diese Stadt eine aufrührerische Stadt ist, die Königen und Ländern schadet und in deren Mitte seit ewigen Zeiten Aufruhr gestiftet wird. Deshalb wurde diese Stadt zerstört.
>
> Esra 4,12-15

Bis auf den heutigen Tag bleibt Jerusalem das Zentrum internationaler Kontroversen, die einzige Hauptstadt, die nicht von den übrigen Nationen anerkannt wurde. Warum Jerusalem? Warum die Juden?

Zweitens ist Antisemitismus *der am weitesten verbreitete Hass* aller Zeiten. Man findet ihn in der griechisch-römischen Welt und im Christentum (ja, im Christentum, einschließlich bösartiger Kommentare von einigen der größten Kirchenführer);[29] vom Islam über den Faschismus bis zum Kommunismus (ein starker Antisemitismus verbindet muslimische Terroristen, Adolf Hitler und Joseph Stalin!); von den weißen Rassisten bis zu den schwarzen Rassisten (ja, *beide* Gruppen prügeln auf die Juden ein); von den Universitäten bis zur Weltpresse; vom Philosophen Voltaire bis zum Historiker Arnold Toynbee; vom Komponisten Richard Wagner bis zum Automobilentwickler Henry Ford; von Japan über Russland bis zum Iran. Warum die Juden?

Vor ein paar Jahren hat eine sehr bizarre Gruppe einen riesigen Medienrummel verursacht, als sie erklärte, den ersten menschlichen Klon der Welt produziert zu haben. Die Gruppe, Raelisten genannt, ist eine UFO-Religion, angeführt von ihrem Gründer Rael, die behauptet, von Außerirdischen erleuchtet worden zu sein. (Hier die Behauptung im Wortlaut: »Am 13. Dezember 1973 wurde der französische Journalist Rael von einem Besucher eines anderen Planeten kontaktiert und darum gebeten, ein Botschaftsgebäude zu bauen, um diese Leute wieder auf der Erde willkommen zu heißen.«)[30] Nachdem ich den Bericht über das Klonen gehört hatte, welcher von Wissenschaftlern vollständig als billige Sensationsmache abgetan wurde, sah ich mir aus reiner Neugier die Internetseite der Raelisten an. (Zum Zeitpunkt der Abfassung dieses Buches war die Internetseite in über 25 Sprachen übersetzt.)[31] Zu meiner größten Verwunderung war die Hauptbotschaft von Rael mit antijüdischen Gedanken durchsetzt, darunter die Beschuldigung, »Israel ist am Staatsterrorismus beteiligt«, und der Vorwurf, dass »von den Millionen amerikanischer Juden eine kleine Handvoll die übrigen 250 Millionen Amerikaner als Geiseln hält«[32]. Selbst die Raelisten wurden von antisemitischen Gedanken vergiftet! Warum gibt es diesen weit verbreiteten Hass auf die Juden?

Drittens ist Antisemitismus *der bösartigste Hass* aller Zeiten: Die unglaubliche Gewalt und die tief verwurzelte Feindseligkeit gegenüber den Juden trotzen rationalen Erklärungen. Allein das ungeheure Ausmaß und die Bösartigkeit des Holocausts sind ein Zeugnis für die Verderbtheit dieses Hasses, und er war bisher der schlimmste von den zahllosen Akten des jahrhundertelang währenden Judenhasses. Dieses entsetzliche Verbrechen betraf mehrere Nationen und führte zu der gemeinschaftlichen und systematischen Hinrichtung von 6 Millionen Juden, davon 1,5 Millionen Säuglinge und Kinder. Die Nazis (und andere Judenmörder) waren so grausam, dass manchmal jüdische Kinder lebendig in brennende Gruben geworfen wurden, um sich die Kugeln für sie zu sparen. Das führte zum vielzitierten Ausspruch von Rabbi Irving Greenberg: »Zudem sollte man das Prinzip beherzigen, dass keine Aussage [über den Holocaust] gemacht werden sollte, die nicht in der Gegenwart brennender Kinder gemacht werden könnte.«[33] Mehr muss nicht gesagt werden.

Viertens ist Antisemitismus *der irrationalste Hass* aller Zeiten. Die Absurdität der antisemitischen Verleumdungen trotzt einfach einer rationalen Erklärung. Als die Schwarze Pest in Europa wütete, wurden die Juden beschuldigt, die Pest durch eine Vergiftung der Quellen ausgelöst zu haben, und zwar mit einer Mischung aus Spinnen, Eidechsen und den Herzen von Christen, vermischt mit den heiligen Elementen des Abendmahls. Der aufgebrachte Pöbel schlachtete Tausende von Juden ab – das war das Ergebnis dieses bösartigen Gerüchts. Als die katholische Kirche 1215 erklärte, die Elemente der Kommunion würden buchstäblich Leib und Blut Jesu, wurden die

Juden beschuldigt, Hostien gestohlen und gefoltert zu haben. Als Folge wurden ganze jüdische Gemeinden auf dem Scheiterhaufen verbrannt. In der heutigen muslimischen Welt wird noch immer geglaubt, dass die Juden jedes Jahr einen Priester (oder ein anderes Opfer) entführen und foltern, um dann aus seinem Blut die Passah-Matzen (ungesäuertes Brot) zu backen. Die muslimische Welt nimmt auch die »Protokolle der gelehrten Ältesten von Zion« ernst, ein berüchtigtes gefälschtes Dokument aus dem 19. Jahrhundert. Es berichtet von einem angeblichen geheimen Plan einer verborgenen Gruppe jüdischer Führungskräfte, die dazu bereit seien, die Macht auf der gesamten Erde zu übernehmen – um sie letztlich dem Hindugott Vishnu zu unterwerfen! (Ein Zitat aus den Protokollen: »Unser Königreich wird eine Rechtfertigung der Gottheit Vishnu sein, in welcher es sich personifiziert.«) Die Juden wurden auch dafür verantwortlich gemacht, AIDS verbreitet und die Terrorangriffe vom 11. September 2001 organisiert zu haben. (Etliche muslimische Taxifahrer in New York City haben mir das im Brustton der Überzeugung erklärt, da ihnen nicht klar war, dass ich Jude bin.) Die Juden wurden sogar beschuldigt, die katholische Kirche zu kontrollieren!

Artikel 17 der Hamas-Charta besagt: »Zionistische Organisationen unter verschiedenen Namen und in verschiedenen Gestalten, wie die Freimaurer, die Rotary Clubs, Spionagegruppen und andere, sind allesamt nichts weiter als Terrorzellen und Saboteure. Diese Organisationen haben ausreichende Mittel, die sie dazu befähigen, ihre Rolle in Gesellschaften zu spielen, mit dem Zweck der Erreichung zionistischer Ziele und der Förderung von Leitbildern, die dem Feind dienen.«[34] Sogar die Freimaurer werden also angeblich von den Juden kontrolliert!

So irrational sind die Lügen über die Juden, dass selbst ein entschiedener Rationalist wie Siegmund Freud sagen musste: »In der Frage des Antisemitismus habe ich wenig Lust, Erklärungen zu suchen, verspüre eine starke Neigung, mich meinen Affekten zu überlassen, und fühle mich in der ganzen unwissenschaftlichen Einstellung bestärkt, dass die Menschen so durchschnittlich und im großen Ganzen doch elendes Gesindel sind.«[35]

Was sind nun einige der sich im Umlauf befindenden Erklärungen für das Phänomen Antisemitismus?

1. »Alles ist auf das Christentum zurückzuführen.« Die Anklage, die Juden hätten Jesus getötet (vgl. Kapitel 45), weshalb sie des Gottesmordes schuldig seien, habe die westliche Geschichte und Kultur so sehr durchdrungen, dass der »christliche« Antisemitismus eine Verbindung zwischen allen Erscheinungsformen des Antisemitismus herstelle. Doch diese Theorie ist absolut mangelhaft. Denn wie erklärt man dann den *vor-christlichen* Antisemitismus? Kann der christliche Antisemitismus auch den islamischen Antisemitismus angemessen erklären? Und was ist mit dem christlichen Philosemitismus, einem direkten Resultat des Zeugnisses jenes Neuen Testaments, das angeblich weltweiten Antisemitismus erzeugt?

2. »Das kommt daher, weil es immer einen Sündenbock geben muss«, was bedeutet, dass irgendjemand immer für das Schlechte, das in der Welt passiert, verantwortlich gemacht wird. Doch das beantwortet nicht die Frage, sondern setzt lediglich Unbewiesenes voraus. Warum werden immer *die Juden* beschuldigt? Wie George Orwell anmerkte: »Wie wahr die ›Sündenbock‹-Theorie auch im Allgemeinen sein mag, sie erklärt doch nicht, warum eher die Juden als irgendeine andere Minderheit schikaniert werden, noch erklärt sie, wofür sie ein Sündenbock sind.«[36]

3. »Die jüdische Religion macht das jüdische Volk anders«, und so attackieren die Leute, was sie nicht kennen. Das Problem bei dieser Sichtweise ist, dass oft säkulare Juden für die Verfolgung ausgesucht wurden. Dazu passt, dass oft gesagt wird, zur Zeit des Holocaust seien die meisten deutschen Juden mehr deutsch als jüdisch gewesen. Nicht nur das, sondern die Nazis schlachteten auch Juden ab, die nur »ein Viertel« jüdisch waren – also bei denen nur ein Großelternteil jüdisch war – und ermordeten auch Juden, die zum Christentum konvertiert waren. Außerdem gibt es weltweit eine Feindseligkeit gegen den modernen Staat Israel, ungeachtet der Tatsache, dass diese Nation sehr viel mehr weltlich ist als religiös. Und warum werden Muslime nicht allerorten gehasst, weil sie anders sind?

4. »Das kommt daher, weil die Juden besonders böse sind« (das hat mir tatsächlich ein pakistanischer Taxifahrer erklärt, mit dem ich über die Frage des Antisemitismus gesprochen habe). Doch diese Theorie bedarf kaum einer Widerlegung, denn Juden sind oft die moralischsten und ethischsten Leute auf der Welt, und sicher gibt es jede Menge niederträchtiger Nichtjuden! Um es also gelinde auszudrücken: Die Juden haben sicherlich kein Monopol darauf, böse zu sein.

5. »Das kommt daher, dass die Juden das ganze Geld haben« – was tatsächlich nicht eine Theorie ist, sondern vielmehr eine weitere antisemitische Verleumdung. Jedenfalls zählten die Juden über die Jahrhunderte zu den ärmsten Menschen in ihrer Gesellschaft, oftmals wegen unterdrückender Gesetze, die gegen sie erlassen wurden. Aber sie wurden nichtsdestoweniger gehasst und verfolgt.

6. »Das kommt von der Schuld der Juden, die zum göttlichen Gericht führt« – eine hart klingende Anklage, doch mit ein bisschen Wahrheit darin, denn die Thora stellt deutlich fest, dass nationaler Gehorsam gesegnet wird, während nationaler Ungehorsam verflucht wird (vgl. 3. Mose 26; 5. Mose 28). Doch der Hass ist zu stark, zu abscheulich, zu destruktiv, um allein dadurch erklärt werden zu können. Und sogar im Tanach selbst hat Gott oft sein Missfallen über die Nationen ausgedrückt, die er benutzte, um sein Volk zu richten: Er machte deutlich, dass sie zu weit gegangen waren (vgl. Jesaja 10,5-19; allgemeiner Sacharja 1,14-15).

Natürlich sind all diese Theorien an der einen oder anderen Stelle unzureichend, weil sie nicht die intensive, irrationale und langlebige Natur des Antisemitismus erklären und kein Gesamtbild zeigen können. Was ist dann die Erklärung für den Antisemitismus, den es auf der Welt gibt? Es ist ganz einfach so: Gott hat die Juden als sein Instrument zur Erlösung der Welt ausgewählt, er hat versprochen, dass sie immer als eigenständiges Volk auf der Erde bleiben werden – ungeachtet ihrer Sünden und ihres Versagens –, und der Teufel selbst hat sie zur Vernichtung bestimmt. Letzten Endes verdanken wir es den Juden, dass das Wissen um den einen wahren Gott in die Welt gekommen ist, dass der Messias gekommen ist und dass die Botschaft vom Messias zu den Völkern kam. Und es sind die Juden in Jerusalem, die letztlich den Messias wieder auf der Erde willkommen heißen werden, der sein Königreich errichten wird (vgl. Matthäus 23,37-39). Deshalb hasst der Teufel sie so!

Wie ich in meinem Buch *Our Hands Are Stained with Blood* geschrieben habe:

> Warum verachtet der Satan die Juden so leidenschaftlich? Zum einen spiegelt das seinen Hass auf Gott wider. Die Juden sind Gottes erwähltes Volk! Indem er ihnen wehtut, will er dem Herrn wehtun und Rache nehmen für sein eigenes Todesurteil. Seine Bemühung, die Juden zu vernichten, ist auch ein Versuch, den Herrn in ein schlechtes Licht zu rücken, weil dieser in seinem Wort geschworen hat, dass sie niemals vernichtet werden. Wenn Israel aufhört, als ein abgesondertes Volk zu leben, dann hat Gott sein Versprechen nicht gehalten oder konnte es nicht halten. Das würde bedeuten, dass er entweder machtlos wäre oder gelogen hätte!
>
> Doch es gibt noch einen anderen Grund, warum der Teufel die Juden verachtet: Die Erlösung Israels bedeutet die Rückkehr Jesu, die Auferstehung der Gerechten, die Wiederbelebung der Kirche und die Wiederherstellung der Erde. Die Erfüllung dessen, was den Juden bestimmt ist, wird das Verhängnis des Teufels besiegeln. Ja, »der Gott des Friedens wird den Satan bald unter eure Füße zwingen und zertreten« (Röm 16,20) … und er fängt schon an, sich zu winden! Die Zeit der Bestätigung Israels liegt vor uns, und der Satan zittert vor Angst. Der Countdown läuft.[37]

Wenn wir also verstehen, dass der Antisemitismus letztlich ein geistliches Phänomen ist, können wir auch verstehen, dass Antisemitismus vorrangig mit *Gott* und seinen Absichten zu tun hat, nicht mit dem *jüdischen Volk* selbst. Das heißt, er kommt nicht daher, dass die Juden besser oder schlechter wären als irgendjemand anders, sondern daher, dass Gott die Nachkommen Abrahams, Isaaks und Jakobs erwählt hat, um der Welt die Erlösung zu bringen, wobei der Messias selbst ein Jude war. In diesem Licht besehen wird es ein böser Tag für Antisemiten sein, wenn sie erkennen werden, dass der allmächtige König, der in loderndem Feuer kommt, ein verherrlichter Jude ist.[38]

31. Wollen die heutigen Juden den Tempel wiederaufbauen?

Die jüdischen Meinungen über den Wiederaufbau des Tempels können in drei Kategorien aufgeteilt werden: 1) diejenigen, die überhaupt nicht über diese Frage nachdenken (was die große Mehrheit der zeitgenössischen Juden ist); 2) diejenigen, die täglich dafür beten und sich nach seinem Wiederaufbau im messianischen Zeitalter sehnen (was die große Mehrheit der gläubigen Juden ist); und 3) diejenigen, die aktiv auf seinen Wiederaufbau hinarbeiten (was eine sehr kleine, doch immer bekanntere Gruppe ist). Unter denen, die dafür beten und sich nach dem Wiederaufbau des Tempels sehnen, sind gläubige Juden, die sich militant dem modernen Staat Israel und sogar noch mehr dem Wiederaufbau des Tempels durch irgendjemand anderen als den Messias widersetzen. Um diese letzte Gruppe soll es weiter unten gehen.

Da 90 Prozent der Juden weltweit heute nicht orthodox sind, überrascht es nicht, dass der Wiederaufbau des Tempels für die meisten von ihnen kein wichtiges Thema ist. Warum sollte es auch? Sie sind keine besonders gläubigen Leute – mit anderen Worten: Ihr Judentum lässt sich ungefähr mit dem Glaubensbekenntnis eines Namenschristen vergleichen –, und was immer für ein Solidaritätsempfinden gegenüber der Nation Israel sie auch haben mögen, es steht in keiner Beziehung zur Idee eines Tempels. Sie glauben vielleicht, dass es wichtig ist, ein jüdisches Heimatland zu haben, und finden, es sei eine bewegende Erfahrung, nach Israel zu reisen und an der Klagemauer zu beten, doch das ist weit davon entfernt, über einen wiedererbauten Tempel in Jerusalem auch nur nachzudenken. Das ist fast, als würde man sich in biblische Zeiten zurückbegeben! Oder anders gesagt: Die meisten Juden weltweit denken mehr über diese Welt nach als über die messianische Zeit und die kommende Welt; warum sollten sie sich über den Wiederaufbau eines uralten Tempels Gedanken machen, den wir fast zweitausend Jahre lang nicht hatten? Reformjuden (vgl. Kapitel 1) haben noch nicht einmal Gebete für den Wiederaufbau des Tempels in ihren Gebetbüchern, und sie bilden mehr als ein Drittel der Juden Amerikas.

Im Kontrast hierzu beten traditionelle Juden drei Mal täglich für den Wiederaufbau des Tempels, und im Laufe der Jahrhunderte ist so mancher fromme Jude um Mitternacht aus dem Bett aufgestanden, um über die Zerstörung des zweiten Tempels im Jahr 70 n.Chr. zu klagen. Die Wiederherstellung des Tempels ist ein wesentlicher Bestandteil eines größeren Aktes der göttlichen Wiederherstellung von Gottes Volk und seiner Gnade für es.

Das zentrale Gebet in der täglichen Andacht heißt *Amidah* (wörtlich »Stehen«, weil Juden dieses Gebet stehend rezitieren müssen) und wird dreimal am Tag gesprochen. Es wird auch *Schemone Esre* genannt, das bedeutet »achtzehn«, weil dieses Gebet ursprünglich achtzehn große Bitt- und Segenssprüche umfasste (jetzt sind es neunzehn). Einige davon beziehen sich auf das Kommen des Messias, die Erlösung des Volkes Israel und den Wiederaufbau des Tempels, allesamt eng verwandte Themen.[39]

Dies alles ist jedoch eher eine Frage des Gebets als eine der menschlichen Anstrengung, anders als bei der Anstrengung gläubiger Juden, die Thora zu befolgen, in der Hoffnung, dadurch die Erlösung zu beschleunigen. Doch die Idee, wirklich zu versuchen, den Tempel wiederaufzubauen, ist dem Denken der gläubigen Juden sehr fremd, so wie die Idee von Christen, die versuchen würden, den Thron des Messias in Jerusalem aufzustellen, dem Denken konservativer Christen völlig fremd wäre.

Es gibt eine sehr kleine Minderheit ultraorthodoxer Juden, *Neturei Karta* (aramäisch für »Hüter der Stadt«) genannt, die nicht nur gegen die Idee sind, dass irgendjemand anderes als der Messias den Tempel wieder aufbauen könnte, sondern die sich der Existenz des heutigen Staats Israel erbittert widersetzen. Da sie glauben, dass nur der Messias die Versprengten sammeln und die Nation Israel neu gründen kann, steht aus ihrer Sicht gerade die Existenz des modernen Israel der Erlösung im Weg (im Gegensatz dazu sieht die große Mehrheit der gläubigen Juden das moderne Israel als ein Zeichen für den Beginn der Erlösung). Nicht nur das, sondern die Juden von Neturei Karta glauben, dass das moderne Israel nicht allein das Produkt menschlicher Anstrengungen ist, sondern das Produkt *atheistischer, sündiger* menschlicher Anstrengungen, das auch den weltweiten Hass gegen das jüdische Volk provoziert.[40]

Manche dieser ultraorthodoxen Juden leben tatsächlich in Israel, andere in Amerika und Europa. Sie repräsentieren eine winzige Minderheit des jüdischen Volkes und werden von der großen Mehrheit der jüdischen Bevölkerung verachtet. Zu ihrem Verrufensein kommt ihre Teilnahme an der Holocaust-Konferenz im Dezember 2006 im Iran, wo der Holocaust geleugnet wurde; sie priesen die radikale muslimische Regierung des Iran und sagten, dass sie sich dort heimisch fühlten. Sogar ultraorthodoxe jüdische Gemeinschaften wie die Satmar-Chassidim, die selbst den modernen Staat Israel ablehnen (vgl. Kapitel 2), verurteilen die Aktionen dieser Neturei-Karta-Führer ganz und gar.

In völligem Gegensatz dazu steht die Gruppe *Temple Mount Faithful* (»Tempelberg-Gläubige«), geleitet von Gershon Salomon.[41] Ihre langfristigen Ziele sind: 1) den Tempelberg von der arabischen (islamischen) Besetzung zu befreien; 2) den Tempelberg dem Namen G-ttes zu weihen, damit er zum moralischen und geistlichen Zentrum Israels, des jüdischen Volkes und der gesamten Welt werden kann; 3) den dritten Tempel zu bauen; 4) einen biblischen Versammlungsort zu schaffen, damit ganz Israel das Gebot hält, sich dreimal im Jahr zur Zeit der Feste G-ttes zu versammeln an dem Ort, wo G-tt seinen Namen für immer eingesetzt hat; 5) das biblische Jerusalem zur wirklichen, ungeteilten Hauptstadt des Staates Israel zu machen; 6) die falschen »Friedensgespräche« abzulehnen, deren Ergebnis die Teilung Israels und der Bruch des Bundes G-ttes sein wird; und 7) die Siedlungen in Jerusalem, Judäa, Samaria und auf den Golanhöhen zu unterstützen, weil sie heilig sind.[42]

Diese Juden, von denen manche gläubig sind, sehen sich also in der Verantwortung, dabei zu helfen, die Erlösung zu beschleunigen, indem sie konkret tätig werden. Und darin finden sie begeisterte Unterstützung von einigen evangelikalen Christen.[43] In Verbindung mit dieser Tempelberg-Bewegung bereiten sich einige gläubige Juden priesterlicher oder levitischer Herkunft tatsächlich für den Priesterdienst vor, indem sie die relevanten Texte studieren, während Nachbildungen der Tempelgeräte und Priestergewänder angefertigt werden, und erwarten so den Wiederaufbau des Tempels. Parallel dazu, wenngleich offiziell ohne Bezug, erfolgt die Suche nach einer roten Kuh, denn nach 4. Mose 19 kann nur die Asche einer roten Kuh für die Reinigungsriten benutzt werden. Ohne diese Asche hat das jüdische Volk mehr als 1900 Jahre in einem Zustand ritueller Unreinheit existiert. Berichte von der Geburt eines fehlerlosen roten Kalbes verursachen große Aufregung in einigen jüdischen und christlichen Kreisen, doch bis heute hat keines der Tiere alle Anforderungen erfüllt.

Wird es also einen dritten Tempel geben, bevor der Messias wiederkehrt? Verse wie 2. Thessalonicher 2,1-4 und Matthäus 24,15-31 (die als in die Zukunft weisend verstanden werden) legen es nahe, doch dies bleibt Thema lebhafter Debatten bei denen, die Gottes Wort studieren.

32. Lebten in den letzten zweitausend Jahren immer Juden im Land Israel?

Man könnte nun eine trockene, Jahrhundert für Jahrhundert darstellende Untersuchung voller Statistiken machen, die es bereits anderswo gibt,[44] doch am besten beantwortet man diese Frage kurz und bündig: Mit wenigen Ausnahmen gab es in den letzten zweitausend Jahren eine kontinuierliche Präsenz von Juden im Land Israel. Und wenn wir von der gesamten Nation sprechen, bis zurück in die Zeit Moses, gab es fast 3400 Jahre lang eine fast ununterbrochene jüdisch-israelitische Präsenz in dem Land, trotz des vielen Leides und der gewaltsamen Zerstreuung im Laufe der Jahrhunderte.[45] Wie in Mitchel Bards exzellentem Kompendium *Myths and Facts: A Guide to the Israeli-Arab Conflict*[46] (auf Deutsch: *Behauptungen und Tatsachen: Der israelisch-arabische Konflikt im Überblick*)[47] steht, das jetzt auch online erhältlich ist (vgl. http://www.jewishvirtuallibrary.org/jsource/myths/mftoc.html):

> Eine verbreitete Fehlinformation ist, dass alle Juden von den Römern nach der Zerstörung des Zweiten Tempels im Jahr 70 n.Chr. in Jerusalem zur Flucht in die Diaspora gezwungen wurden und dann, 1800 Jahre später, plötzlich nach Palästina zurückkehrten, um ihr Land zurückzufordern. In Wirklichkeit haben die Juden über 3700 Jahre lang Verbindungen zu ihrem historischen Heimatland aufrechterhalten. …
>
> Selbst nach der Zerstörung des Zweiten Tempels in Jerusalem und dem Beginn des Exils ging das jüdische Leben im Land Israel weiter und ge-

langte immer wieder zur Blüte. Große Gemeinden wurden in Jerusalem und Tiberias im 9. Jahrhundert wiederhergestellt. Im 11. Jahrhundert wuchsen jüdische Gemeinden in Rafah, Gaza, Aschkelon, Jaffa und Caesarea.

Die Kreuzfahrer metzelten viele Juden während des 12. Jahrhunderts nieder, doch die Gemeinde kehrte in den folgenden zwei Jahrhunderten wieder, als eine große Zahl Rabbis und jüdische Pilger nach Jerusalem und Galiläa einwanderte. Führende Rabbis errichteten in den folgenden 300 Jahren Gemeinden in Safed, Jerusalem und anderswo. Im frühen 19. Jahrhundert – Jahre vor der Entstehung der modernen zionistischen Bewegung – lebten mehr als 10 000 Juden in dem Gebiet, das heute Israel ist. Die 78 Jahre der Staatenbildung, die 1870 begann, mündeten in die Neugründung des jüdischen Staates.[48]

Natürlich lebten während der letzten 1500 Jahre Araber, Türken und andere in Israel, das von den Römern im 2. Jahrhundert n.Chr. Palästina genannt wurde (vgl. Kapitel 34). Doch zu keiner Zeit wurde Palästina als unabhängige arabische Nation betrachtet (vgl. wieder Kapitel 34), und über die Jahrtausende hat nur eine Gruppe dieses Land als ihr angestammtes Heimatland beansprucht: die Juden! Das ist der Grund, warum sich Juden nach Jerusalem richten, wenn sie beten, ganz gleich, wo auf der Welt sie sich befinden – im Gegensatz zu den Muslimen, die sich nach Mekka wenden, was bedeutet, dass diejenigen, die in manchen Teilen des Mittleren Ostens leben, beim Beten Jerusalem den *Rücken* zuwenden. Das ist auch der Grund dafür, warum das jüdische Passah-Sederfest jedes Jahr die Worte »Nächstes Jahr in Jerusalem!« einschließt. Das war die Hoffnung und Leidenschaft gläubiger Juden zu allen Zeiten, und aus diesem Grund gab es eine fast andauernde Präsenz des jüdischen Volkes in Israel, obwohl der Nationalstaat beinahe 1900 Jahre daniederlag. Wir leben in der Zeit nach dem Holocaust. Ein nationales jüdisches Schlagwort war in diesem Zusammenhang: »Nie wieder!«, was bedeutet, dass es einen weiteren Holocaust für unser Volk nie mehr geben darf und geben wird – und es versteht sich, dass ein nationales Heimatland der einzige Weg ist, das sicherzustellen.

33. Sollen alle Juden nach Israel zurückkehren?

Es gibt anscheinend eine doppelte Basis für diese Frage. Erstens: Wenn Israel das jüdische Heimatland ist und wenn Exil ein negativer Zustand ist, der mit göttlichem Gericht assoziiert wird, sollten dann nicht alle Juden in ihr Heimatland zurückkehren, da es nun wiederaufgebaut wurde? Zweitens: Wenn sich Antisemitismus ausbreitet und selbst Länder wie Amerika sich einmal gegen ihre jüdische Bevölkerung richten könnten, wie es europäische Nationen während des Holocausts taten, ist es dann nicht weise, wenn Juden wieder nach Israel zurückziehen? Bücher wie das von Tom Hess, *Let My People Go: The Struggle of the American Jew to Come Home to Israel* (Lass mein Volk gehen: Der Kampf des amerikanischen Juden, nach Hause nach Israel zu kommen), 1980 erstmals erschienen, betonen diese beiden Punkte und sagen voraus, dass es für die Juden außerhalb von Israel schlimm werden *wird*, auch für die Juden in Amerika. Während manche der Warnungen von Hess für amerikanische Juden sich noch nicht bewahrheitet haben, schienen einige Warnungen für die Juden in der früheren Sowjetunion tatsächlich zuzutreffen, kurz nachdem die russische Ausgabe des Buches erschienen war, und sie scheinen in diesem Teil der heutigen Welt immer mehr zuzutreffen.

So stellt sich die Frage, ob die Heilige Schrift alle Juden weltweit klar dazu aufruft, in ihr Land zurückzukommen. Und gibt es pragmatische Gründe für alle Juden, in Israel zu leben?

Was jüdische Jesusnachfolger angeht, liegt ihre Verantwortung darin, das Wort Gottes zu studieren, sein Angesicht zu suchen und zu wohnen, wohin immer der Herr sie als Teil ihres großen Auftrags und ihrer Verantwortung, für das Gottesreich zu leben, beruft – sei es in Amerika, Russland, Israel oder sonst irgendwo. Es gibt einfach keine Stelle in der Heiligen Schrift, die eindeutig etwas anderes aussagt, besonders wenn jemand einen Ruf hat, an einem bestimmten Ort zu dienen. Wo sollte das Neue Testament auf irgendetwas anderes hindeuten als das? Und sind jüdische Gläubige nicht auch berufen, ein Licht für die Völker zu sein?

Was ist mit den Juden, die nicht wiedergeboren und, so gesehen, nicht mit ihrer Bestimmung und ihrem Ruf im Gottesreich im Einklang sind? Will Gott sie alle zurück in Israel haben? Wieder sehe ich nicht, dass die Heilige Schrift das deutlich in Bezug auf Juden sagt, die heute in der Diaspora leben.

Was ist nun mit den beiden Fragen, die zu Beginn dieses Kapitels gestellt wurden? Sollten die Juden weltweit also nicht aus dem Exil nach Israel zurückkehren? Und ist es nicht offensichtlich, dass der sicherste Ort für Juden weltweit Israel ist?

Für mich ist der Schlüssel zu diesen beiden Fragen der Zeitpunkt. Es ist wahr, dass das Wort Gottes von einer vollständigen Rückkehr des gesamten jüdischen Volkes ins Land Israel spricht. Hierbei handelt es sich um eine noch nicht abgeschlossene göttliche Aufgabe und ein noch nicht eingetroffenes prophetisches Versprechen aus der Zeit des Babylonischen Exils. Durch mehrere prophetische Stimmen hat Gott eine glorreiche Sammlung seines Volkes versprochen, eine Sammlung nicht nur aus Babylon, sondern aus allen Nationen, in die es versprengt wurde (vgl. Jeremia 16,14-15). Bis zum heutigen Tag wurden diese Versprechen noch nicht eingelöst, einschließlich des Versprechens in Jesaja 11, dass der Herr sein Volk ein zweites Mal ins Gelobte Land bringen wird – das erste Mal war nach dem Babylonischen Exil.

Vor diesem Hintergrund kann man eine bleibende Anwendung für Verse wie diesen bekannten Abschnitt aus Jesaja erkennen:

Fürchte dich nicht, denn ich bin bei dir.
Ich werde deine Kinder aus dem Osten holen
und dich aus dem Westen sammeln.

Zum Norden sage ich: »Gib her!«
Und zum Süden: »Halte niemanden zurück!«

Bring meine Söhne aus der Ferne,
meine Töchter aus allen Winkeln der Erde –

alle, die nach meinem Namen benannt sind,
die ich zu meiner Ehre gemacht habe,
die ich gebildet und erschaffen habe.

(Jesaja 43,5-7)

Aber beachten Sie: Es gibt einen großen Unterschied zwischen »Du wirst zurückkehren« und »Kehre zurück!«; zwischen »Ich will dich heimbringen« und »Geh heim!«. Das Erstgenannte spricht von etwas, das eines Tages geschehen wird; das Letztgenannte gibt einen Befehl – und ich glaube nicht, dass Gott dem ganzen jüdischen Volk befiehlt, heute nach Israel zurückzukehren, auch wenn der Tag einmal kommen mag – vielleicht sogar *nach* der Wiederkunft des Messias, wenn Verse wie Jesaja 11,16 *buchstäblich* erfüllt werden können.

Ob ich glaube, dass Gott mehr und mehr Menschen aus seinem alten Volk nach Israel zurückruft, Gläubige und Nichtgläubige? Absolut! Und ich glaube, in den kommenden Jahren werden es immer noch mehr. Tatsächlich könnte innerhalb von wenigen Dekaden die jüdische Bevölkerung *in* Israel die *außerhalb* von Israel übersteigen. Doch das ist etwas, das Gott tut, und deshalb können wir zwar zur *alijah* (Rückkehr nach Israel) ermutigen, doch wir können sie nicht per Gesetz vorschreiben oder anordnen.

Gibt es Zeichen dafür, dass der Antisemitismus weltweit auf ein gefährliches Niveau anwächst? Zweifellos (vgl. Kapitel 30). Und ist es möglich, dass es eines Tages für Juden gefährlich werden kann, in Amerika zu leben? Das ist gewiss möglich, obgleich Amerika, Gott sei Dank, keine national-antisemitische Vorgeschichte hat. Sollte dieser Tag kommen, haben wir jedoch guten Grund zu erwarten, dass Gott klare und eindeutige Warnungen an sein Volk ergehen und uns wissen lässt, dass jetzt die Zeit gekommen ist, zurück ins Gelobte Land zu ziehen.

Wir tun gut daran, den Herrn regelmäßig zu bitten, dass er seine ewigen Vorhaben an seinem alten Bundesvolk erfüllt, denn in einem sehr realen Sinne ist das Los der Nationen mit seinem Los verbunden (vgl. Römer 11,11-15), besonders bezogen auf das jüdische Volk, das am Ende der Zeiten in Israel lebt (vgl. Sacharja 12–14).

34. Sind die Palästinenser die Nachkommen der Kanaaniter des Altertums?

Das ist eine politisch aufgeladene Frage, doch es ist kein Fitzelchen Wahrheit daran, dass die Palästinenser die Nachkommen der Kanaaniter des Altertums seien, und es ist kaum vorstellbar, dass solch eine lächerliche Behauptung jemals aufgestellt worden wäre, wenn nicht zum Zwecke der Anti-Israel-Propaganda.

Gleich zu Anfang: Historisch gesprochen *gibt es so etwas wie ein palästinensisches Volk überhaupt nicht*. Es ist wahr, dass jahrhundertelang Araber in Palästina gelebt haben (Israel wurde von den Römern im 2. Jahrhundert n.Chr. Palästina genannt). Und es ist wahr, dass manche dieser Familien viele Generationen lang ohne Unterbrechung in Palästina wohnten. Doch zu keiner Zeit vor 1967 haben sich diese Araber jemals selbst als »Palästinenser« bezeichnet, noch versuchten sie in irgendeiner Weise, dort Eigenstaatlichkeit zu erreichen. Es gab keinen palästinensischen Nationalismus und keinen Versuch, das Gebiet zum Heimatland für diese Araber zu machen, und als 1936 das Palästinensische Orchester gegründet wurde, war es ein *jüdisches* Orchester! Mit den oft zitierten Worten des verstorbenen arabischen Historikers und Professors der Princeton-Universität Philip K. Hitti: »So etwas wie ›Palästina‹ gibt es in der Geschichte nicht.«[49] (Er sprach über die arabische, palästinensische Geschichte.)

In den frühen 1990ern wurde ich eingeladen, an einer Spendenaktion für die Jerusalem Foundation teilzunehmen, bei der eine Diskussion stattfinden sollte zwischen dem ehemaligen US-Außenminister Henry Kissinger und dem angesehenen libanesischen Gelehrten Fouad Ajami, Professor an der John Hopkins Universität, moderiert von Dan Rather. Als die Zeit für Rückfragen kam, fragte ich Professor Ajami, ob es so etwas wie ein palästinensisches Volk gebe. Er antwortete ganz freimütig und sagte, es gebe keines. Als ich ihn mit der Frage in die Enge trieb, warum die Medien uns das nicht erzählten, sagte er, dass die Medien das nie tun würden.

Woher kommt dann diese Idee vom palästinensischen Volk? Es gibt heute fraglos mehrere Millionen Menschen, die sich als Palästinenser verstehen und sich danach sehnen, ein Heimatland zu besitzen. Ebenso unbestritten ist, dass diese Menschen in den letzten Jahren große Not erlitten haben und dass manche ihrer Familien schon vor 1948 im Land Israel lebten. Nichtsdestotrotz ist die *Idee* eines palästinensischen Volkes eine relativ neue Erfindung, die man auf das Jahr 1967 zurückdatieren kann. Wie es der ehemalige Terrorist Walid Shoebat ausdrückte: »Wie kommt es, dass ich am 4. Juni 1967 ein

Jordanier war und über Nacht ein Palästinenser wurde?«[50] Außerdem ist die *Wirklichkeit* eines vertriebenen palästinensischen Volkes eher ein interner arabischer Streitfall als ein jüdischer.

Mitchell Bard erklärt:[51]

Vor der Teilung verstanden sich die palästinensischen Araber selbst nicht so, als hätten sie eine separate Identität. Als der First Congress of Muslim-Christian Associations [Erster Kongress der muslimisch-christlichen Vereinigungen] im Februar 1919 in Jerusalem zusammenkam, um den palästinensischen Vertreter für die Pariser Friedenskonferenz zu wählen, wurde folgende Resolution erlassen:

Wir verstehen Palästina als Teil des arabischen Syriens, da es zu keiner Zeit davon getrennt war. Wir sind damit verbunden durch nationale, religiöse, linguistische, natürliche, wirtschaftliche und geografische Bande.[52]

Im Jahr 1937 erklärte der örtliche arabische Führer Auni Bey Abdul-Hadi der Peel-Kommission, welche zuletzt die Aufteilung Palästinas vorschlug: »Es gibt kein solches Land [wie Palästina]! ›Palästina‹ ist ein Begriff, den die Zionisten erfunden haben! Es gibt kein Palästina in der Bibel. Unser Land war jahrhundertelang ein Teil Syriens.«[53]

Arieh L. Avneri hat darauf hingewiesen, dass die geschätzte Bevölkerungszahl der Muslime, Christen und Juden in Palästina von 205 000 im Jahr 1554 auf nur 275 000 im Jahr 1800 angestiegen sei. Wo war da der Ruf »Palästina ist unser Heimatland« unter der weltweiten arabischen Bevölkerung? Es gab ihn schlicht und ergreifend nicht. Zu welcher Zeit begann dann die arabische Bevölkerung in Palästina so dramatisch anzuwachsen? Das war, als die Juden anfingen, in großer Zahl ins Land zurückzukehren, insbesondere nach 1880, als die Mehrheit der über 400 000 Araber in Palästina lebte, wohin sie selbst vor relativ kurzer Zeit eingewandert waren.[54] Gehen wir weiter zur Mitte des 20. Jahrhunderts, betont Michael Comay, dass 1948, kurz bevor der britische Rückzug aus Palästina begann, 9 Prozent des Landes Juden gehörte, 3 Prozent Bürgern arabischer Nationalität, die im Land wohnten, »17 Prozent war aufgegebenes arabisches Land und die verbleibenden 71 Prozent war Land, das der Krone oder dem

Staat gehörte. Es wurde der britischen Mandatsregierung und in der Folge dem Staat Israel übertragen.«[55]

Es ist außerdem anzumerken, dass die Bevölkerungszahl der sogenannten *West Bank* (also Judäa und Samaria) und von Gaza 1967 nur 450 000 betrug. Heute sind es annähernd 3,5 Millionen Einwohner, und viele dieser Palästinenser sind in den letzten vierzig Jahren in diese Region gezogen. Das muss man zusammen mit der Tatsache sehen, dass vom späten 19. Jahrhundert bis zur Mitte des 20. Jahrhunderts ein großer Prozentsatz der Araber, die in Palästina lebten, kurz vorher selbst Auswanderer war. Sie waren dorthin gezogen, als die Juden das Land zu erschließen begannen, das voller Sümpfe und jahrhundertelang weitgehend vernachlässigt worden war. In diesem Zusammenhang wurde Mark Twains Beschreibung von Palästina zu seiner Zeit vielfach zitiert. Er schreibt: »Wir durchquerten einige Meilen ein trostloses Gebiet, dessen Boden recht fruchtbar, aber gänzlich dem Unkraut überlassen ist – eine schweigende, traurige Weite …« »Hier herrscht eine Trostlosigkeit, die nicht einmal die Vorstellungskraft mit dem Gepränge von Leben und Handlung schmücken kann … Wir sahen auf der ganzen Strecke kein einziges menschliches Wesen …« »Es stand kaum irgendwo ein Baum oder Strauch. Sogar der Ölbaum und der Kaktus, diese treuen Freunde nutzlosen Bodens, hatten das Land beinahe verlassen.«[56] Es ist allgemein bekannt, dass viele jüdische Siedler im 20. Jahrhundert beim Trockenlegen der Sümpfe und der Erschließung des Landes an Malaria starben. Die Idee von einem großen und uralten palästinensischen Volk, das seit vielen Jahrhunderten im Land leben soll, ist also lediglich ein Mythos.[57]

Was ist mit den 650 000 Arabern, die aus Palästina vertrieben wurden, als den Juden ihre Souveränität verliehen wurde?[58] In Wirklichkeit akzeptierte Israel die von den Vereinten Nationen vorgeschlagene Teilung des Landes in einen jüdischen und einen arabischen Staat, doch die arabischen Nationen akzeptierten das nicht, sondern erklärten den Krieg. Noch immer verteilten die Israelis Literatur unter ihren arabischen Nachbarn in Israel, sagten ihnen, dass sie nicht ihre Feinde seien, und baten sie dringend zu bleiben. Doch ihre arabischen Kameraden antworteten, dass »eine Kanone nicht unterscheiden kann zwischen einem Juden und einem Araber«. Das bedeutete, sie könnten unschuldige Opfer des Krieges ihrer eigenen Leute werden, und sie wären gezwungen, das Land zu verlassen, bis der Krieg vorbei wäre und die Juden ausgelöscht wären; zu dieser Zeit könnten sie wieder in ihr Heimatland zurückkehren. Doch die Juden wurden nicht ausgelöscht.

Warum haben die umliegenden arabischen Staaten dann diese Vertriebenen nicht aufgenommen, so wie Israel mehr als 800 000 Juden aufgenommen hat, die während des Krieges aus arabischen Ländern vertrieben worden waren? Tatsächlich hat ja der jüdische Staat, der 640-mal *kleiner* ist als die arabische Welt und nur ein Fünfzigstel ihrer Bevölkerung zählt, erfolgreich die meisten ihrer jüdischen Flüchtlinge aufgenommen. Warum haben die arabischen Nationen die Palästinenser nicht aufgenommen?[59] Traurigerweise deshalb, weil ihre Heimatlosigkeit als Waffe gegen Israel diente, und sie hat sich in den Dekaden seit damals als ungeheuer effektive Waffe erwiesen. Bis heute werden vertriebene Palästinenser von anderen arabischen Nationen nicht aufgenommen – einschließlich Saudi-Arabien und Kuwait nach dem Golfkrieg 1991. Und im Januar 2007 weigerten sich Jordanien und Syrien, 735 Araber aufzunehmen, die durch den Krieg im Irak vertrieben worden waren und jetzt in Flüchtlingslagern leben, weil sie palästinensischer Herkunft sind.[60]

Ein weiterer Punkt muss berücksichtigt werden. Mit den Worten von König Hussein von Jordanien, 1981: »Die Wahrheit ist, dass Jordanien Palästina ist und Palästina ist Jordanien.« Anders gesagt – und ich lege diese Worte nicht in den Mund des verstorbenen Königs – haben die Palästinenser bereits ein Heimatland, und das heißt Jordanien. In der Tat versteht sich die Hälfte der jordanischen Bevölkerung selbst als Palästinenser.

Mir ist vollkommen klar, dass die Nachrichten ein schrecklich verzerrtes Bild von alledem präsentieren, und ich will auch das Leid, das viele Araber erfahren haben, als die Nation Israel wiedergeboren wurde, nicht herunterspielen.[61] Doch Tatsachen sind Tatsachen, und es ist kein Geheimnis, dass die sogenannte *West Bank* (ein Teil der sogenannten besetzten Gebiete) und Gaza von 1948 bis 1967 unter der Kontrolle von Jordanien und Ägypten waren. Doch keines der Länder unternahm irgendwelche Anstrengungen, einen palästinensischen Staat für die Flüchtlinge zu bilden, und keines der Länder hat jemals von diesen Gebieten als »Palästina« gesprochen. Doch heute wird Israel angeklagt, das palästinensische Volk aus seinem angestammten Heimatland entwurzelt zu haben. Dieser Vorwurf trifft offenkundig nicht zu.

Was die Behauptung einer kanaanitischen Abstammung angeht, kann sich keine nationale oder ethische Gruppe auf die Kanaaniter des Altertums zurückführen, weil diese Völker entweder ausgelöscht oder vor Tausenden von Jahren vollständig in die sie umgebenden Völker aufgenommen wurden. Dasselbe kann über die Philister des Altertums gesagt werden, die noch nicht einmal semitischer Herkunft waren. Tatsächlich »waren die Philister keine Araber noch Semiten, sie waren am engsten mit den Griechen aus den kleinasiatischen und griechischen Gefilden verwandt. Sie sprachen nicht Arabisch. Sie hatten keine ethnische, linguistische oder historische Verbindung zu Arabien oder den Arabern.«[62] Sie hörten vor mehr als zweitausend Jahren auf, ein unterscheidbares Volk zu sein, und als die Römer entschieden, das Land Israel »Palästina« zu nennen, taten sie es *nicht*, weil es den Philistern gehörte oder sie es kontrollierten. (Diese seefahrenden Menschen lebten sogar nur im südwestlichen Teil Israels, bevor sie völlig assimiliert wurden.)

Zur Bezeichnung »Palästina«:

> Die Bezeichnung »Falastin«, die Araber heute für »Palästina« gebrauchen, ist keine arabische Bezeichnung. Es ist die arabische Aussprache des lateinischen Wortes »Palaestina«. Um Golda Meir zu zitieren:
>
> »Die Briten entschieden sich, das Land, das ihrem Mandat unterstellt war, Palästina zu nennen, und die Araber griffen dies auf als den Namen, den ihr Land wahrscheinlich im Altertum hatte, obwohl sie ihn noch nicht einmal richtig aussprechen konnten und ihn zu Falastin veränderten, einer fiktionalen Größe.«[63]

Was die Araber angeht, die jahrhundertelang im Land Israel gelebt haben, ist ihr Ursprung als arabisches – nicht kanaanitisches! – Volk gut belegt.

In diesem Sinne und trotz der Anti-Israel-Tendenz, die in den Medien so vorherrschend ist – eine Tendenz, die dazu neigt, die Israelis zu dämonisieren, besonders in der außeramerikanischen Weltpresse –, verdienen diejenigen, die sich heute als Palästinenser identifizieren,

Mitgefühl. Und sollten ihre Führer alle Anstrengungen, den modernen Staat Israel zu zerstören, fallen lassen, würde die große Mehrheit der Israelis nur zu gerne mit ihnen Seite an Seite in Frieden zusammenwohnen. Doch in Wahrheit scheint es von der Heiligen Schrift her (vgl. besonders Sacharja 12–14; 1. Thessalonicher 5,1-3; viele beziehen auch Hesekiel 38–39 auf ein zukünftiges Szenario) klar zu sein, dass es keinen andauernden, echten Frieden zwischen Israel und seinen arabischen Nachbarn geben wird, bevor Jeschua wiederkommt, und er allein bleibt die einzige Hoffnung dieser Region.

35. Ist der Feigenbaum in der Bibel das prophetische Symbol für Israel?

Viele Jahre lang haben prophetische Lehrer für gewöhnlich behauptet, es sei sehr gut möglich, dass Jesus vor 1988 wiederkäme, beruhend auf den Worten des Herrn in Matthäus 24,32-34:

> Lernt vom Feigenbaum: Wenn seine Knospen weich werden und die Blätter zu sprießen beginnen, wisst ihr, dass der Sommer kommt, ohne dass es euch jemand sagt. Wenn ihr also seht, wie alle diese Dinge passieren, dann wisst ihr, dass die Wiederkunft des Menschensohnes vor der Tür steht. Ich versichere euch: Diese Generation wird nicht von der Erde verschwinden, bevor all das geschehen ist.

Die Logik war simpel: Der Feigenbaum stand für Israel, der erblühende Feigenbaum bezog sich auf die Wiedergeburt des Staates Israel 1948, und »diese Generation« bezog sich auf die Generation, die diese Ereignisse erlebt hatte. Da man davon ausging, dass eine biblische Generation vierzig Jahre umfasst, ist es offensichtlich, warum viele prophetische Lehrer die Rückkehr des Herrn vor 1988 erwarteten.

Natürlich war diese Interpretation falsch; schließlich befinden wir uns nun im 21. Jahrhundert und Jesus ist noch nicht wiedergekommen. Doch dies war nicht nur eine Frage schlechter prophetischer Zeitberechnung; es war ebenso eine Frage schlechter prophetischer Interpretation. Man muss speziell fragen: Repräsentiert der Feigenbaum wirklich Israel? Lehrt das die Heilige Schrift?

Mir ist natürlich völlig klar, dass dies scheinbar eine sonderbare Frage ist. Weiß denn nicht jeder, dass der Feigenbaum als prophetisches Urbild für Israel dient? Ist das nicht etwas »Gegebenes« in der prophetischen Interpretation? Tatsächlich ist dies eine der Auffassungen, die andauernd gelehrt und wiederholt und wieder gelehrt werden, doch nur sehr wenige nehmen sich die Zeit, das biblische Zeugnis zu erforschen. Wenn der Feigenbaum Israel repräsentiert, sollte die Bibel uns das nicht mitteilen?

In der Heiligen Schrift wird Israel oft mit einem Weinstock verglichen, wie in Jeremia 2,21 (»Als ich dich pflanzte, wählte ich einen Weinstock edelster Herkunft«); Psalm 80,9 (»Du hast uns aus Ägypten herausgeführt wie einen jungen Weinstock; du hast die anderen Völker vor uns vertrieben und uns in deinem Land eingepflanzt«) und Jesaja 5,1 (»Mein Geliebter hatte einen Weinberg auf einer fruchtbaren Anhöhe«), weshalb Jesus in Johannes 15,1 auf sich selbst als der wahre Weinstock verwies. Und in Römer 11,17-24 wird Israel mit einem Ölbaum verglichen. Ist aber der Feigenbaum im Wort Gottes auch ein Bild für Israel?

Der Begriff *Feigenbaum* kommt ungefähr dreißigmal in der Heiligen Schrift vor, fast gleichmäßig aufs Alte und Neue Testament verteilt. In manchen Zusammenhängen bezieht sich das Bild vom Sitzen unter seinem Feigenbaum auf das Leben in Sicherheit und Wohlstand, wie in 1. Könige 5,5 (vgl. auch 2. Könige 18,31; Jesaja 36,16; Micha 4,4; Sacharja 3,10). In anderen Kontexten wird der Feigenbaum zusammen mit anderen Pflanzen und Bäumen aufgelistet, oft, weil seine Frucht (oder der Verlust seiner Frucht) besonders auffällig war (vgl. Jesaja 34,4; Hosea 9,10; Joel 1,12; 2,22; Habakuk 3,17; Haggai 2,19; vgl. auch Hoheslied 2,13; für den Feigenbaum in einer Parabel, der aber nicht Israel repräsentiert, vgl. Richter 9,10-11; für eine allgemeine Lehre über die Pflege eines Feigenbaums vgl. Sprüche 27,18).

An diesem Punkt mag sich mancher fragen: *Also gut, er hat alle Verse im Alten Testament aufgelistet, wo sich der Feigenbaum nicht speziell auf Israel bezieht. Was ist aber mit den Versen, wo das doch zutrifft?*

Nun, ich habe einfach alle Verse der hebräischen Bibel aufgelistet, in denen der Begriff vorkommt. Das ist alles! Auf welcher Basis können wir dann überhaupt sagen, dass Jesus, als er sich in Matthäus 24 auf den Feigenbaum bezog, eindeutig Israel meinte? Wie können wir das wissen?

Die Vorstellung, dass der Feigenbaum Israel ist, hat manche Ausleger tatsächlich zu der Behauptung veranlasst, dass Gott mit Israel fertig sei. Sie bezogen sich auf die Verfluchung des Feigenbaums durch den Herrn in Matthäus 21,19 (vgl. auch Markus 11,20-21), als er die Worte sprach: »Du sollst nie wieder Früchte tragen!« Wenn also der Feigenbaum das Volk Israel repräsentierte, verfluchte Jesus sein Volk dann für immer? Gott bewahre! Diese falsche Auslegung wurde auch von einigen Lehrern angeführt, beruhend auf Lukas 13,6-9, der Parabel vom Feigenbaum, der keine Frucht trug und gefällt werden sollte. Natürlich wurde diese Parabel auf das drohende Gericht über Israel übertragen, aber *nicht*, weil der Feigenbaum eine besondere Bedeutung hatte. Stattdessen wurde er nur benutzt, um etwas zu illustrieren, so wie auch in anderen Parabeln andere Pflanzen, Bäume oder Gegenstände der Natur benutzt werden.

Wie sollen wir dann Jesu Lehre in Matthäus 24 (siehe auch Markus 13,28) interpretieren? Die Parallelstelle in Lukas 21,29-30 hält den Schlüssel bereit: »Und er gab ihnen folgenden Vergleich: ›Seht euch einen Feigenbaum oder einen anderen Baum an. Wenn die Blätter sprießen, wisst ihr, dass der Sommer kommt.‹« Mit anderen Worten ist der Feigenbaum einfach einer von vielen Bäumen, aber wie im Alten Testament wird er deswegen genannt, weil er so auffällige Blätter und Früchte hat.

Wie es Walter W. Wessel in seinem Markuskommentar erklärt: »In [Israel] sind die meisten Bäume immergrün, doch der Feigenbaum ist eine Ausnahme. Im Herbst verliert er seine Blätter; und wenn im Frühling der Saft in seine Zweige steigt und der Baum auszuschlagen beginnt, kann der Sommer nicht weit sein.«[64] Also sagt Jesus einfach nur: »Hier ist eine Lektion für euch: Wenn ihr seht, dass am Feigenbaum Blätter sprießen, dann wisst ihr, dass der Sommer nahe ist. Ebenso gilt: Wenn ihr diese prophetischen Zeichen geschehen seht, dann wisst ihr, dass meine Wiederkunft nahe ist.« Das ist alles!

So wird es in der Übersetzung *The Message* umschrieben: »Er erzählte ihnen eine Geschichte. ›Schaut euch den Feigenbaum an. Eigentlich jeden Baum. Wenn sich die ersten Blätter zeigen, zeigt dir ein Blick, dass der Sommer vor der Tür steht. Hier ist es dasselbe –

wenn ihr seht, dass diese Dinge geschehen, dann wisst ihr, dass Gottes Königreich schon fast da ist‹« (Lukas 21,29-31). Oder wie es der Neutestamentler Craig Keener erklärt: »Die Zeichen, die Jesus beschreibt, zeigen, dass das Ende unmittelbar bevorsteht, so wie die Blätter eines Feigenbaumes die Jahreszeit anzeigen. (Im Winter wirkten die Feigenbäume kahler als die übrigen Bäume.)«[65]

Was bedeutet dann der viel diskutierte Satz: »Diese Generation wird nicht von der Erde verschwinden, bevor all das geschehen ist«? Auf die Gefahr hin, einige Seifenblasen zerplatzen zu lassen – die plausibelste Interpretation ist folgende: Die Generation, welche diese bestimmten Zeichen, wie sie in Matthäus 24 (besonders ab Vers 15) beschrieben sind, sieht, ist die Generation, die sehen wird, wie der Herr zurückkehrt.

Natürlich sind in Matthäus 24 (parallel dazu auch in Markus 13 und Lukas 21) viele prophetische Stränge zu entwirren, und es ist gar keine Frage, dass die Neugründung Israels im Jahr 1948 von enormer prophetischer und biblischer Bedeutung ist, gar nicht zu sprechen von der Wichtigkeit dessen, dass Jerusalem 1967 wieder zurück unter jüdische Kontrolle kam. Und es ist keine Frage, dass wir, je näher wir ans Ende der Zeit kommen, unsere Aufmerksamkeit auf Israel und das jüdische Volk konzentrieren müssen. Aber es ist höchste Zeit, die dogmatische, bedingungslose Interpretation, dass der Feigenbaum Israel ist, fallen zu lassen, damit wir nicht weiterhin unsere Zeiten und Jahreszeiten falsch verstehen.

Teil 3:
Rabbi Jeschua und der jüdische Hintergrund des Neuen Testaments

36. War Jesus wirklich ein Rabbi?

Die Antwort lautet: »Ja und nein, es ist abhängig davon, was man unter ›Rabbi‹ versteht.« Klingt das verwirrend? Es ist eigentlich ganz einfach.

Wir wissen aus den Evangelien, dass Jesus manchmal von seinen Nachfolgern »Rabbi« genannt wurde (der Ausdruck bedeutet wörtlich: »Mein Lehrer, mein Meister«), wie auch Johannes der Untertaucher (Johannes der Täufer) von seinen Nachfolgern »Rabbi« genannt wurde (zum Letzteren vgl. Johannes 3,26). In diesem Sinne kann man zustimmen und sagen: Ja, Jesus war wirklich ein Rabbi, und was für ein Rabbi – ein Rabbi, der die Augen der Blinden öffnete (vgl. Markus 10,51; Johannes 9,2), die Toten auferweckte (vgl. Johannes 11,8), auf dem Wasser ging (vgl. Johannes 6,25) und Macht über die Natur hatte (vgl. Markus 11,21; Rabbi wird er auch genannt in Matthäus 26,25.49; Markus 9,5; 14,45; Johannes 1,38.49; 3,2; 4,31).

Das unterstreicht das Jüdischsein unseres Erlösers und ebenso die jüdischen Wurzeln unseres Glaubens, besonders wenn man sich daran erinnert, dass:

- er Rabbi genannt wurde, nicht Pfarrer;
- er in die Synagoge ging, nicht in die Kirche;
- dass er Passah feierte, nicht Ostern; und
- dass er alles über die Geschichte seiner übernatürlichen Geburt wusste, aber nie von Weihnachten gehört hatte.

In einer gewissen Bedeutung des Wortes ist es also richtig zu sagen, dass Jesus ein Rabbi war. Andererseits gab es noch keine offizielle rabbinische Ordination (*semicha* genannt) zur Zeit Jesu, weshalb man nicht im formalen Sinne des Wortes Rabbi werden konnte. Der Begriff *rabbi* war ein informeller Titel, der in jüdischen Kreisen benutzt wurde, um Ehre und Hochachtung auszudrücken. So redete ein Schüler seinen Lehrer an. Es war kein formaler Titel, der mit einer öffentlichen Ordination verbunden war. In diesem Sinne des Wortes gab es überhaupt keine Rabbis zur Zeit Jeschuas.

Das führt nun zum letzten Teil unserer Antwort – »Es ist abhängig davon, was man unter ›Rabbi‹ versteht« –, denn es besteht ein erheblicher Unterschied zwischen dem, was »Rabbi« im frühen 1. Jahrhundert bedeutete, und dem, was es heute bedeutet. Das Judentum hat sich in den letzten zweitausend Jahren stark verändert, hat Tausende von Traditionen entwickelt und Hunderte von geistlichen Büchern hervorgebracht, von denen die meisten zur Zeit Jesu unbekannt waren (vgl. Kapitel 3 und 7). Noch wichtiger: Das Judentum als Religion erkennt Jeschua nicht als Messias und Herrn an.

Ein heutiger Rabbi, besonders in traditionellen jüdischen Kreisen, ist vor allem ein Gelehrter, von dem erwartet wird, dass er sich dem Studium widmet, für die Lehre verantwortlich ist und Urteile gemäß dem jüdischen Gesetz fällt. Außerdem soll er – zumindest auf einem gewissen Niveau – ein begeisternder Leiter sein, der mit gutem Beispiel vorangeht und sogar ein Hirte seiner Herde ist. Obwohl Jesus einige dieser Tätigkeiten ausgeübt hat, passt er weder in den Rahmen eines traditionellen jüdischen Rabbis, noch würde er manche der von Menschen gemachten Traditionen des Judentums billigen, die, mit seinen Worten gesagt, das Wort Gottes außer Kraft setzen (vgl. Markus 7,8-9).

Es wäre daher irreführend zu denken, dass Jesus ein Rabbi im traditionell jüdischen Sinne des Wortes gewesen wäre. Doch ich beeile mich hinzuzufügen, dass es auch falsch wäre, ihn als Mitglied des christlichen Klerus zu sehen! Wir tun also gut daran, Jeschua als eine Klasse für sich zu betrachten und nie zu vergessen, dass er aus historischer Perspektive mehr war als ein »Rabbi« oder ein »Pfarrer«, und dass die Wurzeln unseres Glaubens in jüdischem Boden wuchsen (vgl. Kapitel 37, Kapitel 42 und Kapitel 43).

37. Hat Jesus das mündliche Gesetz befolgt?

Wie oben bereits erklärt wurde (vgl. Kapitel 3), glauben traditionelle Juden, dass Gott Mose, als er ihm die geschriebene Thora auf dem Berg Sinai gab, auch eine mündliche Thora gab, die aus Erklärungen zu den geschriebenen Geboten bestand. Diese ungeschriebene Thora wurde dann angeblich in einer praktisch ununterbrochenen Überlieferungskette bis zur Zeit Jeschuas weitergegeben, und nach dieser Zeit begann man allmählich, sie aufzuschreiben.

In Wahrheit ist die Idee eines fehlerlos überlieferten mündlichen Gesetzes, das auf Mose zurückgeht, ein religiöser Mythos. Allerdings ist es fraglos so, dass in der alttestamentlichen Zeit verschiedene Traditionen im jüdischen Volk entwickelt wurden. Und in den unmittelbar folgenden Jahrhunderten der neutestamentlichen Periode begannen die Pharisäer, eine Sammlung von Traditionen zu erstellen, die letztlich die Grundlage des traditionellen Judentums wurde. Es sind diese pharisäischen Traditionen, die namentlich in den Evangelien erwähnt und als »die Überlieferung der Ältesten« (Matthäus 15,2; EB; Markus 7,3; EB) bezeichnet werden. Hat sich Jesus an diese Traditionen gehalten?

Einerseits ist es offensichtlich, dass er bisweilen anderer Meinung war, was manche der Traditionen betraf, sogar so sehr, dass er zu den Pharisäern sagte: »Ihr missachtet die Gebote Gottes und setzt an ihre Stelle eure eigenen Vorschriften. … Geschickt setzt ihr Gottes Gebote außer Kraft, um an euren eigenen Vorschriften festzuhalten« (Markus 7,8-9). Vor diesem Hintergrund können viele der Konflikte zwischen Jesus und den religiösen Führern erklärt werden (vgl. Markus 2,23–3,6; Johannes 5,1-18; 9,1-41), und er hob sich manche seiner vernichtendsten kritischen Kommentare für heuchlerische religiöse Führer auf, indem er besonders auf einige ihrer Traditionen hinwies (vgl. Matthäus 23,1-4.16-22).

Andererseits hat Jesus manche dieser Traditionen akzeptiert, bestätigt oder praktiziert (vgl. Markus 6,41; 8,6; 14,22-23.26, wo es um traditionelle jüdische Bräuche der Zeit geht; vgl. auch Matthäus 23,23-24, wo Jesus sagt, dass die Pharisäer ihren peinlich genauen Umgang mit dem Zehnten ruhig fortsetzen *sollen*, solange sie zuerst auf »Gerechtigkeit, Barmherzigkeit und Glauben« Wert legen). Die Synagoge selbst war eine traditionelle Institution – sie wird in der hebräischen Bibel nicht erwähnt – und es gibt mehrere Berichte in den Evangelien davon, wie Jesus einen Synagogengottesdienst besuchte.

Nimmt man all diese Hinweise zusammen, kann man sehen, dass Jesus ein Jude seiner Zeit war, der mit vielen der damaligen Traditionen lebte. Dabei nahm er manche davon, mit denen er vertraut war, bereitwillig an, während er nachdrücklich die Traditionen verwarf, welche den Sinn und die Absicht von Gottes Wort und Gottes Herz verletzten.[1]

Was ist nun mit Matthäus 23,2-3? Dort sagt Jeschua der Menge und seinen Jüngern, dass sie tun sollen, was die Schriftgelehrten sagen, denn die »Schriftgelehrten und Pharisäer sitzen als Ausleger der Schrift auf dem Stuhl von Mose. Deshalb haltet euch an das, was sie euch sagen«. Doch ihrem Beispiel sollen die Menschen nicht folgen, das bringt Jesus gleich im Anschluss daran klar zum Ausdruck: »… aber folgt nicht ihrem Beispiel. Denn sie handeln nicht nach dem, was sie euch lehren. Sie knebeln euch mit unerfüllbaren religiösen Forderungen und tun nicht das Geringste, um euch die Last zu erleichtern« (Verse 3-4). Bedeutet das, dass der Herr seine Nachfolger lehrte, dass sie sich den pharisäischen Traditionen unterwerfen sollten? Oder noch radikaler: Heißt das, dass sich die heutigen Nachfolger Jesu der Herrschaft der traditionellen jüdischen Rabbis unterwerfen sollen?

Geht man von der Tatsache aus, dass Jesus einige dieser höchsten Führer zurechtgewiesen hat, weil sie die göttliche Wahrheit durch ihre menschengemachten Traditionen ersetzten (vgl. wieder Markus 7,8-9), und geht man von dem ganz anderen System aus, das er eingeführt hat – gegründet auf anderen geistlichen Prinzipien (vgl. Matthäus 12,1-14, das Matthäus 11,28-30 folgt; vgl. auch Kapitel 46) –, ist es undenkbar, dass er verfügt haben könnte, alle seine Nachfolger sollten sich bedingungslos den Lehren der Pharisäer und Schriftgelehrten unterordnen. An anderer Stelle in den Evangelien warnte Jesus seine Jünger vor dem »Sauerteig der Pharisäer und der Sadduzäer«, nämlich vor den »falschen Lehren der Pharisäer und Sadduzäer« (Matthäus 16,6.12). Und in Matthäus 23 hat Jeschua durchweg nichts als scharfen Tadel für die Heuchelei mancher dieser Führer übrig. Er hat seine Jünger also wohl kaum beauftragt, sich allem, was sie lehrten, zu unterwerfen! Nicht nur das, sondern es ist auch offensichtlich, dass die Jünger in der Apostelgeschichte es nicht für nötig hielten, sich allen Vorschriften der religiösen Führung zu beugen, erklärten sie doch deutlich, als es hart auf hart kam: »Man muss Gott mehr gehorchen als den Menschen« (Apostelgeschichte 5,29).

Was sagte Jeschua dann in Matthäus 23,2-3? Es gibt verschiedene plausible Erklärungen:

1. *Er benutzte beißenden Sarkasmus oder Ironie.* Dieser Auffassung nach, für die Professor D.A. Carson eintritt, sagte der Herr: »Ja, du hast den Namen und das Ansehen und du rufst zu Gott – aber das ist alles Show! Also, hört alles, was euch diese Männer sagen – richtig! –, aber folgt nicht ihrem Beispiel.« Gemäß dieser Interpretation, die im Einklang steht mit der weitgehenden Kritik der Pharisäer in den Evangelien wie auch der Rest dieses Kapitels, sagte Jesus *nicht*, dass seine Jünger sich ihrer Lehre unterwerfen sollten, und benutzte dazu beißenden, prophetischen Sarkasmus, um seinen Standpunkt deutlich zu machen.

2. *Der Herr machte ein zeitlich befristetes Zugeständnis.* Dieser Auffassung nach sagte Jesus: »Im Moment sitzen diese Leute auf dem Stuhl der Macht, also habt ihr deren Anweisungen zu folgen. Doch sie werden bald abgelöst werden.« Unterstützung hierfür findet man in Matthäus 21, das seinen Höhepunkt in einer Parabel erreicht, die mit den Worten schließt: »Ich will damit sagen, dass das Reich Gottes euch weggenommen wird und ein anderes Volk es bekommt, das gute Früchte bringt« (Vers 43). Bezeichnenderweise steht in Vers 45: »Als die obersten Priester und Pharisäer Jesus sprechen hörten, merkten sie, dass mit den Bauern in seinem Gleichnis sie gemeint waren.« Ihre Autorität über das Volk sollte ihnen bald genommen und einer neuen Generation von Leitern übertragen werden, die von Jeschua eingesetzt wurde; ein Bild, das der Situation in der Apostelgeschichte entsprach. Matthäus 22 bekräftigt die Kritik des Herrn an den religiösen Führern, und gerade diese Kapitel, Matthäus 21–22, führen direkt zu Kapitel 23.

3. *Jesus sagte damit, dass den religiösen Führern so weit gehorcht werden sollte, wie sie die Lehren Moses befolgten.* Das ist die Ansicht von Professor Donald Hagner. Er behauptete, Jeschua habe gemeint, seine Jünger (und generell das jüdische Volk im weiteren Sinne) sollten die Lehren der Pharisäer befolgen, *insoweit* sie ganz genau Mose repräsentierten. Das ist gewiss logisch, denn es wäre

undenkbar, dass sie einen Freibrief in Sachen religiöser und ziviler Autorität bekämen, *was auch immer sie sagen würden.*

4. *Jesus bezog sich auf die in 2. Mose 18,13-18 eingesetzte Tradition, wo Mose Leiter bestimmt hat, welche die Streitigkeiten unter dem Volk richten sollten.* Dieser Auffassung nach sagt Jeschua einfach: »So weit, wie die Pharisäer und Schriftgelehrten ihre Funktion als Richter in der Gesellschaft ausüben, ordnet euch allem unter, was sie sagen [vgl. 5. Mose 17,8-13] – aber folgt auf keinen Fall ihrem Beispiel oder ihrer übrigen Lehre.«[2]

5. *Es gab ein hebräisches Original des Textes, das von unserem derzeitigen griechischen Matthäustext abwich und eine andere Lesart für den Text bot.* Obwohl es eine akademische Debatte über die Existenz eines hebräischen Matthäusoriginals gibt (vgl. Kapitel 40) und obwohl nie ein antikes Manuskript dieses hebräischen Textes entdeckt wurde, glauben einige Gelehrte, dass eine mittelalterliche hebräische Abschrift des Matthäusevangeliums manches vom Originalwortlaut bewahrt hat. In Matthäus 23,2-3 gibt es eine Variante in dem hebräischen Text, und der karaitische Lehrer Nehemia Gordon behauptet, dass dies Jeschuas ursprüngliche Worte gewesen seien. Gordon übersetzt den hebräischen Text folgendermaßen: »Die Pharisäer und Schriftgelehrten sitzen auf dem Stuhl Moses. Deshalb sollt ihr alles, was er [gemeint ist Mose] zu euch sagt, gewissenhaft tun, doch was ihre Reformen [*takkanot*] angeht und ihre Traditionen [*maasim*, wörtlich: »Taten«], diese übernehmt nicht, denn sie reden, aber sie tun nicht.«[3] Mit anderen Worten: So weit die religiösen Führer euch sagen, dass ihr Mose folgen sollt, tut es, aber hört nicht auf das, was sie sonst noch zu sagen haben, und folgt nicht ihrem Beispiel.[4] Das ist so ähnlich wie einige andere der oben vorgestellten Ansichten, doch es beruht auf einer anderen Textlesart.

Während es für manche dieser Positionen mehr wissenschaftlichen Rückhalt gibt als für andere, widerlegt jede von ihnen wirksam die sehr irrige Annahme, dass Jesus seinen Jüngern für alle Zeit geboten habe, sich dem pharisäisch-orthodox-traditionellen Judentum zu unterwerfen. Ganz im Gegenteil sollte seine *halacha* (d.h. die rechtlichen Prinzipien und Entscheidungen) befolgt werden (vgl. auch Kapitel 46). Mit dem Anbruch des neuen Bundes durch Jeschuas Tod und Auferstehung (vgl. Jeremia 31,31-34; Lukas 22,14-21; Hebräer 8,1-13) wurde uns ein neues Herz und ein neuer Geist gegeben (vgl. Hesekiel 36,26-27), durch die wir jetzt »in dem Neuen des Geistes« leben (Römer 7,1-6; EB; vgl. Römer 8,1-4).[5]

38. Wie lautet der ursprüngliche hebräische Name Jesu? Und ist es wahr, dass der Name Jesus (griechisch: *Iēsous*) tatsächlich eine heidnische Verfälschung des Namens Zeus ist?

Der ursprüngliche hebräisch-aramäische Name Jesu lautet *jeschua*, was die Kurzform von *jehoschua* (Josua) ist, so wie Maik die Kurzform von Michael. Der Name *jeschua* kommt 27-mal in der hebräischen Bibel vor und bezieht sich meist auf den Hohen Priester nach dem Babylonischen Exil, der sowohl *jehoschua* (vgl. Sacharja 3,3) als auch, noch öfter, *jeschua* (vgl. Esra 3,2) genannt wird.[6] Jeschuas Name war also nicht ungewöhnlich; tatsächlich gab es fünf verschiedene Männer im Alten Testament, die diesen Namen trugen.

Interessanterweise wurde dieser Hohe Priester Jehoschua/Jeschua im Buch Sacharja herausgestellt als ein Symbol für den »Mann, der Spross genannt wird« (Sacharja 6,12; vgl. Sacharja 3,8; 6,9-15) – was ein eindeutiger messianischer Titel war (vgl. Jeremia 23,5 EB). Noch bedeutsamer: In einer symbolischen Zeremonie wurde dieser *Priester* auf einen Thron gesetzt und mit den Worten gekrönt:

> Sag ihm: So spricht der Herr, der Allmächtige: Da ist ein Mann, der Spross genannt wird, denn unter ihm wird es sprießen und er wird den Tempel des Herrn bauen. Ja, er wird den Tempel des Herrn bauen; er wird königliche Ehren empfangen, seinen Thron einnehmen und dort herrschen. An seinem Thron wird ein Priester dienen, und zwischen beiden wird vollkommene Eintracht sein.
>
> (Sacharja 6,12-13)

Es passt gut, dass der Spross denselben Namen tragen soll wie dieser Hohe Priester, der symbolisch auf die königliche Priesterschaft des Messias hindeutete, besonders weil Jehoschua/Jeschua »Jahwe ist Rettung« bedeutet (vgl. Matthäus 1,21; EB).

Die Antwort auf die erste Frage ist also recht einfach: Der ursprüngliche hebräisch-aramäische Name Jesu lautet *jeschua*.

Warum nennen manche Leute Jesus dann Jahschua? Es gibt absolut *keinerlei* Anhaltspunkt für diese Aussprache, und das sage ich als Doktor der semitischen Sprachen. Meine Vermutung als Gelehrter ist, dass ein paar eifrige, aber linguistisch ungebildete Leute dachten, dass der Name Jahwe ein leichter erkennbarer Teil des Namens unseres Heilands gewesen sein muss. Daher sagen sie JAHschua statt Jeschua – doch noch einmal: Es gibt keinerlei Anhaltspunkt irgendeiner Art für diese Theorie. In der hebräischen Bibel steht *jeschua*; als die Autoren der Septuaginta diesen Namen ins Griechische übersetzten, schrieben sie Iησους (*Iesus*, ganz ohne Hinweis auf *jah* am Anfang des Namens); dasselbe kann von den Übersetzern der Peschitta (vgl. Kapitel 41) gesagt werden, als sie Jeschuas Namen ins Syrische (das zur aramäischen Sprachfamilie gehört) übersetzten.[7] Das alles ist folgerichtig und klar: Die ursprüngliche Form des Namens Jesu lautet *jeschua*, und es gibt keinen Namen wie *jahschua*.[8]

Was ist mit der angeblichen Verbindung zwischen den Namen Jesus (griechisch: Iesus) und Zeus? Das ist eine der seltsamsten Behauptungen, die bisher aufgestellt wurden, doch sie zog in den letzten Jahren immer größere Kreise (das Internet ist ein erstaunlicher Übermittlungsweg für Fehlinformationen). Es gibt einige Gläubige, die das Gefühl haben, es sei nicht nur besser, den ursprünglichen hebräisch-aramäischen Namen Jeschua zu gebrauchen, sondern es sei sogar *falsch*, den Namen Jesus zu benutzen. Deshalb werden wir kurz diese Behauptung prüfen und die Fehlschlüsse aufdecken, die ihr zugrunde liegen.

Der verstorbene A.B. Traina schreibt in seiner *Holy Name Bible* (»Heiliger-Name-Bibel«): »Der Name des Sohnes, Jahschua, wurde ersetzt durch Jesus, Iesus und Ea-Zeus (Heilender Zeus).«[9] In diesem kurzen Satz werden zwei komplette Mythen als Tatsachen hingestellt: Erstens gibt es den Namen Jahschua nicht (das wurde eben erklärt), und zweitens gibt es keinerlei Verbindung zwischen dem griechischen Namen Iesus (oder dem deutschen »Jesus«) und dem Namen Zeus. Absolut keine! Man könnte genauso gut behaupten, dass Tiger Woods[10] der Name eines von Tigern bevölkerten Dschungels in Indien sei, wie zu versuchen, den Namen Jesus mit dem heidnischen Gott Zeus in Verbindung zu bringen. Es ist ebenso absurd und beruht auf schwerwiegender linguistischer Unwissenheit.

Das *Institute for Scripture Research* (Institut für Schriftforschung) schreibt:

> Betrachten wir Iesous, bis jetzt in englischsprachigen Bibelausgaben mit »Jesus« übersetzt. Zum Beispiel steht im maßgeblichen griechisch-englischen Lexikon von Liddell und Scott unter Iaso: Die griechische Göttin der Heilung zeigt, dass der Name Iaso im Ionischen Dialekt der Griechen Ieso heißt, also Iesous in der kontrahierten Genitivform! In David Kravitz' Dictionary of Greek and Roman Mythology [Wörterbuch der griechischen und römischen Mythologie] finden wir eine ähnliche Form, nämlich Iasus. Es gab vier verschiedene griechische Gottheiten mit dem Namen Iasus, eine von ihnen war der Sohn der Rhea.[11]

Klingt das beeindruckend? Es ist allerdings kompletter Unsinn, soweit es irgendeine Verbindung mit dem Namen *Iesus*/Jesus betrifft, und das Zitat aus dem maßgeblichen Lexikon von Liddell und Scott hat auch *nichts* mit dem Namen *Iesus* zu tun. Natürlich mag es sein dass der Autor dieses Kommentars aufrichtig ist und nicht absichtlich versucht, in die Irre zu führen, doch die Argumentation ist vom etymologischen Standpunkt aus völlig wertlos. (Etymologie bezieht sich auf den linguistischen Ursprung von Wörtern.)

Hier ist eine andere, ebenso lächerliche Behauptung:

> Im Grunde genommen, um es einfach zu formulieren, ist »Jesus« eine sehr schwache römische Übersetzung aus dem Lateinischen, die ebenso schwach aus dem Griechischen übersetzt wurde und die *in keiner Hinsicht* seinen hebräischen Namen wiedergibt, »Jahuschua«. [Haben Sie das bemerkt? Der korrekte Name lautet jetzt Jahuschua!] Puh! Alles verstanden? Außerdem ist nach der *Encyclopedia Britannica* der Name Ieusus (Jesus) eine Kombination aus 2 mythischen Gottheiten, *Ieu* und *Sus* (*Zeus*, ein griechischer Gott). In den gnostischen und griechischen Mythologien sind sie wirklich ein und dieselbe Gottheit. Also scheint der Name »Jesus« dokumentierte heidnische Ursprünge zu haben. Das ist

nicht gut! Gerechterweise muss man sagen, dass manche messianischen Gläubigen anderer Meinung sind und sagen, dass es keinen definitiven Beweis dafür gibt, dass »Jesus« etwas mit »Zeus« zu tun habe. Aber ich stimme ihnen nicht zu.[12]

Lassen Sie mich auf diese Behauptungen (die genauso gut belegt sind wie die letzten Elvis-Sichtungen) antworten: 1) Wir wissen, woher der Name *Iesus* kam: aus der jüdischen Septuaginta! Mit anderen Worten: Er war nicht eine spätere, heidnische Verfälschung des Namens des Erlösers; vielmehr war es die übliche griechische Art, den hebräisch-aramäischen Namen Jeschua wiederzugeben, mindestens zweihundert Jahre vor seiner Geburt. Und es ist die Form des Namens, die in *mehr als fünftausend griechischen Manuskripten des Neuen Testaments* enthalten ist. Das will etwas heißen! Der Name *Iesus* ist auch in griechischen Schriften außerhalb des Neuen Testaments enthalten, die im selben Zeitraum entstanden sind. 2) Die griechischen Formen mit *iaso* sind vollkommen ohne Bezug zum Namen *Iesus*. Das Wort *iaso* hat ein *Alpha* als zweiten Buchstaben, das seine Abstammung vom Verb *iaomai*, »heilen«, anzeigt; der Name *Iesus* hat ein *Eta* als zweiten Buchstaben, das anzeigt, dass er keinerlei Beziehung zur Wurzel von »heilen« im Griechischen hat. 3) Wie auf einer Internetseite steht, die sich der Widerlegung der seltsamen Behauptungen der *Sacred-Name*-Bewegung widmet, ist auch das Zitat aus dem Liddell-Scott-Lexikon fehlerhaft:

> Der Genitiv zu Iaso, der [vom Institute for Scripture Research] in griechischen Buchstaben wiedergegeben wurde, lautet Iasous. Der griechische Genitiv zu Jesus ist Iesou. Der Eindruck, den das Institut zu erwecken wünscht und der gewiss bei begeisterten Sacred-Name-Bekehrten, die seine Bibel und ihre Anmerkungen lesen, entsteht, ist der, dass die Wörter gleich sind. Aber die Wörter sind ganz und gar nicht gleich. Sie sind wie die englischen Wörter bell [Glocke] und ball [Ball]. … Das eine ist nicht vom anderen abgeleitet. Die griechischen Wörter Iasous und Iesou mögen sich ähnlich sehen und sie klingen auch ein wenig ähnlich. Dort endet auch schon ihre Ähnlichkeit. Das eine ist auf keinen Fall vom anderen abgeleitet. Die Leute vom Institute for Scripture Research wissen das. Dem ist hinzuzufügen, dass das Lexikon von Liddell und Scott, zumindest das auf meinem Bücherregal, gar nicht erwähnt, dass Iaso im ionischen Dialekt Ieso heißt. Vielleicht hat sich da jemand verlesen.[13]

4) Obwohl behauptet wird, in der *Encyclopedia Britannica* stehe »der Name Ieusus (Jesus) ist eine Kombination aus zwei mythischen Gottheiten, *Ieu* und *Sus* (*Zeus*, ein griechischer Gott)«, steht dort nichts dergleichen. Das ist eine komplette Erfindung, beabsichtigt oder nicht.

Kurz gesagt: »Jesus hat so viel mit Zeus zu tun, wie Mose mit Mäusen.«[14] Unglücklicherweise unterstützen manche bekannten Lehrer weiterhin die Jesus-Zeus-Verbindung, und viele Gläubige folgen der Pseudo-Gelehrsamkeit dieser marginalen »Neue Offenbarung«-Lehren. Diese Lehren und Praktiken sind nicht nur voller Irrtümer, sondern sie sind auch nicht im Geringsten von Nutzen. So sage ich allen deutschsprachigen Gläubigen: Schämt euch nicht, den Namen *Jesus* zu gebrauchen! Das ist die richtige Weise, seinen Namen auf Deutsch zu sagen – so wie »Michael« die richtige Weise ist, den hebräischen Namen *mi-cha-el* deutsch auszusprechen, und »Mose« die richtige deutsche Aussprache für den hebräischen Namen *mo-sche* ist.[15] Betet in Jesu Namen, feiert Gottesdienst in Jesu Namen und legt Zeugnis ab in Jesu Namen. Und alle, die sich darauf beziehen wollen, dass unser Messias Jude war, sollen sich mit seinem ursprünglichen Namen auf ihn berufen, Jeschua – nicht Jahschua und auch nicht Jahuschua –, und daran denken, dass die Macht des Namens nicht in seiner Aussprache liegt, sondern in der *Person*, auf die er sich bezieht, unserem Herrn und Erlöser und König.

Das alles ist ganz einfach, darüber gibt es keinerlei wissenschaftlichen Disput. Es gibt jedoch zwei interessante Entwicklungen in Bezug auf den Namen des Heilands. Erstens wird Jeschua im Koran fälschlicherweise *isa* genannt, was am wahrscheinlichsten auf den hebräischen Namen Esau zurückzuführen ist, nicht auf die erwartete Form *jesua*. Das kommt offenbar daher, dass Mohammed, als er das Evangelium von arabischsprachigen Juden hörte, nicht verstand, dass sie verächtlich von Jesus als Esau sprachen, und dachte, das sei sein richtiger Name.[16] Zweitens wird Jeschua im Talmud und in den rabbinischen Schriften (und von der Bevölkerung Israels bis heute) *jeschu* genannt, ohne das *a* am Schluss. Es stimmt, dass manche Linguisten anführen, dass der Schlussvokal vor fast zweitausend Jahren in der Aussprache wegfiel, weshalb diese Aussprache nicht abfällig gemeint ist. Es ist einfach nur die Weise, wie sie seinen Namen gelernt haben.

Doch wenn ein gläubiger Jude *jeschu* sagt – besonders ein ultraorthodoxer Jude –, meint er etwas sehr Negatives damit, weil er die hebräischen Buchstaben *j-sch-w* als Akronym für die Wörter *jimach schmo wsikro* benutzt, das bedeutet: »Möge sein Name und das Gedächtnis an ihn ausgelöscht werden!«

Nichts davon sollte uns überraschen, denn es steht geschrieben, dass »*in seinem Namen* Buße zur Vergebung der Sünden gepredigt werden [musste] allen Nationen, anfangend von Jerusalem« (Lukas 24,47; EB; Hervorhebungen, auch im Folgenden, von mir). Und »es ist in keinem anderen das Heil; denn auch *kein anderer Name* unter dem Himmel ist den Menschen gegeben, in dem wir gerettet werden müssen« (Apostelgeschichte 4,12; EB). Und »darum hat Gott ihn auch hoch erhoben und ihm *den Namen verliehen, der über jedem Namen ist*, damit in dem Namen Jesu [von Jeschua] jedes Knie sich beuge, der Himmlischen und Irdischen und Unterirdischen, und jede Zunge bekenne, dass Jesus Christus [Jeschua der Messias] Herr ist, zur Ehre Gottes, des Vaters« (Philipper 2,9-11; EB).

Weder der Koran noch die rabbinischen Traditionen noch moderne Irrlehren können auch nur im Geringsten seine Macht verringern.

39. Welche Sprache haben Jesus und die Apostel gesprochen?

Obwohl es möglich ist, dass Jesus und manche seiner Apostel Griechisch konnten und sprachen (zumindest zu bestimmten Gelegenheiten), ist es offenkundig, dass ihre vorherrschende Sprache zur Kommunikation Aramäisch und wahrscheinlich auch Hebräisch war. Hier ist der Schlüsselbeleg dafür.

Im Neuen Testament gibt es verschiedene eindeutige Beispiele für den Gebrauch der aramäischen Sprache. Am bemerkenswertesten ist Markus 5,41, wo Jesus die Tochter von Jairus mit den Worten *Talita kum[i]* (»Mädchen, steh auf!«) von den Toten auferweckt. Interessanterweise hätte Petrus, wenn er bei der Erweckung der Tabita vom Tode Aramäisch gesprochen hätte, fast genau denselben Satz gesagt: *Tabita kum[i]* (vgl. Apostelgeschichte 9,40).[17] Ein weiteres Beispiel für Aramäisch im Munde Jeschuas sind seine Worte am Kreuz aus

Psalm 22,1, zitiert in Matthäus 27,46; EB: »Eli, Eli, lemá sabachthá-ni?«[18] Apostelgeschichte 1,19 bietet auch ein gutes Beispiel für den Gebrauch des Aramäischen, weil dort die Rede ist von dem Feld in Jerusalem, das von Judas Ischariot gekauft wurde, und es heißt dort: Die Leute »gaben dem Ort den aramäischen Namen Hakeldamach, das heißt ›Blutacker‹.« Dieser Name, Hakeldamach, gibt die aramäischen Wörter *haqal dama* wieder, »Blutacker«, und ist definitiv keine hebräische Konstruktion.

Ungeachtet der Versuche mancher »Nur-Hebräisch«-Autoren, welche diese Beispiele herunterspielen oder eliminieren wollen, weisen sie eindeutig auf den Gebrauch des Aramäischen bei Jesus und seinen Nachfolgern hin.[19] Vor dem galiläischen Hintergrund des Herrn und seiner Jünger im 1. Jahrhundert ergibt Aramäisch absolut Sinn und stimmt mit dem vorherrschenden wissenschaftlichen Konsens überein.[20]

Es gibt viele andere aramäische Namen und Begriffe im Neuen Testament (wie *Abba* und *Golgatha*), doch dass Aramäisch allgemein benutzt wurde, »beweisen« sie ebenso wenig, wie Ortsnamen amerikanischer Ureinwohner auf Long Island, New York, wie Copiague und Setauket und Nesconset »beweisen«, dass die Bewohner von Long Island amerikanisch-indianische Dialekte sprechen. Es gibt jedoch einen aramäischen Schlüsselausdruck im griechischen Neuen Testament, der für die ersten Gläubigen offensichtlich wichtig war. Es ist das Wort *Maranatha*, das Aramäisch ist, nicht Griechisch, und das sehr wahrscheinlich bedeutet: »Unser Herr, komm!« (vgl. 1. Korinther 16,22; es könnte auch übersetzt werden mit »Unser Herr ist gekommen« oder »O Herr, komm!«). Die Tatsache, dass Paulus diesen Ausdruck in einem Brief an griechischsprachige Menschen schreiben konnte (die Aramäisch *nicht* beherrschten), zeigt den weit verbreiteten Gebrauch des Aramäischen unter den frühen judäischen und galiläischen Jüngern.

Das Neue Testament macht deutlich, dass zumindest manche der Apostel Griechisch sprachen. Der Neutestamentler Richard Bauckham merkt an, dass »Petrus sicherlich Griechisch sprechen konnte« und fügt hinzu: »In Anbetracht des früheren Lebens des Petrus im hauptsächlich heidnischen Kontext von Bethsaida spricht Markus Bockmuehl von ›einer sehr großen Wahrscheinlichkeit, dass Petrus vollständig zweisprachig in einem Umfeld jüdischer Minderheit aufwuchs‹.«[21] Bauckham schreibt auch: »Auf der anderen Seite ist es wichtig zu bemerken, dass Philippus, auch aus Bethsaida, und Petrus' Bruder Andreas, mehr noch als Petrus selbst, in Johannes 12,21-22 als die Jünger angesehen werden, die im Griechischen am bewandertsten sind.«[22] Dort wird, beginnend mit Johannes 12,20, festgehalten, dass einige griechischsprachige Juden Jesus sehen wollten: »Diese nun kamen zu Philippus von Betsaida in Galiläa und baten ihn« (Vers 21, EB). Das zeigt, dass sie ihn kannten oder er ihnen als Griechischsprachiger empfohlen worden war. Viele Gelehrte glauben auch, dass Petrus in Apostelgeschichte 2 auf Griechisch predigte, der Sprache, die am besten von den Juden aus vielen verschiedenen Ländern verstanden wurde.[23]

Apostelgeschichte 6 gibt auch einen möglichen Hinweis darauf, dass es neben den aramäischsprachigen (oder hebräischsprachigen) Witwen auch griechischsprachige gab, die allesamt Teil der Glaubensgemeinschaft in Jerusalem waren. Es ist allerdings möglich, dass sich Apostelgeschichte 6,1 eher auf hellenisierte Juden als auf griechischsprachige bezieht, obwohl es wahrscheinlich ist, dass diese hellenisierten Juden Griechisch sprachen. Eine andere Perspektive steuert der neutestamentliche Kommentator Craig Keener bei: »Nach Ansicht mancher Forscher sind mit den ›Hellenisten‹ (Elberfelder) die griechisch sprechenden palästinischen Juden gemeint. Gegen diese These spricht, dass die meisten Juden in Palästina zweisprachig waren, und die meisten Jerusalemer wahrscheinlich sogar in erster Linie griechisch sprachen. Plausibler ist deshalb die Annahme, dass hier die Diaspora-Juden gemeint sind, die sich in Jerusalem niedergelassen haben, im Gegensatz zu den alteingesessenen palästinischen Juden.«[24] Diese Beobachtung unterstreicht allerdings nur den weit verbreiteten Gebrauch des Griechischen im Land Israel zur Zeit Jesu.

Es gibt auch Hinweise für den Gebrauch des Hebräischen durch Jesus und seine Jünger. An der Schwelle zum 20. Jahrhundert dachten viele nichtjüdische Gelehrte, dass Hebräisch mindestens ein oder zwei Jahrhunderte v.Chr. im Wesentlichen zu einer toten Sprache geworden war – das heißt tot, was Hebräisch als eine *gesprochene Sprache* betrifft, denn niemand behauptete, dass Hebräisch zu dieser Zeit nicht noch als geschriebene, heilige Sprache benutzt wurde. Archäologische Entdeckungen in den letzten Jahrhunderten haben jedoch ernsthafte Fragen bezüglich dieser Annahme aufkommen lassen – offensichtlich gibt es keine *Aufzeichnungen* von Reden oder Unterhaltungen aus dem 1. Jahrhundert n.Chr., doch gewisse archäologische Funde können auf den allgemeinen Sprachgebrauch in einer bestimmten Gesellschaft hinweisen –, während viele jüdische Gelehrte erkannt hatten, dass Hebräisch als gesprochene Sprache vor zweitausend Jahren nicht vollständig ausgestorben war.

Wie die Herausgeber eines neueren Bandes, der Licht auf die Worte Jesu zu werfen sucht, anmerken:

> Jesus konnte und sprach gewiss Aramäisch, wenn es nötig war, doch viele Wissenschaftler glauben jetzt, dass er auf Hebräisch lehrte. Die Rabbis aus der Zeit Jesu und Hunderte von Jahren nach ihm sagten ihre Gleichnisse, Rechtssprüche, Gebete und Predigten komplett auf Hebräisch. In der Tat gibt es mehrere tausend Gleichnisse und Gebete, die in der rabbinischen Literatur aufgezeichnet wurden, und fast alle sind auf Hebräisch. Dieses Hebräisch war nicht der Dialekt der Heiligen Schrift, sondern eine neuere, lebende Sprache, die Mittel- oder Mischna-Hebräisch genannt wird. Wenn Jesus in der jüdischen Gesellschaft tätig war, hat er wahrscheinlich seine Lehren ebenfalls auf Hebräisch gesprochen. Hinweise darauf beruhen auf der Tatsache, dass sich viele semitische Idiome in Jesu Geschichten und Lehren gut ins Mischna-Hebräisch übersetzen lassen, aber auf Aramäisch überhaupt keinen Sinn ergeben.[25]

Was den letzten Satz angeht, so gibt es aramäische Wissenschaftler, die behaupten, dass das *Gegenteil* der Fall ist: dass viele semitische Idiome aus Jesu Geschichten und Lehren gut ins Aramäische übersetzt werden können, aber auf Hebräisch keinen Sinn ergeben (vgl. Kapitel 41). Der Rest des Abschnitts nennt jedoch einige hervorragende Argumente, die nahelegen – aber noch nicht beweisen –, dass Jesus, als er mit den religiösen Führern in Jerusalem redete und diskutierte, das möglicherweise vor allem auf Hebräisch tat (oder, wie es sich in der späteren talmudischen Literatur niederschlägt, auf Hebräisch und Aramäisch). Das würde auch darauf hindeuten, dass das Neue Testament, wenn es von der »hebräischen Sprache« (*hebraidi dialekto*) spricht, auch *wirklich* Hebräisch meint, nicht Aramäisch, wie viele Übersetzer und Kommentatoren geglaubt haben (vgl.

Apostelgeschichte 21,40; 22,2, in Bezug auf die Paulusrede; 26,14 in Bezug auf Jeschua, der ihn auf der Straße nach Damaskus anspricht; vergleichen Sie die Neues Leben Bibel, bei der im Text »Hebräisch« steht, mit der Neuen Genfer Übersetzung, bei der im Text »Hebräisch« und in der Anmerkung »Aramäisch« steht). Die Frage ist jedoch nicht so einfach; das habe ich in einem etwas technischen Artikel 1993 gezeigt, und »Hebräisch« kann schlicht »die Sprache, die von den Juden gesprochen wurde« bedeuten,[26] also eher Aramäisch als Hebräisch. Andere Wissenschaftler haben gefragt, ob man von einer größeren jüdischen Hörerschaft erwarten konnte, dass sie es verstand, wenn Paulus auf Hebräisch statt auf Aramäisch predigte. Noch andere haben, wie oben angemerkt, vorgeschlagen, dass Petrus in Apostelgeschichte 2 auf Griechisch gepredigt haben muss, weil diese Sprache sogar von noch mehr der angereisten Juden verstanden wurde als Aramäisch.

Es gibt jedoch einige textinterne Hinweise im Neuen Testament, die auf den Gebrauch des Hebräischen deuten (obwohl andere behaupten, dass diese Hinweise auf den Gebrauch des Aramäischen deuten; vgl. Kapitel 40 und Kapitel 41), und deshalb kann ein gewisses Maß hebräischen Sprachgebrauchs nicht ausgeschlossen werden. Diejenigen allerdings, die argumentieren, dass der Schlüssel zum rechten Verständnis des Neuen Testaments darin bestehe, das angebliche hebräische Original wiederherzustellen, liegen gewiss falsch (vgl. wiederum Kapitel 40).

Welche Sprache haben Jesus und die Apostel nun gesprochen? Insgesamt vor allem Aramäisch, zumindest im alltäglichen Gebrauch; im Lehrumfeld vielleicht Hebräisch und in anderen Fällen Griechisch (obwohl das nicht heißen soll, dass der Herr und die Apostel alle drei Sprachen sprechen konnten).

40. Wurde das Neue Testament ursprünglich in Hebräisch geschrieben?

Es gibt absolut keinen Beweis dafür, dass das Neue Testament ursprünglich in Hebräisch geschrieben wurde, trotz vieler übertriebener Behauptungen des Gegenteils. In Wirklichkeit gibt es, während mehr als fünftausend alte Manuskripte vorliegen, die das ganze Neue Testament oder Teile davon in Griechisch enthalten, kein altes Manuskript mit auch nur einer einzigen Zeile des Neuen Testaments, das in Hebräisch geschrieben wurde.

Nichtsdestotrotz sind Behauptungen wie die folgende neuerdings nicht ungewöhnlich: »Wir haben eine messianische Heiliger-Name-Übersetzung der Bibel erstellt, die zum ersten Mal überhaupt für ihr ›Neues Testament‹ die hebräischen und aramäischen, nicht die griechischen Manuskripte benutzt.«[27] Dummerweise gibt es keine derartigen Manuskripte – nicht ein einziges, altes hebräisches Manuskript für irgendeinen Teil des Neuen Testaments. Doch der »Übersetzer« sagt weiterhin: »Diese Version ist die erste messianische Version mit einem ›Neuen Testament‹, das aus alten hebräischen und aramäischen Manuskripten übersetzt wurde, nicht aus griechischen.«[28] Das stimmt nicht! Es gibt keine erhaltenen alten hebräischen Manuskripte des Neuen Testaments. (Zur Behauptung, das Neue Testament sei in Aramäisch geschrieben worden, vgl. Kapitel 41.)

Doch immer wieder wird die Behauptung aufgestellt – oftmals zur faszinierten Freude so mancher christlicher Leser –, dass die einzige Möglichkeit, das Neue Testament richtig zu verstehen, darin liege, es ins »ursprüngliche Hebräisch« zurückzuübersetzen. Ein bekanntes Buch, *Understanding the Difficult Words of Jesus* (auf Deutsch: *Was hat Jesus wirklich gesagt? Neue Einsichten aus einer hebräischen Perspektive*), enthält eine Mischung aus guter Wissenschaft und gefährlichen, fahrlässigen Behauptungen. Es geht so weit zu sagen, dass »man die Bibel immer und immer wieder lesen kann und dass sie einem doch nicht die Bedeutung dieser schwierigen [hebräischen] Stellen [im Neuen Testament] erklärt. Sie können nur verstanden werden, wenn man sie ins Hebräische zurückübersetzt!«[29] »In der Tat ist es so, dass, wenn die Kirche mit einem angemessenen Hebräisch-Verständnis für die Worte Jesu ausgerüstet worden wäre, die meisten theologischen Kontroversen von vornherein nicht aufgetreten wären.«[30] Um es noch einmal zu wiederholen: Es gibt keine alten hebräischen Manuskripte des Neuen Testaments – nicht eines! –, im Gegensatz zu vielen Tausenden griechischer Manuskripte.

Viele Leser machen sich nicht klar, dass wir, wenn solch übertriebene, grundlose Behauptungen wahr wären, keinen inspirierten Text des Neuen Testaments hätten – noch nicht einmal eine einigermaßen gut erhaltene Abschrift. Alles, was wir hätten, wäre eine schlecht übersetzte, sogar hoffnungslos verfälschte Sammlung von Büchern aus zweiter Hand, die nicht mehr wären als eine grobe Annäherung an Gottes Wort. Erstaunlicherweise treffen die Autoren von *Was hat Jesus wirklich gesagt* Aussagen, die eine derartige Annahme stützen: Es gebe »zahlreiche inkorrekte Übersetzungen in den Evangelien«; es gingen sogar einige Stellen »über eine einfache fehlerhafte Übersetzung hinaus und greifen feindselig unsere Theologie an«.[31] Derartige Aussagen werden von den weltweit führenden Gelehrten in neutestamentlichem Griechisch *vollständig* verworfen, Männer und Frauen, die keine anti-hebräische Verschwörung decken.[32]

Was alles noch schlimmer macht: Manche Lehrer sind so davon überzeugt, dass das Neue Testament in Hebräisch geschrieben wurde, dass sie dazu entschlossen sind, die Stellen im griechischen Neuen Testament zurück in »das ursprüngliche Hebräisch« zu »übersetzen« (ein »Original«, daran möchte ich erinnern, das ohne ein einziges Manuskript zur Unterstützung existiert). Wie ich in einem früheren Artikel geschrieben habe:

> Vor fast hundert Jahren versuchte der jüdische Semitistikwissenschaftler D.S. Margoliouth, den griechischen Text von Jesus Sirach (Ben Sira) ins Hebräische zurückzuübersetzen. Er wusste sicher aus dem Vorwort zu Ben Sira, dass es direkt von einem hebräischen Original ins Griechische übersetzt worden war, und er hatte nicht nur den griechischen Text zu seiner Verfügung, sondern auch syrische und lateinische Übersetzungen. Doch als größere Abschnitte eines hebräischen Ben Sira in der Kairoer Geniza [einem Verwahrungsort alter Dokumente, die in einer Synagoge in Ägypten versteckt waren] entdeckt wurden, stellte man fest, dass er *nicht einen einzigen Vers richtig übersetzt hatte!*
>
> Rückübersetzung ist ein sehr heikles Geschäft, selbst wenn man mit Quellen arbeitet, die nur *einen Schritt* vom Original entfernt sind. Aber zu behaupten, dass eine akkurate Rückübersetzung von Quellen gemacht werden kann, die *vier* oder *fünf* Schritte vom vermuteten Original entfernt sind, ist fast undenkbar.[33] Und es kommt gar nicht in Betracht anzunehmen, dass *Rekonstruktion* im großen Stil – nicht nur Rückübersetzung – eines angenommenen ursprünglichen Textes … mit solch einem Abstand ausgeführt werden könnte. Ein derartiger Versuch

kann nur als *reine Konjektur* angesehen werden. Die Rekonstruktion des ursprünglichen hebräischen oder aramäischen Textes auch nur des Vaterunsers – auf der Grundlage der vorhandenen Zeugen Matthäus und Lukas – ist überaus problematisch.[34] Der Versuch, das *gesamte* (angenommene) *ursprüngliche hebräische Evangelium* zu rekonstruieren – ohne auch nur auf die vermutlich primären griechischen Quellen zuzugreifen – ist nichts mehr als ein hoffnungsloses Unterfangen.[35]

Trotz alledem sind Gläubige oft fasziniert von den Behauptungen über »die ursprüngliche Bedeutung des Textes«, als wäre der einfache, klare Sinn der Heiligen Schrift nicht genug, als müsste es immer eine Art mystischer, tieferer Bedeutung geben, oder als würden wir geistlich bereichert, wenn wir entdeckten, dass Jesus eigentlich gar nicht das meinte, was in unserer Bibel steht. In Wirklichkeit ist das Gegenteil viel öfter der Fall: Die Stellen im Wort Gottes, die wir verstehen, sind die, die uns am meisten Schwierigkeiten bereiten. Es ist, wie Dan Harman gesagt hat: »Solange Jesus missverstanden wurde, folgte ihm die Menge. Als sie ihn wirklich zu verstehen begannen, kreuzigten sie ihn.« Größtenteils sind seine Worte nur zu klar! Um Mark Twain zu zitieren: »Mich stören nicht die Teile der Bibel, die ich nicht verstehen kann, mich stören gerade die Teile, die ich verstehe.«

»Aber«, sagen Sie, »ich habe gehört, dass das Matthäusevangelium ursprünglich in Hebräisch geschrieben wurde und dass es von diesem hebräischen Evangelium eine Abschrift aus dem Mittelalter gibt. Ich habe auch gehört, dass es eindeutige Beispiele für Jeschuas Lehren gibt, die nur verstanden werden können, wenn wir den hebräischen Hintergrund seiner Worte wiederentdecken.«

Manches von dem, was Sie gehört haben, ist wirklich wahr. Ein Leiter der frühen Kirche erklärte: »Matthäus hat in hebräischer Sprache die Reden [des Herrn] zusammengestellt; ein jeder aber übersetzte dieselben, so gut er konnte« (Papias, zitiert von Eusebius in seiner *Kirchengeschichte*[36]). Dieser Sicht folgte Irenäus, der schrieb: »Matthäus hat bei den Hebräern in deren Muttersprache ein Evangelium geschrieben, während Petrus und Paulus in Rom das Evangelium verkündeten und die Kirche begründeten«[37] (*Adv. Haer.* 3.1.1). Ähnlich wird Origenes von Eusebius zitiert. Er soll geschrieben haben, das Matthäusevangelium sei »für die Gläubigen aus dem Judentum in hebräischer Sprache geschrieben«[38] (*Kirchengeschichte*, 6,25). Manche dieser Kirchenführer haben sogar behauptet, dieses hebräische Matthäusevangelium gesehen zu haben.[39]

Doch die Sache ist nicht so eindeutig, da 1) die führenden Matthäusexperten weltweit zum Großteil darin übereinstimmen, dass das griechische Matthäusevangelium, das uns vorliegt, *keine* Übersetzung aus dem Hebräischen oder sonst einer anderen Sprache ist; 2) andere Kirchenführer behaupteten, dass Matthäus sein Evangelium in Aramäisch geschrieben hätte; und 3) es möglich ist, dass der Ausdruck »in hebräischer Sprache« im Zitat von Papias Aramäisch meinte (siehe oben, Kapitel 39; weniger wahrscheinlich ist der Vorschlag, dass er einfach bedeutete: »verfasst in Griechisch, aber in einem semitischen Stil«).

Ich persönlich denke, es gab ein hebräisches Matthäusevangelium, das einige Zeit von einigen frühen jüdischen Gläubigen benutzt wurde. Doch das wird vielleicht eher eine Sammlung der Sprüche des Herrn in Hebräisch gewesen sein als das Matthäusevangelium, das wir heute kennen und welches das einzige Matthäusevangelium bleibt, das zitiert und auf das vom 2. Jahrhundert an von allen Kirchenführern verwiesen wurde. Das heißt, als diese Kirchenführer, welche griechisch- oder lateinischsprachige Heiden waren, Matthäus zitierten, haben sie fast immer den Matthäus zitiert, den wir heute auf Griechisch haben. Selbst wenn es also ein hebräisches Matthäusevangelium gab, war das von den meisten der Gläubigen im Altertum benutzte Matthäusevangelium in Griechisch abgefasst, und diejenigen, die vom hebräischen Matthäusbuch wussten, haben nie erwähnt, dass es sich vom griechischen Matthäusbuch unterscheiden würde. Das war gar kein Thema und es wäre ihnen im Traum nicht eingefallen, dass sie diesen ursprünglichen Text »wiederherstellen« müssten.

Zum mittelalterlichen hebräischen Matthäusmanuskript – genauer: zu den Manuskripten –: Dieses hebräische Matthäusevangelium scheint *nicht* eine entfernte Abschrift eines angeblichen ursprünglichen Dokuments zu sein, sondern eher eine Übersetzung vom Griechischen ins Hebräische. Einige Gelehrte behaupten allerdings, dass es manche Verse oder Ausdrücke beinhalte, die auf einen ursprünglichen hebräischen Matthäustext zurückverwiesen.[40]

Was ist mit Ausdrücken in den Evangelien, die nur richtig verstanden werden können, wenn ihr ursprünglicher semitischer Hintergrund aufgedeckt wird? Da ist sicherlich etwas dran, und wir wissen, dass Jesus auf Aramäisch und Hebräisch lehrte. Doch wieder bedeutet das nicht, dass die Evangelien (oder andere Teile des Neuen Testaments) ursprünglich *in Hebräisch geschrieben* wurden. Vielleicht wurden Jeschuas hebräische Reden in einer Sammlung erhalten, die von Matthäus zusammengestellt wurde. Vielleicht gab es sogar einen hebräischen Ur-Matthäus, sehr nahe an unserem griechischen Matthäustext. Aber so viel ist sicher: Es war Gottes Wunsch für sein Wort, dass es das größtmögliche Publikum erreicht, und um das zu bewirken, wurde das Neue Testament in Griechisch geschrieben.

Das steht im deutlichen Gegensatz zum Koran, der von Muslimen nur in Arabisch als Wort Gottes anerkannt wird. Das ist der Grund dafür, warum manche Koranübersetzungen den Titel *Die Bedeutung des Koran* tragen, da sie nur eine *Übersetzung* des heiligen Buches des Islam sind, nicht das Buch selbst. Bei der Bibel, dem Wort Gottes für die ganze Menschheit, ist das anders. Wenn Sie Ihre deutsche Bibel aufschlagen, lesen Sie das Wort Gottes – in einer Übersetzung, ja, und keine perfekte Wiedergabe jeder Nuance des ursprünglichen hebräischen und griechischen Textes, aber nichtsdestotrotz das Wort Gottes. Das stimmt auch mit dem Geist des Neuen Testaments überein: Obwohl Jeschua selbst auf Aramäisch und Hebräisch gelehrt hat, wurden uns seine Worte in der griechischen Übersetzung überliefert, damit eine Vielzahl von Menschen die Botschaft der Erlösung hören kann.

Nun ist es gewiss recht gewinnbringend für Wissenschaftler, die griechischen Evangelien zu betrachten und zu fragen: »Wie wurde das wohl auf Hebräisch oder Aramäisch gesagt? Kann man mehr Einblick in das Wort des Herrn gewinnen, wenn wir die ursprünglichen Reden zu rekonstruieren versuchen?« Doch wir müssen immer daran denken, dass 1) das griechische Neue Testament das ist, was Gott für uns bewahrt hat, und alle Hinweise, die wir haben, deuten darauf hin, dass es seine Entscheidung war, uns die Schriften des Neuen Bundes in Griechisch zu übermitteln. Daher ist jede »Rekonstruktion« eines vermuteten hebräischen oder aramäischen Textes, der deutlich abweicht von der Bedeutung des griechischen Textes – ohne ein vorliegendes Manuskript, das die Behauptung unterstützt – ernsthaft zu hinterfragen, wenn nicht gleich zu verwerfen. Andernfalls wäre bei »Rekonstruktionen« dessen, was Jesus ursprünglich sagte, alles möglich; und dass 2) das griechische Neue Testament in vielen Fällen dem anerkannten Gebrauch der Septuaginta folgt, der jüdischen Übersetzung der hebräischen Bibel ins Griechische aus den Jahrhunderten vor Jesus. Dem entspricht auch die Tatsache, dass der Stil des Griechischen, das in vielen Teilen des Neuen Testaments gebraucht wird, recht »jüdisch« ist. Das heißt, fast alle Autoren des Neuen Testaments waren Juden, und als sie in Griechisch schrieben, taten sie das in einem fraglos semitischen Stil. Das bedeutet, dass wir es nicht mit einem enormen kulturellen und linguistischen Sprung zu tun haben, ähnlich wie beispielsweise ein technisches Buch über Computerprogrammierung in einen primitiven Stammesdialekt zu übersetzen.

Es ist auch wichtig, nicht zu vergessen, dass sich die besten Neutestamentler heutzutage sehr gut mit dem jüdischen Hintergrund des Neuen Testaments auskennen, einschließlich der Frage nach den hebräischen oder aramäischen Begriffen, die unserem derzeitigen griechischen Text zugrunde liegen mögen. Mit anderen Worten: Hier ist nicht irgendein Geheimwissen im Umlauf, das nur einigen wenigen »Hebräischer Hintergrund«-Lehrern bekannt ist, oder, noch schlimmer, das den christlichen Gelehrten zwar bekannt ist, aber in einer Art schrecklicher Verschwörung verheimlicht wird, wie in diesem »Da Vinci Code«-Unsinn.

Andererseits ist es von großer Wichtigkeit, den jüdischen Hintergrund des Neuen Testaments wiederzuentdecken (vgl. Kapitel 42 und 43). Es ist höchst wertvoll, Jeschua in seinem jüdischen Kontext des 1. Jahrhunderts in der richtigen Weise zu verorten; und zu fragen, welche Worte er im ursprünglichen Aramäisch oder Hebräisch gesprochen haben mag, ist ein ehrenwertes Unterfangen. Doch wir müssen die Tatsache akzeptieren, dass Gott den Tanach für uns in Hebräisch (und auch ein bisschen in Aramäisch) erhalten hat, aber das Neue Testament in Griechisch, was Aufschluss über die Tatsache gibt, dass das Neue Testament zuerst und vor allem ein Buch für die ganze Welt war, nicht nur für die Juden. Es in Griechisch zu schreiben und zu verbreiten, war der beste Weg, um die gute Nachricht zu der größtmöglichen Zahl von Menschen zu transportieren.[41]

41. Wurde das Neue Testament ursprünglich in Aramäisch geschrieben?

Diese Frage hängt eng mit der letzten Frage zusammen, aber mit einem sehr wichtigen Unterschied. Während es keinerlei alte hebräische Manuskripte des Neuen Testaments gibt, existieren tatsächlich alte Manuskripte eines *aramäischen* Neuen Testaments. Doch fast alle Bibelwissenschaftler erkennen in diesem aramäischen Neuen Testament, *Peschitta* genannt, eine *Übersetzung* des griechischen Neuen Testaments, keine Kopie eines vermuteten ursprünglichen aramäischen Neuen Testaments. Es wird normalerweise auf die Zeit zwischen dem 2. und 4. Jahrhundert n.Chr. datiert und als wichtige alte *Version* angesehen, wie die Septuaginta (die Übersetzung des Tanach ins Griechische) oder die Vulgata (die Übersetzung der gesamten Bibel ins Lateinische).

Der Name *Peschitta* ist syrisch und bedeutet »simpel, einfach«, so wie *Vulgata* »allgemein« bedeutet. (Dem ähnelt die Bezeichnung für das Griechisch, das von den Autoren des Neuen Testaments benutzt wurde: Es war *Koine*-Griechisch oder allgemeines Griechisch, die Sprache, die vom größten Teil der Gesellschaft benutzt wurde.)[42] Manche Gelehrten glauben, dass die Peschitta-Version des Alten Testaments von Juden angefertigt wurde, während der neutestamentliche Teil von Christen verfasst wurde. Andere jedoch behaupten, dass die gesamte Übersetzung durch Christen entstand. In jedem Fall akzeptieren so gut wie alle Gelehrten, dass die Peschitta des Neuen Testaments eine *Übersetzung* ist, nicht der ursprüngliche Text.

Als Übersetzung allerdings ist die Peschitta aus mehreren Gründen immer noch sehr wichtig: 1) Sie ist eine alte Übersetzung des Neuen Testaments, die aus der Zeit vor manchen erhaltenen griechischen Manuskripten stammt, und sie ist ein Zeugnis für den ursprünglichen Wortlaut des Neuen Testaments. 2) Da sie in Syrisch geschrieben ist, einem Hauptzweig des Aramäischen, einer Schwestersprache des Hebräischen,[43] und weil Jesus Aramäisch sprach (und wahrscheinlich Hebräisch), hat sie eine einzigartige Nähe zu den ursprünglichen Worten des Herrn, ungeachtet dessen, dass sie eine Übersetzung aus dem Griechischen ist. (Mit anderen Worten: Jesus sprach Aramäisch, doch die Evangelien übersetzten seine Worte ins Griechische. Die Peschitta übersetzte diese griechischen Worte ins Syrische, welches wohl, als Zweig des Aramäischen, nicht sehr viel anders war als der aramäische Dialekt, den Jesus gesprochen hatte.) 3) In ähnlicher Weise hat sie das Potenzial, semitische Nuancen im griechischen Text aufzudecken. (Wie in Kapitel 40 gezeigt, ist das griechische Neue Testament voller »Semitismen«, also hebräischer und aramäischer Denkmuster, die in Griechisch ausgedrückt wurden.)

Es gibt jedoch ein paar wenige Wissenschaftler, die glauben, dass die Peschitta *keine* Übersetzung des griechischen Neuen Testaments ist, sondern vielmehr den ursprünglichen Text des Neuen Testaments wiedergibt – mit anderen Worten: Das Neue Testament (oder zumindest Teile davon) wurde in Aramäisch abgefasst. Damit übereinstimmend glauben sie auch, dass das griechische Neue Testament (zumindest Teile davon) *nicht* der ursprüngliche Text ist, sondern vielmehr eine *Übersetzung* des ursprünglichen aramäischen Textes. Sie haben folglich alles ins Gegenteil verkehrt, indem sie behaupten, dass die (aramäische) Übersetzung das Original sei und das (griechische) Original die Übersetzung.

Die Internetseite Peshitta.org behauptet in Bezug auf die Geschichte der Peschitta Folgendes:

> Die Peschitta ist die offizielle Bibel der Ostkirche. Der Name Peschitta bedeutet im Aramäischen »gerade«, mit anderen Worten: das originale und reine Neue Testament. [Wie zuvor angemerkt, verstehen die meisten Gelehrten den Namen Peschitta in der Bedeutung »einfach«, nicht »gerade«.] Die Peschitta ist der einzige authentische und reine Text, der die Bücher des Neuen Testaments enthält, die in Aramäisch geschrieben wurden, der Sprache des Mschicha (des Messias) und seiner Jünger.
>
> In Bezug auf die Originalität der Peschitta werden die Worte Seiner Heiligkeit Mar Eshai Shimun, Katholikos-Patriarch der Kirche des Ostens, wie folgt zusammengefasst:
>
> »Mit Bezug auf … die Originalität des Peschitta-Textes wünschen wir als Patriarch und Haupt der Heiligen Apostolischen und Katholischen Kirche des Ostens zu erklären, dass die Kirche des Ostens die Heiligen Schriften aus der Hand der gesegneten Apostel selbst im aramäischen Original empfing, der Sprache, die unser Herr Jesus Christus selbst gesprochen

hat, und dass die Peschitta der Text der Kirche des Ostens ist, welcher aus biblischen Zeiten ohne Änderung oder Revision zu uns kam.«

Mar Eshai Shimun
aus Gnade Katholikos-Patriarch des Ostens
5. April 1957[44]

Diese Sichtweise wurde durch den verstorbenen George Lamsa populär gemacht, einen Muttersprachler des modernen Aramäisch, das ein entfernter Dialekt des Aramäisch des 1. Jahrhunderts ist, das Jeschua sprach, oder sogar des späteren syrischen Dialekts, der von den Peschitta-Übersetzern verwendet wurde.[45] Aus Lamsas Perspektive war das Syrisch der Peschitta seiner Muttersprache sehr nahe. Er übersetzte die Peschitta (Altes und Neues Testament) ins Englische, zusammen mit anderen Büchern, die erklärten, was seiner Meinung nach aramäische Idiome in der Peschitta seien, die von den Übersetzern des griechischen Neuen Testaments missverstanden wurden.[46] (Noch einmal: Die Vorstellung, das griechische Neue Testament sei eine Übersetzung aus dem Aramäischen, war Lamsas Ansicht, nicht die Ansicht fast aller Bibelwissenschaftler.) In den letzten Jahren haben Lamsas Ansichten durch eine ganze Reihe von Büchern und Internetseiten, die seine Behauptungen weiterhin für wahr erklären, eine größere Anhängerschaft gewonnen. So wird auf der Internetseite AramaicNT.org erklärt: »Wurde das Neue Testament ursprünglich in Griechisch geschrieben? Die Texte selbst scheinen Phänomene aufzuweisen, die auf ein aramäisches Original hindeuten, einschließlich falscher Übersetzungen, Polysemie, Poesie, Wortspielen und Wortwitzen.«[47]

Wie also Verfechter der »ursprüngliches hebräisches Neues Testament«-Theorie argumentieren, dass die griechischen Texte des Neuen Testaments oft *nur* dann einen Sinn ergeben, wenn sie ins (vermutete) ursprüngliche Hebräisch zurückübersetzt werden, argumentieren die Verfechter der »ursprüngliches aramäisches Neues Testament«-Theorie, dass die griechischen Texte des Neuen Testaments oft *nur* dann einen Sinn ergeben, wenn sie ins (vermutete) ursprüngliche Aramäisch zurückübersetzt werden! Das allein sollte bereits Bedenken über die Richtigkeit dieser Behauptungen aufkommen lassen (welche ja tatsächlich einander ausschließen) und uns daran erinnern, dass 1) der

Versuch, irgendeinen Text zurückzuübersetzen, ein überaus heikles Geschäft ist (wie in Kapitel 40 ausgeführt); und 2) das neutestamentliche Griechisch oft sehr semitisch ist (wie ebenfalls in Kapitel 40 ausgeführt) und deshalb verschiedene semitische Wissenschaftler darüber nachdenken, welche hebräischen oder aramäischen Begriffe durch diese semitischen Wörter ausgedrückt werden.

Es ist daher nicht überraschend, dass eine ganze Reihe von Wissenschaftlern in der Vergangenheit behauptet hat und sogar heute behauptet, dass die Evangelien ursprünglich in Aramäisch verfasst wurden – schließlich war das die Muttersprache Jeschuas und der Apostel (vgl. Kapitel 39) –, und das, obwohl diese Wissenschaftler begriffen hatten, dass die Peschitta eine Übersetzung war, nicht ein Originaltext. Das bedeutet, dass sie mit den griechischen Texten gearbeitet haben und zu entdecken versuchten, wie der »ursprüngliche« aramäische Text lautete. Von diesen Gelehrten sind Charles Cutler Torrey (1922) und Frank Zimmerman (1979) zu nennen; ähnliche Bemühungen haben neben anderen Gustaf Dalman (1929–1930), Matthew Black (1967) und Gunter Schwartz (1989) unternommen, obgleich sie nicht alle behaupteten, dass die Evangelien selbst in Aramäisch geschrieben wurden.[48] Doch sie alle versuchten, die ursprünglichen Worte Jesu wiederzuentdecken, von denen sie glaubten, dass sie eher aramäisch als hebräisch waren. Heutige Befürworter der »Peschitta-Original«-Theorie sind u.a. Andrew Gabriel Roth und Paul Younan.[49]

Diese Ansichten vertritt allerdings nur eine winzige Minderheit von Wissenschaftlern, denn die Peschitta wird fast überall als Übersetzung angesehen, nicht als ursprünglicher Text. Und die Wissenschaftler, die versuchen, ein vermutetes aramäisches Original zu rekonstruieren, veranstalten bestenfalls ein gelehrtes Ratespiel mit nur wenig Übereinstimmung untereinander.[50] Mehr noch, wenn diese Wissenschaftler etwas veröffentlichen, was sie für ein neues Verständnis des Griechischen halten – was bedeuten würde, dass das Griechische das aramäische Original missverstanden hätte –, dann stimmt der neue aramäische Text nicht überein mit der Peschitta. Also haben wir wieder einmal nichts weiter als Spekulationen, und wieder einmal kommen wir auf die Tatsache zurück, dass die einzigen ursprünglichen Manuskripte, die wir heute haben, in Griechisch sind, nicht in Aramäisch.

Zu der Arbeit von Lehrern wie Lamsa, die fließend modernes Aramäisch beherrschen: Es ist möglich, dass sie Idiome entdecken und Einblicke bekommen, die anderen Lesern entgehen. Doch es ist wichtig, nicht zu vergessen, dass sich Aramäisch in den letzten zweitausend Jahren dramatisch verändert hat und dass sich auch Idiome und Bräuche verändert haben, ungeachtet der Kontinuität der Bräuche und Traditionen im Mittleren Osten über die Jahrhunderte. Also mögen manche Einblicke aus Lamsas Arbeit und der Arbeit von anderen gewonnen werden, die seinen Spuren gefolgt sind. Aber alle übertriebenen Behauptungen über einen fehlerhaften griechischen Text und einen ursprünglichen aramäischen Text sind zurückzuweisen.

42. Gibt es Beispiele für den jüdischen Hintergrund des Neuen Testaments?

Da das Neue Testament hauptsächlich von Juden geschrieben wurde (alle außer Lukas waren Juden), die es gewohnt waren, in Aramäisch oder Hebräisch zu kommunizieren, da die Botschaft des Neuen Testaments sich auf das Leben, den Tod und die Auferstehung des jüdischen Messias konzentriert, da der Hauptteil des Neuen Testaments Ereignisse beschreibt, die im Land Israel geschahen, und da die Inhalte des Neuen Testaments nur im Licht der hebräischen Heiligen Schriften vollständig verstanden werden können, ist es nur natürlich, dass es zahlreiche, vielfach bezeugte Aspekte des jüdischen Hintergrunds des Neuen Testaments gibt. Hier sind einige Beispiele:

Historischer und religiöser Hintergrund zu bestimmten Versen. Die meisten Gläubigen sind vertraut mit den Worten des Herrn in Johannes 7,37-38: »Wenn jemand Durst hat, soll er zu mir kommen und trinken! Wer an mich glaubt, aus dessen Inneren werden Ströme lebendigen Wassers fließen, wie es in der Schrift heißt.« Johannes 7,37 verweist auf den Zusammenhang: »Am letzten Tag, dem Höhepunkt des Festes, stellte Jesus sich hin und rief der Menge zu.« Doch was bedeutet das? Die Thoragesetze erwähnen nichts, was erklären würde, warum Jesus diese Worte gerade an diesem Tag sprach, doch die jüdischen Traditionen des 1. Jahrhunderts liefern den Hintergrund:

7,37: Mit dem »letzten Tag« des Laubhüttenfestes (7,2) ist vermutlich der achte Tag gemeint. An den ersten sieben Tagen dieses Festes zogen die Priester in einer Prozession vom Teich Siloah zum Tempel und gossen vor dem Altar Wasser aus. Die Pilger, die zum Fest nach Jerusalem gekommen waren, wohnten freilich dem Ritual bei, das die Juden in der ganzen römischen Welt kannten und das sogar auf Souvenirkrügen, die sie mit nach Hause nehmen konnten, verewigt war.

7,38: Die öffentliche Schriftlesung beim Laubhüttenfest umfasste die einzige Passage aus den Propheten, in der dieses Fest erwähnt wird, Sacharja 14; ihre Auslegung knüpfte an Hes 47 an. In beiden Texten heißt es, dass vom Tempel in Jerusalem (dessen Grundstein nach jüdischer Lehre das Zentrum der Erde bildet) Ströme lebendigen Wassers ausgehen und der ganzen Erde Leben spenden sollen. Die Zeremonie des Wasserschöpfens (7,37) (mit der ursprünglich die dringend benötigten Regenfälle beschworen werden sollten) ist ein Bild für diese Hoffnung. …

7,39: Die meisten Juden im 1. Jh. glaubten nicht, dass der Geist in ihrer Zeit noch in Propheten wirke, doch sie erwarteten die Ausgießung des Geistes im messianischen Zeitalter oder in der zukünftigen Welt. Wasser war in den jüdischen Schriften normalerweise ein Symbol für die Thora (das Gesetz) oder die Weisheit; Johannes gebraucht den Begriff hier jedoch nach alttestamentlichem Vorbild als Symbol für den Geist (Jes 44,3; Hes 36,24-27; Joel 3,1).[51]

Betrachten Sie nun erneut Jeschuas Worte. Was für eine außergewöhnliche Aussage machte er da!

Namen, Wörter und Begriffe. Wenn man die Worte »Jesus Christus, Marias Sohn« hört, denkt man naturgemäß an etwas sehr »Christliches« (und vielleicht sogar Nichtjüdisches). Doch wenn man die Worte hört »Jeschua der Messias, Miriams Sohn«, kommt einem etwas völlig anderes in den Sinn, etwas sehr Jüdisches. Doch Jesus *war* jüdisch, nicht christlich (vgl. Kapitel 36), und der Name seiner Mutter war Miriam, nicht Maria. So einfach das auch ist: Wenn man Jesus Jeschua nennt – wenn auch nur gelegentlich – und seine Mutter Miriam, hilft das sofort, sich daran zu erinnern, dass unser Heiland und seine Familie allesamt Juden waren.

In meinem Buch *Revolution in the Church* (»Revolution in der Kirche«) gibt es ein Kapitel über jüdische Wurzeln mit dem Titel »Have You Read the Epistle of Jacob Lately?« (»Haben Sie in letzter Zeit den Jakobsbrief gelesen?«). Sie mögen vielleicht fragen: »Welcher Brief ist das? Ist das eines dieser alten Dokumente, die kürzlich entdeckt wurden, wie das Judas-Evangelium?« Ganz und gar nicht:

Betrachten wir den Eröffnungsvers dieses Briefes, wie er in der Elberfelder Bibel übersetzt wird: »Jakobus, Knecht Gottes und des Herrn Jesus Christus, den zwölf Stämmen, die in der Zerstreuung sind, (seinen) Gruß!« (Jakobus 1,1; EB). Sie mögen das folgendermaßen verstehen: »Der christliche Leiter Jakobus schreibt an Christen, die auf der ganzen Welt zerstreut sind, hier bildlich die zwölf Stämme genannt.«

Doch was geschieht, wenn wir das Griechische wörtlich übersetzen und dabei auch Namen in einer Weise übersetzen, die ihren hebräischen/aramäischen Hintergrund widerspiegeln? Das würde sich so anhören: »Jakob, ein Knecht Gottes und des Herrn Jeschua Messias, an die zwölf Stämme, die unter die Völker zerstreut sind: Schalom.« Woran denken Sie dabei? Sie antworten: »Das ist ein Brief von einem jüdischen Messiasgläubigen an jüdische Gläubige, die auf der ganzen Welt zerstreut sind.« Korrekt! Und beachten Sie dieses eine Schlüsselwort: *jüdisch*. Das Neue Testament ist ein jüdisches Buch![52]

Jakobus ist im ursprünglichen Griechisch wirklich der gleiche Name wie Jakob. Stellen Sie sich vor, man würde sagen: »Abraham, Isaak und Jakobus«. Das hört sich so an, als vermische man Judentum und Christentum. »Abraham, Isaak und Jakob« ist dem gegenüber ein himmelweiter Unterschied. Nun, zwei Jünger Jesu hießen Jakob(us) und einer seiner leiblichen Brüder, der Autor dieses Briefes, hieß ebenfalls Jakob(us).

Wie wäre es, wenn wir uns nun dem Brief von Juda (besser bekannt als Judas [engl. Jude]) zuwenden würden? Der Mann, den wir Judas nennen, war seinen Freunden als Juda bekannt. Die Briefe von Jakob und Juda. Das hört sich wie eine völlig andere Bibel an – eine sehr jüdische! Natürlich, das war die Welt, in der Jeschua und seine Jünger lebten:

Dies sind die Namen der zwölf Gesandten:

Erstens: Schim-on, genannt Kefa, und sein Bruder Andreas,

Ja-akov Ben Savdai und sein Bruder Jochanan,

Philippus und Bar-Talmai,

Teoma und Matitjahu der Zöllner,

Ja-akov Bar Chalfai und Taddai,

Schim-on der Zelot und Jehudah aus Kiriot, der ihn verriet.

(Matthäus 10,2-4, JNT)

Ja, auch die Jünger waren Juden, nicht Christen, und als sie dann »Christen« genannt wurden (vgl. Apostelgeschichte 11,26), bedeutete das lediglich: diejenigen, die diesem *Christos* folgen, ein Name mit geringer Bedeutung in der griechischsprachigen Welt. (Das ist, als würde man die Anhänger Billy Grahams »Grahamiten« nennen, und das in einer abfälligen Art; vgl. 1. Petrus 4,12-16.)

Betrachten wir nun einen besonderen Vers in Jakob, nämlich Jakob 2,2, wo das griechische Wort *synagoge* gebraucht wird:

Das griechische Wort *synagoge,* das »Versammlung, Treffpunkt, Synagoge« bedeutet, kommt 56-mal im griechischen Neuen Testament vor, am häufigsten in den Evangelien und der Apostelgeschichte (53-mal). Offensichtlich denkt man, wenn man »Synagoge« hört, »jüdisch«.

In den Evangelien wird berichtet, dass Jesus regelmäßig die örtlichen Synagogen besuchte, wo er in der Regel in Konflikt mit den jüdischen Oberen geriet. Das ergibt für uns natürlich einen Sinn, denn Jesus war noch nicht am Kreuz gestorben und hatte noch nicht das »Christentum« gegründet. Also war es in Ordnung, wenn er die Synagoge besuchte, nicht wahr? In der Apostelgeschichte geht Paulus, ein konvertierter Jude (nicht wahr?), in die Synagogen, um den nichtkonvertierten Juden das Christentum zu predigen, was ebenfalls einen Sinn ergibt, denn er will sein eigenes Volk mit der guten Nachricht vom Messias erreichen. Und wie wird *synagoge* bei jeder dieser 53 Nennungen in den Evangelien und der Apostelgeschichte übersetzt? Natürlich mit Synagoge.

Das Wort kommt auch zweimal in der Offenbarung vor, nämlich in Offenbarung 2,9 und 3,9; EB. Dort geht es um diejenigen, die behaupten, Juden zu sein, es aber nicht sind, sondern eine *synagoge* Satans. Die Übersetzer geben das Wort hier ein weiteres Mal mit »Synagoge« wieder – dieses Mal als eine jüdische Synagoge Satans (klar, denn der Zusammenhang ist negativ!). Also wird 55- von 56-mal *synagoge* mit

»Synagoge« übersetzt. Das zeigt, dass es nicht viele Diskussionen über die Bedeutung des Wortes gibt.

Es gibt nur eine Stelle in unseren englischen Bibeln, wo *synagoge nicht* mit »synagogue« [deutsch: Synagoge] übersetzt wird – Jakobus 2,2! »Suppose a man comes into your *meeting* ...« (NIV) [»Nehmen wir an, ein Mann kommt zu eurem *Treffen* ...«]. Oder in der King James Version: »For if there come unto your *assembly* ...« [»Denn wenn (jemand) in eure *Versammlung* kommt ...«]. Was für eine Entdeckung! Weil das ein »christlicher« Zusammenhang ist, kein »jüdischer«, kann *synagoge* unmöglich »Synagoge« bedeuten. Vielmehr muss es »Treffen« oder »Versammlung« bedeuten, denn Christen treffen sich nicht in Synagogen. Das wird natürlich in Jakobus 5,14 bekräftigt, wo den Kranken eingeschärft wird, »die Ältesten *der Gemeinde*« zu rufen.

Es gibt nur ein Problem in dieser Argumentationskette: Das ist der Brief von Jakob, nicht von James, und er wurde an *Judenchristen* geschrieben, nicht an Heidenchristen. Das ist der Grund, warum David Stern in seiner Übersetzung *Das Jüdische Neue Testament* den ersten Vers richtig mit »Angenommen, ein Mann kommt in eure Synagoge ...« übersetzt, während Kenneth Wuest's *Expanded Translation* [*Erweiterte Übersetzung*] lautet: »For if there comes into your synagogue [the meeting Place of Christian-Jews] ...« [»Denn wenn (jemand) in eure Synagoge (den Treffpunkt der Judenchristen) kommt ...«]. Wie der Neutestamentler Craig Keener kommentiert: »Für ›Versammlung‹ (Luther u.a.) steht im griechischen Grundtext ›Synagoge‹ (Elberfelder), entweder weil Jakobus sich hier an Juden richtet oder weil die judenchristlichen Versammlungen (vgl. 5,14) sich selbst als messianische Synagogen verstanden.«[53] Die letzte Erklärung ist am wahrscheinlichsten.

Wie neu klingt das für die meisten christlichen Ohren: Ein jüdischer Brief, an jüdische Gläubige geschrieben, die sich in messianischen Synagogen trafen! Doch das ist genau das, was der Text meint, obwohl es nicht die Art ist, wie die meisten christlichen Gelehrten diesen Text ausgelegt haben.[54]

Verwendung von Hebräisch oder Aramäisch. Obwohl ich betont habe, dass Gott das Neue Testament für uns in Griechisch, nicht in Hebräisch oder Aramäisch bewahrt hat (vgl. Kapitel 40 und 41), wissen wir, dass Jesus auf Aramäisch oder Hebräisch gelehrt hat, und deshalb sollten wir hebräische oder aramäische Vorstellungen und Ausdrücke erwarten, die dem griechischen Text an vielen Punkten zugrunde liegen. Ein oft zitiertes Beispiel dafür steht in Matthäus 6,22-23, das die Elberfelder Bibel so übersetzt:

> Die Lampe des Leibes ist das Auge; wenn nun dein Auge klar ist, so wird dein ganzer Leib licht sein; wenn aber dein Auge böse ist, so wird dein ganzer Leib finster sein. Wenn nun das Licht, das in dir ist, Finsternis ist, wie groß ist die Finsternis!

Das wird in David Sterns *Das Jüdische Neue Testament* ganz anders übersetzt:

> »Das Auge ist die Lampe des Leibes.« Wenn du also ein »gutes Auge« hast (d.h., wenn du großzügig bist), wird dein ganzer Leib voller Licht sein; wenn du aber ein »böses Auge« hast (d.h., wenn du geizig bist), wird dein ganzer Leib voller Finsternis sein. Wenn also das Licht in dir Finsternis ist, wie groß ist dann die Finsternis!

Was ist die Basis für Sterns eingeklammerte Kommentare? Matthäuskommentator Donald Hagner erklärt:

> Diese schwierigen Verse können nur richtig verstanden werden, wenn man den Kontext berücksichtigt, in dem sie stehen, z.B. die Perikopen (Abschnitte) auf beiden Seiten, welche sich jeweils auf etwas beziehen, das mit Reichtum zu tun hat. Das *haplous* Auge und das *ponēros* Auge dürfen nicht physisch als gesundes und krankes Auge verstanden werden. ... Das Auge wird in diesem Abschnitt metaphorisch verwendet. Das *ponēros* Auge ist das »böse Auge« nahöstlicher Kulturen – ein Auge, das neidisch begehrt, was jemand anderem gehört, ein gieriges oder habsüchtiges Auge. ... Für die jüdische Verwendung des Ausdrucks in dieser Bedeutung vgl. m. 'Abot 2,12.15; 5,16.22. ... Weitere Bezüge auf ein böses Auge in dieser Bedeutung findet man in Matthäus 20,15 und Markus 7,22 (vgl. Sir 14,8-10; Tob 4,7). Das *haplous* Auge ist, setzt man die symmetrische Struktur des Abschnitts voraus, wahrscheinlich das Gegenteil des bösen Auges, nämlich ein großzügiges Auge, wie in dem verwandten Adverb *haplōs*, »großzügig«, in Jak 1,5 (vgl. Röm 12,8; 2Kor 8,2; 9,11.13) – ein Auge, das nicht am Reichtum klebt, sondern bereit ist, sich von ihm zu trennen.[55]

Allerdings erwähnt Hagner, dass nicht alle Gelehrten hiermit übereinstimmen, aufgrund von anderen griechischen Belegen. Und wie ich in einem früheren Artikel ausgeführt habe, war die Gleichsetzung »›aufrichtiges/gesundes/gutes Auge‹ = ›großzügig‹ und ›nicht gesundes/böses Auge‹ = ›geizig‹ (vgl. Matthäus 6,22-23) … Gegenstand lebhafter jahrzehntelanger Diskussionen. Sie kann ohne Weiteres begründet werden durch die Verwendung in der Septuaginta (vgl. Sprüche 22,9) oder sogar durch das griechische Neue Testament selbst (vgl. Römer 12,8; 2. Korinther 8,2; 9,11.13; Jakobus 1,5 und Matthäus 20,15), ohne jeglichen Bezug auf rabbinische Literatur.« Mit anderen Worten: Wenn man nur die Septuaginta und das Neue Testament sorgfältig liest, kann man zu denselben Schlussfolgerungen kommen, dass nämlich die griechischen Wörter in Matthäus 6,23 »großzügig« und »geizig« bedeuten, nicht »gut« und »böse«. Wenn man jedoch die jüdische Verwendung von »böses Auge« = »geizig« erkennt, hilft das dabei, diese Interpretation zu bestätigen, was im Kontext von Matthäus 6 überaus sinnvoll ist.

Dies sind nur ein paar wenige Beispiele für den jüdischen Hintergrund des Neuen Testaments. Für noch viele weitere Beispiele vgl. David Sterns *Kommentar zum Jüdischen Neuen Testament*, wenn auch nicht alle Gelehrten alle Interpretationen von Stern akzeptieren würden. Vgl. auch Samuel Tobias Lachs, *A Rabbinic Commentary on the New Testament: The Gospels of Matthew, Mark and Luke* (Lachs glaubt nicht an Jesus); allgemeiner vgl. Craig Keener, *Kommentar zum Umfeld des Neuen Testaments: Historische, kulturelle und archäologische Hintergründe*. Weitere, spezifischere Untersuchungen sind im bibliografischen Ergänzungsband zu meiner Studie *Our Hands Are Stained with Blood* aufgelistet.

43. Was bedeutet es, »die jüdischen Wurzeln« des christlichen Glaubens »wiederherzustellen«?

Schon oft habe ich gesagt, dass Gott seinen Sohn nicht als jüdischen Rabbi in die Welt schickte, damit er eine schöne neue Heidenreligion namens Christentum gründet. Vielmehr kam Jesus in die Welt, um zu erfüllen, was bei Mose und den Propheten geschrieben steht, um die Versprechen umzusetzen, die Abraham, Isaak und Jakob gegeben wurden, und um einen neuen und besseren Bund mit dem Haus Israel und dem Haus Juda aufzurichten. Angesichts dessen sind jüdische Jesusgläubige daran gewöhnt klarzustellen, dass sie nicht zum Christentum konvertiert sind – weil das etwas Fremdartiges und Heidnisches für Juden ist –, und stattdessen zu sagen, dass sie den jüdischen Messias gefunden haben. Und bei vielen jüdischen Gläubigen hat die Erkenntnis, dass Jeschua der Messias ist, eine Vertiefung ihres persönlichen Empfindens des Jüdischseins bewirkt und ihre Verbundenheit mit dem weltweiten Volk von Israel gestärkt.

Auch viele Heidenchristen haben erkannt, dass sie durch ihre Gemeinschaft mit Jesus besonders mit den Juden verbunden sind, was durchaus logisch ist. Wenn Jesus ein guter Russe gewesen wäre, der in Russland gelehrt hätte und ein Kind der russischen Kultur gewesen wäre, und wenn all seine ersten Nachfolger Russen gewesen wären, und wenn die Russen das auserwählte Volk wären und Jesus zuerst zu seinem eigenen russischen Volk gekommen wäre und es ausgesandt hätte, die gute Nachricht mit dem Rest der Welt zu *teilen*, würden wir dann nicht alle eine besondere Solidarität mit den Russen verspüren?

Was bedeutet es dann, die jüdischen Wurzeln des christlichen Glaubens wiederherzustellen? Hier sind einige erste Grundlagen zum Verständnis. 1) Es bedeutet, dass nichtjüdische Gläubige das Wort von Paulus in Römer 11,18 verstehen, besonders seine Warnung: »… denn nicht du trägst die Wurzel, sondern die Wurzel trägt dich.« Also hat die Kirche nicht Israel ersetzt – eine unbiblische und in Bezug auf die jüdische Geschichte gefährliche Lehre –, sondern Israel hat seine Grenzen zu den anderen Völkern hin ausgedehnt. In diesem Zusammenhang sollte betont werden, dass der Herr seinen neuen Bund mit dem *Haus Israel und dem Haus Juda* schloss (vgl. Jeremia 31,31-34; EB, zitiert in Hebräer 8,8-12; EB), nicht mit den Völkern der Welt. Das bedeutet, dass nichtjüdische Gläubige in Israels neuen Bund eingepfropft sind. Daher »erhältst du ebenfalls Kraft aus der Wurzel des Ölbaums und nährst dich von seinem Saft« (Römer 11,17). 2) Wir verstehen außerdem, dass es nicht Gottes Ideal für die Kirche war, eine überwiegend nichtjüdische Religion zu werden, die ihre lebendige Verbindung mit ihren biblischen jüdischen Grundlagen abtrennt, den Sabbat zum Sonntag macht und Ostern von Passah trennt. (Zur Frage des Sabbathaltens vgl. Kapitel 49.) Das bedeutet auch, dass uns klar ist, dass ein Jude kein »Heide« werden muss, um ein Nachfolger Jesu zu werden. 3) Wir bemühen uns, geistlich und kulturell zu verstehen, dass unser Heiland ein jüdischer Rabbi mit Namen Jeschua war, und erkennen dadurch, dass viele seiner Lehren nur vor dem damaligen historischen und religiösen Hintergrund vollständig verstanden werden können (vgl. Kapitel 42). 4) Wir halten fest an der prophetischen Bedeutung des biblischen Kalenders. Dieser beginnt mit dem Passahfest, das prophetisch von Jeschuas Tod erzählt, und endet mit dem Laubhüttenfest, das prophetisch von der endgültigen Sammlung der Nationen erzählt (vgl. Kapitel 51). 5) Wir erkennen, dass Israel eine besondere Rolle bei der Erlösung der Welt spielt – und deshalb die gute Nachricht vom Messias zuerst den Juden gilt (vgl. Römer 1,16). Deshalb sollten wir regelmäßig beten, dass Jerusalem zum Lobpreis der ganzen Erde wird (vgl. Jesaja 62,6-7). Und wir sollten verstehen, dass Jeschua nicht auf die Erde zurückkehren wird, bis sein eigenes Volk ihn wieder willkommen heißt (vgl. Matthäus 23,37; vgl. Kapitel 58 und 59), und deshalb Israels Rettung die Erweckung von Toten zum Leben bedeuten wird (vgl. Römer 11,11-15).

Man könnte natürlich noch viel mehr dazu sagen, doch diese Punkte sind dazu gedacht, zum weiteren Studium, Gebet und Handeln anzuregen, was alles gesund, konstruktiv und belebend sein kann.

Unglücklicherweise gibt es manche Gruppen, die bei der Suche nach ihren jüdischen Wurzeln zu weit gehen, und ihre Lehren sind bestenfalls verwirrt, schlimmstenfalls häretisch. Hier sind einige Merkmale dieser Randgruppen: 1) Die Thora verdrängt allmählich Jeschua in Bezug auf die zentrale Bedeutung, den Schwerpunkt und die Verehrung. Im Gegensatz dazu hat der Vater bestimmt, dass Jesus »in allem der Erste ist. Denn Gott wollte in seiner ganzen Fülle in Christus wohnen« (Kolosser 1,18-19). Die Thora findet ihre Erfüllung in Jeschua, nicht umgekehrt (vgl. Matthäus 5,17-20; vgl. auch Kapitel 46). 2) Diese Randgruppen sind in äußerlichen und sekundären Dingen gefangen, sodass sie beispielsweise niemals den Namen »Jesus« aussprechen – als wäre das der Name eines falschen Gottes oder ein Fluchwort (vgl. Kapitel 38) –, und sie konzentrieren sich auf Nebensächliches. 3) Sie lehren, dass die nichtjüdischen Gläubigen *verpflichtet* sind, die Thora einzuhalten, und überbetonen, dass der Messias als Jude die Thora eingehalten hat. (Für die Aspekte der Thora-Einhaltung, die richtig sind, und diejenigen, die falsch sind, vgl. Kapitel 48 und 49.) 4) Sie haben ein unverhältnismäßiges Interesse am »jüdischen Hintergrund« und betonen stärker, dass Jeschua Jude war, als dass er der Herr ist. Sie beschäftigen sich weit mehr damit, die »ursprüngliche Bedeutung« seiner Lehren als Rabbi zu finden, als damit, ihn zu kennen und ihn in seiner Fülle zu lieben. Demzufolge verbringen sie mehr Zeit mit dem Studium der rabbinischen Literatur als mit dem von Gottes Wort selbst. 5) Sie fangen an, sich zu kleiden und sich zu benehmen wie traditionelle Juden (oder sogar wie Israeliten des Altertums), obwohl sie selbst gar keine Juden sind; manchmal versuchen sie, in ihrer frühen Ahnenreihe eine Verbindung zum Volk Israel zu finden. (Selbst für messianische Juden gibt es keinen guten Grund, sich zu kleiden und auszusehen wie traditionelle Juden, solange Gott sie nicht berufen hat, traditionelle Juden einzuladen und unter ihnen im Geiste von 1. Korinther 9,20-22 zu leben. Denn ein traditioneller Lebensstil spiegelt eher die rabbinische Lehre wider als die Thora; vgl. Kapitel 18, 19 und 22.)

Diese Gewohnheiten sind nicht in sich selbst häretisch. Aber es ist nicht ungewöhnlich für diese Randgruppen, dass zu häretischen Ansichten wird, was häufig mit der Leugnung von Jeschuas ewiger Göttlichkeit und der völligen Ablehnung von Gottes Dreieinigkeit beginnt – in einer privaten E-Mail an mich nannte ein Lehrer neulich die Trinität ein »dreiköpfiges Monster«! Diese Irrlehren führen zur Ablehnung des restlichen Leibes, es sind sehr gefährliche Meinungen in Bezug auf Gottes Wahrheit und Gottes Volk.

Andererseits war die Kirchengeschichte nicht immer so rosig – besonders aus jüdischer Perspektive –, und viele Fehler in der Theologie und in der Praxis haben sich eingeschlichen, weil die Kirche ihre jüdischen Wurzeln verleugnete. Ein sehr gutes Buch zu diesem Thema ist das von Ronald E. Diprose, *Israel and the Church: The Origins and Effects of Replacement Theology*, Carlisle, U.K.: Authentic Media, 2004 (Dr. Diprose ist Theologieprofessor in Italien). Die kirchliche Ignoranz gegenüber Gottes ewigen Absichten für Israel führte zur Arroganz, die für das geistliche Leben immer verhängnisvoll ist (vgl. Römer 11,25).

Also, es schadet der Kirche, ihre jüdischen Wurzeln abzutrennen, und es schadet der Kirche, ihre jüdischen Wurzeln überzubetonen. Die Lösung ist eine gesunde Wiederentdeckung der jüdischen Wurzeln und Grundlagen, bei der Jeschua in unserer Verehrung und in unserer Verkündigung an allererster Stelle bleibt.[56]

44. War Paulus wirklich ein gelehrter Jude, der die hebräische Sprache gut beherrschte?

Für viele Christen mag das wie eine komische Frage klingen. Schließlich war Paulus doch ein studierter Jude, ausgebildet in Jerusalem zu Füßen von Rabban Gamaliel, dem größten jüdischen Lehrer dieser Zeit (vgl. Apostelgeschichte 22,3), oder etwa nicht? Und hat er nicht wochenlang in den Synagogen diskutiert (vgl. Apostelgeschichte 18,4)? Wie könnte irgendjemand fragen, ob Paulus Hebräisch konnte?

Auf eine gewisse Art ist das eher eine jüdische als eine christliche Frage, doch weil die Glaubwürdigkeit von Paulus schon immer hinterfragt wurde – es scheint, dass Paulus gleich nach Jesus ganz oben auf der Liste für Kritik und Angriffe steht –, ist es der Mühe wert, sich einen Moment Zeit zu nehmen, um Missverständnisse aus dem Weg zu räumen.

Manche argumentieren gegen Paulus' Hebräischkenntnisse, weil, wie sie sagen, 1) die Stellen, wo Paulus in der Apostelgeschichte in der »hebräischen Sprache« spricht, tatsächlich Aramäisch meinen (vgl. Apostelgeschichte 21,40; 22,2, und vgl. Kapitel 39 und 40); 2) zitiert Paulus stets die griechische Septuaginta, wenn er Verse aus der hebräischen Bibel anführt, was nur einen Sinn ergeben kann, wenn Paulus kein Hebräisch lesen konnte; und 3) scheinen seine Zitate manchmal die Bedeutung des Hebräischen zu missachten, was wiederum darauf deuten würde, dass er nicht fähig war, das Original zu lesen. Ein jüdischer Gelehrter, dem kürzlich ein jüdischer Journalist zustimmte, hat sogar behauptet, dass Paulus noch nicht einmal ein gebürtiger Jude war, sondern einer, der zum Judentum konvertiert ist – was ihn zudem noch zu einem unverschämten Lügner machen würde (vgl. Philipper 3,4-6; Galater 1,13-14).[57]

Was sagen nun *jüdische* Gelehrte über Paulus? Hier sind ein paar Stellungnahmen aus vergangenen Generationen.[58] Zuerst zitiere ich Joseph Klausner (1874–1958), der an der Hebräischen Universität in Jerusalem lehrte. Das war sein Urteil über das Jüdischsein von Paulus:

> Man wird kaum typischere talmudische Deutungen finden als die, welche in den Briefen des Paulus vorkommen.[59]

> Noch an seinem Lebensende, nach seinen vielen und schweren Zusammenstößen mit den Juden, ... bittet er in sein Gewahrsam vor allen anderen die *Juden Roms* zu sich und versichert ihnen, dass er »keine Anklage gegen sein Volk zu erheben habe« (»meine Nation«).[60]

> Nicht nur allen seinen körperlichen Merkmalen nach war er Jude, sondern auch in typischer Weise seinem Verstande und seiner ganzen geistigen Art nach.

> Denn Saul-Paulus war nicht nur »ein Pharisäer, Sohn von Pharisäern«, sondern auch einer der Tannaiten-Jünger, die in der Thoradeutung aufwuchsen und sie bis ans Lebensende unentwegt liebten.[61]

> Als echter Jude lebte Paulus ganz in der jüdischen Thora, kannte die Bibel auch in der Ursprache und studierte sie eifrig. ... Darum weist die Sprache seiner Briefe trotz ihres reichen Griechisch Semitismen und Hebraismen auf. Wenn Paulus »ein Hebräer von Hebräern«, ein »Pharisäer von Pharisäern« war, in Jerusalem erzogen wurde und hebräische (oder aramäische) Reden halten konnte, war er sicherlich nicht bloß ein »Septuaginta-Jude«, als den ihn verschiedene christliche Forscher hinzustellen pflegen.[62]

Bezüglich der angeblich betrügerischen missionarischen Praktiken des Paulus, über die er sagte, dass er »den Juden wie ein Jude geworden« sei (vgl. 1. Korinther 9,20-22; EB), behauptet Professor David Daube, der hoch geachtete Autor von *The New Testament and Rabbinic Judaism*, dass Paulus missionarische Methoden »aus dem jüdischen Unterricht« übernommen habe, und zwar »zu diesem Thema: der Idee, dass man die Bräuche und die Stimmung der Person annehmen muss, die man für sich gewinnen will, und der Idee, dass man, um ein erfolgreicher Proselytenmacher zu sein, ein Diener der

Menschen werden und sich selbst in Demut üben muss.«[63] Selbst hier blieb Paulus innerhalb eines jüdischen Bezugssystems.

Professor Alan Segal schrieb in jüngerer Zeit:

> Ohne Kenntnisse über das Judentum des ersten Jahrhunderts müssen moderne Leser – selbst diejenigen, die sie aufgrund ihres Glaubens lesen – die Schriften von Paulus missverstehen. ... Paulus ist ein ausgebildeter Pharisäer, der zum Apostel für die Heiden wurde.[64]

Der Talmud- und Aramäischwissenschaftler Daniel Boyarin schreibt:

> Paulus hat uns ein überaus wertvolles Dokument für die jüdische Forschung hinterlassen: die geistliche Autobiografie eines Juden im ersten Jahrhundert. ... Mehr noch, wenn wir Paulus beim Wort nehmen – und ich sehe keinen apriorischen Grund, das nicht zu tun –, war er ein Mitglied des pharisäischen Flügels des Judentums im ersten Jahrhundert.[65]

Rabbi Dr. Burton Visotzky, Inhaber des Appleman Lehrstuhls für Midrasch und Interreligiöse Forschung am Jewish Theological Seminary (Jüdisches Theologisches Seminar), New York, schrieb Folgendes in seinem Nachwort zu Professor Brad Youngs *Paul the Jewish Theologian* (»Paulus, der jüdische Theologe«): »Der Pharisäer Saul von Tarsus dürfte wohl zu den einflussreichsten religiösen Gestalten in der Geschichte der westlichen Kultur zählen.« Ja, der Pharisäer Saul von Tarsus, nicht der Betrüger Saul von Tarsus. Selbst der berühmte Rabbi Jacob Emden (1679–1776), ein Verfechter des orthodoxen Judentums, sagte: »Paulus war ein Gelehrter, ein Jünger von Rabban Gamaliel dem Älteren, der sich hervorragend mit den Gesetzen der Thora auskannte.«[66]

Wir müssen auch das Zeugnis von einigen weltweit führenden Neutestamentlern berücksichtigen, von denen eine große Anzahl sehr vertraut mit der besten frühjüdischen Wissenschaft ist.

Dr. Peter J. Tomson schreibt:

> Im Unterschied zu Philo konnte Paulus Hebräisch und kannte die pharisäische Tradition, was deutlich zum Ausdruck kam. ... Und im Gegensatz zu Philo stützt sich Paulus nicht auf die hebraistisch-jüdische

> Midraschtradition, sondern erweist sich als unabhängiger und kreativer Meister dieses Genres. ... Obwohl er offensichtlich aus einer bekannten Diasporafamilie stammte, die das römische Bürgerrecht erlangt hatte, war seine Muttersprache wahrscheinlich nicht das Griechisch von Tarsus, sondern das Hebräisch und Aramäisch von Jerusalem.[67]

John Dominic Crossan (ein kritischer Neutestamentler) und Jonathan L. Reed (ein Archäologe) äußern sich folgendermaßen: »Paulus war durch und durch Jude, konnte Hebräisch, war ein Pharisäer und stolz auf seine Abstammung. Er versteht sich selbst als Jude innerhalb des Judentums.«[68] (Diese Beurteilung ist umso bemerkenswerter, wenn man die skeptischen Voraussetzungen der Autoren bedenkt.)

Im hoch angesehenen *Dictionary of Paul and His Letters* (»Lexikon über Paulus und seine Briefe«) steht:

> Paulus' Verwendung der Heiligen Schrift, der Midraschtechniken und der zeitgenössischen exegetischen Traditionen in Römer 9,6-29 ergaben ein äußerst anspruchsvolles Werk. Das kann nicht das Produkt eines ungebildeten Geistes sein. Wenn er nicht von Gamaliel ausgebildet wurde, dann wurde er von einem anderen jüdischen Meister gelehrt. Jedenfalls scheint klar zu sein, dass Paulus eine formale Ausbildung im Judentum der damaligen Zeit erhalten hat.

> Heute ... findet die neutestamentliche Wissenschaft mehr und mehr Belege für das Jüdischsein von Paulus' Leben und Denken. Diese Veränderung ist in der Tat Teil einer Bewegung in der christlichen Wissenschaft, die die jüdischen Wurzeln des Christentums wiederentdecken will. Gleichzeitig zeigt die jüdische Wissenschaft ein wachsendes Interesse daran, das Jüdischsein von Jesus und Paulus für sich zurückzugewinnen.[69]

Zuletzt möchte ich Professor Jarislov Pelikan zitieren, die wohl weltweit herausragendste Autorität auf dem Gebiet der Kirchengeschichte. Er schreibt, dass im Unterschied zu der alten akademischen Ansicht, die Paulus oftmals als »denjenigen [ansah], der hauptsächlich verantwortlich war für die Entjudaisierung des Evangeliums und sogar für die Verwandlung der Person Jesu vom Rabbi im jüdischen Sinne in ein göttliches Wesen im griechischen Sinne«, die Forschungen der letzten paar Jahrzehnte die Dinge ganz anders sehen. Denn:

»Die Gelehrten haben nicht nur das Bild von Jesus in das Umfeld des Judentums im ersten Jahrhundert zurückversetzt; sie haben auch das Jüdischsein des Neuen Testaments wiederentdeckt, *und teilweise das des Apostels Paulus,* besonders das seines Briefes an die Römer.«[70] Ja, Gelehrte entdecken das Jüdischsein des Paulus wieder![71]

Der Vorwurf, dass Paulus kein Hebräisch gekonnt und deshalb stets aus der Septuaginta zitiert habe, wäre sicher eine ziemliche Überraschung für die oben zitierten jüdischen Gelehrten, die allesamt fließend Hebräisch, Aramäisch und Griechisch beherrschen und die Gewandtheit des Paulus im Hebräischen erkennen können.

Welche Hinweise haben wir dann dafür, dass Paulus Hebräisch konnte und als Pharisäer ausgebildet wurde, wie er behauptete? Erstens haben wir das Zeugnis der oben zitierten jüdischen Gelehrten, die Paulus als einen der ihren erkennen. Zweitens ist Paulus nicht immer der Septuaginta gefolgt, obwohl er an Nichtjuden schrieb, die ausschließlich die Septuaginta benutzten und meistens keinen Zugriff auf irgendeine andere Übersetzung hatten. Das bekannteste Beispiel ist sein Zitat von Habakuk 2,4 (vgl. Römer 1,17; Galater 3,11), ein grundlegender Text für Paulus, doch einer, bei dem er nicht der Septuaginta folgte. Drittens haben einige Septuagintaforscher beobachtet, dass Paulus, sorgfältigen Untersuchungen zufolge, in ungefähr der Hälfte aller Fälle (ca. fünfzig von hundert) der Septuaginta nicht exakt folgt, wenn er sie zitiert. Das lässt vermuten, dass er möglicherweise an einer Revision des Textes, basierend auf dem Hebräischen, beteiligt war. Viertens weisen Abschnitte wie Römer 11,26-27, welche manche für fehlerhafte Zitate halten, tatsächlich auf eine gründliche Kenntnis des hebräischen Textes hin.[72]

Wir haben also allen Grund, das Zeugnis von Paulus in der Apostelgeschichte ernst zu nehmen, und für all diejenigen, welche die Tiefe der Zitate des Paulus aus dem Tanach ausloten möchten, ist es offensichtlich, dass er nicht nur von den besten jüdischen Lehrern seiner Zeit, sondern dass er vom Herrn selbst unterrichtet wurde.

45. Haben die Juden wirklich Jesus umgebracht?

Ein guter Freund von mir, ein konservativer jüdischer Rabbi, sagte einmal: »Ich könnte in ein Boot steigen und wegsegeln in einem Ozean aus jüdischem Blut, das in Jesu Namen vergossen wurde.« Ein Ozean aus jüdischem Blut, vergossen in Jesu Namen? Allerdings! Edward Flannery schreibt:

> Die große Mehrheit der Christen, sogar der gebildeten, weiß über das, was mit den Juden in der Geschichte passiert ist, und über die schuldhafte Verwicklung der Kirche darin beinahe gar nichts. ... Es ist kaum übertrieben zu behaupten, dass diese Seiten der Geschichte, die sich Juden eingeprägt haben, genau die sind, die aus christlichen (und säkularen) Geschichtsbüchern herausgerissen wurden.[73]

Was hat solche »christliche« Feindschaft gegen die Juden hervorgerufen? Vor allem war es die Überzeugung, dass die Juden Jesus umgebracht haben, was zum Vorwurf des Deizids (Gottesmordes!) führte. Es überrascht nicht, dass manche jüdischen Gruppen kampfbereit waren, bevor Mel Gibsons Film »Die Passion Christi« 2004 erschien, weil sie entsprechende Attacken von »Christen« befürchteten, die den Film sahen. Das zeigt, wie sehr dieses Thema die Juden berührt.[74]

Selbst wenn die weit verbreitete Behauptung »Die Juden haben Jesus umgebracht« vollkommen wahr wäre, würde das nicht den christlichen Hass oder die Verfolgung der Juden rechtfertigen. Und wir können sicher sagen, dass nur heuchlerische oder falsche Christen dabei schuldig werden konnten, aus diesem Grund Gräueltaten an Juden zu verüben. Aber haben die Juden wirklich Jesus getötet? Was sagt das Neue Testament?

1. Die wichtigste Botschaft des Neuen Testaments ist die, dass Gott seinen Sohn zur Erlösung der Welt gab. Deshalb war der Tod Jesu der ausdrückliche, vorherbestimmte Wille Gottes (vgl. 1. Petrus 1,18-20). Wahre Christen beschuldigen daher niemanden, Jesus umgebracht zu haben; vielmehr danken sie Gott, dass er seinen Sohn gesandt hat. Das ist ein zentrales Thema der Heiligen Schrift: »Denn Gott hat die Welt so sehr geliebt, dass er seinen einzigen Sohn hingab, damit jeder, der an ihn glaubt, nicht verloren geht, sondern das ewige Leben hat« (Johannes 3,16). »Gott dagegen beweist uns seine große Liebe

dadurch, dass er Christus sandte, damit dieser für uns sterben sollte, als wir noch Sünder waren« (Römer 5,8).

2. Jesus selbst bezeugt, dass ihm niemand das Leben nahm; er gab es bereitwillig hin.

> Wir haben die wahre Liebe daran erkannt, dass Christus sein Leben für uns gegeben hat.
>
> (1. Johannes 3,16)

> Ich bin der gute Hirte. Der gute Hirte opfert sein Leben für die Schafe. … Der Vater liebt mich, weil ich mein Leben hingebe, um es wiederzuerlangen. Niemand kann es mir nehmen. Ich gebe es freiwillig hin. Ich habe die Macht, es hinzugeben, und ich habe die Macht, es wieder zu nehmen. Denn mein Vater hat mir diesen Auftrag gegeben.
>
> (Johannes 10,11.17-18)

Wer von uns lebt nicht in ständiger Dankbarkeit gegenüber unserem Herrn Jesus dafür, dass er sein Leben für uns hingab? Wer würde jemals auch nur daran denken, die Juden (oder die Römer oder sonst jemanden) zu beschuldigen, ihn getötet zu haben? Ja, wir danken Jesus, der »uns liebt und uns von unseren Sünden befreit hat, indem er sein Blut für uns vergoss« (Offenbarung 1,5). Das ist der Grund dafür, warum Worte wie in Offenbarung 5,9 weiterhin durch alle Zeiten gesungen werden: »Du bist würdig, die Schriftrolle zu nehmen und ihre Siegel zu öffnen. Denn du wurdest als Opfer geschlachtet, und dein Blut hat Menschen für Gott freigekauft, Menschen aus jedem Stamm und jeder Sprache und jedem Volk und jeder Nation.«

3. Jesus starb als Bezahlung für unsere Sünden, und deshalb waren es unsere Sünden, die ihn ans Kreuz genagelt haben. Wie es in den klassischen Worten Jesajas ausgedrückt wird:

> Dennoch: Er nahm unsere Krankheiten auf sich
> und trug unsere Schmerzen.
>
> Und wir dachten, er wäre von Gott geächtet,
> geschlagen und erniedrigt!

Doch wegen unserer Vergehen wurde er durchbohrt,
wegen unserer Übertretungen zerschlagen.

Er wurde gestraft, damit wir Frieden haben.
Durch seine Wunden wurden wir geheilt!

Wir alle gingen in die Irre wie Schafe.
Jeder ging seinen eigenen Weg.

Doch ihn ließ der Herr die Schuld
von uns allen treffen.

(Jesaja 53,4-6)

Manche Leute sagen, dass ein Mensch nicht wirklich Reue empfindet, bis ihm klar wird, dass es seine eigenen Sünden sind, die Jesus ans Kreuz genagelt haben. Wie es John Newton, der frühere Sklavenhändler, ausdrückt, der später das Lied »Amazing Grace« schrieb:

My conscience felt and owned its guilt,
And plunged me in despair;
I saw my sins His blood had spilt
And helped to nail Him there.

(Wörtlich: Mein Gewissen fühlte und gestand seine Schuld,
und stürzte mich in Verzweiflung;
ich sah: Meine Sünden hatten sein Blut vergossen
und halfen, ihn dort anzunageln.)

Mein G'wissen fühlt', gestand sein' Schuld
Stürzt' in Verzweiflung mich;
Ich sah: Meine Sünd' vergoss sein Blut,
Ihn ans Kreuz brachte ich.

Ich frage erneut: Welcher Mann oder welche Frau mit dieser Erkenntnis würde auch nur für einen Moment daran denken, jemand anderen für Jeschuas Tod verantwortlich zu machen?

4. Es gibt eine Verantwortung der Juden dafür, dass sie den Messias zurückgewiesen und ihn den Römern zur Hinrichtung übergeben haben. Doch wenn das jüdische Volk hiermit im Neuen Testament konfrontiert wird, wird den Juden entweder gesagt, dass sie in

Unwissenheit handelten, oder dass Jesu Tod von Gott geplant war, oder dass Jesus von den Toten auferstanden ist und dass es Hoffnung auf Erlösung gibt, wenn sie bereuen. Diese Botschaft wird sogar »Gute Nachricht« genannt! (Es sollte auch beachtet werden, dass nur eine begrenzte Anzahl von Juden für den Tod Jesu verantwortlich ist, nicht das Volk als Ganzes.) Hören Sie auf das Zeugnis der Schrift:

Männer von Israel, hört diese Worte: Jesus, den Nazoräer, ... der nach dem bestimmten Ratschluss und nach Vorkenntnis Gottes hingegeben worden ist, habt ihr durch die Hand von Gesetzlosen an (das Kreuz) geschlagen und umgebracht. ... Das ganze Haus Israel wisse nun zuverlässig, dass Gott ihn sowohl zum Herrn als auch zum Christus gemacht hat, diesen Jesus, den ihr gekreuzigt habt. Als sie aber (das) hörten, drang es ihnen durchs Herz, und sie sprachen zu Petrus und den anderen Aposteln: Was sollen wir tun, ihr Brüder? Petrus aber sprach zu ihnen: Tut Buße, und jeder von euch lasse sich taufen auf den Namen Jesu Christi zur Vergebung eurer Sünden! Und ihr werdet die Gabe des Heiligen Geistes empfangen. Denn euch gilt die Verheißung und euren Kindern und allen, die in der Ferne sind, so viele der Herr, unser Gott, hinzurufen wird.

(Apostelgeschichte 2,22-23.36-39; EB;
vgl. auch Apostelgeschichte 4,25-28)

Der Gott Abrahams und Isaaks und Jakobs, der Gott unserer Väter, hat seinen Knecht Jesus verherrlicht, den *ihr* überliefert und vor Pilatus verleugnet habt, als dieser entschieden hatte, ihn loszugeben. Ihr aber habt den Heiligen und Gerechten verleugnet und gebeten, dass euch ein Mörder geschenkt würde; den Fürsten des Lebens aber habt ihr getötet, den Gott aus den Toten auferweckt hat, wovon *wir* Zeugen sind. ... Und jetzt, Brüder, ich weiß, dass ihr in Unwissenheit gehandelt habt, wie auch eure Obersten.

(Apostelgeschichte 3,13-15.17; EB)

Ihr Brüder, Söhne des Geschlechts Abrahams, und (ihr), die unter euch Gott fürchten, uns ist das Wort dieser Rettung gesandt. Denn die zu Jerusalem wohnen und ihre Obersten haben, da sie diesen nicht erkannten, auch die Stimmen der Propheten erfüllt, die jeden Sabbat gelesen werden, indem sie (über ihn) Gericht hielten. Und obschon sie keine todeswürdige Schuld fanden, baten sie den Pilatus, dass er umgebracht werde. Und nachdem sie alles vollendet hatten, was über ihn geschrieben ist, nahmen sie ihn vom Holz herab und legten ihn in eine Gruft. Gott aber hat ihn aus den Toten auferweckt, und er ist mehrere Tage hindurch denen erschienen, die mit ihm hinaufgezogen waren von Galiläa nach Jerusalem, die jetzt seine Zeugen an das Volk sind. Und *wir* verkündigen euch die gute Botschaft von der zu den Vätern geschehenen Verheißung, dass Gott sie uns, ihren Kindern, erfüllt hat, indem er Jesus erweckte …

(Apostelgeschichte 13,26-33; EB)

Welch ein Kontrast zwischen der historischen »christlichen« Botschaft, welche die Juden dafür verdammte und hasste, Jesus umgebracht zu haben, sie »Christusmörder« nannte und oft zu Gewalttaten gegen Juden nach dem Ostergottesdienst führte, und diesen Botschaften aus dem Neuen Testament, welche die jüdische Verantwortung dafür erkennen, Jesus den Römern zur Kreuzigung übergeben zu haben, welche aber Folgendes festhalten: 1) Sein Tod war der vorherbestimmte Wille Gottes; 2) die Anführer haben aus Unwissen gehandelt; 3) Jesus ist von den Toten auferstanden; 4) die Tür der Buße und Gnade ist noch immer weit offen; 5) Gott will sie segnen, nicht verfluchen, und 6) die Botschaft ist eine gute Nachricht![75]

Außerdem sollte man zur Kenntnis nehmen, dass nicht ein einziges Mal im gesamten Neuen Testament die Anklage des Deizids erhoben wird, weder explizit noch implizit.

5. Die Römer trafen die juristische Entscheidung und führten den Akt der Kreuzigung des Gottessohnes durch, doch das verstärkt nur mein Argument. Denn niemand würde daran denken, heute die Italiener zu hassen, weil einige ihrer Vorfahren Jesus gekreuzigt haben. Natürlich nicht!

Wenn wir das im Blick haben, können wir sehen, wie absolut teuflisch es war, die Juden wegen des Todes Jesu zu hassen und zu verfolgen und zu beschuldigen. Selbst die Tatsache, dass die große Mehrheit des jüdischen Volkes ihn weiterhin als Messias ablehnt, rechtfertigt keinerlei antijüdische Gesinnung, denn das Wort Gottes erinnert uns daran, dass auch wir einst unwissend und blind für Gottes Liebe waren (vgl. Titus 3,3-7; für das Zeugnis von Paulus selbst vgl. 1. Timotheus 1,12-13). Jesus betete auch um Vergebung für jene, die ihn kreuzigten (vgl. Lukas 23,34), und wenn die Juden an seinem Tod schuld gewesen wären, dann wären sie in sein Gebet um Vergebung eingeschlossen gewesen. Tragischerweise war sich die »Kirche« oftmals selbst ihr schlimmster Feind, indem sie die Juden von Jesus wegtrieb, anstatt sie für ihn zu gewinnen.[77]

Wir können also mit Gewissheit sagen, dass man, wenn man irgendjemanden für den Tod Jesu verantwortlich macht, damit die Größe seines Selbstopfers und die Intensität seiner Liebe verringert. Wenn er aus einem anderen Grund gestorben wäre als zur freiwilligen Sühne unserer Sünden, gäbe es kein Evangelium, kein Neues Testament, keine Hoffnung.

Teil 4:
Die heutigen Christen, das Gesetz Moses und der Staat Israel

46. Hat Jesus das Gesetz aufgehoben?

Obwohl viele Christen denken, Gottes Gesetz (die Thora, vgl. Kapitel 5) sei etwas Negatives, hätte doch Jesus, wenn er die Thora einfach verworfen hätte, nicht der Messias sein können. Das wäre, als wenn jemand behaupten würde, Jesus bei seinem zweiten Kommen zu sein, und als wenn er dann einen neuen Heilsweg verkündigen würde, bei dem der Glaube an Jesus nicht länger nötig wäre und das Kreuz keine Auswirkung mehr hätte. Das wäre nicht auszudenken! Genauso wäre es für einen gottesfürchtigen Juden im 1. Jahrhundert unvorstellbar gewesen, dass der Messias kommt und Gottes heilige Thora aufhebt. Wie der Neutestamentler John Nolland beobachtet: »Aus jüdischer Sicht konnte jeder Versuch, das Gesetz für ungültig zu erklären (griech. *katalyein*), nur Entsetzen hervorrufen. ... Das Gesetz definierte die Identität des jüdischen Volkes.«[1]

In der Bergpredigt, der ersten Lehrrede des Herrn, die in voller Länge von Matthäus aufgezeichnet wurde, betonte Jesus selbst, dass es nicht seine Absicht war, die Thora aufzuheben:

> Ich bin nicht gekommen, um das Gesetz oder die Schriften der Propheten abzuschaffen. Im Gegenteil, ich bin gekommen, um sie zu erfüllen. Ich versichere euch: Solange der Himmel und die Erde bestehen, wird selbst die kleinste Einzelheit von Gottes Gesetz gültig bleiben, so lange, bis ihr Zweck erfüllt ist.
>
> (Matthäus 5,17-18; die Verse 19-20 sind ebenfalls wichtig)[2]

»Aber«, fragen Sie, »hatte Jesus nicht viele Konflikte mit den religiösen Führern wegen der Thora? Und hat er nicht jede Menge Änderungen am Gesetz vorgenommen?«

Ich werde dies beantworten, indem ich zusammenfasse, was Jesus in den Evangelien tat und lehrte, und auch einige Überlegungen aus den Briefen hinzufügen. Mir ist natürlich klar, dass viele Bücher über dieses Thema geschrieben worden sind, doch ich werde versuchen, die wichtigsten Punkte hervorzuheben.

1. *Jeschua erfüllte die Thora und die Propheten.* Beachten Sie, dass Jeschua in Matthäus 5,17-18 nicht sagte: »Ich bin nicht gekommen, um *das Gesetz* abzuschaffen«, sondern vielmehr: »Ich bin nicht

gekommen, um *das Gesetz oder die Schriften der Propheten* abzuschaffen« (Hervorhebung vom Autor), das bedeutet: den gesamten Tanach. Beachten Sie auch, dass er nicht sagte: »Ich bin nicht gekommen, um abzuschaffen, sondern um zu verstärken.« Sondern er sagte: »Ich bin nicht gekommen, um abzuschaffen, sondern um zu *erfüllen*« (Hervorhebung vom Autor). Was bedeutet das? Es bedeutet, dass die hebräische Bibel ihre äußerste Erfüllung in ihm findet.

Das habe ich auch im vierten Band meiner Serie *Answering Jewish Objections to Jesus* geschrieben:

> Erstens erreichen die Gesetze der Thora, bei denen es um Opfer, Sühne, rituelle Reinigung, Priesterschaft, Stiftshütte/Tempel geht, ihr Ziel im Messias, dem höchsten und entscheidenden Opfer für Sünden – dem rabbinischen Prinzip entsprechend, dass »der Tod des Gerechten sühnt« (vgl. Bd. 2,3.15) –, dem großen Hohen Priester und der lebenden Verkörperung der Schechina – das heißt: der sichtbaren Präsenz Gottes auf Erden (vgl. Band 2,3.1–2). Die Thora weist auf ihn hin! Das ist der Grund, warum es die Nachfolger Jeschuas nicht beeinträchtigte, dass der Tempel zerstört war und die Opfer aufhörten und die Priester viele ihrer Funktionen nicht mehr ausüben konnten. Er hatte schon diesen Aspekt der Thora erfüllt und den Schatten durch Substanz ersetzt (für dieses Bild vgl. Hebräer 8–10).
>
> Wir erkennen auch, dass Jeschua die Erfüllung des biblischen Kalenders ist, wie im Band 1,2.1 erklärt wird. Passah verweist auf seinen Tod als Lamm Gottes, der den Weg für einen größeren Exodus bereitete; das Erstlingsfest verweist auf seine Auferstehung, die Ausgießung des Heiligen Geistes fand an Schawuot (Pfingsten) statt; und schließlich, noch in der Zukunft, verweist das Posaunenfest (in der jüdischen Tradition: Rosch HaSchana) auf seine Rückkehr, Jom Kippur auf die nationale Sühne für Israel und Sukkot (Laubhüttenfest) auf die letztendliche Versammlung der Nationen. Sogar der Kalender weist letztendlich auf den Messias hin, und all dies ist Teil dessen, dass er die Thora und die Propheten erfüllt.[3]

Zusätzlich teilte Jesus in der Bergpredigt seine eigene, maßgebende Interpretation der Thoragesetze mit, indem er die ethischen Gebote auf eine tiefere Ebene brachte und dadurch eine Vorlage für die Auslegung anderer, ähnlicher Thoragesetze lieferte. (Für ein gutes Beispiel hierzu vgl. Matthäus 19,16-26.) Auch das ist Teil seiner »Erfüllung« der Thora.

2. *Jeschua selbst übertraf die Thora.* In seinem persönlichen Leben verstieß Jesus niemals gegen etwas, das in der Thora *geschrieben* stand. Als er der Sabbatverletzung angeklagt wurde, war das in Wirklichkeit ein Konflikt mit der falschen Auslegung der Thora und mit von Menschen gemachten Traditionen, nicht mit einem tatsächlichen Thoragebot. Bei zahlreichen Gelegenheiten lehnte er die religiösen Traditionen ab, welche die Bedeutung und den Zweck der Gesetze Gottes verdrehten (vgl. Markus 7). In diesem Sinne ist es auch wichtig zu verstehen, dass er die geschriebene Thora als Sohn Gottes übertraf. Kein anderer hätte sagen können: »Mein Vater hat bis heute nicht aufgehört zu wirken und deshalb wirke ich auch« (Johannes 5,17; dies sagte er den religiösen Führern, nachdem er einen Mann am Sabbat geheilt hatte).

Kraft seiner göttlichen Natur erklärte er auch, dass das Scheidungsgebot nicht als Ideal gegeben worden war, sondern eher als Zugeständnis (Matthäus 19,8: »Mose erlaubte die Ehescheidung, weil eure Herzen hart sind, aber ursprünglich war sie nicht Gottes Wille.«) In einem anderen göttlichen Akt entlarvte er die Heuchelei der Ankläger einer Frau, die beim Ehebruch erwischt und zu Jesus gebracht worden war, um gesteinigt zu werden. Er sagte nicht, dass sie gesteinigt werden sollte (vgl. Johannes 8,1-11), trotz des Thoragesetzes, dass Ehebrecher zu steinigen sind (vgl. 3. Mose 20,10; 5. Mose 22,22-24).

3. *Jeschua wies auf die wahre Absicht der Thora hin.* Als menschengemachte Traditionen der wahren Absicht des Sabbats in die Quere kamen, nahm er Unannehmlichkeiten auf sich, um gerade an diesem Tag zu heilen und Wunder zu tun und so die Leute daran zu erinnern, dass es ein Tag der Befreiung und Ruhe sein sollte (vgl. Matthäus 11,28-30, diese Verse sind als Einleitung zu den Sabbatberichten zu lesen, welche in Matthäus 12,1-14 folgen). Tatsächlich ist der Grund für den Sabbat, der in 5. Mose 5,12-15 steht, dass die Israeliten sich daran erinnern sollen, dass Gott sie aus Ägypten befreite und sie zu sich rief. Wenn wir also zu Jesus kommen, finden wir Ruhe für unsere Seelen.

Auch das brachte ihn in Konflikt mit einigen der religiösen Führer, die er beschuldigte, Gottes Volk alle möglichen zusätzlichen Lasten aufzubürden (vgl. Matthäus 23,1-4). Es ist jedoch wichtig, sich daran zu erinnern, dass es in seinem Streitgespräch mit ihnen um menschengemachte Traditionen ging, nicht um die Thora selbst.

4. *Jeschua gab uns ein neues Verständnis der Reinheitsgesetze.* Obwohl einige Gelehrte, besonders messianische Juden, hinterfragen, dass Jesus tatsächlich die Speisegesetze aufgehoben hat (vgl. Kapitel 50), ist es offensichtlich, dass er ein tieferes Verständnis dafür eröffnete, was Unreinheit bedeutet. Er erklärte: »Da ist nichts, was von außerhalb des Menschen in ihn hineingeht, das ihn verunreinigen kann, sondern was aus dem Menschen herausgeht, das ist es, was den Menschen verunreinigt« (Markus 7,15; EB). Was wir essen, kommt in unseren Magen und wird wieder von unserem Körper ausgeschieden. Deshalb betrifft es nicht unser geistliches Wesen und kann uns nicht wirklich »unrein« machen (vgl. Markus 7,19). Andererseits: »Denn von innen, aus dem Herzen eines Menschen, kommen böse Gedanken wie Unzucht, Diebstahl, Mord, Ehebruch, Habgier, Bosheit, Hinterlist, Vergnügungssucht, Neid, Verleumdung, Stolz und Unvernunft. Alle diese üblen Dinge kommen von innen heraus; sie sind es, die den Menschen unrein machen« (Markus 7,21-23; der gesamte Bericht steht parallel in Matthäus 15). Paulus sprach in mehreren seiner Briefe auch über dieses Thema (vgl. Kapitel 50).

Weil die Thora neben moralischer Reinheit solch eine starke Betonung auf rituelle Reinheit legt, konnten die Juden sehr leicht denken, dass das Essen von verbotenen Speisen oder das Essen mit ungewaschenen Händen (vgl. Matthäus 15,19) dieselbe Art von Verunreinigung verursacht wie moralische Unreinheit. Jesus machte deutlich, dass *wirkliche* Unreinheit geistlich ist, nicht rituell, und dass das wirkliche Problem der Zustand des Herzens ist.

5. *Jeschua öffnete die Tür für die Nichtjuden, damit sie Gottes Segen in vollem Umfang erhalten konnten, ohne Juden zu werden.* Es ist bezeichnend, dass Matthäus 15 wie auch Markus 7 dieselben zwei Berichte nacheinander anordnen: Jesu Diskussion mit einigen religiösen Führern über das Essen mit ungewaschenen Händen und die Reise des Herrn nach Tyrus und Sidon, wo er die Tochter der kanaanitischen Frau heilte. Was ist so wichtig daran? Um wieder aus dem vierten Band meiner Reihe zu zitieren:

Als Petrus in Apostelgeschichte 10 eine dreimalige Vision hatte, die ihn anwies, allerlei unreines Getier zu töten und zu essen, sagte Gott ihm *nicht*, er solle seine Ernährungsgewohnheiten ändern. Vielmehr war das eine visionäre Lektion darüber, dass Petrus *die Nichtjuden* nicht länger unrein nennen sollte; stattdessen sollten sie nun als durch den Messias geistlich Gleichgestellte angenommen werden. In derselben Weise wird jetzt hier Jeschuas Lehre über »rein« und »unrein«, über geistliche Verunreinigung, die aus dem Inneren kommt, nicht von außen, und darüber, dass kein Nahrungsmittel in sich und von sich aus wirklich »unrein« ist (selbst wenn es vor dem Gesetz diesen Status hat), in die geistliche Praxis umgesetzt: Der Herr unternimmt eine lange Reise *in eine nichtjüdische Gegend* und wendet sich dann aus Gnade einer bedürftigen »Kanaaniterin« zu. Gab es denn keinen anderen Ort, an dem Jesus für eine kleine Weile allein sein konnte?

Das Lehrbeispiel ist unstrittig: Jesus wies auf die Tatsache hin, dass die Nichtjuden nicht länger als »unrein« betrachtet werden sollten, wenn sie ihr Vertrauen auf ihn setzen. Wie es ein paar Jahre später von Paulus formuliert wurde: »So heißt es in der Schrift: ›Wer an ihn glaubt, wird nicht umkommen.‹ Das gilt ohne Unterschied für Juden wie für alle anderen Menschen. Alle haben denselben Herrn, der seine Reichtümer großzügig allen schenkt, die ihn darum bitten. Denn ›jeder, der den Namen des Herrn anruft, wird gerettet werden‹« (Römer 10,11-13, dort wird Joel 3,5 zitiert). So hat also, was die Erlösung angeht, Jesus der Messias die trennenden Mauern eingerissen, damit es in dieser Hinsicht keinen Unterschied zwischen Juden und allen anderen Menschen gibt. Das war revolutionär! (Tatsächlich *ist es* noch immer revolutionär, ein Gegenstand des Missverstehens und geistlichen Strauchelns für viele Juden.)[4]

Jesus stellte in den Evangelien mehrere Male den großen Glauben der nichtjüdischen Gläubigen dem Unglauben seines eigenen Volkes gegenüber und prophezeite: »Und ich sage euch: Viele Menschen werden aus der ganzen Welt herbeiströmen und mit Abraham, Isaak und Jakob im Himmelreich zu Tisch sitzen. Viele Israeliten dagegen – für die das Reich Gottes eigentlich bestimmt war – werden in die tiefste Dunkelheit hinausgestoßen, wo sie weinen und mit den Zähnen knirschen werden« (Matthäus 8,11-12).

Die Tür wurde den Nichtjuden durch das Kommen des Messias weit geöffnet, und sie können vor Gott bestehen, ohne Juden werden zu müssen.

6. *Jeschua veränderte unsere Beziehung zu der Thora.* Durch die Errichtung eines neuen und besseren Bundes stehen wir in einer neuen und besseren Beziehung zu Gott (das wird im Hebräerbrief immer wieder thematisiert, und dort taucht auch wiederholt das Wort *besser* auf). Es gibt keine Todesstrafe mehr, wenn der Sabbat nicht gehalten wird (und bei etlichen anderen Sünden), und keine Verurteilung durch das Gesetz (vgl. Römer 8,1-2; vgl. auch Kapitel 47). Durch unsere Identifikation mit Jesus in seinem Tod und seiner Auferstehung sterben wir der Sünde und auferstehen in ein neues Leben (vgl. Römer 6,1-11). Wir werden durch den uns innewohnenden Geist geleitet, um das Fleisch abzutöten und ein neues Leben zu führen (vgl. Römer 8,3-4). Uns wurde auf übernatürliche Weise Erkenntnis verliehen, und Gottes Gesetze sind nun in unsere Herzen geschrieben (vgl. Jeremia 31,31-34; Hesekiel 36,26-29; vgl. Psalm 40,8).

Mit den Worten des alten Gedichts:

To run and work, the law commands
Yet gives us neither feet nor hands.
But better news the gospel brings;
It bids us fly and gives us wings.

Laufen und schaffen befiehlt das Gesetz,
Gibt uns nicht Füße noch Hände bis jetzt.
Doch Evangelium kann Besseres bringen;
will, dass wir fliegen, gibt uns dazu Schwingen.

Allerdings hat es gravierende Folgen, wenn man bewusst Gottes Gnade zurückweist; sie sind weit ernster als die Konsequenzen, wenn man das Gesetz Moses zurückweist; (vgl. Hebräer 2,1-4; 10,26-31; 12,25-29). Aber diejenigen, die den Herrn lieben und ihm dienen wollen, haben nichts zu fürchten (Johannes 10,27-29). Sie können gewiss sein, dass er, der das gute Werk in ihnen begonnen hat, es auch vollenden wird (vgl. Philipper 1,6), eine Zusicherung, welche die für die Gerechten, die unter dem Sinaibund leben, übertrifft.

Dies sind also nur einige der Schlüsselbeispiele dafür, wie Jesus das Gesetz und die Propheten erfüllt hat, indem er die wahre Bedeutung des gesamten Tanach vermittelte, das messianische Königreich einleitete und tiefgreifende Veränderungen in unsere Beziehung zur

Thora brachte. Wir tun gut daran, diesem neuen und besseren Weg zu folgen, auf dem uns Jesus Ruhe gibt (vgl. Matthäus 11,28-30).

Zur Frage, ob jüdische und auch nichtjüdische Gläubige verpflichtet sind, das Gesetz zu halten, vgl. Kapitel 48 bis 51.

47. Hat Paulus das Gesetz aufgehoben?

Einige prominente jüdische (und liberale christliche) Wissenschaftler bezeichnen Paulus als den »Gründer des Christentums«. Sie behaupten, Jesus sei ein guter Rabbi gewesen, der die Thora gehalten habe. Doch Paulus sei derjenige gewesen, der sich von den jüdischen Glaubenswurzeln entfernt, die Thora aufgehoben und eine neue nichtjüdische Religion gegründet habe. Ist an dieser Behauptung etwas Wahres?

Einerseits gibt es in seinen Briefen eine Reihe von Versen, welche die Theorie zu stützen scheinen, dass er die Thora für ungültig erklärte, wie zum Beispiel:

> Denn Christus selbst brachte Frieden zwischen den Juden und den Menschen aus allen anderen Völkern, indem er uns zu einem einzigen Volk vereinte. Er hat die Mauer der Feindschaft, die uns früher trennte, niedergerissen. Durch seinen Tod hat er dem Gesetz mit seinen Geboten und Verordnungen ein Ende bereitet und dadurch Frieden gestiftet, indem er beide in sich zu einem einzigen neuen Menschen schuf. Er hat sie in einem Leib vereint und durch das Kreuz mit Gott versöhnt, sodass die Feindschaft ein Ende fand.
>
> (Epheser 2,14-16)

> Denn niemand wird in Gottes Augen gerecht gesprochen, indem er versucht, das Gesetz zu halten. Im Gegenteil, je besser wir Gottes Gesetz kennen, desto deutlicher erkennen wir, dass wir schuldig sind.
>
> (Römer 3,20)

> Bevor uns der Glaube an Christus als Weg gezeigt wurde, wie wir vor Gott gerecht werden können, wurden wir vom Gesetz bewacht und beschützt, bis Gott den Weg des Glaubens offenbarte. Lasst es mich noch

auf eine andere Weise ausdrücken: Das Gesetz war unser Vormund und Lehrer, bis Christus kam. Aufgrund des Glaubens an ihn werden wir vor Gott gerecht gesprochen. Und da Christus nun gekommen ist und mit ihm der Weg des Glaubens, brauchen wir das Gesetz als Vormund nicht mehr.

(Galater 3,23-25)

Es spielt keine Rolle mehr, ob wir beschnitten wurden oder nicht. Es zählt nur, ob wir wirklich zu neuen, veränderten Menschen geworden sind.

(Galater 6,15)

Vgl. auch Römer 2,28-29; 4,13-15; 6,14; 7,5-6.8-9; 10,4; 1. Korinther 7,19; 15,56-57; Galater 2,15-16; 3,10-13; 5,4.18. Verse wie diese, besonders wie sie durch die Kirche traditionell interpretiert wurden, scheinen es klar vor Augen zu stellen, dass Paulus tatsächlich das Gesetz aufhob.

Es gibt jedoch zwei Hauptargumente, die hiergegen vorgebracht werden können. Erstens hatte Paulus viel Positives, Bekräftigendes zum Gesetz zu sagen: »Sondern nur wer so handelt, wie es das Gesetz verlangt, wird in Gottes Augen für gerecht erklärt« (Römer 2,13). »Der jüdische Brauch der Beschneidung nützt nur dann etwas, wenn du Gottes Gesetz gehorchst. Doch wenn du das nicht tust, bist du genauso wie jeder Unbeschnittene« (2,25). »Wenn wir nun aber den Glauben so betonen, heben wir damit das Gesetz auf? Natürlich nicht! Sondern durch den Glauben bestätigen wir das Gesetz« (3,31); »Will ich damit etwa behaupten, dass Gottes Gesetz Sünde ist? Natürlich nicht! Das Gesetz an sich ist nicht sündig; aber durch das Gesetz erkannte ich erst meine Sünde. … Das Gesetz selbst aber ist heilig, und das Gebot ist heilig, gerecht und gut. … Das Gesetz ist also gut, weil es vom Geist Gottes kommt. Ich aber bin als Mensch wie in die Sklaverei verkauft und werde von der Sünde beherrscht« (7,7.12.14). »Das Gesetz konnte uns nicht retten, weil unsere menschliche Natur ihm widerstand. Deshalb sandte Gott seinen Sohn zu uns. Er kam in menschlicher Gestalt wie wir, aber ohne Sünde. Gott zerstörte die Herrschaft der Sünde über uns, indem er seinen Sohn stellvertretend für unsere Schuld verurteilte. Das tat er, damit die gerechten Forderungen des Gesetzes durch uns erfüllt würden und wir uns nicht länger von unserer menschlichen Natur, sondern vom Geist Gottes leiten lassen« (8,3.4); vgl. auch Römer 10,4, wie es *Das Jüdische Neue Testament* übersetzt (im Unterschied zu den Übersetzungen dieses Verses in den meisten christlichen Ausgaben).[5]

Zweitens lebte Paulus gemäß der Apostelgeschichte im Gesetzesgehorsam. Wenn die Thora so etwas Schlechtes war und er sie aufgehoben hat, warum hat er dann in Apostelgeschichte 18 ein Nasiräergelübde abgelegt, wie es in der Thora steht – ohne jeglichen Zwang oder Druck, das zu tun (vgl. Vers 18)? Wenn Paulus das Gesetz aufgehoben hat, warum *stimmte* er dann nicht dem folgenden Gerücht *zu*: »Es ist ihnen aber über dich berichtet worden, dass du alle Juden, die unter den Nationen sind, Abfall von Mose lehrest und sagest, sie sollen weder die Kinder beschneiden noch nach den Gebräuchen wandeln« (Apostelgeschichte 21,21; EB)? Stattdessen scheute er keine Mühen, um das Gegenteil zu demonstrieren – mit den Worten des Jakob (Jakobus): »Und alle werden erkennen, dass nichts an dem ist, was ihnen über dich berichtet worden ist, sondern dass du selbst auch zum Gesetz stehst und es befolgst« (Vers 24; EB; vgl. auch 22,3-5; 23,6-9; 26,4-7; 28,17; man beachte auch die bereitwillige Aufnahme des Paulus in den Synagogen, was zeigt, dass er als Jude anerkannt wurde; vgl. Apostelgeschichte 13,13-15; 14,1; 16,4).

Wie bringen wir nun diese beiden scheinbar gegensätzlichen Paulusbilder zusammen, den einen Paulus, der für die Thora war, und den anderen Paulus, der gegen die Thora war; den einen, der gemäß dem Gesetz lebte, und den anderen, der sagte, wir seien nicht länger unter dem Gesetz?

Als wir die Frage »Hat Jesus das Gesetz aufgehoben?« beantworteten, erwähnte ich, dass viele Bücher über dieses Thema geschrieben worden sind. Sogar noch mehr Bücher – und zahllose Artikel – wurden über das Thema »Paulus und das Gesetz« geschrieben, mit sehr wenig Übereinstimmung zwischen den unterschiedlichen Positionen.[6] Nichtsdestotrotz glaube ich, dass gewisse Schlussfolgerungen unvermeidbar sind.[7]

1. *Obwohl Paulus als thoratreuer Jude lebte (vielleicht mit der Ausnahme, einige Gesetze gebrochen zu haben – wie bspw. die Speisegesetze –, um die Gute Nachricht zu den Nichtjuden zu bringen), lehrte*

er klar und deutlich, dass wir – gemeint sind jüdische und nichtjüdische Gläubige – nicht unter dem Gesetz stehen, was mindestens drei Auswirkungen hat. Erstens stehen wir nicht unter der Verurteilung des Gesetzes (vgl. Römer 8,1-4); zweitens stehen wir nicht unter dem Gesetz als System der Rechtfertigung (vgl. Römer 3,19-24); drittens stehen wir nicht unter dem Gesetz als Vormund, der uns zum Messias führt (vgl. Galater 3,23-25).

2. *Für Paulus war Jesus, der Messias, zentral, nicht die Thora.* Widersprachen diese beiden sich seiner Meinung nach? Sicher nicht. Doch weil Jesus die Thora und die Propheten *erfüllt* hat, bedeutet dies, dass alles auf ihn hinwies (vgl. Kapitel 46). Nur jemand, für den Jeschua das Wichtigste und die Thora zweitrangig war, konnte diese Worte schreiben:

> Dabei könnte ich weit größeres Selbstvertrauen haben als alle anderen. Wenn andere Grund haben, auf ihre eigenen Anstrengungen zu vertrauen, gilt das für mich erst recht! Denn ich bin das Kind einer rein jüdischen Familie, die zum Stamm Benjamin gehört, und wurde mit acht Tagen beschnitten. Wenn es also je einen wahren Juden gab, so bin ich einer! Und nicht nur das: Ich gehörte zu den Pharisäern, die den strengsten Gehorsam gegen das jüdische Gesetz fordern. Die Gemeinde habe ich unerbittlich verfolgt. Und ich habe das jüdische Gesetz so streng befolgt, dass mir nie jemand etwas nachsagen konnte.
>
> Früher hielt ich all diese Dinge für außerordentlich wichtig, aber jetzt betrachte ich sie als wertlos angesichts dessen, was ... [der Messias] getan hat. Ja, alles andere erscheint mir wertlos, verglichen mit dem unschätzbaren Gewinn, Jesus ... [, den Messias], meinen Herrn, zu kennen. Ich habe alles andere verloren und betrachte es als Dreck, damit ich ... [den Messias] habe und mit ihm eins werde. Ich verlasse mich nicht mehr auf mich selbst oder auf meine Fähigkeit, Gottes Gesetz zu befolgen, sondern ich vertraue auf ... [den Messias], der mich rettet. Denn nur durch den Glauben werden wir vor Gott gerecht gesprochen. Mein Wunsch ist es, ... [den Messias] zu erkennen und die mächtige Kraft, die ihn von den Toten auferweckte, am eigenen Leib zu erfahren. Ich möchte lernen, was es heißt, mit ihm zu leiden, indem ich an seinem Tod teilhabe, damit auch ich eines Tages von den Toten auferweckt werde!
>
> (Philipper 3,4-11)

Vor diesem Hintergrund schrieb Paulus: »Gott beschloss, wenn die Zeit dafür gekommen ist, alles im Himmel und auf der Erde der Vollmacht … [des Messias] zu unterstellen« – nicht der Thora (Epheser 1,10). Eine einfache, aber langwierige Übung kann das bestätigen: Lesen Sie die Paulusbriefe und lassen Sie »Jesus« weg. Dann ist nichts mehr übrig! Versuchen Sie danach, die Thora wegzulassen – Sie werden feststellen, dass danach Jesus immer noch da ist!

3. *Paulus war gegen alle Formen ethnischer und geistlicher Exklusivität, und einige Gelehrte sehen darin das Hauptproblem, das Paulus mit dem Gesetz hatte.* Er lehnte daher jegliche Vorstellung ab, dass die Juden sich auf einer höheren Ebene befänden als nichtjüdische Gläubige (vgl. Römer 2,25-27; 3,9; 10,11-13), oder dass sie eine Art garantierten und sicheren geistlichen Status hätten (Johannes der Untertaucher sagte etwas Ähnliches; vgl. Matthäus 3,7-10). Sicher gab es göttliche Vorrechte für das jüdische Volk (vgl. Römer 3,1-3; 11,16), aber sie hatten keinen höheren geistlichen Status außerhalb des Glaubens an Jesus.

4. *Paulus betonte die unübertreffliche Größe von Gottes neuem Bund und die Herrlichkeit des Lebens im Geist.* Es ist wahr, dass der erste Bund herrlich war, doch das war nicht zu vergleichen mit der Herrlichkeit des neuen Bundes: »Ja, die erste Herrlichkeit war überhaupt nicht herrlich im Vergleich zu der überwältigenden Herrlichkeit des neuen Bundes. Wenn also schon der alte Bund, der doch vergangen ist, voller Herrlichkeit war, dann besitzt der neue Bund, der in Ewigkeit bleiben wird, unermesslich viel größere Herrlichkeit« (2. Korinther 3,10-11; auch der Rest von 2. Korinther 3 ist relevant). Die Betonung liegt hier und anderswo eindeutig darauf, dass wir durch die Kraft des Geistes in einem neuen Leben wandeln: »Deshalb: Lebt so, wie es eurem neuen Leben im Heiligen Geist entspricht. Dann werdet ihr auch nicht tun, wozu eure sündigen Neigungen euch drängen. … Doch wenn ihr vom Heiligen Geist geleitet werdet, seid ihr nicht dem Gesetz unterworfen. … Diejenigen, die zu Christus Jesus gehören, haben die Leidenschaften und Begierden ihrer sündigen Natur an sein Kreuz geschlagen. Wenn wir jetzt durch den Heiligen Geist leben, dann sollten wir auch alle Bereiche unseres Lebens von ihm bestimmen lassen« (Galater 5,16.18.24-25; vgl. auch Römer 8,1-14).

5. *Paulus begriff, dass die neue Ordnung angebrochen ist und dass wir bereits das Leben der kommenden Welt erfahren, während wir noch in dieser Welt sind.* Auch das veränderte unsere Beziehung zur Thora. Schließlich wird, wenn wir diese Welt verlassen und endgültig unseren Status als Auferstandene erreichen, unsere Beziehung zu Gottes Geboten selbstverständlich völlig anders sein. Paulus erklärt, dass wir schon in dieser Zeit an dem Leben und der Ordnung der kommenden Welt teilhaben (vgl. Epheser 1,3; 2,6), und aus diesem Blickwinkel müssen wir mit Sünde und Fleisch umgehen (vgl. Kolosser 3,1-14).

Es gibt einige rabbinische Traditionen, die besagen, dass es in der kommenden Welt gewisse Veränderungen in der Thora geben wird. Zum Beispiel werden die einzigen Opfer in der kommenden Welt Dankopfer sein, und selbst unreine Tiere werden in der kommenden Welt als rein betrachtet werden.[8] Diese Vorstellungen sind manchen paulinischen Lehren nicht unähnlich.

Nachdem ich nun einige der Hauptlinien der paulinischen Lehre aufgezeigt habe, sollte ich zum Schluss anmerken, dass einige messianische Juden diese Aussagen gerne relativieren würden. Sie behaupten, dass alle messianischen Juden dazu berufen sind, in Übereinstimmung mit der Thora zu leben, und zwar aufgrund einer bündnishaften Verantwortung (das heißt, als Teil ihrer jüdischen Berufung, ungeachtet von Erlösung, Sündenvergebung oder Rechtfertigung). Andererseits können wir nachdrücklich festhalten, dass Paulus *nie* von den Heidenchristen verlangte, die Thora zu halten, und dass er sie kategorisch zurechtwies, als sie meinten, die Beschneidung oder Einhaltung der Thora seien erforderlich oder könnten ihren geistlichen Status in irgendeiner Weise verbessern. Vielmehr verstand er, in Übereinstimmung mit den Prinzipien von Jeschua, was wirklich zählte, und betonte die Rechtfertigung, die aus dem Glauben kommt. Sein Schwerpunkt für jüdische Gläubige in Bezug auf das, was am meisten zählt, wäre zweifellos derselbe.

48. Sollten Christen das Gesetz befolgen?

Gläubige stehen heute ohne Ausnahme *nicht* unter der bindenden Autorität des mosaischen Gesetzes. Das ist jedoch eine überaus vereinfachte Antwort. Also machen wir für den Augenblick einen Unterschied zwischen jüdischen und nichtjüdischen Jesusgläubigen und betrachten zunächst die Frage nach den nichtjüdischen Christen und dem Gesetz. Wir wollen diese Frage auf zwei verschiedene Arten stellen: 1) »*Müssen* nichtjüdische Christen das Gesetz halten?« Und wenn nicht, dann 2) »*Sollten* nichtjüdische Christen einen bestimmten Teil des Gesetzes halten?« Nach der Beantwortung dieser Fragen kehren wir zurück zur Frage nach den jüdischen Gläubigen und der Einhaltung der Thora.

Die Antwort auf die erste Frage, »*Müssen* nichtjüdische Christen das Gesetz halten?«, ist ziemlich einfach: Ganz sicher nicht! Das Neue Testament verlangt nirgendwo von nichtjüdischen Christen die Einhaltung der Thora. Im Gegenteil, als in der Apostelgeschichte die Nichtjuden anfangs zum Glauben kamen, meinten einige jüdische Gläubige: »Man muss sie beschneiden und ihnen gebieten, das Gesetz Moses zu halten« (Apostelgeschichte 15,5; EB). Immerhin war das ja eine jüdische Botschaft über einen jüdischen Messias. War es dann nicht notwendig, dass diese Nichtjuden wie praktizierende Juden leben? Die entschiedene Antwort der apostolischen Gemeinschaft wurde von Petrus zusammengefasst: Nein! »Wir glauben, dass wir alle auf demselben Weg wie jene gerettet werden, nämlich durch die Gnade des Herrn Jesus« (Apostelgeschichte 15,11). Der Brief des Paulus an die Galater nimmt sich dieses Themas recht energisch an, und er warnt die Gläubigen dort mit klaren Worten: »Denn wenn ihr durch das Gesetz vor Gott bestehen wollt, seid ihr von Christus getrennt und aus Gottes Gnade gefallen« (Galater 5,4).

In anderen Zusammenhängen stellte Paulus klar, dass Gläubige nicht unter der Aufsicht des Gesetzes stehen (um sie zum Messias zu bringen; vgl. Galater 3,23-25); dass Gläubige keine Gerechtigkeit durch das Gesetz erlangen können (vgl. Galater 2,21); dass Gläubige durch das Halten des Gesetzes nicht den Geist bekommen (vgl. Galater 3,1-5); dass Gläubige nicht unter dem Gesetz stehen, sondern vielmehr unter der Gnade (vgl. Römer 6,14), und dass die Beschneidung, die wirklich zählt, eine geistliche, innere Beschneidung ist (vgl. Philipper 3,2-3; Kolosser 2,11-12; siehe auch Römer 2,28-29; 1. Korinther 7,19; Galater 6,15). Obwohl Wissenschaftler verschiedene Interpretationen für Verse wie diese vorgeschlagen haben – und es könnten noch viel mehr angeführt werden –, ist der einfache Sinn doch bezwingend: Von nichtjüdischen Gläubigen wird *nicht* verlangt, das mosaische Gesetz zu halten, und für einen Gläubigen ist es ein Rückschritt, sich selbst unter das Gesetz zu stellen, nicht ein Fortschritt (vgl. Kapitel 47).

Das bringt uns zur zweiten Frage: »*Sollten* nichtjüdische Christen einen bestimmten Teil des Gesetzes halten?« Werfen wir dazu erneut einen Blick auf Apostelgeschichte 15. Jakob (im Deutschen allgemein bekannt als Jakobus, vgl. Kapitel 42) behandelt das in aller Kürze:

> Deshalb bin ich der Überzeugung, dass wir den Nichtjuden, die sich zu Gott bekehren, das Leben nicht unnötig erschweren sollten. Allerdings sollten wir ihnen schreiben und ihnen auftragen, kein Fleisch zu essen, das den Götzen geopfert wurde, alle Unzucht zu meiden und weder Blut noch das Fleisch nicht ausgebluteter Tiere zu essen. Denn seit vielen Generationen wurden diese Vorschriften aus dem Gesetz des Mose Sabbat für Sabbat überall in den jüdischen Synagogen gepredigt.
>
> (Apostelgeschichte 15,19-21)

Was bedeutet das? Manche haben die Worte Jakobs so ausgelegt: »Schau mal, diese Nichtjuden, die zum Glauben kommen, besuchen doch schon die Synagogen – sie sind Gottesfürchtige, die an den Gott Israels glauben. Und sie werden alles Weitere noch bald genug verstehen, wenn sie jede Woche die Thoralesung hören. Also werden wir den Anfang für sie ganz einfach machen, dann werden sie mit der Zeit die ganze Thora bereitwillig annehmen.«

Eine derartige Auslegung widerspricht allerdings vielen Versen in den Briefen des Paulus, von denen einige oben zitiert wurden (vgl. auch Kapitel 47). Sie widerspricht ebenfalls dem größeren Zusammenhang von Apostelgeschichte 15, wo die Übereinkunft von Petrus, Barnabas, Paulus und Jakob gerade *nicht* besagte: »Jetzt, da diese Nichtjuden gerettet sind, müssen wir sichergehen, dass sie auf die eine oder andere Weise dazu gebracht werden, die Thora einzuhalten.« Es überrascht nicht, dass kaum ein Bibelwissenschaftler Jakobs Worte so interpretiert, dass die Nichtjuden schleunigst lernen müssten, der ganzen Thora zu folgen. Viele von ihnen verstehen Jakob so: »Diese neuen nichtjüdischen Gläubigen werden keine Schwierigkeiten damit haben, diese Grundanforderungen zu begreifen, die wir an sie stellen, denn sie haben die Thoralesung in den Synagogen viele Male gehört und sind mit solchen Dingen vertraut.«

Sollten also nichtjüdische Christen das moralische Gesetz halten, während das bürgerliche und das zeremonielle Gesetz nur auf das alte Israel anzuwenden sind? Das Problem bei diesem Zugang ist, dass die Thora sich nicht sauber in diese Kategorien aufteilen lässt – obwohl eine solche Aufteilung praktisch wäre, erkennt man sie nicht in der Thora selbst. Und was noch wichtiger ist: Als Paulus an die nichtjüdischen Gemeinden schrieb, bezog er sich zwar oft auf das Gesetz, doch nicht in einer bindenden Weise. Als er beispielsweise zur Sittlichkeit und Reinheit und Heiligkeit aufrief, sagte er nicht: »Tut das, was im Gesetz geschrieben steht.« Vielmehr lehrte er mit einem anderen Schwerpunkt: »Gott möchte, dass ihr heilig seid; deshalb sollt ihr nicht unzüchtig leben. … Gott hat uns dazu berufen, heilig zu leben, und nicht, ein unreines Leben zu führen. Wer sich weigert, danach zu leben, der missachtet nicht etwa menschliche Vorschriften, sondern er lehnt Gott damit ab, der euch seinen Heiligen Geist geschenkt hat« (1. Thessalonicher 4,3.7-8).[9]

Es ist richtig, dass Paulus sich in Epheser 6,1-3 auf die Zehn Gebote beruft, als er die Kinder in Ephesus dazu aufruft, ihre Eltern zu ehren. Man sollte jedoch beachten, dass er erst sagt: »Denn das ist recht« (Epheser 6,1; EB), bevor er den Thoratext zitiert. Auch in Kolosser 3,20 mahnt er die Kinder, dass sie ihren Eltern gehorchen sollen: »Denn das freut den Herrn.« Natürlich hat Paulus die nichtjüdischen Gemeinden nicht gelehrt, alles zu befolgen, was in der Thora steht, obwohl er jederzeit auf den ganzen Tanach als Quelle geistlicher Autorität und Wahrheit verweisen konnte.

Aber sind nichtjüdische Gläubige nicht frei, den biblischen Geboten zu folgen, die sie erbaulich und hilfreich finden, ganz gleich ob diese Gebote in der Thora, den Propheten, den Sprüchen oder im Neuen Testament stehen? Absolut, solange Folgendes gilt: 1) Sie behalten die von Paulus formulierten Prinzipien im Gedächtnis, die oben genannt wurden, und verstehen, dass sie ihren geistlichen Status nicht verbessern können, indem sie das Gesetz halten; 2) sie richten nicht über andere auf der Basis, dass diese gewisse Gebote halten oder nicht (vgl. besonders Römer 14,1-13; auch Kolosser 2,16-19 ist zu beachten); und 3) sie lassen sich nicht von Unwichtigem gefangen nehmen. Die Hauptbotschaft des ganzen Neuen Testaments ist, dass unser Leben *auf ihn* gegründet ist – auf Jesus, den Sohn Gottes. Wer merkt, dass er vor allem von der Thora geprägt und darin gefangen ist, sollte einige Zeit damit verbringen, über die ersten Kapitel des Epheserbriefs zu meditieren. Danach ist sicher eine andächtige Lektüre des Hebräerbriefs hilfreich. (Zur Frage, ob nichtjüdische Christen die Thora-Feiertage begehen sollen, vgl. Kapitel 51.)

Andererseits *gibt* es gewisse Gesetze der Thora, die auf allgemeingültigen Prinzipien basieren. Gesetze, anhand derer Gott die Kanaaniter im Altertum richtete (vgl. auch Kapitel 25). Sie stehen vor allem in 3. Mose 18, wo verschiedene geschlechtliche Beziehungen vom Inzest über Sodomie bis hin zur Homosexualität verboten werden.[10] Wir können mit Sicherheit sagen: Wenn der Herr die Heiden für gewisse Sünden richtete, wird er diese Sünden sicherlich nicht in seinem erlösten Volk dulden. Ähnlich war es auch, als Gott in Amos 1,1–2,5 die heidnischen Völker tadelte, weil sie seine allgemeinen moralischen Prinzipien durch Bundesbruch und Grausamkeiten übertreten hatten, bevor er Israel spezieller für die Übertretungen der Thora zurechtwies.

In jedem Fall sollten alle Gläubigen dazu ermutigt werden, den moralischen Regeln der Thora zu folgen – warum auch nicht? –, auch wenn die meisten dieser Gesetze im Neuen Testament wiederholt wurden. So kann auch jemand aus einer Volksgruppe, der bisher nur das Neue Testament in ihrer Sprache vorliegt, Gottes moralische, geistliche und die Reinheit betreffende Ansprüche gut genug verstehen.

Was ist speziell mit den Judenchristen? Müssen sie weiterhin die Thora einhalten? Wiederum ist die Antwort Nein, was das Müssen angeht. Wie in den Kapiteln 46 und 47 betont wurde, hat sich die Beziehung aller Gläubigen, Juden wie Nichtjuden, zur Thora mit dem Kommen des Messias, der Einsetzung des neuen Bundes und dem Anbruch eines neuen Zeitalters dramatisch verändert. Um das zu wiederholen: Wir stehen nicht länger unter dem Urteil der Thora, nicht länger unter der Thora als Lehrer, der uns zum Messias bringt, und nicht länger unter der Thora als System der Rechtfertigung oder Rechtschaffenheit. Die Herrlichkeit der Thora ist im Licht der Herrlichkeit des Messias verblasst, nicht weil die Thora schlecht ist, sondern weil der Messias besser ist. Ein Neutestamentler hat das mir gegenüber einmal so ausgedrückt: Es ist wie bei einer Schreibmaschine, die durch einen Computer ersetzt wird.

Sollten Judenchristen dann die Thora einhalten? Hierfür können gute Gründe angeführt werden, in Bezug auf die Bundesverantwortung aufgrund der göttlichen Erwählung Israels.[11] Das bedeutet, dass viele messianische Juden sich dazu berufen fühlen, in erkennbarer Weise als Juden zu leben, um die Identität ihres Volkes bewahren zu helfen. Sie befinden sich dabei vollkommen im Einklang mit Gottes Absichten und Verheißungen (vgl. Jeremia 31,35-37). Auf diese Weise sind sie für ihr Volk ein beständiges gutes Beispiel und widerlegen die Auffassung, dass Juden, die an Jesus glauben, sich immer anpassen. Gewöhnlich halten diese jüdischen Gläubigen den Sabbat am siebten Tag, gehorchen den Speisegesetzen und folgen dem biblischen Kalender.

Doch es muss betont werden, dass dies nur in dem Maß getan werden sollte, wie 1) Gott es den Einzelnen (oder Gemeinden) ins Herz schreibt; 2) es im Licht der Wirklichkeit des Neuen Bundes und des Lebens im Geist getan wird (wie bereits oben hervorgehoben); 3) Jeschua stets die Mitte bleibt; 4) dies immer nur in Freiheit, nie aufgrund von Knechtschaft getan wird; 5) über andere jüdische Gläubige, denen das nicht ins Herz geschrieben wurde, nicht gerichtet wird; und 6) über den Rest des Leibes nicht gerichtet wird; außerdem sollten sich jüdische Gläubige, die diesen Bundesruf empfinden, nicht vom Rest des Leibes Christi absondern.[12]

Das Zeugnis des messianisch-jüdischen Liturgen Jeremiah Greenberg, geschrieben in der dritten Person, trifft es gut:

> Nachdem er weitere zehn Jahre in der Kirche verbracht hatte, gab Gott ihm die »messianische Vision«, die für ihn zweigeteilt ist. Erstens: Wenn Gott gesagt hat, dass in der Endzeit Juden den Messias erkennen werden, dann macht es Sinn, dass zumindest einige von ihnen als Gläubige merklich, identifizierbar jüdisch bleiben und sich nicht an andere Kulturen anpassen.
>
> Zweitens: Es ist ein sehr starkes Zeugnis für unsere jüdischen Freunde und Brüder, wenn wir als Gläubige identifizierbar jüdisch bleiben. Dann

können sie sehen, dass wir nicht unsere Religion gewechselt, sondern wie die israelitischen Gläubigen im ersten Jahrhundert die messianische Erfüllung, Jesus, Jeschua, empfangen haben, wie es in der Heiligen Schrift prophezeit ist.

Für Jeremiah ist es eine Berufung. Es ist nicht etwas, das jeder tun sollte, sondern nur diejenigen, die glauben, dass sie in diese Richtung geführt werden. Andererseits könnte die Kirche wieder ein wenig mehr Respekt gegenüber ihren jüdischen Wurzeln zeigen und beispielsweise erkennen, dass die jüdischen Feste wirklich *biblische* Feste sind, die geistliche Bedeutung für alle Gläubigen haben und immer wieder auf den Messias hinweisen.

Daher blieb Jeremiah verwurzelt in der messianischen Gemeinschaft und sieht Juden und Nichtjuden als *Gleichgestellte* im Leib des Messias an.[13]

49. Sollten Christen den Sabbat am Samstag halten?

Nachdem wir uns der umfangreicheren Frage nach der Beziehung der Christen zum mosaischen Gesetz im Allgemeinen gewidmet haben (vgl. Kapitel 48), können wir nun die besonderen Fragen zum Sabbat beantworten. Wird von den Nachfolgern Jesu – hier geht es vor allem um die nichtjüdischen Nachfolger des Herrn – *erwartet*, den Sabbat zu halten? Und wenn ja, sollte das am Samstag, wie es ursprünglich war, oder an einem Sonntag geschehen, wie es in der Kirchengeschichte zumeist praktiziert wurde? Ist es schriftgemäßer, einfach *irgendeinen Tag* als heilig für den Herrn auszusondern, einen Tag, an dem man von seiner normalen Arbeit ruht? Oder ist das für Christen ein völlig falscher Zugang zur Sabbatfrage, weil in Jesus jeder Tag heilig ist und wir bereits in die Ruhe von unserer Arbeit eingegangen sind?

Hier sind einige Schlüsselargumente:

1. *Der Sabbat als siebter Tag wurde bei der Schöpfung für heilig erklärt und wird, gemäß den prophetischen Schriften, Teil des zukünftigen Zeitalters sein.* Normalerweise denken wir, wenn wir an den Sabbat denken, an die Zehn Gebote. Doch in Wirklichkeit wurde

der Sabbat bei der Schöpfung für heilig erklärt (vgl. 1. Mose 2,2-3), auch wenn zu diesem Zeitpunkt kein Gebot damit verbunden war. Der Schöpfungsbericht bildet die Grundlage für das Gebot in 2. Mose 20,11, den Sabbat zu halten: »Denn in sechs Tagen hat der Herr den Himmel, die Erde, das Meer und alles, was darin und darauf ist, erschaffen; aber am siebten Tag hat er geruht. Deshalb hat der Herr den Sabbat gesegnet und für heilig erklärt.«

Doch diese Worte in 2. Mose 20, vom Herrn auf dem Berg Sinai gesprochen, sind nicht die ersten, die Gott zu Israel über den Sabbat gesagt hat. Die ersten stehen in 2. Mose 16, bevor die Israeliten am Sinai ankamen. Damals gebot Gott seinem Volk, am siebten Tag kein Manna zu sammeln (vgl. Verse 22-26).

So wurde also der Sabbat bei der Schöpfung eingesetzt und dann noch vor dem Sinai den Israeliten gegeben, danach wurde er am Sinai erneut geboten. Nach Jesaja scheint es so, als ob der Sabbat in der kommenden Welt weiter existieren wird:

> »So sicher der neue Himmel und die neue Erde, die ich erschaffe, vor mir Bestand haben werden, so sicher sollen auch eure Nachkommen und euer Name Bestand haben«, spricht der Herr. »An jedem Neumond und an jedem Sabbat wird die ganze Menschheit kommen und mich anbeten«, sagt der Herr.
>
> (Jesaja 66,22-23)

In jedem Fall kann eindeutig festgestellt werden, dass in der hebräischen Bibel der Sabbat dem Berg Sinai vorausgeht und im tausendjährigen Reich weiter bestehen wird.

2. *Der Sabbat am siebten Tag wurde als besonderes Zeichen zwischen Gott und Israel gegeben.* In 2. Mose 31,17 sagte Gott über den Sabbat: »Er ist ein ewiges Zeichen meines Bundes mit ihnen. Denn in sechs Tagen hat der Herr Himmel und Erde geschaffen, doch am siebten Tage ruhte er aus und erholte sich.« Er wiederholte das Jahrhunderte später durch den Propheten Hesekiel: »Und ich gab ihnen meinen Sabbat als Bundeszeichen zwischen ihnen und mir. … Und haltet meinen Sabbat heilig, denn er soll ein Bundeszeichen zwischen mir und euch sein« (Hesekiel 20,12.20).

   Gott hat keine andere Nation dazu berufen, den Sabbat zu halten, obwohl er in Jesaja 56,4-7 die Tür für Nichtjuden öffnete, sich seinem Bund mit Israel anzuschließen: für die »Eunuchen, die meinen Sabbat heiligen«. Also war die Tür offen für die Nichtjuden, in Israels Bund einzutreten, doch das besondere Bundeszeichen des Sabbats am siebten Tag wurde ausschließlich dem Volk Israel gegeben.

3. *Von den nichtjüdischen Gläubigen wird im Neuen Testament niemals verlangt, dass sie den Sabbat am siebten Tag halten. Sie werden dem Volk Israel gleichberechtigte Bundesbürger, ohne all die Anforderungen des Gesetzes zu halten (vgl. auch Kapitel 53).*

Es stimmt, dass viele der ersten nichtjüdischen Gläubigen eigentlich »Gottesfürchtige« waren, welche die Botschaft des Evangeliums in den Synagogen hörten (vgl. Apostelgeschichte 13,26; 17,4.17). Sie werden wohl mit dem Sabbat am siebten Tag vertraut gewesen sein.[14] Sie haben sogar wahrscheinlich Paulus am Sabbat predigen gehört. Nichtsdestotrotz war, wie wir gesehen haben (Kapitel 48), das Urteil in Apostelgeschichte 15 eindeutig: Von nichtjüdischen Gläubigen wurde nicht verlangt, alle Thoragesetze zu halten.

Natürlich enthalten die anderen Bücher des Neuen Testaments viele ethische und moralische Anweisungen für die nichtjüdischen Gläubigen (vgl. Epheser 4,17–6,9), doch nirgendwo wird ihnen geboten oder von ihnen verlangt, den Sabbat zu halten. (Für eine korrekte Auslegung von Apostelgeschichte 15,21 vgl. Kapitel 48.) Im Gegenteil, sie werden ermahnt, niemandem zu erlauben, über sie zu richten, weil sie den Sabbat und andere Feiertage halten oder nicht halten: »Lasst euch deshalb von niemandem verurteilen, nur weil ihr bestimmte Dinge esst oder trinkt oder weil ihr bestimmte Feiertage, religiöse Feste oder Sabbate haltet oder nicht haltet. Denn diese sind nur ein Schatten des Zukünftigen. Die Wirklichkeit aber ist Christus selbst« (Kolosser 2,16-17).

In einem anderen Zusammenhang schreibt Paulus das auch an die Römer:

> Genauso ist es bei dem, der bestimmte Tage für heiliger erachtet als andere, während für einen anderen dagegen alle Tage gleich zählen. Entscheidend ist aber, dass jeder von dem überzeugt ist, was er denkt! Wer einen besonderen Tag auswählt, um den Herrn anzubeten, will ihn da-

mit ehren. ... Denn wir gehören nicht uns selbst, ganz gleich, ob wir leben oder sterben. Wenn wir leben, leben wir, um dem Herrn Freude zu machen, und wenn wir sterben, sterben wir, um beim Herrn zu sein. Ob wir nun leben oder sterben: Wir gehören dem Herrn.

(Römer 14,5-8)

Trotz vieler unterschiedlicher Auslegungen dieser Stelle[15] scheint die Schlussfolgerung unvermeidlich zu sein: Nichtjüdische Gläubige sind nicht dazu angehalten noch wird von ihnen erwartet, einen besonderen Tag als heilig für den Herrn zu halten. Wir haben keinen Hinweis aus der frühen Kirchengeschichte, dass nichtjüdische Gläubige den Sabbat am siebten Tag gehalten hätten.

4. *Es gibt keinen biblischen Beweis für die Auffassung, dass nach der Auferstehung Jesu der Sabbat auf den Sonntag verlegt wurde.* Es gibt einige Hinweise darauf, dass sich die Gläubigen schon im späten 1. oder frühen 2. Jahrhundert an Sonntagen vor oder nach der Arbeit getroffen haben, um die Auferstehung des Herrn zu feiern, doch das hatte nichts mit der Idee des Sabbats zu tun. Außerdem können gute Argumente aus dem Neuen Testament gegen einen Wechsel vom Sabbat zum Sonntag vorgebracht werden.[16] Die Kirche erklärte nicht vor dem 4. Jahrhundert, dass der Sabbat auf den Sonntag verlegt worden sei, und da brannte die Frage auf den Lippen: »Mit welcher Vollmacht habt ihr das getan?«
5. *Andererseits gibt es, da Gott den nichtjüdischen Gläubigen nie geboten hat, den Sabbat am siebten Tag zu halten – das wird einfach nirgendwo im Neuen Testament erwähnt –, keinen Grund, warum sie nicht den Sonntag zum besonderen Tag der Ruhe und der Anbetung des Herrn erklären und dabei das Prinzip des Sabbats in ihr Leben eingliedern sollen.* In dem Maß, wie sich Christen geführt wissen, den Sonntag zu ihrem Sabbat zu erklären, ist nichts falsch daran, solange ihnen klar ist, dass sie nicht über andere urteilen können, welche diese Überzeugung nicht teilen (vgl. besonders Römer 14).

Das bedeutet jedoch auch, dass es keinen Grund gibt, warum nichtjüdische Christen den Sabbat nicht am Samstag halten können, doch wiederum warne ich: Das sollte nicht in einer gesetzlichen oder bindenden Weise geschehen, trotz der guten Argumente, die von den Siebenten-Tags-Adventisten vorgebracht werden. Und ganz gleich, welche Meinung man hat: Anti-Sonntags-Rhetorik wie die folgende sollte zurückgewiesen werden:

> Jetzt haben wir erfahren, dass der Sonntag das Zeichen des Papsttums (des Tieres) ist und dass Satan es den Leuten bald unmöglich machen wird, Gottes heiligen siebenten Tag der Ruhe zu ehren, indem er die USA dazu benutzt, allgemeine Sonntagsgesetze zu erlassen. Wir sollten damit anfangen, den Sabbat zu ehren (und uns selbst darin üben, solange das Leben noch leichter ist), und diese Wahrheit mit anderen teilen, um zu versuchen, so viele Seelen wie möglich zu gewinnen. … Aus dem überwältigenden Gewicht der Hinweise können wir sicher schlussfolgern, dass das Tier aus Offenbarung 13 und 14 die Römisch-Katholische Kirche ist, und dass sein Zeichen (das Zeichen des Tieres) die Feier des Sonntags ist. … Der Schöpfer will deine Anbetung an seinem heiligen Sabbattag, und Satan, der wie der Schöpfer sein will, will deine Anbetung am Sonntag. Wen wirst du wählen?[17]

Unsinnige Behauptungen wie diese sollten als solche behandelt werden.

6. *Der Sabbat sollte als Tag der Freude am Herrn freigehalten werden.* Das wurde vom Herrn in Jesaja 58,13-14 mit Nachdruck gesagt. Auch Jesus lehrte: »Der Sabbat wurde zum Wohl des Menschen gemacht und nicht der Mensch für den Sabbat« (Markus 2,27). Das bedeutet: Wie auch immer dieser Tag begangen wird, es sollte mit Vergnügen und Freude geschehen, man sollte den Herrn ehren und anderen Befreiung bringen. In Übereinstimmung damit heilte Jesus häufig Kranke am Sabbat.
7. *Unsere höchste Ruhe finden wir in einer Person, nicht an einem Tag. Daher sollte das Einhalten des Sabbats sowohl geistlich als auch praktisch geschehen.* Es ist eindeutig, dass Gott ein System der wöchentlichen Erneuerung eingerichtet hat, damit wir von unseren täglichen Aufgaben ruhen und uns auf ihn konzentrieren. Auf einer bestimmten Ebene sind wir durch das Werk des Messias in eine immerwährende Ruhe von unserer eigenen Arbeit eingetreten (vgl. Matthäus 11,28-30; Römer 4,4-5; Hebräer 4,9-11). Auf einer anderen Ebene lasten die Anforderungen und Ablenkungen

dieses Lebens stets auf uns, sodass es gut ist, einmal in der Woche zur Ruhe zu kommen, sich von diesen Dingen abzuwenden und gleichzeitig unsere Aufmerksamkeit auf den Herrn zu richten, um in ihm Erneuerung zu finden.

Manche dieser Prinzipien gelten auch für jüdische Gläubige, doch man darf nicht vergessen, dass der Sabbat am siebten Tag *wirklich* Israel als besonderes Zeichen gegeben wurde. Deswegen ist es besonders für messianische Juden angemessen, den Sabbat am siebten Tag zu halten und auch dann in ihren Gemeinden Gottesdienst zu feiern. Nichtsdestotrotz ist dies, wie oben betont, eine Frage der Überzeugung und Berufung. Andere jüdische Gläubige mögen dem Herrn gegenüber eine andere Berufung und Verantwortung empfinden, als Teil dessen, allen alles zu sein, um einige zu retten (vgl. 1. Korinther 9,20-22; EB), und als Teil ihrer Freiheit im Herrn. In diesem Zusammenhang darf man nicht vergessen, dass unsere Beziehung zur Thora mit dem Kommen des Messias in die Welt ebenfalls radikal verändert wurde (vgl. Kapitel 46 und 47), und das schließt unsere Beziehung zum Sabbat mit ein.

50. Sollten Christen an den Speisegesetzen festhalten?

Christen, egal ob Juden- oder Heidenchristen, sind vollkommen frei, an den Speisegesetzen festzuhalten. Aber von den heutigen Gläubigen, jüdisch oder nichtjüdisch, wird nicht *verlangt*, dass sie die Speisegesetze einhalten, und es wäre falsch, Gottes Volk als Sklaven der Speisegesetze zu betrachten.

Manche Christen halten sich freiwillig aus Gesundheitsgründen an die Speisegesetze, weil sie glauben, dass in erster Linie Hygiene ein Hauptgrund für sie war. Das ist gewiss eine lobenswerte Gewohnheit, doch es gibt einige Diskussionen darüber, ob Gesundheitsaspekte die primäre göttliche Motivation hinter den Speisegesetzen war (vgl. Kapitel 12). Einige messianische Juden halten die Speisegebote freiwillig in einer Bundessolidarität mit dem jüdischen Volk, was ebenso lobenswert ist, solange sie ihre Überzeugungen nicht anderen aufzwingen (vgl. Kapitel 48, 49 und 51).

Es ist ebenso wichtig für all diejenigen, welche die Speisegesetze freiwillig befolgen, eine Reihe von neutestamentlichen Prinzipien im Gedächtnis zu behalten, von denen einige in Kapitel 46, Punkt 4, angesprochen werden.

1. *Jesus lehrte ganz einfach, dass nichts von dem, was wir essen, uns geistlich unrein machen kann, weil das Essen nicht in unsere Herzen, sondern in unsere Mägen geht, von wo aus es den Körper wieder verlässt.* Was wir also essen, macht uns nicht unrein. Vielmehr:

> Es sind seine Gedanken, die den Menschen verunreinigen. Denn von innen, aus dem Herzen eines Menschen, kommen böse Gedanken wie Unzucht, Diebstahl, Mord, Ehebruch, Habgier, Bosheit, Hinterlist, Vergnügungssucht, Neid, Verleumdung, Stolz und Unvernunft. Alle diese üblen Dinge kommen von innen heraus; sie sind es, die den Menschen unrein machen.
>
> (Markus 7,20-23)

2. *Nichts ist in und an sich unrein.* Wie Paulus es für die Römer ausdrückte: »Ich weiß und bin durch Jesus, den Herrn, davon überzeugt, dass nichts, was Gott geschaffen hat, unrein ist. Nur wenn es jemand dafür hält, ist es unrein« (Römer 14,14). Deshalb müssen wir Verständnis haben, wenn der eine Gläubige jegliches Essen frei und mit einem »reinen« Gewissen vor Gott essen kann, während ein anderer das nicht kann.

3. *Essen hat keine geistlichen Qualitäten.* Um noch einmal Paulus zu zitieren: »Es stimmt, dass wir Gottes Anerkennung nicht durch das gewinnen können, was wir essen. Wir versäumen nichts, wenn wir etwas Bestimmtes nicht essen, und wir gewinnen nichts, wenn wir es tun« (1. Korinther 8,8). Sicher ist es wichtig, dass wir gute Verwalter unserer Körper sind, und in diesem Zusammenhang ist wichtig, was wir essen. Doch Hähnchen zu essen bringt, für sich betrachtet, keine größere Geistlichkeit hervor, und Hummer zu essen bringt, für sich betrachtet, keine größere Fleischlichkeit.

4. *Die Speisegesetze standen symbolisch für die Trennung der Nichtjuden von den Juden, eine Trennung, die das Kreuz aufgehoben hat.* Es ist deshalb wichtig, dass die Speisegesetze nicht dazu benutzt werden, eine Trennung zwischen den Gläubigen zu bewirken oder eine Einstellung angeblicher geistlicher Überlegenheit zu nähren. Außerdem ist es wichtig, dass persönliche Überzeugungen anerkannt werden und dass diejenigen, welche den Speisegesetzen folgen wollen, die Freiheit haben, das zu tun. Doch es ist ebenso wichtig, dass diejenigen, welche sich nicht verpflichtet fühlen, diese Gesetze zu halten, nicht verurteilt werden. Wir tun gut daran, uns zu erinnern, dass Paulus im Zusammenhang mit Essgewohnheiten Folgendes sagte: »Wer bist du, dass du einen Diener Gottes verurteilst? Er ist dem Herrn verantwortlich, deshalb überlasst es Gott, sein Verhalten zu beurteilen. Der Herr hat die Kraft, ihm zu helfen, sodass er das Richtige tun wird« (Römer 14,4).

5. *Die Befolgung der Speisegesetze muss den zweiten Platz hinter der Verkündigung des Evangeliums und manchmal auch der Nachfolge einnehmen.* Obwohl über die genaue Bedeutung der Worte von Paulus in 1. Korinther 9,20-22 diskutiert wird, ist die Aussage im Großen und Ganzen eindeutig: Er ist »allen alles geworden, damit … [er] auf alle Weise einige rette« (1. Korinther 9,22; EB). Wenn es notwendig ist, Schweinefleisch zu essen, um jemanden mit dem Evangelium zu erreichen, dann sollten wir Schweinefleisch essen, und wenn es für die Unterstützung der weiteren Nachfolge notwendig ist, unreines Geflügel zu essen, sollten wir das tun. Viele Missionare können dies bestätigen, besonders bei Menschen, die von der Gesellschaft ausgeschlossen wurden. Ihr Essen zurückzuweisen, selbst wenn sie Gläubige sind, ist gleichbedeutend damit, sie als Menschen zurückzuweisen und ihnen zu sagen, dass ihr Bestes nicht gut genug ist für Sie, und dafür gibt es keine biblische Berechtigung. Die gerade genannten neutestamentlichen Prinzipien verleihen dieser praktischen Wahrheit noch mehr Gewicht.

51. Sollten Christen die biblischen jüdischen Feiertage halten?

Bei nichtjüdischen Christen wird es immer üblicher, die biblischen Festtage zu feiern, und es gibt viele lobenswerte Gründe, das zu tun. Hier sind einige:

1. *Die biblischen Feiertage haben eine große geistliche und prophetische Bedeutung.* Das Passahfest steht im Zusammenhang mit dem Tod Jeschuas (vgl. 1. Korinther 5,7-8), das Erstlingsfest mit seiner Auferstehung (vgl. 1. Korinther 15,20) und das Wochenfest (*Schawuot* oder Pfingsten) mit der Ausgießung des Heiligen Geistes (vgl. Apostelgeschichte 2,1-4). Das Posaunenfest weist auf die Wiederkunft des Herrn beim Schall der Posaunen hin (vgl. Matthäus 24,31; 1. Korinther 15,52; 1. Thessalonicher 4,16; Offenbarung 11,15), der Versöhnungstag (Jom Kippur) auf Israels endgültige Reinigung (vgl. Sacharja 13,1, als Folge von Sacharja 12,10) und das Laubhüttenfest (*Sukkot*) weist auf die endgültige Versammlung der Nationen hin (vgl. Sacharja 14,16-19; vgl. auch Offenbarung 7,9 und 3. Mose 23,40 für Palmzweige und Laubhütten).

2. *Die biblischen Feiertage sind von großer historischer Bedeutung.* Obwohl die messianische Bedeutung der biblischen Feiertage gewiss wichtiger für die Christen ist als die historische Bedeutung, ist auch der Ursprung und der Sinn dieser Feiertage in Israels Geschichte wichtig. Wenn es also in Ordnung ist, den 1. Mai und den 3. Oktober in Deutschland zu feiern und sich an den ursprünglichen Anlass dieser Feiertage zu erinnern, wie könnte es dann falsch sein, sich am Passahfest an Israels Befreiung aus Ägypten zu erinnern? Wenn man dann dieses Fest mit dem Tod und der Auferstehung Jeschuas verbindet, kann das sehr eindrücklich sein.

3. *Das Feiern der biblischen Feste ist ein guter Weg, um Gottes Erlösungstaten zu lehren.* Paulus hat sich offen auf die Feiertage bezogen, als er an die Korinther schrieb. Er hat das Passahfest in 1. Korinther 5,7-8 geistlich auf Christus übertragen und sich möglicherweise in 1. Korinther 15,20 direkt auf das Erstlingsfest bezogen.

Man sollte auch beachten, wie Lukas beiläufig in Apostelgeschichte 27,9 auf Jom Kippur (das Fasten) eingeht und voraussetzt, dass seine Leser ihn verstehen werden. Doch viele Christen verstehen heute diese Bezugnahmen nicht mehr und sind so von den jüdischen Wurzeln des Glaubens getrennt (vgl. Kapitel 42 und 43). Das Feiern der Feste – oder zumindest die jährlich wiederkehrende Lehre darüber – ist ein guter Weg, eine ganze Gemeinde zu bilden, von den Jungen bis zu den Alten.

4. *Das Feiern der biblischen Feste ist ein guter Weg, um die jüdischen Wurzeln des christlichen Glaubens wiederzuentdecken.* Es ist vollkommen klar, dass alles, was Gott tut, in seinem Sohn Jesus zusammengefasst ist, dass unser Messias und König in jeder Weise die Schlüsselrolle innehat und dass unsere Fülle in ihm zu finden ist, nicht im Feiern von Festen oder dem Beachten besonderer Zeiten. Andererseits wurde die Kirche so sehr von Nichtjuden geprägt (vgl. Kapitel 53), so sehr von ihren biblisch-jüdischen Ursprüngen abgetrennt, dass eine Würdigung des biblisch-jüdischen Kalenders – des Kalenders von Jeschua und den Aposteln – sicherlich eine Hilfe ist. Um ein Beispiel zu nennen: Man denke nur an die positiven Auswirkungen, die es hat, wenn Kirchen dazu aufgerufen werden, am Versöhnungstag für die Erlösung des jüdischen Volkes weltweit zu fasten und zu beten, einem Tag, an dem Millionen Juden fasten und Gott um die Vergebung ihrer Sünden bitten. Was sollte daran falsch sein?

Ebenso ist es angemessen zu fragen, wo sich die Heilige Schrift auf Weihnachten bezieht. Ich persönlich habe kein Problem mit Gläubigen, die Jesu Geburt feiern (auch wenn dieser Brauch nicht auf die apostolische Kirche zurückzugehen scheint). Einige der wundervollsten Choräle, die je geschrieben wurden, werden in der Weihnachtszeit oft gesungen, und die Evangelienberichte von der Geburt werden wieder einmal vorgelesen. Und wenn Christen Jesu Geburt am 25. Dezember feiern wollen – trotz der Tatsache, dass er nicht an diesem Tag geboren wurde–: Es steht nichts im Wort Gottes, was dies verbietet.[18] Sicherlich ist die Anti-Weihnachts-Rhetorik mancher Lehrer recht extrem, wie die Kommentare eines exzentrischen

Autors illustrieren, der meint, dass ein Weihnachtsbaum »ein immergrünes phallisches Symbol« sei.[19] Andererseits: Warum ist es richtig, Weihnachten zu feiern, aber falsch, das Laubhüttenfest zu feiern? Für welches der beiden gibt es ein biblisches Beispiel?

In diesem Zusammenhang ist es wichtig zu betonen, dass viele Gläubige beim Feiern von Festen tatsächlich schädlichen Bräuchen verfallen, und dazu gibt es einige direkte Warnungen im Neuen Testament. Angesichts dessen möchte ich manche der Argumente erneut formulieren, die ich in Bezug auf Christen und das Gesetz bereits vorgebracht habe: 1) Das Feiern der biblischen Feste bedeutet *nicht*, dass ein nichtjüdischer Gläubiger »jüdisch wird«. Juden und Nichtjuden haben den gleichen Status vor dem Herrn, und Juden sind nicht dazu berufen, Nichtjuden zu werden, noch sind Nichtjuden dazu berufen, Juden zu werden (vgl. Kapitel 53). 2) Jesus muss die Mitte sein bei allem, was wir tun. (Mir ist klar, dass ich das oben schon einmal gesagt habe, doch das *kann nicht* überbetont werden. 3) Das Feiern der Feste wird im Neuen Testament *nicht* geboten und sollte nicht in einer bindenden oder gesetzlichen Weise praktiziert werden.[20]

Das sprach auch Paulus an, als er seine Besorgnis über die Galater zum Ausdruck brachte: »Ihr versucht, Gott zu gefallen, indem ihr an bestimmten Tagen, Monaten, Jahreszeiten oder Festen gewisse Dinge tut oder unterlasst. Ich mache mir Sorgen um euch. Ich befürchte, dass all meine harte Arbeit für euch umsonst war« (Galater 4,10-11).[21] Was war das Problem? Während Kommentatoren auf verschiedene Nuancen des Textes hinweisen, scheint doch eindeutig zu sein, dass die Galater dachten, sie müssten bestimmte Tage, Monate, Jahreszeiten oder Feste beachten. Und was noch schlimmer ist: Sie dachten, indem sie das täten, würde sich ihr geistlicher Status beim Herrn verbessern. Nichts davon ist wahr!

In Kolosser 2,16-17 sprach Paulus ein ähnliches Phänomen an: »Lasst euch deshalb von niemandem verurteilen, nur weil ihr bestimmte Dinge esst oder trinkt oder weil ihr bestimmte Feiertage, religiöse Feste oder Sabbate haltet oder nicht haltet. Denn diese sind nur ein Schatten des Zukünftigen. Die Wirklichkeit aber ist Christus selbst.« (Vgl. auch Kapitel 49.)

Also lassen Sie alles, was Sie als Christ tun, seine Vollendung in Jeschua finden, halten Sie keinen Feiertag und kein Gebot aufgrund eines Zwangs, achten Sie darauf, dass wir als Gläubige nicht übereinander urteilen wegen einer Einhaltung oder Nichteinhaltung, lassen Sie niemanden sich »ungeistlich« fühlen, wenn er dem Halten der Feiertage nichts abgewinnen kann – und wenn der Herr es Ihnen ins Herz gelegt hat, dann seien Sie gesegnet beim Halten der Feiertage! (Für besondere Überlegungen für messianische Juden vgl. Kapitel 48.)

52. Was ist der Unterschied zwischen Passah und Ostern?

Was die Weltreligionen angeht, würden die meisten Leute sagen, dass Passah ein jüdischer Feiertag ist, an dem der Auszug aus Ägypten gefeiert wird, während Ostern ein christlicher Feiertag ist, an dem die Auferstehung Jesu gefeiert wird. In vielerlei Hinsicht ist das ein falsches und oberflächliches Verständnis.

Erstens gab es in der neutestamentlichen Zeit kein »Ostern«, obwohl die englische King James Bibel in Apostelgeschichte 12,4 statt »Passah« »Ostern« schreibt. Im griechischen Text steht *to pascha*, das bedeutet »das Passah«, und so wird es auch in fast allen anderen englischen und deutschen Ausgaben übersetzt, einschließlich der New King James Bibel.[22]

Zweitens verbindet das Neue Testament den Tod Jesu einfach mit dem Passah, und Paulus schreibt in 1. Korinther 5,7 ausdrücklich, dass der Messias, »unser Passahlamm, … für uns geopfert worden« ist. (Man sollte auch Johannes 1,29 beachten, wo Johannes sich auf Jesus bezieht als »das Lamm Gottes, das die Sünde der Welt wegnimmt!«) Paulus assoziiert außerdem die Auferstehung des Herrn mit dem Erstlingsfest, das ebenfalls in Verbindung mit dem Passah gefeiert wurde, möglicherweise an einem Sonntag (vgl. 1. Korinther 15,20; 3. Mose 23,4-14; vgl. auch Kapitel 51). Das bedeutet, dass in dem Maß, wie die ersten Gläubigen der Auferstehung Jeschuas zu einer bestimmten Zeit im Jahr gedachten – und es ist nicht sicher, dass das weit verbreitet war –,[23] sie das im Zusammenhang mit der Passahfeier taten. Der Messias ist gestorben und auferstanden, und das führte zu einem noch größeren Exodus und einem lauteren Ruf, den »Sauerteig« aus der Mitte des Gottesvolkes zu entfernen (vgl. 1. Korinther 5,6-8; vgl. wieder Kapitel 51).

Dr. Mark Kinzer merkt jedoch an, dass am Ende des 2. Jahrhunderts »eine Kontroverse aufkam, in welcher sich der Wunsch der nichtjüdischen Kirche manifestierte, sich von jeglichen jüdischen Verbindungen und Einflüssen zu befreien«. Er fährt fort:

> Uneinigkeit bestand in diesem Punkt: Sollte die nichtjüdische Ekklesia [Gemeinde, Kirche] des Todes und der Auferstehung Jeschuas am vierzehnten Nisan gedenken, wenn die Juden Passah feierten? Die das befürworteten, wurden Quartodezimaner genannt (vom lateinischen Wort für »vierzehn«). Ihr Brauch leitet sich wahrscheinlich von der frühen jüdischen Kirche her ab. Die kleinen Gemeinschaften der jüdischen Jeschuagläubigen im zweiten Jahrhundert behielten mit einiger Sicherheit diesen Brauch bei. ... Das Problem entstand aus der Tatsache, dass die nichtjüdische Ekklesia der Provinz Asia (in Kleinasien) eine quartodezimanische war und behauptete, ihr Brauch sei apostolischen Ursprungs.
>
> Es war beunruhigend, die quartodezimanische Kontroverse zu beobachten, weil (wenn man sich an diese Ansicht gehalten hätte) die gesamte Ekklesia ihren liturgischen Kalender so hätte ordnen müssen, dass er mit den Entscheidungen der jüdischen Gemeinschaft übereinstimmte. In einer Frage von großem praktischen Einfluss hätte das die Abhängigkeit von und sogar die Solidarität mit der ganzen jüdischen Welt zum Ausdruck gebracht.[24]

Das Problem war daher simpel: Dem jüdischen Kalender zu folgen war zu jüdisch für die wachsende nichtjüdische Kirche! Die Vorstellung von einer sonntäglichen Feier der Auferstehung war nicht das wirkliche Problem, denn das hätte theoretisch in Verbindung mit dem Erstlingsfest geschehen können. Das Problem war, dass man einen wichtigen christlichen (d.h. nichtjüdischen!) Feiertag hatte, der vom jüdischen Kalender abhängig war. Das war einfach inakzeptabel und führte zu der abschließenden Entscheidung beim Nizänischen Konzil 325 n.Chr. Wie Kinzer anmerkt: »Konstantins Sprache ist schon fast peinlich direkt.«[25]

> Es wurde erklärt, dass es besonders unwürdig für dieses heiligste aller Feste sei, der Gewohnheit [der kalendarischen Berechnung] der Juden

> zu folgen, welche ihre Hände mit dem furchtbarsten aller Verbrechen beschmutzt hatten und deren Sinne verstockt waren. Indem wir ihre Gewohnheit zurückweisen, können wir an unsere Nachkommen die rechtmäßige Art, Ostern zu feiern, weitergeben, die wir von der Zeit der Passion des Heilands bis auf den heutigen Tag praktiziert haben [abhängig vom Wochentag]. Wir sollten daher nichts mit den Juden gemeinsam haben, denn der Heiland hat uns einen anderen Weg gezeigt; unser Gottesdienst folgt einem rechtmäßigeren und zweckmäßigeren Ablauf (der Reihenfolge der Wochentage); infolgedessen, liebe Brüder, nehmen wir diese Art einstimmig an und wollen uns von der verabscheuungswürdigen Gesellschaft der Juden trennen, denn es ist für uns wirklich beschämend, sie prahlen zu hören, dass wir ohne ihre Weisung das Fest nicht halten können ... es ist weiterhin eure Pflicht, eure Seelen nicht durch Verbindungen mit solch gottlosen Leuten [den Juden] zu beflecken.[26]

Ja, eine derartige Sprache ist »schon fast peinlich direkt«, um nicht zu sagen schändlich unchristlich. Wie schmerzlich ironisch es doch ist, dass die Auferstehung von Jeschua, dem Messias, getrennt werden musste von allem Jüdischen! Wenn es jemals eine tragische Trennung von jüdischen Wurzeln gab, dann war es diese (vgl. Kapitel 42 und 43).

Wie sollten Christen dann heute auf unsere Frage antworten? Jesu Tod und Auferstehung sollten im Zusammenhang mit dem Passah gefeiert werden, was bedeutet, dass das von der jüdischen Gemeinschaft weltweit festgesetzte Datum übernommen wird. Die Auferstehung kann weiterhin absolut rechtmäßig an einem Sonntag gefeiert werden, doch wenn die kirchliche Festlegung Ostern vom Passah trennt, dann sollte den Passahdaten gefolgt werden. Das ist nicht nur die biblische Vorgehensweise, sondern es ist auch ein Weg, den Antisemitismus der Kirche in der Geschichte abzulehnen und sich wieder mit unserem wahren jüdischen und biblischen Erbe zu verbinden.

Zum Begriff *Ostern* erklärte der verstorbene F.F. Bruce: Das war »ein Wort, das in den germanischen Sprachen für das Fest der Frühlings-Tagundnachtgleiche verwendet wurde. Später, mit dem Aufkommen des Christentums, bezeichnete es das Jahresfest der Auferstehung Christi (das im Griechischen und in den romanischen Sprachen mit *pascha*, ›Passah‹, und seinen Ableitungen bezeichnet wird).«[27] So wurde »Ostern«, obwohl die Ursprünge des Wortes nicht spezifisch christlich waren, von der Kirche mit einer völlig anderen Bedeutung übernommen. Diese Bedeutung blieb im positiven Sinn bis heute erhalten. Viele Christen bevorzugen es jedoch, vom »Auferstehungssonntag« statt von Ostern zu sprechen, und das ist sicherlich lobenswert. Doch die extremen Angriffe auf den Begriff *Ostern* sind vollkommen ungerechtfertigt, wie bspw. Michael Roods Behauptung: »Ostern ist die Wiederholung von Kinderopfern und Fruchtbarkeitsriten heidnischer Sonnengottanbeter!«[28]

53. Sind Heidenchristen geistliche Juden?

Das Neue Testament stellt eindeutig fest, dass jüdische und nichtjüdische Gläubige dieselbe Stellung vor dem Herrn haben, gleich geliebt sind vom Herrn, gleich erlöst sind vom Herrn und den gleichen Zugang zu seinen geistlichen Verheißungen haben. Paulus schreibt:

> Das gilt ohne Unterschied für Juden wie für alle anderen Menschen. Alle haben denselben Herrn, der seine Reichtümer großzügig allen schenkt, die ihn darum bitten. Denn »jeder, der den Namen des Herrn anruft, wird gerettet werden«.
>
> (Römer 10,12-13)

> Aber nun gehört ihr Christus Jesus. Ihr wart fern von Gott, doch nun seid ihr ihm nahe durch das Blut seines Sohnes. Denn Christus selbst brachte Frieden zwischen den Juden und den Menschen aus allen anderen Völkern, indem er uns zu einem einzigen Volk vereinte. Er hat die Mauer der Feindschaft, die uns früher trennte, niedergerissen. ... Er ist gekommen und brachte die Botschaft des Friedens euch, die ihr fern von ihm wart, und den Juden, die ihm nahe waren. Durch das, was Christus für uns getan hat, können wir jetzt alle, ob wir Juden sind oder nicht, in einem Geist zum Vater kommen. Deshalb seid ihr nicht länger Fremde und ohne Bürgerrecht, sondern ihr gehört zu den Gläubigen, zu Gottes Familie. Wir sind sein Haus, das auf dem Fundament der Apostel und Propheten erbaut ist mit Christus Jesus selbst als Eckstein. Dieser Eckstein fügt den ganzen Bau zu einem heiligen Tempel für den Herrn zusammen. Durch Christus, den Eckstein, werdet auch ihr eingefügt und zu einer Wohnung, in der Gott durch seinen Geist lebt.
>
> (Epheser 2,13-14.17-22)

In Jesus sind Juden und Nichtjuden eins – das ist in sich schon eine außergewöhnliche Feststellung –, aber heißt das, dass nichtjüdische Christen geistliche Juden sind? Paulus kommt dieser Aussage sehr nahe: 1) Er schreibt den nichtjüdischen Gläubigen in Philippi: »Denn *wir* sind die Beschneidung« (Philipper 3,3; EB; der Text bezieht sich nicht nur auf jüdische Gläubige); 2) er erklärt den nichtjüdischen Gläubigen in Kolossä: In Jesus »seid ihr auch beschnitten worden« (Kolosser 2,11; EB); 3) er sagt den nichtjüdischen Gläubigen in Rom, dass sie in Israels Ölbaum eingepfropft wurden (vgl. Römer 11,17-18); 4) er schreibt an die nichtjüdischen Gläubigen in Korinth über »unsere Vorfahren« und bezieht sich dabei auf Israels Vorfahren (1. Korinther 10,1); und 5) er teilt den nichtjüdischen Gläubigen in Galatien mit, dass sie, wenn sie zum Messias gehören, auch Abrahams Nachkommen sind und Erben gemäß der Verheißung (vgl. Galater 3,29; EB), nachdem er kurz zuvor festgestellt hat: »Nun gibt es nicht mehr Juden oder Nichtjuden, Sklaven oder Freie, Männer oder Frauen. Denn ihr seid alle gleich – ihr seid eins in [dem Messias] Jesus« (Vers 28).

Doch Paulus nennt nichtjüdische Gläubige niemals ausdrücklich geistliche Juden oder geistliches Israel, und an der einen Stelle, an der er so eine Ansicht hätte deutlich äußern können, nämlich in Römer 9-11, sagt er genau das Gegenteil, indem er *an* die Nichtjuden über Israel schreibt. Wir wollen diesen Abschnitt genauer betrachten.

Römer 9–11 ist die wichtigste dogmatische Aussage des Paulus über Gottes Absichten für Israel, und er bezieht sich in diesen Kapiteln elfmal ausdrücklich auf »Israel« oder die »Israeliten« (vgl. 9,4.6.27.31; 10,19.21; 11,1.2.7.25-26). Abgesehen von diesen Kapiteln spricht er im Römerbrief nirgends über »Israel« (obwohl er an anderen Stellen über »die Juden« spricht). In Römer 11 vergleicht er dann die nichtjüdischen Gläubigen mit dem »Zweig eines wilden Ölbaums«, der in die »ursprünglichen Zweige« eingepfropft wurde (Verse 17-21), und stellt so klar, dass sie nun, da sie »unter sie eingepfropft« (Vers 17; EB) wurden, »ebenfalls Kraft aus der Wurzel des Ölbaums« erhalten und sich »von seinem Saft« nähren (Vers 17).

Bedeutet das, dass diese nichtjüdischen Gläubigen geistliche Israeliten sind? Wenn ja, wäre das eine hervorragende Gelegenheit gewesen, das auch zu sagen. Doch Paulus fährt im Gegenteil in diesem Abschnitt fort, diese Gläubigen weiterhin als Nichtjuden anzusprechen. Tatsächlich zählt diese Stelle zu den wenigen im Neuen Testament, wo Gläubige ausdrücklich als Nichtjuden *angesprochen* werden.

Man muss sorgfältig auf die Worte des Apostels hören. Nachdem er früher im Brief über Gottes Vorgehen mit den Nichtjuden gesprochen hat (über Gericht und auch Erlösung; vgl. Römer 1,5.13.16; 2,9-10.14.24; 3,9.29; 9,24.30; 10,12; 11,11-12), schreibt er nun: »*Ich sage das alles zu euch, die ihr keine Juden seid*, denn Gott hat mich zu eurem Apostel berufen« (11,13; Hervorhebung vom Autor). Danach äußert er sich bis zum Ende seines Briefs weiterhin über die Nichtjuden und ihre Rolle in Gottes Plan (vgl. 11,25; 15,9-12.16.18.27; 16,4). Doch in Römer 11,13, unmittelbar bevor er sagt, dass die nichtjüdischen Gläubigen in Israels geistlichen Ölbaum eingepfropft wurden, *nennt er sie ausdrücklich Nichtjuden*. Sie sind keine geistlichen Juden oder geistliche Israeliten geworden. Vielmehr sind sie Miterben in der Familie Gottes geworden, gleich geliebt, gleich berufen und gleich gerettet. Aber sie sind *nicht* geistliche Juden oder geistliche Israeliten geworden.

Paulus redet darüber sehr eindeutig: »Oder ist Gott nur der Gott der Juden? Ist er nicht auch der Gott aller Menschen? Natürlich ist er das. Es gibt nur einen Gott. Und es gibt nur einen Weg, von ihm angenommen zu werden. Nur aufgrund des Glaubens spricht er die Menschen vor sich selbst gerecht, ob sie nun Juden sind oder nicht« (3,29-30). Ja, er ist der Gott der Nichtjuden und der Juden – aber Juden, die nicht glauben, werden nicht Nichtjuden, und Nichtjuden, die glauben, werden nicht Juden.

Paulus schreibt weiter: »Was sollen wir nun dazu sagen? Nur dies: Die Menschen aus den anderen Völkern sind durch den Glauben von Gott gerecht gesprochen worden, obwohl sie die Gerechtigkeit, die vor Gott gilt, nicht gesucht haben. Die Juden aber, die durch das Halten des Gesetzes vor Gott gerecht werden wollten, haben dieses Ziel nicht erreicht« (9,30-31). Also gibt es Nichtjuden, die durch ihren Glauben Gerechtigkeit erlangt haben, und es gibt Juden (oder Israeliten), die sie nicht erlangt haben – doch ihre Identität als Nichtjuden oder Juden wird dadurch nicht betroffen. Nur ihre Stellung Gott gegenüber ist betroffen: »Das gilt ohne Unterschied für Juden wie für alle anderen Menschen. Alle haben denselben Herrn, der seine Reichtümer großzügig allen schenkt, die ihn darum bitten. Denn ›jeder, der den Namen des Herrn anruft, wird gerettet werden‹« (10,12-13).

Um es noch mal zu wiederholen: Wenn es jemals eine richtige Stelle gab, um den Nichtjuden zu sagen, dass sie geistliche Israeliten seien, dann wäre es Römer 9–11 gewesen, und doch tut Paulus genau das Gegenteil davon: Tatsächlich *spricht er sie als Nichtjuden an*.

Wie sollen wir dann Paulus' Worte in Römer 9,6-8 verstehen? Er schreibt:

> Es ist nun nicht so, dass das Versprechen, das Gott den Juden gegeben hat, nicht mehr gilt. Aber nicht jeder, der in eine jüdische Familie hineingeboren wird, ist wirklich ein Jude. Nicht alle Nachkommen Abrahams sind deshalb schon seine wahren Kinder. Denn in der Schrift heißt es: »Nur die Nachkommen Isaaks sollen als deine Nachkommen bezeichnet werden.« Das bedeutet, dass die leiblichen Nachkommen Abrahams nicht zugleich Kinder Gottes sind. Sondern als wahre Kinder Abrahams gelten nur die, die nach der Zusage Gottes von ihm abstammen.

Lehrt Paulus hier, dass Nichtjuden geistliche Israeliten sind? Absolut nicht, trotz vieler nachlässiger Auslegungen dieser Stelle, die das behaupten.

Warum nenne ich diese Auslegungen nachlässig? Weil Paulus hier das Thema nichtjüdische Gläubige gar nicht anspricht. Vielmehr sagt er, dass es ein Israel innerhalb von Israel gibt, einen wahren Rest innerhalb des größeren Volkes, welcher überhaupt nichts mit denen außerhalb des Volkes zu tun hat. Anders formuliert: Wenn ich sage, dass nicht jeder, der sich in einer Kirche befindet, wirklich zu »der Kirche« gehört, sage ich nicht, dass Buddhisten und Muslime zu »der Kirche« gehören. Natürlich nicht! Vielmehr sage ich, dass nicht jeder, der sich selbst »gläubig« nennt, wirklich gläubig ist. Ebenso behauptet Paulus, dass nicht ganz Israel im wahrsten Sinne des Wortes wirklich zu Israel gehört, wonach er für den Rest des Römerbriefes zum normalen Gebrauch von »Israel« zurückkehrt. Aber wiederum: Er sagt nicht, dass nichtjüdische Gläubige zu Israel gehören.

Stattdessen lautete die ausdrückliche Stellungnahme des Paulus folgendermaßen: »Auch die anderen Völker sollen durch Christus das Reich Gottes erben, zu seiner Gemeinde gehören und die Zusagen Gottes in Anspruch nehmen« (Epheser 3,6). Das sagt wirklich alles:

Nichtjüdische Gläubige gehören nicht zu Israel, aber erlöste Nichtjuden und erlöste Juden sind es, die »zu seiner Gemeinde gehören und die Zusagen Gottes in Anspruch nehmen«.

Was ist mit Galater 6,16? Die *New International Version* übersetzt diese Verse mit »Peace and mercy to all who follow this rule, even to the Israel of God« [»Friede und Gnade sei mit allen, die dieser Richtschnur folgen, nämlich dem Israel Gottes«], doch das ist nicht die übliche Übersetzung dieses Versendes, das besser übersetzt wird mit: »and to the Israel of God« [»und dem Israel Gottes«]. Die NIV übersetzt das griechische Wort *kai* mit »even« [hier: »nämlich«], doch in den meisten anderen Übersetzungen (vgl. King James Version, New King James Version, New American Standard Bible, English Standard Version) wird es mit »and« [»und«] übersetzt, was die allgemein übliche Bedeutung ist.[29] Also nennt Paulus nicht die nichtjüdischen Gläubigen in Galatien das Israel Gottes. Stattdessen beendet er seinen Brief nach vielen ernsten Warnungen vor verbohrten jüdischen Lehrern, welche die Galater irreführten, mit einem Segen für die jüdischen Gläubigen, die in einer richtigen Beziehung zum Herrn lebten, und nannte sie »das Israel Gottes«, das Israel innerhalb von Israel, von dem Paulus auch in Römer 9,6-9 spricht.

Was ist mit Römer 2,28-29; EB? Hier schreibt Paulus: »Denn nicht der ist ein Jude, der es [nur] äußerlich ist, noch ist die [bloß] äußerliche (Beschneidung) im Fleisch Beschneidung; sondern der ist ein Jude, der es innerlich ist, und Beschneidung (ist die) des Herzens, im Geist, nicht im Buchstaben. Sein Lob kommt nicht von Menschen, sondern von Gott« (die Wörter in den eckigen Klammern wurden vom Autor ergänzt). Beachten Sie die hinzugefügten Wörter »nur« und »bloß«. Sie stehen nicht im ursprünglichen griechischen Text, doch sie verstärken den Kern dessen, was Paulus hier hinterfragt, nämlich: Ist *von zwei Juden* derjenige der wahre Jude, der nur äußerlich beschnitten ist, oder derjenige, der auch innerlich beschnitten ist? In Übereinstimmung mit den anderen Versen, die wir oben betrachtet haben (Römer 9,6-9 und Galater 6,16), und obgleich er auch die nichtjüdischen Gläubigen mit »die Beschneidung« bezeichnet (Philipper 3,3, wie oben zitiert), nennt Paulus sie deshalb niemals Juden oder Israeliten.

Prüfen Sie das selbst, indem Sie jedes Vorkommen von *Jude, Juden* oder *jüdisch* im Neuen Testament nachschlagen, zusammen mit jedem

Vorkommen von *Israel* oder *Israelit*. Die Zahlen sind eindeutig: Die Wörter *Israel* oder *Israelit(en)* kommen insgesamt etwa 100-mal im Neuen Testament (NLB) vor, und in jedem einzelnen Fall außer einem (Galater 6,16), beziehen sie sich buchstäblich auf das Volk Israel. Auch in Galater 6,16 hat »Israel« höchstwahrscheinlich diese Bedeutung. Die Wörter *Jude(n)* oder *jüdisch* kommen insgesamt mehr als 270-mal im Neuen Testament (NLB) vor, und in fast jedem Fall beziehen sie sich eindeutig auf das Volk der Juden.[30]

Im Laufe der Jahre habe ich einige gläubige Christen getroffen, die mir voller Freude erzählten, dass sie geistliche Juden seien, und es war deutlich zu merken, dass sie in ihren Herzen Israel und dem jüdischen Volk zutiefst verbunden waren. Ich schätze sie sehr und versuche nie, sie zu korrigieren, weil ich verstehe, was sie meinen und was es für sie bedeutet. Doch diese Ansicht ist nicht schriftgemäß, und sie hat bisweilen in der Kirchengeschichte zu der gefährlichen falschen Vorstellung geführt, dass die Kirche Israel ersetzt hätte (vgl. Kapitel 43). Sie hat auch zu der irrigen Meinung geführt, dass ein Mensch sich auf einer höheren geistlichen Ebene befindet, wenn er Jude ist. Diese hat manche Christen dazu veranlasst, nach jüdischen Vorfahren in ihrer Vergangenheit zu suchen, um ihr Jüdischsein zu »bestätigen« (Für eine ähnliche fehlerhafte Lehre vgl. Kapitel 54). Um mit dem zu schließen, womit wir angefangen haben: Wir tun gut daran, uns an die Worte von Paulus in Römer 10,12 zu erinnern: »Das gilt ohne Unterschied für Juden wie für alle anderen Menschen. Alle haben denselben Herrn, der seine Reichtümer großzügig allen schenkt, die ihn darum bitten.«

54. Was ist die »Zwei-Häuser-Theorie«?

Das ist eine sehr neue Lehre, die trotz ihrer deutlichen Randposition eine wachsende (wenn auch noch sehr kleine) Zahl von Anhängern gewinnt. Sie wird als *Ephraimite* [»Ephraimit«], *Restoration of Israel* [»Wiederherstellung Israels«], *Two Covenant Israel* [»Zweibund-Israel«] oder als *Two House Movement* [»Zwei-Häuser-Bewegung«] bezeichnet. Gemäß dieser Lehre repräsentieren nichtjüdische Christen nicht nur geistlich das alttestamentliche Ephraim, sondern *sind* tatsächlich Ephraim. Mit anderen Worten: Alle nichtjüdischen Christen sind wirklich Nachkommen des biblischen Ephraim, oder genauer: Nachkommen der zehn verlorenen Stämme. Interessanterweise hat diese Bewegung »in manchen Bereichen unter leidenschaftlichen christlichen Zionisten an Boden gewonnen«,[31] die offensichtlich einen großen Schritt zu weit gegangen sind, was ihre Identifikation mit Israel angeht.

Ein Grundsatzpapier, geschrieben von messianisch-jüdischen Leitern, liefert weitere Details:

> Die Befürworter der Bewegung ... behaupten, dass diese zerstreuten »Israeliten« oder »Ephraimiten«, deren Identität sogar ihnen selbst bis vor kurzer Zeit unbekannt war, sich vor allem in Gegenden niedergelassen hätten, die, wie man jetzt weiß, hauptsächlich von Angelsachsen bevölkert waren. Manchmal erklären sie, dass alle Angelsachsen, sogar die gesamte Menschheit, von diesen verlorenen Ephraimiten abstammen. Ein andermal heißt es, dass nur wiedergeborene Christen diese Abstammung für sich beanspruchen können. In beiden Fällen können Christen aus angelsächsischen Ländern wie Großbritannien, Australien, Kanada und den Vereinigten Staaten sicher sein, dass sie sehr wahrscheinlich in direkter Blutlinie von dem antiken Volk Ephraim abstammen.
>
> Es sei nun für diese Familienmitglieder von »Ephraim« eine Pflicht, so meinen sie, »ihr Geburtsrecht zu akzeptieren« und als Angehörige Israels zu leben. Sie drängen nichtjüdische Christen, die Thora den hebräischen Schriften entsprechend einzuhalten, sich zu bemühen, Juden und andere Christen umzuerziehen zu ihrer neuen »Prophetie der letzten Tage«, und darauf hinzuarbeiten, aufgrund ihrer großen Zahl die Wiederverleihung der israelischen Staatsangehörigkeit zu erreichen.[32]

Was genau bedeutet das? Nehmen wir an, Sie sind ein Nichtjude, der in einem atheistischen Elternhaus in Amerika aufgewachsen ist. Doch im Alter von 20 Jahren erlebten Sie eine wunderbare Wiedergeburt im Glauben, schlossen sich einer örtlichen Gemeinde an und freuten sich an Ihrem Leben mit dem Herrn. Sie liebten das jüdische Volk und beteten für Israel, fühlten eine besondere geistliche Verbindung mit Gottes altem Bundespartner, aber das war ja nur natürlich. Dann hörten Sie von der Zwei-Häuser-Lehre und der Groschen fiel.

»Könnte es sein, dass ich tatsächlich ein *echter* Israelit bin? Könnte es sein, dass wir – ohne das Wissen all meiner Familienmitglieder vieler Generationen – keine Nichtjuden, sondern eigentlich Nachkommen der zehn verlorenen Stämme sind? Jetzt verstehe ich das! Und wenn ich ein Israelit bin, dann bin ich verpflichtet, die Thora einzuhalten – und ich habe sogar ein Geburtsrecht auf das Land Israel!«

Klingt das nicht bizarr? Das ist es auch. Doch die Befürworter dieser Lehre behaupten, sie hätten dafür biblische Gründe. Wir wollen kurz einige ihrer Behauptungen prüfen, weil klar ist, dass die Zwei-Häuser-Lehrer jedes dieser Argumente anführen und viele weitere Argumente hinzufügen werden, die sämtlich durch sorgfältiges Bibelstudium widerlegt werden können.[33]

1. *Die Verheißungen an die Patriarchen besagen, dass ihre Nachfahren eine Vielzahl von (nichtjüdischen) Völkern sein werden, was bedeutet, dass die Israeliten zu einer Vielzahl »nichtjüdischer« Völker werden – und die Juden sind weder eine Vielzahl noch sind sie Nichtjuden.* Als Unterstützung hierfür wird 1. Mose 48,19 herangezogen, wo Jakob dem Kind Ephraim prophezeit: »Von ihm werden viele Völker abstammen!« Dabei sollte man beachten, dass das hebräische Wort für »Volk« an dieser Stelle *goj* ist, dasselbe Wort, das in Teilen der Bibel und in der jüdischen Geschichte bis heute für »Nichtjuden« gebraucht wird. Als Gegenargument kann man anführen, dass sich *goj* im Tanach wiederholt auf Israel und das jüdische Volk bezieht (vgl. 5. Mose 32,28, vgl. 32,45; Josua 10,12-13; Jesaja 1,4; 26,2; Jeremia 31,36; Zefanja 2,9). Tatsächlich versprach Gott dem Abram in 1. Mose 12,2, dass von ihm ein großes *goj* abstammen werde – und dabei meinte er ganz offensichtlich nicht ein großes nichtjüdisches Volk![34] Um noch weiter zu gehen: In der Zeit der Patriarchen gab es so etwas wie »Nichtjuden« nicht, denn es gab keine Nation Israel und kein jüdisches Volk in irgendeiner formalen oder unterscheidbaren Weise. Daher »ist der Begriff ›nichtjüdisch‹, wie ihn [die Zwei-Häuser-Lehrer] gebrauchen, in diesem Kontext anachronistisch«.[35] Andere Verse, die in ähnlicher Weise falsch zitiert werden, sind u.a. 1. Mose 17,5; 28,3; 35,11.

Die Zwei-Häuser-Lehrer behaupten auch, dass sich die Verheißungen an die Patriarchen über zahllose Nachkommen (vgl. 1. Mose

13,16) nicht auf die Juden beziehen könnten, weil ihre Zahl heute ungefähr 14 Millionen beträgt. Sie müssten sich auf andere, nichtjüdische Völker beziehen, die Hunderte von Millionen zählen. Natürlich würde schon die einfachste Logik klarmachen, dass, wenn wir die Zahl der Menschen zählen können, die heute auf der Erde leben – ungefähr 6,5 Milliarden –, sie *nicht* unzählbar sind. Das bedeutet, dass die Verheißung an Abraham in 1. Mose 13,16 als Redewendung zu verstehen war: Von einem Mann werden Millionen und Abermillionen abstammen! Tatsächlich staunte Mose darüber, dass Gott das Volk Israel so groß gemacht hatte, und benutzte dabei genau dieselbe Sprache, die in den Verheißungen an die Patriarchen gebraucht wurde: »Der Herr, euer Gott, hat euch so zahlreich wie die Sterne am Himmel gemacht« (5. Mose 1,10; zu beachten ist auch die Sprache in 2. Chronik 1,9; außerdem darf man nicht vergessen, dass in alttestamentlichen Zeiten die Bevölkerungszahl Israels deutlich geringer war als die heutige Gesamtzahl der Juden weltweit).

Es gibt auch eine geistliche Dimension der Verheißungen an Abraham, nämlich dass er der Vater aller werden soll, die an Jesus glauben, Juden und auch Nichtjuden, wie Paulus im Römerbrief und Galaterbrief erklärt (vgl. Römer 4,9-17; Galater 3,6-9.26-29). Das jedoch in physischer, linearer Weise zu verstehen, als seien alle Gläubigen seine Blutsverwandten, würde bedeuten, die Botschaft des Paulus vollkommen zu verneinen.

2. *Der Begriff* Ephraim, *der häufig benutzt wird, um das nördliche Königreich Israel als Ganzes zu beschreiben (das heißt: die zehn Stämme), wird niemals für Juden verwendet, und deshalb müssen die Verheißungen an Israel durch eine andere Volksgruppe erfüllt werden.* Obwohl Ephraim sich tatsächlich vor allem auf das nördliche Königreich Israel bezieht, wird es oft im Zusammenhang mit der Nation als Ganzer gebraucht. Die Juden werden dabei zweifellos nicht ausgeschlossen. Eine simple Lektüre von Jeremia 31 macht das deutlich (man bedenke: Dieses Kapitel wurde mehr als ein Jahrhundert nach dem Exil und der Zerstreuung der zehn Stämme geschrieben, und der unmittelbare Kontext war das babylonische Exil Judas). Noch bedeutsamer ist: Der Name Ephraim wird in der prophetischen Literatur oft abwechselnd mit den Namen Israel und Jakob gebraucht (wieder ist Jeremia 31 hierfür ein

gutes Beispiel). Wenn es, wie die Zwei-Häuser-Lehrer behaupten, einen Unterschied zwischen Ephraim/Israel und dem jüdischen Volk gibt, dann wäre zu erwarten, dass »Israel« oder »das Haus Israel« nicht synonym mit dem jüdischen Volk gebraucht würden. Tatsächlich ist in sehr entscheidender Weise das Gegenteil der Fall. In Wirklichkeit konnte das südliche Königreich Juda sogar als »alle Sippen des Hauses Israel« bezeichnet werden (vgl. Jeremia 2,2.4; EB: »Geh und rufe in die Ohren Jerusalems …« – das meint das südliche Königreich Juda –: »Hört das Wort des Herrn, Haus Jakob und alle Sippen des Hauses Israel!«). Also wurde das jüdische Volk in seiner Hauptstadt Jerusalem angesprochen, doch es wurde als Ganzes, als das »Haus Jakob« und als »alle Sippen des Hauses Israel« angesprochen.

Wenn die Zwei-Häuser-Lehrer recht hätten, dann hätten Jeremias Zuhörer ihn unterbrochen und gesagt: »Wovon redest du? Wir sind nicht alle Sippen des Hauses Israel; wir sind nur Juda. Es gibt viele andere Völker, die schon unter die Nationen zerstreut sind und denen du das sagen solltest. Die sind das wahre Haus Israel, die Ephraimiten. Wir sind nur Juden.« Das haben sie wohl kaum getan! Ähnliche Beispiele könnten quer durch die prophetischen Bücher zitiert werden. (Man beachte erneut den ersten Vers von Jeremia 31; EB; auf dieses Kapitel wurde oben bereits hingewiesen: »In jener Zeit, spricht der Herr, werde ich der Gott aller Sippen Israels sein, und *sie* werden mein Volk sein.« Das Kapitel erklärt sich im Kontext des Exils der Judäer. Für andere Aspekte dieser Diskussion in Verbindung mit der Frage nach einer jüdischen nationalen Identität vgl. Kapitel 26 und 27.)

Überträgt man das auf das Neue Testament, kann man sehen, dass Jesus das *jüdische Volk* als die »verlorenen Schafe des Hauses Israel« bezeichnete (Matthäus 10,6; EB). Er hat also tatsächlich »die verlorenen Schafe des Hauses Israel« von den Nichtjuden unterschieden! Lägen die Zwei-Häuser-Lehrer richtig, hätte er sagen müssen: »Geht nun nicht zu den Nichtjuden, die ja die zehn verlorenen Stämme sind, sondern geht zu den Juden.« Stattdessen sagte er sinngemäß: »Geht nicht zu den Nichtjuden, sondern geht nur zu den verlorenen Schafen des Hauses Israel« (vgl. Matthäus 10,5-6). Diese Verse allein sind bereits eine hinreichende Widerlegung der Zwei-Häuser-Lehre. Man sollte auch beachten, wie Paulus von seinem jüdischen Volk spricht: »Die zwölf Stämme Israels beten wegen dieser Verheißung Tag und Nacht zu Gott« (Apostelgeschichte 26,7). Jakob (Jakobus) adressiert seinen Brief an jüdische Gläubige folgendermaßen: »den zwölf Stämmen, die in der Zerstreuung sind« (Jakobus 1,1; EB). Die Juden waren Menschen aus allen zwölf Stämmen, und sie wurden so angesprochen und verstanden, als ob sie alle zwölf Stämme repräsentierten (vgl. Kapitel 26 und 27).

In diesem Sinne ist es gewiss möglich, dass die Verheißungen für Ephraim oder Israel in den prophetischen Büchern auf die Verheißungen für den nichtjüdischen Teil des Leibes *hindeuten* – Paulus zitiert Worte, die an Israel gerichtet sind, das einst von Gott entfremdet war, und wendet sie in Römer 9 auf die Nichtjuden an, und Petrus macht das möglicherweise auch in 1. Petrus 2 – doch es ist vollkommen falsch zu denken, die Propheten hätten tatsächlich die Nichtjuden Ephraim oder Israel *genannt.*

Aus Zeit- und Platzgründen und weil dies so eine Randlehre ist, muss diese knappe, repräsentative Stichprobenerhebung genügen. Das oben zitierte Grundsatzpapier ist ein guter Einstieg (es nennt eine ganze Reihe von Schlüsselargumenten der Befürworter der Zwei-Häuser-Lehre). Zwei abschließende Kommentare sind hier noch nötig.

Erstens, wie an mehreren Stellen in diesem Buch bereits betont wurde, sind Juden und Nichtjuden in Jesus, dem Messias, eins, mit dem gleichen Ansehen und mit dem gleichen Status vor ihm. Die einen sind nicht besser als die anderen, und das Einzige, was wirklich zählt, ist, richtig mit ihm verbunden zu sein, dem Weinstock, dem Brot des Lebens, dem Erlöser, dem Retter, dem Haupt des Leibes, dem König (vgl. Kapitel 53). Anstatt ihren erhabenen Status im Herrn als geistliche Kinder Abrahams zu akzeptieren, verspüren die Zwei-Häuser-Lehrer das Bedürfnis, physische Kinder Abrahams zu werden. Auf diese Weise glauben sie nicht nur etwas Falsches, sondern sie stufen die Wirklichkeit ihres Platzes bei Gott herab, indem sie einen niedrigeren Platz suchen als den höheren, zu dem er sie berufen hat.

Zweitens gibt es eine gute Sache, die die Zwei-Häuser-Theorie erreicht hat, nämlich dass sie wieder die Aufmerksamkeit auf solche Stellen wie Hesekiel 37,15-25 gelenkt hat, wo Gott von der Wiedervereinigung Judas mit Ephraim spricht. Die Zwei-Häuser-Befürworter verstehen diese Texte falsch, doch es stellt sich die Frage: Wurden Verse wie diese durch die Rückkehr der Juden aus dem babylonischen Exil erfüllt, weil unter ihnen auch israelitische Exilanten waren? Oder weisen sie auf eine noch zukünftige Wiederherstellung hin, eine, die heute im Gange sein könnte, bei der die versprengten Reste der sogenannten zehn verlorenen Stämme – von Indien bis Afrika – ins Land zurückkehren?

Fragen wie diese sind es wert, gestellt zu werden. Anhänger der Zwei-Häuser-Theorie jedoch täten gut daran, ihren Irrtum aufzugeben und sich auf die Quelle ihres Lebens in Gott zu konzentrieren. (Zur Frage der Einhaltung der Thora vgl. Kapitel 48.)

55. Was ist der Unterschied zwischen einem messianischen Juden und einem hebräischen Christen?

Für jüdische Jesusnachfolger gibt es verschiedene Bezeichnungen: messianische Juden, hebräische Christen, Judenchristen oder einfach jüdische Gläubige. Ich bin sogar im Laufe der Jahre, wenn ich mit Fremden über meinen Glauben redete, oft gefragt worden, ob ich ein »Jude für Jesus« sei, als wäre das ein allgemeiner Begriff und nicht der Name einer Organisation. (Ich sage dann immer: »Ja, ich bin ein Jude für Jesus, aber nicht Teil dieser bestimmten Organisation.«)

Die Bezeichnung »jüdische Gläubige« ist informell und wird nicht gebraucht, um eine spezifische Gruppe zu bezeichnen. Dagegen trifft es »Judenchristen« genau, sofern das richtig verstanden wird. Doch dieses Wort klingt für die meisten Menschen wie ein Oxymoron, ein Widerspruch in sich, und vermittelt keine genau definierte Bedeutung. Die Bezeichnungen »hebräischer Christ« und »messianischer Jude« hingegen haben eine eigene Geschichte und werden oft in differenzierter Weise gebraucht.

Es begann in den fünfziger Jahren des 19. Jahrhunderts in England, als Tausende von Juden zum Glauben an Jesus kamen, doch fast alle von ihnen schnell in die kirchliche Kultur integriert wurden. Damals fingen einige der jüdischen Gläubigen an, sich selbst in einer Gesellschaft zu organisieren, die *Hebrew Christian Alliance* (Hebräisch-Christliche Allianz) genannt wurde. Diese Entwicklung ermutigte viele jüdische Gläubige in den Kirchen, sich offener über ihren jüdischen Hintergrund zu äußern – zu dieser Zeit war der kein »Ehrenabzeichen« wie heute –, und hebräisch-christliche Gemeinden wurden gegründet.[36]

Warum wurden diese Gläubigen hebräische Christen genannt und nicht Judenchristen? Das Wort *jüdisch* kann sich entweder auf die ethnische Herkunft oder auch auf die religiösen Praktiken beziehen, und trotz des jüdischen Ursprungs des christlichen Glaubens war viele Jahrhunderte lang »jüdisch« sein gleichbedeutend mit »nicht christlich« sein. Das Wort *hebräisch* hingegen hat eine vor allem ethnische Bedeutung – tatsächlich ist sie sogar streng biblisch – und ist daher eine nähere Erläuterung zu dem Wort *christlich:* Wir sind Männer und Frauen hebräischer Abstammung, die glauben, dass Jesus der Messias ist!

In den 1970er Jahren allerdings wurde von der *Hebrew Christian Alliance* vorgeschlagen, ihren Namen in *Messianic Jewish Alliance of America* [Messianisch-Jüdische Allianz Amerikas] zu ändern. Ein Hauptgrund war, dass für die meisten Juden das Wort *Christian* [christlich] »nicht jüdisch« bedeutete. (Es sollte auch erwähnt werden, dass die meisten Juden sich selbst nicht als Hebräer bezeichnen.) Um zu betonen, dass diese Gläubigen sowohl jüdisch als auch Jeschua treu waren, wurde der Begriff *messianischer Jude* gewählt und hat sich als effektiver Weg erwiesen, über unseren Glauben zu sprechen. (Wenn man jedoch in Israel hebräisch sprechenden Menschen sagt, dass man messianischer Jude ist – *jehudi meschichi* –, können nur sehr wenige mit diesem Begriff etwas anfangen. Andererseits ist es wichtig, dass sie verstehen, dass man kein Christ – *notzri* – ist, weil das eine sehr spezielle Bedeutung in Israel hat, nämlich vor allem katholisch oder griechisch-orthodox, wegen der spürbaren Präsenz dieser Christen in Jerusalem – und weil sie ganz sicher *nicht* jüdisch sind.)

Anfangs wurde die Bezeichnung *messianischer Jude* vornehmlich von Mitgliedern der messianisch-jüdischen Gemeinden verwendet und wird in diesem engeren Sinn noch heute benutzt, wobei sie sich manchmal nur auf jüdische Gläubige bezieht, die auch weiterhin einen »jüdischen Lebensstil« pflegen und keine Kirchenmitglieder sind. In diesem Wortsinn sind bei Weitem die meisten der jüdischen Gläubigen weltweit keine messianischen Juden. Andererseits hat sich der Begriff in den letzten zwei Jahrzehnten durchgesetzt, sogar so weit, dass jüdische Gläubige gleich welcher Richtung und mit welchen Bräuchen allgemein als messianische Juden bezeichnet werden.

Im Gegensatz dazu wurde der Begriff *hebräischer Christ* in manchen Kreisen so stark von *messianischer Jude* verdrängt, dass 1) die meisten Mitglieder messianischer Gemeinden sich selbst nicht als hebräische Christen verstehen; 2) der Begriff *hebräischer Christ* öfter von Organisationen benutzt wird, die zu evangelikalen christlichen Gemeinschaften gehören; und 3) in der allgemeinen jüdischen Gesellschaft Begriffe wie »Juden für Jesus« oder »messianische Juden« wahrscheinlich bekannter sind als »hebräische Christen«.

Ironischer- und überraschenderweise sind die meisten von denen, die messianisch-jüdische Gemeinden (besonders in Amerika) besuchen, keine Juden, sondern Nichtjuden, und manche von ihnen bezeichnen sich als messianische Nichtjuden. Ich nehme an, dass wir in Zukunft noch mehr kreative Bezeichnungen zu hören bekommen werden.

56. Sind die messianisch-jüdischen Leiter wirklich Rabbis?

Die Antwort auf diese Frage hängt davon ab, wen man fragt und wie man »Rabbi« definiert. Nahezu allen jüdischen Leitern zufolge, die nicht an Jesus als Messias glauben, ist es irreführend, wenn sich messianisch-jüdische Leiter selbst Rabbi nennen. Denn der Titel »Rabbi« bezeichnet einen Leiter in der Religion, die Judentum genannt wird, nicht im Christentum. Und in den Augen der meisten Juden, die nicht an Jesus glauben, ist »messianisches Judentum« eine falsche Bezeichnung, weil es überhaupt kein Judentum ist, sondern nur eine andere Form des Christentums. Außerdem sind manche messianisch-jüdischen »Rabbis« noch nicht einmal jüdisch, während viele andere keine ausgeprägte Vorbildung in hebräischen und/oder jüdischen Studien haben. Das sind alles Gründe, die dafür sprechen, dass der Begriff *Rabbi* nicht passend ist für einen messianisch-jüdischen Leiter.[37]

Doch es ist nicht so einfach. Messianische Juden würden argumentieren, dass Jeschua nicht in die Welt kam, um eine neue nichtjüdische Religion mit dem Namen Christentum zu gründen, sondern vielmehr um zu erfüllen, was bei Mose und den Propheten steht. Was könnte jüdischer sein als das? Jesus selbst wurde »Rabbi« genannt (vgl. Kapitel 36), und er sprach zu seinen Anhängern über deren Führungsrolle bei Israels zukünftiger Wiederherstellung: »Wahrlich, ich sage euch: Ihr, die ihr mir nachgefolgt seid, auch ihr werdet in der Wiedergeburt, wenn der Sohn des Menschen auf seinem Thron der Herrlichkeit sitzen wird, auf zwölf Thronen sitzen und die zwölf Stämme Israels richten« (Matthäus 19,28; EB).

Paulus lehrte die nichtjüdischen Gläubigen in Ephesus, dass sie Teil der größeren Gemeinschaft Israels geworden sind (vgl. Epheser 2,11-22), und den nichtjüdischen Gläubigen in Rom erklärte er, dass sie eingepfropft wurden in den geistlichen Baum Israels (vgl. Römer 11,13-21). Natürlich bedeutet das nicht, dass Nichtjuden, die an Jesus glauben, Juden werden (vgl. Kapitel 53), aber ganz sicher folgt daraus, dass Juden, die an den Messias Israels glauben, Juden *bleiben*. (Vgl. Römer 11,24; EB, wo Paulus schreibt: »Denn wenn du aus dem von Natur aus wilden Ölbaum herausgeschnitten und gegen die Natur in den edlen Ölbaum eingepfropft worden bist, wie viel mehr werden diese, die natürlichen (Zweige), in ihren eigenen Ölbaum eingepfropft werden!« Paulus stellt es als einen für den Juden nur natürlichen Vorgang dar, zum Gott Israels zurückzukehren und an den Messias von Israel zu glauben!)

Zur Zeit der Apostel lautete die Frage: Kann man ein Nichtjude bleiben und ein Anhänger Jeschuas werden oder muss man Jude werden, wenn man ihm folgen will? (Vgl. für die gesamte Diskussion Apostelgeschichte 15.) Im Laufe der Jahrhunderte hat sich diese Perspektive grundlegend verändert, bis zu dem Punkt, dass oft angenommen wurde, ein Jude, der Jesus nachfolge, müsse ein Nichtjude werden. Tatsächlich können viele messianische Juden von ihrer eigenen Erfahrung als neue Gläubige erzählen, als ihnen Schweinefleisch zu essen gegeben wurde, um die Echtheit ihres Glaubens zu »beweisen«. Das ist kein Scherz. (Für die *entsetzlichen* Taufbekenntnisse, die

Juden im Mittelalter abzulegen hatten, wenn sie zum Katholizismus konvertierten, vgl. *Our Hands Are Stained with Blood*, 95-97.)

Messianische Juden würden also sagen, dass sie einfach ihre biblisch-jüdischen Wurzeln wiederentdecken und den authentischen jüdischen Charakter des Glaubens an Jesus zurückgewinnen. Sie würden auch betonen, dass sich der Begriff »Christ«, der nur dreimal im Neuen Testament vorkommt (vgl. Apostelgeschichte 11,26; 26,28; 1. Petrus 4,16), nicht auf die Anhänger einer nichtjüdischen Religion bezieht, sondern auf jemanden, der mit diesem Jesus, den man Christus nannte, in Verbindung gebracht wurde. (Mit anderen Worten: Ein »Christ« war einer, »der zu Christus gehört«, oder wie es im *Jüdischen Neuen Testament* übersetzt wird, ein »Anhänger des Messias«. Die meisten Gelehrten stimmen darin überein, dass der Begriff ursprünglich als Beleidigung gemeint war, wie man im weiteren Zusammenhang von 1. Petrus 4,16 sieht.)

Es sollte auch darauf hingewiesen werden, dass ein beträchtlicher und einflussreicher Teil des rechten Flügels der orthodoxen Juden nicht glaubt, dass nichtorthodoxe Rabbis (das bezieht sich auf reformierte und konservative Rabbis) überhaupt als legitime jüdische Rabbis bezeichnet werden sollten. Das wurde in einer wichtigen orthodox-jüdischen Stellungnahme vom März 1997 deutlich gemacht. Dort wurde unter anderem erklärt:

> Die Union der Orthodoxen Rabbis der Vereinigten Staaten und Kanada (Agudath Harabonim) erklärt hiermit: Reformierte und Konservative sind überhaupt kein Judentum. Ihre Anhänger sind Juden gemäß dem jüdischen Gesetz, aber ihre Religion ist nicht das Judentum.
>
> Die Agudath Harabonim war stets wachsam gegenüber jedem Versuch, die Halacha (das jüdische Gesetz), wie sie überliefert wurde im schriftlichen und mündlichen Gesetz, gegeben von G-tt durch Mose auf dem Sinai, zu verändern, falsch darzustellen oder zu verdrehen. Sie hat deshalb die Anerkennung der reformierten und konservativen Bewegungen als Judentum oder ihrer Geistlichkeit als Rabbis verweigert. Sie hat öffentlich den Anspruch auf »drei Flügel des Judentums« abgewiesen. Es gibt nur ein Judentum: das Thora-Judentum. Die Reformierten und Konservativen sind überhaupt kein Judentum, sondern eine andere Religion.[38]

Bis zum heutigen Tag steht die religiöse Autorität im Staat Israel unter der Kontrolle des orthodoxen Rabbinats. Das geht so weit, dass sogar die *Trauungen*, die von nichtorthodoxen Rabbis durchgeführt werden, von den orthodoxen Führern nicht anerkannt werden.[39] Und sie haben nicht die Absicht, dies zu ändern: »[Es] ist unumgänglich«, stellten sie fest, »Israels Regierung in ihrer Weigerung zu bestärken, den Status quo in Bezug auf die ausschließliche orthodoxe rabbinische Autorität zu ändern. Selbst nichtorthodoxe politische Führer erkennen an, dass, wenn das jüdische religiöse Familiengesetz nicht unter der Autorität des einzigen Rabbinats bliebe, die jüdische Nation hoffnungslos gespalten würde.«[40]

In den Augen vieler traditioneller Juden sind also noch nicht einmal reformierte und konservative Rabbis wirkliche Rabbis, ganz zu schweigen von messianisch-jüdischen Rabbis. Doch dieser Mangel an Anerkennung durch einen bedeutenden Teil des Judentums kann die reformierten und konservativen Juden nicht davon abhalten, ihre Rabbis auszubilden und zu ordinieren. Warum sollte dann der Mangel an Anerkennung durch die größere jüdische Gemeinschaft die messianischen Juden davon abhalten, ihre Rabbis auszubilden und zu ordinieren? (Bei alledem äußere ich nicht meine persönliche Meinung darüber, ob messianisch-jüdische Leiter Rabbis genannt werden sollten oder nicht; ich diskutiere lediglich die damit verbundenen relevanten Themen.) Mir fällt dazu ein Kommentar ein, den vor Jahren ein messianisch-jüdischer Lehrer, der sich selbst *nicht* Rabbi nannte, mir gegenüber äußerte. Er sprach von einer älteren jüdischen Frau, die gerade erst zum Glauben an Jeschua gekommen war und nun seine messianische Gemeinde besuchte. »Für sie«, erklärte er, »bin ich ›Rabbi‹ – und ich habe nicht die Absicht, ihr etwas anderes zu erzählen.«

Was ist mit der Frage nach der fehlenden Ausbildung bei vielen messianisch-jüdischen Rabbis? Im Interesse der Seriosität der messianisch-jüdischen Bewegung ist es zweifellos sinnvoll, dass diejenigen, die Rabbi genannt werden wollen, auch eine ordnungsgemäße Ausbildung bekommen – das wird gerade zu einer immer verbreiteteren Ansicht in der Bewegung –, wobei stets beachtet werden muss, dass unsere höchsten Qualifikationen vor allem geistlicher und praktischer Natur sind. Was die nichtjüdischen Leiter angeht, die »messianisch-jüdische Rabbis« genannt werden, überlasse ich die Entscheidung anderen in der messianischen Bewegung.

Was ist mit Jeschuas Worten in Matthäus 23? Dort sagt er seinen Anhängern:

> Lasst euch niemals »Rabbi« nennen. Ihr habt nur einen Meister, und ihr alle seid gleich, wie Brüder und Schwestern. Und bezeichnet niemanden hier auf der Erde als »Vater«, denn nur Gott im Himmel ist euer geistlicher Vater. Lasst euch auch nicht »Lehrer« nennen, denn es gibt nur einen Lehrer, und das ist der … [Messias]. Der Größte unter euch muss den anderen dienen. Diejenigen jedoch, die sich über die anderen stellen, werden gedemütigt werden, und die, die demütig sind, werden erhöht.
>
> (Matthäus 23,8-12)

Das wirft eine sehr gute Frage auf und lässt die bisherige Diskussion ganz vergessen: Ist es überhaupt richtig, auch nur *irgendjemanden* Rabbi zu nennen? Ich erinnere mich, diese Verse aus Matthäus in der italienischen Pfingstgemeinde gehört zu haben, in der ich gläubig wurde, und auf der Basis dieser Stelle lehrte unsere Kirche, dass katholische Priester niemals als »Vater« angeredet werden sollten (»Und bezeichnet niemanden hier auf der Erde als ›Vater‹, denn nur Gott im Himmel ist euer geistlicher Vater«; ich sollte dazu sagen, dass die meisten Mitglieder dieser Kirche einen katholischen Hintergrund hatten).

Ich streite nicht mit denen, die diese Stelle konsequent anwenden und daher keinerlei Titel für ihre Funktion als geistliche Leiter akzeptieren – nicht Rabbi, nicht Vater, nicht Lehrer, nicht Pastor usw. Andererseits können gute Gründe für eine andere Auslegung der Worte des Herrn angeführt werden – sonst könnte man behaupten, dass ein Vater seinen Kindern verbieten soll, ihn Papa zu nennen, und dass Paulus hinterfragt werden könnte, weil er den Korinthern sagte: »so habt ihr doch nicht viele Väter« außer ihm (1. Korinther 4,15).

Betrachten wir diesen Kommentar des messianisch-jüdischen Bibelwissenschaftlers David Stern:

> Arnold G. Fruchtenbaum, ein hebräischer Christ und Gelehrter, vertritt die These, dass diese Passage es den messianisch-jüdischen Gemeinden verbiete, ihre Leiter »Rabbiner« zu nennen …

Meiner Ansicht nach ist ein allzu wörtliches Verständnis an dieser Stelle unangebracht, da Jeschua auch davor warnt, sie »Väter« oder »Führer« zu nennen, was alle Welt tut. Ich habe vielmehr aus dem Kontext gefolgert, dass Jeschua an dieser Stelle den Gläubigen verbietet, unverdiente Ehren anzunehmen, und keineswegs diese drei Titel tabuisieren will. Ein Gemeindeleiter soll demütig sein, ein Diener (20,25-28); wenn ihm ein Titel verliehen wird, darf er nicht stolz darauf sein. Die anderen Gemeindeglieder sollen vermeiden, ärgerniserregende Unterscheidungen zwischen »Geistlichkeit« und »Laienschaft« vorzunehmen, indem sie Titel verleihen.[41]

Stern hat jedoch einige Befürchtungen, was den Gebrauch des Begriffs *Rabbi* in manchen messianisch-jüdischen Kreisen angeht:

Dass ich selbst den Titel »Rabbiner« ablehne, beruht nicht auf theologischen, sondern auf ideologischen und rein praktischen Gründen. Was wäre denn ein »messianischer Rabbiner«? Ein Pastor unter anderem Namen? Ich denke, der Terminus »Rabbiner« weckt jüdische Erwartungen, die auch erfüllt werden sollten. Der Leiter einer messianisch-Jüdischen [sic!] Gemeinde, der den Titel »Rabbiner« akzeptiert, ohne die entsprechende Ausbildung zu haben, die ihn im nicht-messianischen Judentum zum Führen dieses Titels berechtigt, maßt sich eine Ehre an, die er nicht verdient und die ihm nicht zusteht; und das würde in der Tat Jeschuas ausdrücklichem Gebot zuwiderlaufen.

Sollte ein messianischer Rabbiner *Semichah* haben (ordiniert sein)? Wenn ja, sollte es eine messianische oder eine nicht-messianische *Semichah* sein? Falls messianisch, wer sollte diese *Semichah* verleihen? Das moderne messianische Judentum hat nur sehr wenige ordinierte Rabbiner und keine Behörde, die berechtigt wäre, den Titel zu verleihen. Solange das so bleibt, sollten die Gemeindeleiter davon absehen, sich »Rabbiner« nennen zu lassen, um die messianisch-jüdische Bewegung nicht in Misskredit zu bringen.[42]

In diesem Sinne möchte ich darauf hinweisen, dass die Leiter der messianischen Gemeinden in Israel sich aus mehreren Gründen *nicht* selbst Rabbis nennen, u.a.: 1) Da sie als Juden im Heiligen Land leben, müssen sie ihr Jüdischsein nicht »beweisen«; und 2) Der Titel »Rabbi« wird mit dem orthodoxen Judentum verbunden, und es sind die orthodoxen jüdischen Rabbis, die dem jüdischen Glauben an Jeschua am entschiedensten entgegentreten. Außerhalb des Landes Israel benutzen die Leiter hebräisch-christlicher Gemeinden den Titel »Rabbi« eher nicht (vgl. Kapitel 55 für den Bedeutungsunterschied zwischen »hebräischer Christ« und »messianischer Jude«), während eine bedeutende Minderheit messianisch-jüdischer Leiter andere Titel wählt, wie »Gemeindeleiter« oder »messianischer Pastor«. Die messianisch-jüdischen Leiter, die sich dafür entscheiden, nicht »Rabbi« genannt zu werden, sollten eine stichhaltige Antwort auf Matthäus 23,8-12 haben und in der Lage sein, sich gegen den Vorwurf des Betrugs zu wehren.

57. Ist es gut für Christen, jüdische Synagogen zu besuchen?

Ich werde dies so kurz wie möglich beantworten, da es eher eine Frage der persönlichen Vorlieben als eine Frage von richtig oder falsch gemäß der Heiligen Schrift ist. Hier sind einige konstruktive Gedanken dazu:

1. *Christen sollten jüdische Synagogen nicht zum Zweck heimlicher Evangelisation besuchen.* Das ist unethisch, es würde nur das negative Denken über das »Christentum« als betrügerischer Glaube bestärken und die schlimmsten, falschen Klischees nähren. Wie würden Sie sich fühlen, wenn jemand von einer Sekte Ihre Gemeinde besuchen würde und so täte, als wäre er ein Gläubiger, nur um insgeheim seinen Glauben anderen nahezubringen? Angesichts der sehr schlimmen Geschichte des »christlichen« Antisemitismus sollten derartige Praktiken energisch zurückgewiesen werden.

2. *Christen können allerdings den örtlichen Rabbi darüber informieren, dass sie daran interessiert sind, mehr über jüdische Bräuche und jüdische Lehre zu lernen, dass sie aber nur zum Hören und Lernen kommen, nicht zum Missionieren.* Wenn der Rabbi sie willkommen heißt – schön! Diese Christen werden diese Lernerfahrung bestimmt genießen, und vielleicht kann daraus auf lange Sicht gesehen manch bedeutungsvolle Unterhaltung und gegenseitige Bereicherung entstehen.

3. *Christen sollten nicht vergessen, dass es einen gewaltigen Unterschied zwischen orthodoxen und reformierten Synagogen-Gottesdiensten gibt.* Christen werden vielleicht erstaunt sein über die extrem liberale, humanistische Einstellung in einer reformierten Synagoge (genannt Tempel). Wenn sie eine ultraorthodoxe Synagoge besuchen, werden sie sich dagegen ziemlich fremd fühlen, weil der gesamte Gottesdienst auf Hebräisch gehalten wird und es noch nicht einmal eine Predigt gibt.

4. *Christen sollten nicht eine Synagoge besuchen, weil sie denken, dass sie dort tiefere geistliche Wahrheiten finden werden.* Sie mögen etwas lernen und vielleicht erbaut werden, doch in dem Maß, wie das jüdische Volk den Messias nicht erkannt hat, hat es auch das Herz und die Seele einer göttlichen Offenbarung nicht erkannt, und außerhalb von Jeschua gibt es keine letzte geistliche Wahrheit.

5. *Christen sollten das »Ich möchte sein wie«-Syndrom vermeiden, das unter nichtjüdischen Christen viel zu verbreitet ist*, ein Thema, das bereits mehrfach in diesem Buch angesprochen wurde (vgl. vor allem Kapitel 54). Hier beziehe ich mich auf das Verhalten von nichtjüdischen Christen, die denken, durch die Aufnahme von jüdischen Bräuchen oder jüdischer Kleidung oder jüdischen Gebeten in ihr Leben könnten sie irgendwie einen gerechteren oder geistlich höheren Stand vor dem Herrn erreichen. Keineswegs! (Der Bibliothekar eines jüdischen Seminars äußerte sich mir gegenüber einmal über die »Ich möchte sein wie«-Leute, die manchmal dort hingingen. Er meinte damit nichtjüdische Christen, die wünschten, sie wären Juden; vgl. auch Kapitel 53.) Um es noch einmal zu wiederholen: Alles, was wir zum Leben und zur Frömmigkeit brauchen, findet man in Jesus, und das heißt nicht, dass christliche Frauen Männer werden müssen (weil er ein Mann war) oder dass nichtjüdische Christen Juden werden müssen (weil er ein Jude war). Vielmehr fließt aus ihm unser geistliches Leben, und er betonte nicht, dass er Jude war, sondern dass er eine innige Beziehung zum Vater hatte. Und, wenn mir ein Augenblick vollkommener Offenheit erlaubt ist, es gibt absolut keinen guten Grund für nichtjüdische (oder jüdische) Jesusgläubige, das anzuziehen, was

anscheinend altertümliche biblische Kleidung sein soll (ich habe das gesehen!), oder sich zu kleiden wie ein ultraorthodoxer Jude (das habe ich auch gesehen!). Das beeindruckt mit Sicherheit nicht die jüdische Gemeinschaft – im Gegenteil, es lässt unseren ganzen Glauben seltsam wirken, fast wie bei jemandem, der zur Arbeit in einem Raumanzug erscheint – und es verfehlt die durchgehende neutestamentliche Betonung dessen, dass äußerliche religiöse Dinge von keinerlei innerlichem geistlichen Wert sind (vgl. auch Kapitel 50 und 51). Dieses Fasziniertsein von Äußerlichkeiten ist Teil einer »natürlichen« Spiritualität, die nicht von Jesus, dem Haupt, kommt und deshalb keine Hilfe ist.[43]

6. *Christliche Leiter sollten ermutigt werden, Kontakt zu Leitern der jüdischen Gemeinschaft aufzunehmen, Missverständnisse über den christlichen Glauben aus der Welt zu schaffen und Solidarität zu ihren jüdischen Nachbarn zu zeigen.* Gelegentlich werden sie überrascht sein zu sehen, dass sie Israel gegenüber eine positivere Einstellung haben als manche Synagogenbesucher! Ich kenne viele Fälle von solchen Kontakten, und die Früchte davon waren sehr gut, was das gegenseitige Verstehen und das Einreißen von trennenden Mauern angeht. Selbst wenn das schon alles ist, was bei diesem Engagement herauskommt, ist es der Mühe wert. Und wenn es darüber hinaus zur weiteren Verkündigung des Evangeliums führt, umso besser.

58. Sollten Christen bedingungslos den Staat Israel unterstützen?

Ich glaube, dass Christen den Staat Israel stark und unerschütterlich unterstützen sollten, doch wir können Israel nicht *bedingungslos* unterstützen, denn dieser Staat hat viele Fehler und Mängel. »Bedingungslose Unterstützung« könnte beinhalten, falsche nationale Entscheidungen gutzuheißen und sich zu weigern, sich falscher nationaler Politik entgegenzustellen. Sollten wir beispielsweise »bedingungslos« die Regierung unterstützen, wenn sie Juden, die an Jesus glauben, nicht erlaubt, in absoluter Freiheit ins Heilige Land einzuwandern? Sollten wir »bedingungslos« jede einzelne Entscheidung unterstützen, die in Bezug auf die palästinensische Krise gefällt wurde?[44] (Zum Mythos eines historischen palästinensischen Volkes vgl. Kapitel 34.)

Doch man verfehlt das Ziel, wenn man sich intensiv mit diesen Fragen beschäftigt, denn es gibt eine ganze Reihe wichtiger Gründe, warum Gläubige heute hinter Israel stehen sollten. Hier sind ein paar, die ich in ihrer einfachsten Form präsentieren möchte. Dabei ist mir bewusst, dass sie alle verdienen, noch eingehender betrachtet zu werden.

1. *Die Rückkehr des jüdischen Volkes ins Heilige Land ist ein Akt von historischer, prophetischer Bedeutung. Heute hinter Israel zu stehen bedeutet, hinter den Absichten Gottes zu stehen.*

Selbstverständlich gab es eine Flut neuerer Bücher und Artikel, geschrieben und herausgegeben von respektierten christlichen Autoren und Geistlichen, welche die Vorstellung verwarfen, dass der moderne Staat Israel als Erfüllung biblischer Prophetie verstanden werden soll.[45] Mit dem nötigen Respekt den genannten biblischen und historischen Argumenten gegenüber, von denen manche von pro-palästinensischen Gefühlen beeinflusst zu sein scheinen, muss ich sagen, dass die Beweise überwältigend auf eine von Gott verfügte, von Gott inszenierte Wiedervereinigung des jüdischen Volkes in seiner Heimat hindeuten.

Auf einer rein rationalen Ebene ist die permanente Bewahrung des jüdischen Volkes ein ausgesprochenes Wunder, beispiellos in der Weltgeschichte. Denn kein anderes Volk, das für Jahrhunderte aus seinem Land vertrieben und zerstreut war, hat je seine nationale Identität bewahrt, ganz zu schweigen davon, dass es in sein altes Land zurückkehrte oder seine alte Sprache als lebende Nationalsprache wiederauferstehen ließ. Und doch ereignete sich dies alles nach Hitlers dämonischer Vernichtung von zwei Dritteln der Juden in Europa. Während die Krematorien noch schwelten, wurde Israel wiedergeboren. Das war eine historische Tat Gottes.

Noch wichtiger: Die Heilige Schrift weist auf diese Wiedervereinigung als Tat Gottes hin. Endzeitprophetien setzen die Existenz der Nation Israel als jüdische Nation voraus (vgl. Sacharja 12–14), und doch zeigt Jesaja 11,11 an, dass es nur *zwei Zeiten* geben wird, zu denen Gott sein Volk in großer Zahl ins Land zurückbringt. Das erste Mal war nach dem babylonischen Exil (das geschah stufenweise über mehrere Jahre); das zweite Mal war im letzten Jahrhundert (ebenfalls stufenweise über mehrere Jahre). Gemäß Jesaja 11,10; EB wird diese zweite Rückkehr ins Land zu einer Zeit großer geistlicher Ernte stattfinden: »Und an jenem Tag wird es geschehen: der Wurzelspross Isais, der als Feldzeichen der Völker dasteht, nach ihm werden die Nationen fragen; und seine Ruhestätte wird Herrlichkeit sein.« Ist es nicht bezeichnend, dass im 20. Jahrhundert mehr Menschen zum Herrn kamen als in allen vorigen Jahrhunderten zusammengenommen? Das war auch die Zeit, als eine große *nationale* Wiedervereinigung stattfand, eine, bei der Gott sein jüdisches Volk zurück ins Heilige Land brachte – die große Mehrheit davon noch nicht gläubig, aber mehr und mehr davon kommen zum Glauben, sobald sie im Land sind (vgl. Hesekiel 36,22-32, wie es nach dem babylonischen Exil geschah).

Manche von Jeschuas Worten weisen auch in diese Richtung, weil die Endzeitrede auf dem Ölberg (vgl. Matthäus 24; Markus 13; Lukas 21) nicht vollständig verstanden werden kann, wenn man sie auf die Zerstörung Jerusalems durch die Römer 70 n.Chr. bezieht – trotz der gegenteiligen präteristischen Argumentation. Der Kontext genau dieser Reden handelt von jüdischen Gläubigen, die in einer jüdischen Nation leben, welche sogar die Sabbatgesetze einhält.[46] Die stets wachsende orthodoxe jüdische Bevölkerung in Israel vorausgesetzt, wird ein solches Szenario mehr und mehr realistisch.

Es gibt viele andere biblische Argumente, die zur Unterstützung dieser Position herangezogen werden können – diese wenigen Worte repräsentieren kaum die Spitze des Eisbergs –, und es gibt Antworten auf alle Einwände. Interessierte Leser können sich mit den Büchern, die in der Anmerkung genannt werden, einlesen.[47]

2. *Gott versprach, sein altes Volk zu bewahren – als ein unterscheidbares Volk –, ungeachtet seiner Sünde, und der moderne Staat Israel ist Teil dieser Bewahrung. Hören wir auf die Worte des Herrn:*

So spricht der Herr,
der die Sonne gesetzt hat
zum Licht für den Tag,
die Ordnungen des Mondes und der Sterne
zum Licht für die Nacht,
der das Meer erregt,
dass seine Wogen brausen,
Herr der Heerscharen ist sein Name:
Wenn diese Ordnungen vor meinem Angesicht weichen,
spricht der Herr,
dann soll auch die Nachkommenschaft Israels aufhören,
eine Nation zu sein vor meinem Angesicht alle Tage.
So spricht der Herr:
Wenn der Himmel oben gemessen werden kann
und die Grundfesten der Erde unten erforscht werden können,
dann will ich auch die ganze Nachkommenschaft Israels verwerfen
wegen all dessen, was sie getan haben,
spricht der Herr.

(Jeremia 31,35-37; EB)

Vor dem Hintergrund des ersten angeführten Punktes, nämlich dass Gott selbst hinter Israels Wiedervereinigung steckt, stehen diejenigen, die Israel zerstören wollen, den festen Absichten Gottes entgegen. Wahrhaftig – wäre da nicht Gottes gnädige und übernatürliche Bewahrung – wir Juden wären längst ausgelöscht worden. Das sollten heutige Christen sicherlich erkennen und mit den Verheißungen des Herrn arbeiten, nicht gegen sie.

3. *Es gibt eine satanische Absicht, Israel zu zerstören (vgl. Kapitel 30). Gläubige sollten deshalb erkennen, dass hinter Israel zu stehen gleichzeitig bedeutet, sich Israels geistlichen Feinden entgegenzustellen – das sind die geistlichen Kräfte, die solch destruktiven und vergifteten Hass gegen das Volk Israel erwecken.* An jedem Tag muss jeder Israeli mit der Tatsache rechnen, dass viele der Nachbarländer die Gefühle teilen, die von radikalen islamischen Führern in den 1990er-Jahren ausgesprochen wurden: »Blut muss fließen. Es muss Witwen geben, es muss Waisen geben. Hände und Glieder müssen abgetrennt und die Glieder und das Blut müssen überall verteilt werden, damit Allahs Religion auf ihren Füßen stehen kann.«[48] Damit sind jüdisches Blut und jüdische Glieder gemeint!

Die Rufe nach der Vernichtung Israels sind auch heute noch Realität, trotz der endlosen Verhandlungen und Friedensgespräche. Dies ist letzten Endes ein geistlicher Kampf, und hinter Israel zu stehen bedeutet, in diesem Kampf auf der richtigen Seite zu stehen.

Selbstverständlich sollten wir als Christen jeden Menschen voller Mitgefühl behandeln, selbst wenn er sich in diesem Kampf auf der falschen Seite befindet. Doch die harte Realität kann nicht genug betont werden: In weiten Teilen der muslimischen Welt, insbesondere unter den Palästinensern, wird Kindern von Geburt an beigebracht, die Juden (und Amerikaner) zu hassen, und der Hass sitzt tief und ist religiös verwurzelt. Die einzigartige Perspektive von Walid Shoebat, einem ehemaligen Terroristen, der jetzt wegen seines einschneidenden Übertritts zum Christentum ein großer Unterstützer Israels ist, sollte von allen Christen wahrgenommen werden, die meinen, sie sollten sich auf die palästinensische Seite der Krise stellen. Um die Sichtweise eines Insiders kennenzulernen, empfehle ich sehr seine Bücher *Why I left Jihad: The Root of Terrorism and the Return of Radical Islam* (2005) und *Why We Want to Kill You: The Jihadist Mindset and How to Defeat It* (2007). (Ich stimme nicht unbedingt all seinen eschatologischen Auslegungen zu.)

4. *Jesus wird in ein jüdisches Jerusalem zurückkehren.* Der Herr hat das in Matthäus 23,37-39; EB klar gesagt:

> Jerusalem, Jerusalem, die da tötet die Propheten und steinigt, die zu ihr gesandt sind! Wie oft habe ich deine Kinder versammeln wollen, wie eine Henne ihre Küken versammelt unter ihre Flügel, und ihr habt nicht gewollt! Siehe, euer Haus wird euch öde gelassen; denn ich sage euch: Ihr werdet mich von jetzt an *nicht* sehen, bis ihr sprecht: »Gepriesen (sei), der da kommt im Namen des Herrn!«

Der jüdische Messias wird nicht wiederkehren, bis sein jüdisches Volk, mit Jerusalem als Zentrum, ihn wieder als König willkommen heißt.[49] Warum sonst gibt es so viel Streit um diese Stadt? Warum sonst ist Jerusalem die einzige nationale Hauptstadt, die von den anderen Nationen nicht anerkannt ist? Warum sonst gibt es ein so entschlossenes Bestreben, die Stadt zu teilen und den jüdischen Händen zu entreißen? Und warum sonst sagte Gott durch den Propheten Jesaja in Kapitel 62,6-7: »O Jerusalem, ich habe Wächter über deine

Mauern gestellt, die fortdauernd bei Tag und Nacht nicht schweigen werden. Ihr, die ihr den Herrn an seine Zusagen erinnert, gönnt euch keine Ruhepause. Lasst dem Herrn keine Ruhe, bis er Jerusalem wieder gegründet und auf der ganzen Welt zum Lobpreis gemacht hat«? (Man beachte, dass es an dieser Stelle keinerlei exegetischen Grund für das Ersetzen von »Jerusalem« durch »die Kirche« gibt.)

Warum Jerusalem? Weil das die Stadt ist, in die der Messias zurückkehren wird, und die letzte Schlacht ist die Schlacht um ein jüdisches Jerusalem.

Wenn Sie nun der Teufel wären und das wüssten, würden Sie nicht versuchen, das jüdische Volk davon abzuhalten, in Israel wieder ein Heimatland aufzubauen? Und wenn Sie das nicht verhindern könnten, würden Sie nicht alles versuchen, damit Jerusalem nicht unter jüdische Kontrolle kommt? Und wenn Sie das nicht verhindern könnten, würden Sie nicht alles tun, um das jüdische Volk davon abzuhalten, Jesus als Messias zu erkennen? Die Antwort auf all diese Fragen lautet natürlich Ja – ein entschiedenes Ja –, und historische Begebenheiten jüngeren und älteren Datums bieten reichlich Belege für genau diese Bemühungen. Christen sollten deshalb hinter Israel und hinter einem jüdischen Jerusalem stehen und leidenschaftlich dafür beten, dass Gott die Augen seines Volkes öffnet, damit es Jeschua als Messias und König anerkennt.

5. *Gott versprach Abram in 1. Mose 12,3: »Wer dich segnet, den werde ich auch segnen. Wer dich verflucht, den werde ich auch verfluchen. Alle Völker der Erde werden durch dich gesegnet werden.«* Im Lauf der Jahrhunderte wurde klar, dass dieses Versprechen besonders Abrahams auserwählten Kindern galt, die von Isaak abstammten, und dann von Jakob/Israel. Wo genau sagt das Wort Gottes, dass dieses Versprechen nicht mehr aktuell ist? Auf welcher biblischen Basis können wir sagen, dass Gott nicht länger an diesem Prinzip festhält?

Manche haben behauptet, dass der Niedergang von »Großbritannien« – in Bezug auf seinen weltweiten Einfluss – begann, als es sich im frühen 20. Jahrhundert gegen Israel wandte. Andere meinen, dass ein Hauptgrund dafür, dass Gott Amerika nicht strenger gerichtet hat, unsere historische Verbindung mit Israel ist, während unsere Zeit der Unentschlossenheit einherging mit göttlichen Gerichten.

Schon seit etlichen Jahren höre ich nun manche Lehrer das Argument vertreten, Gott strafe Amerika, wenn es nicht hinter Israel stehe, und ich für meinen Teil war beeindruckt von einigen dieser außerordentlichen »Zufälle«, die sie enthüllten. Endgültig hat meine Aufmerksamkeit erregt, dass die Affäre mit Monica Lewinsky ausgerechnet an dem Tag aufgedeckt wurde, als Präsident Clinton einen Fototermin mit Jassir Arafat hatte. Ich dachte bei mir: *Wie ironisch!*

In jüngster Zeit haben sich mehr und mehr Christen über diese Dinge Gedanken gemacht, und im Jahr 2005 konnten sich viele des Eindrucks nicht erwehren, dass eine Verbindung besteht zwischen wichtigen Ereignissen in Israel – historischen Ereignissen – und wichtigen Ereignissen in Amerika. Kurz nachdem wir großen Druck auf Israel ausgeübt hatten, damit es jüdische Siedler aus ihrem Zuhause in Gaza vertrieb – und damit Tausende heimatlos machte –, wurden wir vom Wirbelsturm Katrina heimgesucht, der Tausende Amerikaner heimatlos machte. Eine christliche Nachrichtenagentur brachte die Schlagzeile: »Hat Gott Katrina als Gericht für Gaza geschickt? Unheimliche Parallelen zwischen erzwungenen Evakuierungen lösen Spekulationen aus.«[50] Bevor Sie über solche Verbindungen spotten, sollten Sie vielleicht diese Angelegenheit im Gebet bewegen und auch ein paar Bücher dazu lesen, die diese Beweisführung im Detail darlegen.[51]

In Jeremia 30,11; EB versprach Gott dem jüdischen Volk: »Denn ich bin mit dir, spricht der Herr, um dich zu retten. Denn ich werde ein Ende machen mit allen Nationen, unter die ich dich zerstreut habe. Nur mit dir werde ich kein Ende machen, sondern dich mit rechtem Maß züchtigen und dich keineswegs ungestraft lassen.« Ja, das jüdische Volk hat Gottes Züchtigung durch die Generationen erfahren, aber er hat uns auch übernatürlich bewahrt. Was geschah mit den Nationen, die uns zu zerstören suchten? Wo sind Assyrien oder Babylon? Warum wurde Deutschland nach dem Holocaust in Ost und West geteilt, was viel Leid und Schmerz verursacht hat?

Auf der anderen Seite kenne ich Pastoren und Leiter, die sich sehr sicher sind, dass Gott sie gesegnet hat, weil sie für Israel beten und es segnen. Ich pflichte ihnen bei, wobei man natürlich wissen muss, dass es keine magischen Gebetsformeln gibt und dass Israel zu segnen nicht gleichbedeutend mit irgendeiner Art von geistlichem

Talisman ist. Nichtsdestotrotz: Wenn es aus der richtigen Motivation heraus, mit einem aufrichtigen Herzen und aus der Liebe für Gott und sein altes Volk getan wird – das weiterhin von Gott geliebt wird, sogar in seinem Ungehorsam (vgl. Römer 11,29) – versichere ich, dass diejenigen, die Israel segnen, selbst gesegnet werden.

6. *Es gibt wirklich eine Weltverschwörung gegen Israel, und als Christen, die für Wahrheit und Licht stehen, müssen wir uns hinter Israel stellen.* Ich fragte einmal einen aktiven Abtreibungsgegner, der seine Schwierigkeiten mit dem modernen Israel hatte, ob er der Medienberichterstattung über die Abtreibungsdebatte vertraue. »Absolut nicht!«, war seine Antwort, und das aus gutem Grund. Die Hauptrichtung in den Medien ist entschieden gegen die Bewegung der Abtreibungsgegner, und ihre Berichterstattung über Abtreibung kann nicht kritiklos als wahrheitsgetreu und zutreffend beurteilt werden. Ebenso ist besonders die ausländische Berichterstattung über Israel und den Nahen Osten außerordentlich einseitig. Wenn ich manchmal bei meinen Diensten außerhalb der Vereinigten Staaten die Nachrichten anschaute, war ich fassungslos über die offenkundigen, unverhohlenen anti-israelischen Vorurteile. Das ist wirklich schockierend!

Israel ist in Wahrheit eine winzige Insel, umgeben von überzeugten und oft tödlichen Feinden – betrachten Sie nur die Karte auf den Seiten 264/265, auf der Israel der winzige schwarze Streifen ist und alles Graue muslimische Nationen repräsentiert. Der einzige Grund für Israels Aufstocken seiner militärischen Kräfte ist der Kampf ums Überleben.[52]

Es ist schon ironisch, wie auch ein Gelehrter aus dem Mittleren Osten in den 1990er-Jahren sagte: »Wenn Israel Tränengas gegen seine Feinde einsetzt, ist die Welt in Aufruhr. Wenn Saddam Hussein Nervengas gegen sein eigenes Volk einsetzt, sagt niemand ein Wort.« Leider hat sich dieses Verhalten bis heute nicht geändert, ein Verhalten, das von Organisationen wie CAMERA, dem *Committee for Accuracy in Middle East Reporting in America* [Komitee für Genauigkeit in der Berichterstattung über den Mittleren Osten in Amerika], ordnungsgemäß aufgezeichnet wird. Ein kurzer Besuch auf Camera.org wird das in schmerzhafter Weise aufschlussreich belegen.[53]

Israel führte 2006 im Libanon Krieg, nachdem die Israelis von radikalen Muslimen mit einem anhaltenden Raketenbeschuss angegriffen worden waren, die entschlossen waren, sie zu vernichten. Während dieses Krieges explodierten täglich buchstäblich Hunderte von Raketen in Israel. Mehr als eine Million Menschen – das ist ein Fünftel der jüdischen Bevölkerung Israels – wurden vertrieben. (Umgerechnet wären das ungefähr *sechzig Millionen Amerikaner*, die zeitweise umgesiedelt werden müssten.) Doch die Welt wollte, dass sich Israel zurückhält, und viele verurteilten seine Kampfmaßnahmen. Können Sie sich vorstellen, wie Amerika reagiert hätte, wenn Terroristen aus Mexiko täglich Bomben über Texas abgeworfen, viele getötet und eine verheerende Zerstörung verursacht hätten?

Im Jahr 2006 gab der frühere US-Präsident Jimmy Carter ein höchst umstrittenes Buch heraus, in dem er die israelische Politik gegenüber den Palästinensern mit der südafrikanischen Apartheid gleichsetzte.[54] Als Folge dieser höchst verzerrten Sichtweise legten mehr als zehn Mitglieder des Beirats des Carter Centers in Atlanta ihr Amt nieder und erklärten unter anderem:

> Die Israelis haben in Dokumenten und öffentlichen Kommentaren durchweg von dem Wunsch gesprochen, in Frieden zu leben und territoriale Kompromisse zu schließen, um diesen Zustand zu erreichen. Die palästinische Seite hat sich durchweg der Terrorakte als nationaler Äußerung bedient, und gewählte Parteien billigen den Einsatz von Terror sowie die Ablehnung der territorialen Kompromisse und des Existenzrechts Israels. Palästinische Führer hatten seit 1947 genug Möglichkeiten, ihren eigenen Staat zu gründen, u.a. während Ihrer eigenen Präsidentschaft, als sie Ihre Bemühungen schroff abwiesen.[55]

Zweifellos haben sich die Israelis mit manchen ihrer Handlungen gegenüber den Palästinensern und den umliegenden Ländern einiger Straftaten schuldig gemacht. Doch diese Handlungen stehen im Gegensatz zur nationalen Politik – etwas, das einige anti-israelische, christliche Autoren zu erwähnen vergessen. Und man kann jeden in Israel fragen, der selbst beim Militär gedient hat oder von dessen Familie einer Soldat ist, und alle werden erzählen, welch außerordentliche Maßnahmen sie ergreifen, um den Tod unschuldiger Araber zu verhindern, oft um den Preis ihrer eigenen Sicherheit. Ich habe während des Kriegs mit der Hisbollah oft Gebetsanfragen von Freunden erhalten, die in Israel leben und deren Familienmitglieder an der

Front waren, und sie haben immer wieder gesagt, dass die Operationen wegen des israelischen Grundsatzes, um jeden Preis zivile Opfer zu vermeiden, so viel schwieriger seien.

Anders gesagt: Wenn israelische Truppen Zivilisten töten, fordert der Staat eine Überprüfung und das Militär leitet eine Untersuchung ein. Wenn ein terroristischer Selbstmordattentäter israelische Kinder in einem Schulbus in die Luft jagt, freuen sich seine Leute und feiern ihn als Märtyrer.

Das Fazit ist, grob gesagt, dass die Ideologie, welche die Angriffe am 11. September 2001 auslöste, dieselbe Ideologie ist, die entschlossen ist, Israel zu zerstören. Es ist für Christen eine Frage der Gerechtigkeit, hinter dem jüdischen Staat zu stehen, während sie sich voller Mitgefühl an alle Parteien im Mittleren Osten wenden und sie zu Gerechtigkeit und Wahrheit aufrufen. Dabei werden sie erkennen, dass letztlich die einzige Hoffnung für die Region – und die Welt – nur die Rückkehr des Friedefürsten ist.

59. Was meinte Paulus, als er sagte, dass »ganz Israel gerettet werden« wird?

Als Paulus schrieb, dass »ganz Israel gerettet werden« wird (Römer 11,26), sprach er von der endzeitlichen Hinwendung des jüdischen Volks zu Jesus, dem Messias. Hier hallt das Wort des Herrn durch Jeremia nach: »In jener Zeit, spricht der Herr, werde ich der Gott aller Sippen Israels sein, und *sie* werden mein Volk sein« (Jeremia 31,1; EB). Obwohl manche Ausleger diese Bedeutung hinterfragten und behaupteten, dass Paulus etwas anderes meinte, als er von »Israel« redete, spricht doch der Zusammenhang eindeutig gegen solche Ansichten.

Werfen wir zunächst einen Blick auf den größeren Kontext des Römerbriefs als Ganzes. Zu der Zeit, als Paulus den Römern schrieb, hatte er den Gläubigen in Rom noch nicht gedient und er wollte sicherstellen, dass sie die Grundlagen der Evangeliumsbotschaft verstanden hatten. Das ist der Grund, warum der Römerbrief oft als der wichtigste Lehrbrief im Neuen Testament angesehen wird.

Nach einigen einführenden Sätzen, welche die Aussage beinhalten, dass das Evangelium »die Kraft Gottes [ist], die jeden rettet, der glaubt – die Juden zuerst, aber auch alle anderen Menschen« (Römer 1,16), demonstriert Paulus, dass alle Menschen, Nichtjuden und Juden gleichermaßen, unter der Sünde stehen (1,18–3,31). In den Kapiteln 4–5 formuliert er dann das Prinzip der Rechtfertigung aus Glauben, bevor er in den Kapiteln 6-8 das Leben im Geist und den Sieg des Gläubigen über die Sünde beschreibt. Danach braucht er drei weitere Kapitel, die Kapitel 9–11, um die Israelfrage anzusprechen. Der Rest des Briefes, die Kapitel 12–16, handelt von der praktischen Anwendung des Evangeliums.

Dwight Pryor, ein ausgezeichneter Lehrer für den jüdischen Hintergrund des Neuen Testamentes, erzählte mir einst, dass ein mit ihm befreundeter Pastor ihm sagte: »Ich bin in meiner Kirche gerade mit der Lehre über den Römerbrief fertig geworden, doch wann immer ich darüber predige, überspringe ich die Kapitel 9–11, weil sie nicht mehr relevant sind.« Was für ein gewaltiger geistlicher blinder Fleck! Im Gegensatz dazu sagt mein FIRE-Kollege Bob Gladstone oft den Studenten unserer Akademie: »Nach Paulus gilt: Wenn ihr Israel nicht versteht, versteht ihr Paulus' Evangelium nicht.« Ich bin davon überzeugt, dass Paulus dem zustimmen würde.

Warum war Israels Schicksal für Paulus so wichtig? Warum litt er so unter der geistlichen Entfremdung von Israel (national gesehen), dass er sogar bereit war, »für immer verflucht zu sein und von Christus getrennt«, wenn das seinem Volk Erlösung gebracht hätte (vgl. Römer 9,1-3)? Weil Israel die erwählte Nation war, das Bundesvolk, und weil durch es Gottes Erlösung für die ganze Welt kommen sollte. Doch als der Messias Israels kam, wiesen die Israeliten ihn zurück (wieder auf nationaler, nicht auf persönlicher Ebene). Wie konnte das geschehen?

Wie konnte das geschehen: »Dass die Nationen, die nicht nach Gerechtigkeit strebten, Gerechtigkeit erlangt haben, eine Gerechtigkeit aber, die aus Glauben ist; Israel aber, das einem Gesetz der Gerechtigkeit nachstrebte, ist nicht zum Gesetz gelangt« (9,30-31; EB)? Wurden die Verheißungen nicht erfüllt (vgl. 9,6)? Hat Gott sein Volk verworfen (vgl. 11,1)? »Sind sie so tief gefallen, dass sie hoffnungslos verloren sind?« (11,11). Ich will Paulus selbst antworten lassen: »Nein, auf keinen Fall!« (11,11).

Dank der unergründlichen Weisheit Gottes führte Israels Ablehnung des Messias zur Erlösung der Nichtjuden, und am Ende wird ihre Umkehr ihre wunderbare geistliche Erneuerung bewirken:

> Sind sie so tief gefallen, dass sie hoffnungslos verloren sind? Nein, auf keinen Fall! Sondern ihr Ungehorsam führte dazu, dass auch die anderen Völker gerettet werden, um damit zugleich auch die Eifersucht der Juden zu wecken. Wenn nun die anderen Völker so reich beschenkt wurden, weil die Juden Gottes Angebot der Erlösung ablehnten, wie viel größeren Segen wird es dann für die Welt bedeuten, wenn die Juden es schließlich annehmen! Ich sage das alles zu euch, die ihr keine Juden seid, denn Gott hat mich zu eurem Apostel berufen. Und ich hebe es so stark hervor, um dadurch die Eifersucht der Juden zu wecken und auf diese Weise einige von ihnen zu retten. Denn wenn die Verwerfung der Juden bedeutete, dass Gott der übrigen Welt die Versöhnung anbot, wie herrlich wird es dann erst sein, wenn Gott sein Volk wieder annimmt. Dann werden Menschen, die tot waren, wieder lebendig! Und da Abraham und die anderen Stammväter heilig waren, werden auch ihre Nachkommen heilig sein. Denn wenn die Wurzel des Ölbaums heilig ist, dann werden es auch die Zweige sein.
>
> (Römer 11,11-16)

»Aber«, sagen Sie vielleicht, »ich habe gehört, dass Paulus, als er im Römerbrief von Israel sprach, eigentlich vom geistlichen Israel sprach, der Kirche, nicht vom jüdischen Volk.«

Das ist ein weit verbreitetes Missverständnis, doch es wird durch den Text in keiner Weise unterstützt. Tatsächlich sollten die eben zitierten Verse eindeutig klarmachen, dass *Paulus den nichtjüdischen Gläubigen nicht erzählte, sie seien Israel.* Stattdessen redete er zu den Nichtjuden über Israel und redete sie dabei als Nichtjuden an, nicht als geistliche Israeliten. (Halten Sie für einen Moment inne und lesen Sie die Verse erneut. Sie sind wirklich sehr eindeutig. Für Paulus' Gebrauch des Begriffs *Jude* vgl. Kapitel 53.)

Doch das ist noch nicht alles. Paulus begann diesen Abschnitt im Römerbrief mit der Bezugnahme auf »das Volk Israel« (9,4) und meinte damit die Nation als Ganze, die Nation, um derentwillen sein Herz gebrochen worden war. Dann sprach er von Israel und Abrahams Nachkommen in einem besonderen, geistlichen Sinn (vgl. 9,6-9). Danach gilt für den Rest dieser wirklich wichtigen Kapitel (Römer 9–11): *Jedes Mal, wenn er von Israel sprach, sprach er von der Nation als Ganze.* Nehmen Sie sich einen Moment Zeit und schlagen Sie diese Stellen nach: 9,27.31; 10,16.19-21; 11,1-2.7.11. Es ist wirklich sehr eindeutig. Jedes Mal, wenn Paulus das Wort *Israel* schrieb, meinte er die natürlichen Kinder, das Volk als Ganzes.[56]

Jetzt kommen wir zum Höhepunkt seiner Erörterung in 11,25-29. Lesen wir Vers 25; EB sorgfältig: »Denn ich will nicht, Brüder, dass euch dieses Geheimnis unbekannt sei, damit ihr nicht euch selbst für klug haltet: Verstockung ist Israel zum Teil widerfahren, bis die Vollzahl [wörtlich: »Fülle«] der Nationen hineingekommen sein wird.«

Tragischerweise *hat* die Kirche jahrhundertelang dieses Geheimnis nicht erkannt, weil sie dachte, sie hätte Israel ersetzt und Gott sei fertig mit Israel. Diese Unwissenheit führte zu der falschen Lehre, die man »Supersessionismus«, Substitutionstheologie oder Ersetzungstheologie nennt, die Lehre nämlich, dass die Kirche Israel ersetzt hätte. Diese Lehre öffnete die Tür für die Schrecken des »christlichen« Antisemitismus in der Geschichte.[57]

Schauen wir uns nun noch einmal das Ende von Vers 25; EB an: »Verstockung ist Israel zum Teil widerfahren, bis die Vollzahl der Nationen hineingekommen sein wird.« »Israel« meint nicht die Nichtjuden!

Man sollte auch beachten, dass diese Aussage zu Vers 26 führt. Das *Israel*, das teilweise verstockt wurde, ist das *Israel*, das gerettet werden wird.

> … und so [das bedeutet: »gleich nachdem die Vollzahl der Nationen hineingekommen sein wird«] wird ganz Israel gerettet werden, wie geschrieben steht:
> »Es wird aus Zion der Retter kommen,
> er wird die Gottlosigkeiten von Jakob abwenden;
> und dies ist für sie der Bund von mir,
> wenn ich ihre Sünden wegnehmen werde.«
> Hinsichtlich des Evangeliums sind sie zwar Feinde um euretwillen, hinsichtlich der Auswahl aber Geliebte um der Väter willen. Denn die Gnadengaben und die Berufung Gottes sind unbereubar.
>
> (Römer 11,26-29; EB, dort wird Jesaja 59,20-21 zitiert)

Die Bedeutung ist völlig klar: Das Israel, das verworfen wurde, ist das Israel, das angenommen werden wird. Die Auserwählten, die zu Feinden des Evangeliums wurden, bleiben das Objekt von Gottes Bundesliebe, und am Ende wird eine nationale Umkehr, eine nationale Erweckung stattfinden, und »ganz Israel [wird] gerettet werden«. Lobt Gott!

Das bezieht sich nicht auf die Kirche als Ganze (wie von fast allen führenden zeitgenössischen Kommentatoren des Römerbriefs erkannt wurde),[58] noch bezieht es sich auf die Gesamtsumme der jüdischen Gläubigen im Laufe der Jahrhunderte (das ist wirklich eine weit hergeholte Interpretation, die nicht im Mindesten durch den Zusammenhang gestützt wird, der ein maßgebliches Zitat aus Jesaja 59 einschließt).[59] Im Gegenteil: Es wird am Ende dieser Zeit eine nationale Umkehr geben. Das wird durch die Tatsache unterstrichen, dass Paulus außer in Römer 9–11 nie von »Israel« spricht, obwohl er sich mehrfach auf »die Juden« bezieht. Dies sind nationale Verheißungen!

Bedeutet Römer 11,26, dass jeder einzelne lebende Jude überall auf der Welt am Ende der Zeit gerettet werden wird? Das ist möglich, doch das geht vielleicht über Paulus' Aussage hinaus. Bedeutet es, dass alle Juden aus allen Generationen letztlich gerettet werden? Sicher nicht. Die verloren gingen, sind verloren. Paulus hatte ein gebrochenes Herz, weil so viele aus seinem Volk wirklich verloren sind.

Besagt der Vers, dass wir uns nicht darum bemühen müssen, den Juden gegenüber Zeugnis abzulegen, weil sie am Ende alle gerettet werden? Gott bewahre! Erstens sind wir dafür verantwortlich, das Evangelium unserer eigenen Generation weiterzusagen, ohne unser Zeugnis wegen irgendeiner fehlgeleiteten eschatologischen Erwartung zurückzuhalten; zweitens ist es sehr gut möglich, dass gerade die jüdische Person, die Gott in Ihr Leben gestellt hat, nicht mehr lebt, wenn Jesus wiederkommt (Sie und ich vielleicht auch nicht!); drittens geschieht nichts automatisch in Gottes Reich, und wenn Juden gerettet werden sollen, wird das von Liebe und Gebet geprägte Zeugnis der Kirche eine Hauptrolle dabei spielen; viertens: Wer weiß denn, wie groß »ganz Israel« am Ende der Zeit sein wird? Vielleicht wird es vermindert sein durch Anpassung und Not, bevor der Herr wiederkommt, was die Wichtigkeit unterstreicht, das jüdische Volk mit der Guten Nachricht vom Messias zu erreichen, wenn sich die Möglichkeit dazu auftut.

Doch um zur wunderbaren Nachricht zurückzukommen: So wie es heutzutage allgemein und pauschal formuliert heißt: »Die Juden glauben nicht an Jesus«, wird man an diesem Tag sagen: »Die Juden glauben an Jesus!« Dieses Ereignis wird so herrlich sein, dass der fromme puritanische Autor Samuel Rutherford wünschte, er könnte den Himmel auf später verschieben, um diesen Tag erleben zu können.

Wie es das alte Gedicht verkündet:

Clothed with her fairest hope, the Church
Will triumph with her Lord,
And earth her jubilee will keep
When Israel is restored.

[Gekleidet mit ihrer schönsten Hoffnung, wird die Kirche
Triumphieren mit ihrem Herrn,
Und die Erde wird ihr Freudenfest halten
Wenn Israel wiederhergestellt ist.]

Im Kleide schönster Hoffnung einst
mit ihr'm Herrn jauchzt d'Gemeind
die Erde hält ihr Freudenfest
Wenn Israel wiedervereint.

60. Hat Gott einen besonderen Weg für die Juden bereitet, damit sie gerettet werden, ohne an Jesus zu glauben?

Ich wünschte, ich könnte sagen: »Ja! Gott hat einen besonderen Weg für die Juden bereitet, damit sie gerettet werden, ohne an Jesus zu glauben.« Immerhin sind meine Frau und ich Juden. Unsere Familienmitglieder sind Juden. Viele unserer Freunde, mit denen wir aufgewachsen sind, sind Juden. Bis heute stehe ich in engem, ständigem Kontakt mit gläubigen Juden und wir haben viele tiefgründige Diskussionen über theologische Fragen. Sie würden mir einfach sagen, dass sie eine tiefe Liebe zu Gott empfinden, aber dass sie nicht glauben, dass Jesus der Messias ist. Gibt es nicht einen Weg für sie, ohne den Glauben an Jeschua gerettet zu werden?

Sicher wird jeder Einzelne, Jude und Nichtjude, selbst vor Gott stehen müssen, und wir können nicht behaupten, das Schicksal jedes Menschen zu kennen. Doch wir können sicher sein: Gott hat keinen speziellen Bund mit dem jüdischen Volk gemacht, der ihnen ermöglicht, ohne Jeschua gerettet zu werden. Das Zeugnis der Heiligen Schrift ist klar.

Warum lehren dann manche Christen, dass Juden gerettet werden können, ohne an Jesus zu glauben? Für manche ist das vor allem eine sentimentale Frage. Das heißt – stark vereinfacht formuliert –, sie reisen nach Israel, sie sehen Juden an der Klagemauer beten, sie erkennen, dass die Juden das auserwählte Volk sind, sie lesen über die Judenverfolgung durch die Kirche in der Vergangenheit – in keinem geringerem Namen als dem von Jesus – und sie können sich einfach nicht vorstellen, dass sie verloren gehen. Immerhin erscheint es so, als ob die Juden zu gewissen Zeiten in der Geschichte sehr viel gerechter gewesen wären als die Christen! Ist es dann nicht arrogant zu denken, dass Jesusgläubige gerettet werden, während diese gerechten Juden verloren gehen? Die unaussprechliche Tragödie des Holocaust hat es auch für viele Christen schwer gemacht zu glauben, dass Juden, die nicht an Jeschua glauben, nicht gerettet werden.

Andere jedoch gründen ihre Ansicht auf eine Reihe von biblischen Argumenten, von denen die meisten auf die Behauptung hinauslaufen, dass Gott Israel den mosaischen Bund gegeben habe, und dass

Juden, die sich an diesen Bund hielten, vor Gott bestehen könnten. Das wird angeblich von Paulus untermauert, der lehrte: »Sondern nur wer so handelt, wie es das Gesetz verlangt, wird in Gottes Augen für gerecht erklärt.« Und: »Denen …, die Gutes tun, wird Gott Herrlichkeit, Ehre und Frieden schenken – den Juden zuerst, aber auch allen anderen Menschen« (Römer 2,13.10). Dies soll angeblich bedeuten, dass die Juden, welche die Thora halten, vom Herrn als gerecht angenommen werden.

Diese Argumente halten jedoch einer genauen Prüfung nicht stand, und die Hauptbotschaft des Neuen Testaments widerspricht dieser Denkweise. Jesus sagte seinen Mitjuden, dass sie, wenn sie den Vater kennen würden, auch ihn kennen würden, und diejenigen, die ihn ablehnten, lehnten auch den Vater ab (vgl. Lukas 10,16; Johannes 5,36-47; vgl. auch 9,36-41). In Übereinstimmung damit schrieb Johannes: »Wer an den Sohn Gottes glaubt, hat das Leben; wer aber an den Sohn Gottes nicht glaubt, hat auch das Leben nicht«, und: »Wer den Sohn verleugnet, gehört auch nicht zum Vater. Doch wer den Sohn bekennt, der gehört auch zum Vater« (1. Johannes 5,12; 2,23).

In der Apostelgeschichte sagten die jüdischen Apostel die gute Nachricht immer wieder ihrem Volk weiter, und immer wieder wurde ihre Botschaft von vielen aus ihrem Volk abgelehnt. Sagten die Apostel: »Na ja, das ist kein großes Problem. Ihr habt ja immer noch euren eigenen Weg zu Gott«? Nein, Petrus formulierte gegenüber dem Sanhedrin, der jüdischen Regierungsbehörde, deutlich: »In ihm allein gibt es Erlösung! Im ganzen Himmel gibt es keinen anderen Namen, den die Menschen anrufen können, um errettet zu werden« (Apostelgeschichte 4,12 – ja, dieser Satz wurde ursprünglich von einem Juden zu einer jüdischen Hörerschaft gesprochen, nicht von einem engstirnigen, fundamentalistischen Fernsehprediger). Auch Paulus machte seinen Standpunkt klar, als sein Volk die Botschaft vom Messias ablehnte: »Es war nötig, diese Botschaft von Gott zuerst euch Juden zu verkünden. Doch da ihr sie ablehnt und euch damit selbst des ewigen Lebens für unwürdig erklärt, werden wir sie den anderen Völkern bringen« (Apostelgeschichte 13,46; und so endet dann im Grunde auch die Apostelgeschichte, vgl. Apostelgeschichte 28,16-31). Das ist der Grund, warum Paulus' Herz von »tiefem Schmerz und großer Trauer« erfüllt war (Römer 9,2): So viele aus seinem Volk wurden nicht gerettet, einschließlich derer, von denen er bezeugte, »mit welcher Hingabe sie Gott dienen, aber es fehlt ihnen die richtige Erkenntnis« (10,2). Tatsächlich betete er genau für diese Leute (vgl. 10,1): »Denn sie haben nicht erkannt, auf welche Weise Gott die Menschen gerecht erklärt. Stattdessen gehen sie ihren eigenen Weg, indem sie versuchen, das Gesetz zu halten, um dadurch die Anerkennung Gottes zu gewinnen« (10,3).

Paulus zufolge hat also das jüdische Volk – trotz seines religiösen Eifers – Gottes Geschenk, die Gerechtigkeit, nicht erkannt. Deswegen sagt er: »… ich sehne mich von Herzen danach und bete zu Gott, dass das jüdische Volk gerettet wird« (10,1). Um das noch einmal zu wiederholen: Sogar die Juden, die Gott mit großer Hingabe dienen (vgl. 10,2) und danach streben, das Gesetz der Gerechtigkeit zu halten (vgl. 9,31; 10,3), brauchen die Erlösung durch Jeschua.

Zu der Meinung, dass Juden gerettet werden können, indem sie den mosaischen Bund halten, schreibt Paulus:

> Wir wissen, dass das, was im Gesetz steht, für die gilt, denen es gegeben wurde. Deshalb können sich die Menschen nicht mehr herausreden, und die ganze Welt ist dem Gericht Gottes unterstellt. Denn niemand wird in Gottes Augen gerecht gesprochen, indem er versucht, das Gesetz zu halten. Im Gegenteil, je besser wir Gottes Gesetz kennen, desto deutlicher erkennen wir, dass wir schuldig sind.
>
> (Römer 3,19-20)

> Ich mache die Gnade Gottes nicht ungültig; denn wenn Gerechtigkeit durch (Gesetz) kommt, dann ist Christus umsonst gestorben.
>
> (Galater 2,21; EB)

> Wer dagegen auf das Gesetz vertraut, um vor Gott gerecht zu werden, steht unter einem Fluch. In der Schrift heißt es: »Verflucht ist jeder, der nicht alle Gebote beachtet und befolgt, die im Buch des Gesetzes geschrieben stehen.« Deshalb ist klar, dass niemand je durch das Gesetz vor Gott gerecht gesprochen wird. Denn die Schrift sagt: »Durch den Glauben hat ein Gerechter Leben.«
>
> (Galater 3,10-11)

Das ist der Grund, warum Paulus sich bis zum Ende seines Lebens um sein Volk bemühte: Er sehnte sich danach, es gerettet zu wissen. Und das ist auch der Grund, warum er bereit war, so viel Verfolgung von seinem eigenen Volk zu erleiden und trotzdem wieder und wieder zurückzukommen und die gute Nachricht weiterzusagen (vgl. Apostelgeschichte 21–22; 2. Korinther 11,24).

Es ist auch wichtig, nicht zu vergessen, dass Gott in Jesus einen neuen Bund mit dem Haus Israel und dem Haus Juda geschlossen hat (vgl. Jeremia 31,31-34; Lukas 22,19-20; Hebräer 8,7-12), und: »Wenn Gott von einem neuen Bund spricht, bedeutet dies, dass er den ersten für veraltet erklärt. Der alte Bund ist damit überholt und sein Ende steht bevor« (Hebräer 8,13). Also führt Israels Weg zu Gott über den neuen Bund, nicht über den mosaischen Bund, was mit der Zerstörung des Tempels im Jahr 70 n.Chr. nachdrücklich deutlich gemacht wurde, eine Zerstörung, die bis zu diesem Tag angehalten hat.

Jesus sagte sehr deutlich, dass er die Erfüllung der Thora und der Propheten war (vgl. Matthäus 5,17-19), während die Jünger ihn als den Einen erkannten, von dem Mose und die Propheten gesprochen hatten (vgl. Johannes 1,45; Apostelgeschichte 3,24-26). Nach seiner Auferstehung sagte der Herr zu seinen Jüngern: »Als ich bei euch war, habe ich euch erklärt, dass alles, was bei Mose, bei den Propheten und in den Psalmen über mich geschrieben steht, in Erfüllung gehen muss« (Lukas 24,44) und beauftragte sie, »in seinem Namen Buße zur Vergebung der Sünden … allen Nationen [zu predigen], anfangend von Jerusalem« (Vers 47; EB).

All das bedeutet, dass Jesus entweder der Messias des jüdischen Volkes ist oder der Messias keines Volkes; er ist entweder der Erlöser von allen, Juden wie Nichtjuden, oder der Erlöser von niemandem.

Ich persönlich leide unter diesen Fragen und wünsche mir bisweilen, dass fast jeder dies auf irgendeine Weise erkennen könnte, besonders mein eigenes jüdisches Volk. Aber ich weiß, dass wir alle unendlich weit hinter Gottes Erwartungen zurückbleiben und dass es ohne seine Gnade, die er durch das Kreuz gezeigt hat, keine Hoffnung für uns gibt, nicht für Juden und nicht für Nichtjuden. Und es ist bezeichnend, dass religiöse Juden, die zum lebensverändernden Glauben an Jeschua kommen, nicht einfach sagen: »Ich hatte dieselbe Beziehung mit Gott, bevor ich glaubte, aber jetzt verstehe ich alles ein bisschen besser.« Ganz im Gegenteil lautet ihre Antwort normalerweise: »Jetzt habe ich die Wahrheit gefunden! Jetzt erst kenne ich Gott wirklich! Jetzt sind meine Sünden vergeben!« Das geschieht, wenn wir durch das Blut des Messias in den neuen Bund eintreten.

Wie sollten wir dann Juden beurteilen, die starben, ohne jemals das Evangelium gehört zu haben, besonders diejenigen, die nur einer heuchlerischen, antisemitischen »Kirche« ausgesetzt waren? Wir müssen ihr individuelles Schicksal Gott überlassen – wie wir es bei allen tun müssen, die gestorben sind, ohne das Evangelium zu hören – aber wir sollten nicht an der Hoffnung festhalten, dass sie irgendwie noch unter dem alten Bund seien und dadurch gut genug, um von Gott angenommen zu werden. Das ist einfach nicht wahr, so gut gemeint es auch sein mag.

Und das bringt uns zu einem angemessenen Abschluss dieses Buches. Israels Erlösung liegt dem Herrn sehr am Herzen. In dem Maß, wie Christen diese auch zu ihrem Herzensanliegen machen, dafür beten und sich dafür einsetzen, und in dem Maß, wie sie die jüdischen Wurzeln ihres Glaubens besser verstehen und bei ihrem Zeugnis taktvoller werden, in dem Maß können sie dabei helfen, die gute Nachricht zu den verlorenen Schafen des Hauses Israel zu bringen, und dazu beitragen, dass der Tag schneller kommt, an dem »ganz Israel gerettet werden« wird.

Möge dieser Tag bald kommen – noch zu unseren Lebzeiten!

Anmerkungen

Teil 1

1 Nach Geoffrey Wigoder und Raphael Jehuda Zwi Werblowsky, Hg., The Oxford Dictionary of the Jewish Religion, New York: Oxford University Press, 1997, 577.

2 Ebd.

3 Zitiert aus Rabbi Joseph Telushkin, Jewish Literacy: The Most important things to know about the Jewish Religion, its People, and its History, New York: William Morrow, 1991, 392.

4 Interessanterweise haben 1897 die Anführer der Reformierten anfangs die zionistische Bewegung aus ebendiesen Gründen verurteilt, doch ihre Entscheidung wurde irgendwann rückgängig gemacht.

5 Wigoder und Werblowsky, The Oxford Dictionary of the Jewish Religion, 172.

6 Es wird noch diskutiert, ob das Garnelen-Essen geplant war, doch die meisten Historiker stimmen in dem Urteil überein, dass solch ein grober Verstoß wohl kaum ohne die vorherige Kenntnis seitens des Seminars hätte geschehen können. Dieser Vorfall führte mit zur Gründung des konservativen Jewish Theological Seminary (Jüdisches Theologisches Seminar).

7 Herbert Freeden, The Jewish Press in the Third Reich, Providence: Berg, 1993, 119.

8 Wigoder und Werblowsky, The Oxford Dictionary of the Jewish Religion, 172.

9 Rabbi Loel M. Weiss, »A Concurring Opinion to Rabbi Leonard Levy's Tshuvah; ›Same-Sex Attraction And Halakhah‹«, 3. (Dieser Aufsatz wurde als Zustimmung zu Rabbi Leonard Levys Vortrag »Same-Sex Attraction and Halakhah« [Gleichgeschlechtlicher Reiz und Halacha] vom 8. Dezember 2006 vorgelegt. Weder die zustimmenden noch die ablehnenden Stellungnahmen gelten als offizielle Positionen des Committee on Jewish Law and Standards. [Das ist eine Institution des konservativen Judentums, welche die Halacha für die konservativen Rabbis maßgeblich definiert und interpretiert.]

10 Wigoder und Werblowsky, The Oxford Dictionary of the Jewish Religion, 173.

11 Telushkin, Jewish Literacy, 397.

12 Vgl. Jesaja 66,2.

13 Rabbi Jeffrey Wolfson Goldwasser, der auf die Frage antwortete: »Glauben reformierte Rabbis an Gott?« Vgl. http://judaism.about.com/od/beliefsandlaw1/f/belief_gd.htm. Dass solch eine Frage überhaupt gestellt werden kann, spricht Bände. Der amerikanisch-israelische Journalist Zev Chafets beschreibt mit der für ihn typischen Begeisterung seine Erfahrung als Reformjude in Michigan Mitte der 1960er-Jahre: »Ungefähr in dieser Zeit gab ein ortsansässiger reformierter Rabbi namens Sherwin Wine bekannt, dass er nicht an Gott glaube und dass er dabei sei, eine Gemeinde für jüdische Atheisten zu gründen. Das erschien mir nur natürlich. Die meisten der Juden, die ich in Pontiac kannte, waren Reformjuden. Ihr Bekenntnis (und meines) in diesen Tagen bezog sich fast ausschließlich auf die Bürgerrechte. Wir sprachen miteinander nicht über Gott. Unsere Gebete, wenn es welche gab, bestanden hauptsächlich aus Reflexionen über ein abstraktes Wesen, das Ähnlichkeit mit Franklin D. Roosevelt hatte. Die Bibel war ein

zweitklassiger Shakespeare. Wenn wir sie überhaupt gelesen haben, konzentrierten wir uns auf die Propheten, deren Lehren mit denen von Pete Seeger übereinstimmten. Der Holocaust wurde nie diskutiert. Israel war einfach nur Ausland.« A Match Made in Heaven: American Jews, Christian Zionists, and One Man's Exploration of the Weird and Wonderful Judeo-Evangelical Alliance, New York: HarperCollins, 2007, 6.

14 Weiss, »A Concurring Opinion«, 3.

15 Für eine nützliche Übersicht vgl. Ian Silver, »Homosexuality and Judaism«, http://www.betham.org/kulanu/iansilver.html.

16 Rabbi Steven Leder, zitiert von Silver, siehe oben.

17 Vgl. http://newsbusters.org/node/2905; vgl. auch http://rac.org/Articles/index.cfm?id=783&pge_prg_id=7037.

18 Zu diesem Anspruch vgl. den Beitrag von Ammiel Hirsch in idem und Yaakov Yosef Reinman, One People, Two Worlds: A Reform Rabbi and an Orthodox Rabbi Explore the Issues That Divide Them, New York: Schocken, 2002.

19 http://www.artscroll.com/Talmud1.htm. Um diese orthodoxe Erweckung in die richtige Perspektive zu rücken, vgl. Daring to Dream: Profiles in the Growth of the American Torah Community, New York: Agudath Israel of America, 2003.

20 Für eine gute Einleitung in jüdischen Humor (und jüdische Kultur) vgl. Rabbi Joseph Telushkin, Jewish Humor: What the Best Jewish Jokes Say About the Jews, New York: William Morrow, 1992; etwas allgemeiner: Leo Rosten, The Joys of Yiddish, New York: McGraw Hill, 1968.

21 H. Wayne House, Charts of World Religions, Grand Rapids: Zondervan, 2006, Tabelle 26.

22 http://www.jbuff.com/c012501.htm. Für einige Prinzipien der Anhänger Baal Schem Tovs vgl. http://www.baalshemtov.com/ten-principals.htm; http://www.baalshemtov.com/sayings.htm.

23 Eine Sammlung von Erzählungen über die berühmtesten chassidischen Rebbes, beginnend mit dem Baal Schem Tov, bietet Martin Buber, Die Erzählungen der Chassidim, Zürich: Manesse, 2006; Elie Wiesel, Souls on Fire: Portraits and Legends of Hasidic Masters, Northvale, NJ: Jason Aronson, 1993.

24 Zu einem Angriff auf die Lubawitscher wegen ihres ausgeprägten messianischen Glaubens, der für sie fast wie ein Evangelium ist, besonders zur Auffassung, dass der Tod des Rebbe als Sühne für die Generation diene (ein nicht ungewöhnlicher, traditioneller jüdischer Glaube, vgl. Michael L. Brown, Answering Jewish Objections to Jesus, Bd. 2: Theological Objections, Grand Rapids: Baker 2000, Abschnitt 3.15), dass er vom Tod auferstehen werde, dass er zurückkehren werde und dass er die Verkörperung Gottes selbst sei, vgl. David Berger, The Rebbe, the Messiah, and the Scandal of Orthodox Indifference, Oxford: The Littman Library of Jewish Civilization, 2001; einen guten Überblick über das Werk der Lubawitscher bietet Sue Fishkoff, The Rebbe's Army: Inside the World of Chabad-Lubavitch, New York, Schocken, 2003.

25 http://www.kjvoice.com/aboutkjDet.asp?ARTID=13; für einige Kritiken der Gemeinschaft – von denen es viele gibt – vgl. die entsprechenden Einträge in http://en.wikipedia.org/wiki/Kiryas_Joel,_New_York.

26 Für eine Sammlung einiger Sprüche von Rebbe Nachman (allerdings ohne seine berühmten längeren Parabeln) vgl. Moshe Mykoff, Hg., The Empty Chair: Finding Hope & Joy – Timeless Wisdom from a Hasidic Master, Rebbe Nachman of Breslov,

Woodstock, VT: New Lights, 1998. Internetlinks sind unter http://www.breslov.com zu finden.

27 Diese 39 Unterabteilungen werden sehr detailliert im talmudischen Traktat Schabbat diskutiert.

28 Für eine ausgiebige Kritik der Auffassung eines verbindlichen, mündlichen Gesetzes, das auf Mose zurückgeht, vgl. Michael L. Brown, Answering Jewish Objections to Jesus, Bd. 5: Traditional Jewish Objections.

29 Vorwort zu H. Chaim Schimmel, The Oral Law: A Study of the Rabbinic Contribution to Torah She-be-al-Peh, Jerusalem/New York: Feldheim, [2]1996.

30 Nomos kommt 194-mal im Neuen Testament vor mit den Bedeutungen »Brauch«, »Regel«, »Prinzip«, »Norm«, »Gesetz«, »heiliger Ritus« und »Sammlung heiliger Schriften«.

31 Eine materialreiche deutsche Einführung bietet Günter Stemberger, Einleitung in Talmud und Midrasch, 8., neubearb. Aufl., München: C. H. Beck, 1992 (Anm. d. Übers.).

32 Erschienen 1975 bei Tyndale House. (Deutsche Übersetzung: Der Erste und der Letzte: Heilsgeschichte aus der Vogelperspektive, Wuppertal/Kassel: Oncken, Genf/Zürich/Basel: Haus der Bibel, 1977.

33 Für Einwände dagegen siehe Michael L. Brown, Answering Jewish Objections to Jesus, Bd. 2, 60-69.

34 Vgl. Michael L. Brown, Answering Jewish Objections to Jesus, Bd. 2, 60-69.

35 Für weitere Betrachtungen hierzu siehe Michael L. Brown, »Messianic Judaism and Jewish Jesus Research«, in: Mishkan 33 (2000): 38–51.

36 Erschienen 2006 bei Harper SanFrancisco.

37 Associated Press, »Comedian Jackie Mason drops lawsuit against Jews for Jesus missionary group«, in: International Herald Tribune, 4. Dezember 2006, zitiert in Lee Strobel, The Case for the Real Jesus, Grand Rapids: Zondervan, 2007.

38 Hilchot Melachim (Gesetz der Könige), 11,4; hier aus dem Englischen übersetzt.

39 Vgl. die relevanten Artikel in Leo Landmann, Hg., Messianism in the Talmudic Era, New York: Ktav, 1979.

40 Ich behandle diese Themen in Answering Jewish Objections to Jesus, Bd. 2: Theological Objections, insbesondere Abschnitt 3.23.

41 B. Sanhedrin 98a nach Goldschmidt. Vgl. Psalm 95,7.

42 Um ein weiteres Detail zu erklären: Der Vokal ə in jəhowah ist ein verminderter Vokal, eigentlich »ă«. Er entspricht grammatikalisch dem verminderten ersten Vokal ă in ădonaj. Deshalb lautet die falsche Aussprache jehowah und nicht jahowah.

43 Das Adjektiv koscher ist abgeleitet von hebr. kascher, das ebenfalls »angemessen« oder »brauchbar« bedeutet. Für die Wurzel k-sch-r im Tanach siehe Ester 8,5, wo es »es ist genehm« oder »akzeptabel« bedeutet, und, in einer kausativen Verbform, in Prediger 10,10; 11,6, wo es »gelingen« bedeutet.

44 J.E. Hartley, Leviticus, Word Biblical Commentary, Dallas: Word, 2002, 163.

45 Für eine Widerlegung der talmudischen Interpretation von 5. Mose 12,21 vgl. Brown, Answering Jewish Objections to Jesus, Bd. 5, Abschnitt 6.1.

46 Für eine weitere Erörterung der Speisegesetze siehe Michael L. Brown, Answering Jewish Objections to Jesus, Bd. 4, Abschnitt 5.34. Für Beispiele der schlimmen mittelalterlichen Taufbekenntnisse siehe Michael L. Brown, Unsere Hände sind mit Blut befleckt, Wittmund: Mega Medien, 2000.

47 Nahum Sarna, Exodus, JPS Torah Commentary, Philadelphia/New York: Jewish Publication Society, 1991, 138.

48 Jeffrey H. Tigay, Deuteronomy, JPS Torah Commentary, Philadelphia/New York: Jewish Publication Society, 1996, 140.

49 Sarna, Exodus, 138.

50 http://www.jewfaq.org/kashrut.htm; für eine deutsche Seite vgl. http://www.talmud.de/Kashrut.htm.

51 The Torah: A Modern Commentary, New York: Union of American Hebrew Congregations, 1985, 122. Die vorhergehenden Absätze beziehen sich auf Material, das Teil des fünften Bandes meiner Reihe Answering Jewish Objections to Jesus: Traditional Jewish Objections sein wird.

52 J.I. Durham, Exodus, Word Biblical Commentary, Dallas: Word, 2002, 475.

53 Walter C. Kaiser Jr., Exodus, Expositor's Bible Commentary, hg. v. Frank E. Gaebelein, Grand Rapids: Zondervan Publishing House, 1990, 488.

54 Sarna, Exodus, 194.

55 Wigoder und Werblowsky, The Oxford Dictionary of the Jewish Religion, 400.

56 http://www.askmoses.com/en/article/407,2213576/.

57 http://judaism.about.com/od/sabbathdayshabba1/f/sim_candlecover.htm.

58 Yehoshua Y. Neuwirth, Shemirath Shabbath: A Guide for the Practical Observance of Shabbath, Übers. W. Grangewood, Jerusalem/New York: Philip Feldheim, 31995, 1:103.

59 http://www.kosherlamp.com/.

60 http://www.kosherimage.com/approval.html.

61 Shemirath Shabbath, 13,41b, 1:103.

62 http://michaelkress.com/_wsn/page14.html.

63 Ebd.

64 Ebd.

65 http://www.askmoses.com/article.html?h=208&o=262 [offline].

66 Ein weiterer Grund ist, dass am Sabbat das Bewegen eines Objekts von einem Privatgrundstück auf ein öffentliches Grundstück ebenfalls verboten ist, was auf einer sehr verallgemeinernden Auslegung von Jeremia 17,19-27 beruht, und auch deshalb könnte ein Auto nicht gefahren werden. Zu Jeschuas absichtlicher Herausforderung dieses Konzepts vgl. Johannes 5.

67 aus dem Babylonischen Talmud

68 Wigoder und Werblowsky, The Oxford Dictionary of the Jewish Religion, 179.

69 Telushkin, Jewish Literacy, 664.

70 Wigoder und Werblowsky, The Oxford Dictionary of the Jewish Religion, 180. Man sollte beachten, dass es, während Jesaja 3,17 unterschiedlich interpretiert wird, in den meisten Kulturen klar ist, dass Kahlköpfigkeit und Haarausfall für Frauen besonders unerwünscht ist.

71 John H. Walton, Victor H. Matthews und Mark W. Chavalas, The IVP Bible Background Commentary: Old Testament, Downers Grove, IL: InterVarsity Press, 2000, 589.

72 Craig S. Keener, Kommentar zum Umfeld des Neuen Testaments: Historische, kulturelle und archäologische Hintergründe, Übers. Denzel/Naumann, Bd. 2, Neuhausen-Stuttgart: Hänssler, 1998, 277.

73 David H. Stern, Kommentar zum jüdischen Neuen Testament, Bd. 2, Holzgerlingen: Hänssler, ^{2}2006, 232-233, mit dem weiterführenden Hinweis auf sein Buch Messianic Jewish Manifesto, Clarksville, MD: Messianic Jewish Resources International, 1988, 170-171.

74 Wigoder und Werblowsky, The Oxford Dictionary of the Jewish Religion, 180.

75 Ebd.

76 Noch eine andere Antwort wurde mir von einem früheren Chassid zugetragen, dessen Großvater behauptete, die exakten Ursprünge der Tradition zu kennen, nämlich dass ein Problem entstand, als die jüdischen Frauen »zum Feiern« in die Stadt fuhren, während ihre Männer arbeiteten. Um dieses Verhalten zu beenden, hat der meistrespektierte Rabbi dieser Generation angeordnet, dass die Frauen ihre Köpfe rasierten, und wenn sie sich weigerten, würden sie nicht auf einem jüdischen Friedhof begraben werden, was für sie undenkbar gewesen wäre. Ein anderer gelehrter Rabbi stellte jedoch aufgrund von Quellen, die er studiert hatte, die Richtigkeit dieser Tradition infrage.

77 Für eine weitere talmudische Diskussion der Fragen über das Rasieren mit einer Klinge oder mit einer Schere vgl. b. Makkot 20b-21a.

78 Jacob Milgrom, Numbers, JPS Torah Commentary, Philadelphia/New York: Jewish Publication Society, 1990, 160.

79 Obgleich einige Gelehrte auf einen Volksglauben verwiesen haben, dass besondere Heilkräfte in den Fransen des Gewands eines jüdischen Heiligen steckten, sind die Belege dafür überaus spärlich, und es gibt keinerlei Anhalt für die Auffassung, dass dies zur Zeit Jeschuas allgemein bekannt gewesen wäre. Dieser Glaube beruht auf Maleachi 3,20; EB, wo es heißt: »Aber euch, die ihr meinen Namen fürchtet, wird die Sonne der Gerechtigkeit aufgehen, und Heilung ist unter ihren Flügeln.« Diese Sicht ist aus mehreren Gründen zurückzuweisen: 1. Es gibt im Altertum überhaupt keinen Hinweis für auch nur eine solche Interpretation von Maleachi 3,20. 2. Der fragliche Vers hat mit einer Sonnen-Metapher zu tun, nicht mit Kleidern, wie im IVP Bible Background Commentary; Old Testament in Bezug auf Mal 3,20 steht: »Es ist im Alten Testament nicht unüblich, dass Jahwes Werk mit dieser Metapher, die sich der Sonnenterminologie bedient, bildlich dargestellt wird. ›Heilung ist unter ihren Flügeln‹ ist ein symbolischer Vergleich der Flügel eines Vogels mit den Strahlen der Sonne. Die Flügel deuten auf die schützende Fürsorge hin (daher die Heilung). Ein altnahöstliches Motiv der Astralreligionen stellt die Sonne als gefiederte Scheibe dar. Das ist besonders in der persischen Zeit weit verbreitet.« 3. Obwohl das hebräische Wort kanaph oder »Flügel« für den Rand eines Gewands gebraucht werden kann (vgl. 1. Samuel 15,27), wird es nie für die rituellen Fransen benutzt. 4. Es gibt aus dem Altertum nur dürftige Hinweise auf die Vorstellung,

dass jüdische Heilige besondere Heilkräfte haben. 5. Im Matthäusevangelium – dem »jüdischsten« der Evangelien in Bezug auf seinen anvisierten Leserkreis – sagt sich die Frau, die an den Blutungen leidet, einfach nur: »Wenn ich nur seinen Mantel berühre, werde ich wieder gesund« (9,21), nicht etwa: »Wenn ich nur seine (heiligen, heilenden) Fransen berühre«.

80 D.A. Carson, Matthew, Expositor's Bible Commentary, 474.

81 Zu den geringen (aber signifikanten) Unterschieden zwischen den Qumran-Phylakterien und den rabbinischen Phylakterien vgl. Brown, Answering Jewish Objections to Jesus, Bd. 5, 6.3.

82 Nathan T. Lopes Cardozo, The Written Torah and Oral Torah: A Comprehensive Introduction, Northvale, NJ: Aronson, 1997, 84-85.

83 Klaas A.D. Smelik, Historische Dokumente aus dem alten Israel: Mit zahlreichen Abbildungen im Text, Übers. Helga Weippert, Kleine Vandenhoeck-Reihe 1528, Göttingen: Vandenhoeck & Ruprecht, 1987, 144.

84 Ich bin mir natürlich darüber im Klaren, dass es kritische Bibelwissenschaftler gibt, die behaupten, dass 5. Mose zur Zeit der Anfertigung der Inschrift noch gar nicht geschrieben war, weshalb die Frage der Anwendung von 5. Mose 6,9; 11,20 rein hypothetischer Natur wäre. Ich gehe jedoch von der mosaischen Autorschaft des Pentateuch aus.

85 Die tatsächliche Bedeutung von Schaddai ist Gegenstand wissenschaftlicher Diskussionen. Das Wort wurde mit dem akkadischen Wort sadu, »Steppe« oder »Gebirge«, assoziiert, ähnlich wie bei »Gott ist mein Fels« (vgl. 5. Mose 32,4), und so mit Bedeutungen wie »machtvoll« oder »stark« in Verbindung gebracht. Die Rabbis im Altertum gebrauchten Schaddai manchmal in der Bedeutung »mehr als genug«, beruhend auf den hebräischen Wörtern sche, »das ist«, und daj, »genug«. Doch das ist populäre Etymologie, die nicht als ernsthafte philologische Beobachtung gelten darf. Schaddai wird in einem Wortspiel in Joel 1,15 gebraucht, wörtlich: »er wird kommen wie ein schod – Zerstörung – vom Schaddai«, doch es ist ziemlich sicher, dass Schaddai selbst nicht von dem Verb abgeleitet ist, das »zerstören« bedeutet. Es gibt die weit verbreitete christliche Ansicht, Schaddai bedeute »der Vielbrüstige«, also der Versorger, was sich auf das hebräische Wort für »Brüste«, schadajim, bezieht. Das ist jedoch ist die unwahrscheinlichste Möglichkeit von allen, da eine derartige Bildersprache zu einer weiblichen Gottheit gehört, wie sie aus der antiken Ikonografie bekannt ist, nicht zu einer männlichen Gottheit.

86 http://www.jewfaq.org/signs.htm.

87 Shaye D. Cohen, »Was Timothy Jewish (Acts 16:1–3)? Patristic Exegesis, Rabbinic Law, and Matrilineal Descent«, in: Journal of Biblical Literature 105 (1986), 251-268.

88 Zitiert nach Lisa Katz, »Who Is a Jew?«, http://judaism.about.com/od/whoisajew/a/whoisjewdescent.htm. Katz stellt einfach fest: »Matrinlineare Abkommenschaft, die Vererbung der jüdischen Identität eines Kindes durch die Mutter, ist kein biblisches Prinzip. In biblischen Zeiten heirateten viele Juden Nichtjüdinnen, und der Status ihrer Kinder wurde durch die Religion des Vaters bestimmt.«

89 Das ist die Fußnote im Soncino Talmud, a.a.O.

90 Der Babylonische Talmud, Bd. 6, S. 742.

91 Der Babylonische Talmud, Bd. 9, S. 233.

92 Weitere talmudische Hinweise auf die 613 Gebote: b. Schabbat 87a; b. Jewamot 47b; 62a; b. Nedarim 25a; b. Schewuot 29a.

93 Der Babylonische Talmud, Bd. 9, S. 233-235.

94 Der Babylonische Talmud, Bd. 8, S. 687.

95 Zu b. Sanhedrin 56a.

96 Für ein Beispiel dazu vgl. J. David Davis, Finding The God of Noah: The Spiritual Journey of a Baptist Minister from Christianity to the Laws of Noah, Hoboken, NJ: KTAV, 1996. Für mich sind diese Berichte ungeheuer schmerzlich und ich kann mir beim besten Willen nicht erklären, wie jemand mit einer lebendigen Beziehung zum Herrn Jesus ihn jemals deshalb (oder wegen irgendetwas anderem) verlassen kann.

97 Vgl. http://www.vendyljones.org.il/; http://en.wikipedia.org/wiki/Indiana_Jones. Weitere Bücher unter http://www.faqs.org/faqs/judaism/reading-lists/general/section-8.html.

98 In den letzten Jahren wurde eine ganze Reihe von Büchern über die noachitische Bewegung geschrieben. Vgl. Chaim Clorfene und Yaakov Rogalsky, *The Path of the Righteous Gentile: An Introduction to the Seven Laws of the Children of Noah*, New York: Philip Feldheim, 1987; Kimberly E. Hanke, *Turning to Torah: The Emerging Noachide Movement*, Northvale, NJ: Jason Aronson, 1995; Rabbi Yirmeyahu Bindman, *Seven Colors of the Rainbow*, New York: Philip Feldheim, 2000; Michael Ellias Dallen, *The Rainbow Covenant: Torah and the Seven Universal Laws*, Springdale, AR: Lightcatcher Books, 2003.

Teil 2

1 Arthur Koestler, Der dreizehnte Stamm: Das Reich der Khasaren und sein Erbe, Herrsching: Pawlak, 1991.

2 Für eine Widerlegung von Koestlers Theorie, die von der großen Mehrheit der Gelehrten nicht ernst genommen wird, vgl. Brown, Our Hands Are Stained with Blood, 66-68.

3 Vgl. http://www.radioislam.org/koestler/.

4 Für eine ausgewogene Diskussion über die angeblichen afrikanischen Ursprünge der Israeliten vgl. Glen Usry und Craig S. Keener, Black Man's Religion: Can Christianity Be Afrocentric? Downers Grove, IL: InterVarsity Press, 1996. Und man sollte daran erinnern, dass Moses Frau eine Äthiopierin war.

5 Vgl. Nicholas Wade, »Geneticists Report Finding Central Asian Link to Levites«, 2. September 2003, NY Times, http://query.nytimes.com/gst/fullpage.html?res=9B0CE6DF133DF934A1575AC0A9659C8B63&n. Wade schreibt: »Wenn die patrilineare Abstammung der zwei Priesterklassen tatsächlich verfolgt worden wäre, wie es die Tradition beschreibt, dann sollten alle Kohanim von Aaron, dem Bruder Moses, abstammen, und alle Leviten von Levi, dem dritten Sohn des Patriarchen Jakob. Dr. Hammer und Dr. Skorecki fanden heraus, das mehr als die Hälfte der Kohanim, sowohl aschkenasische wie sephardische Gemeinschaften, tatsächlich dieselbe genetische Signatur in ihrem Y-Chromosom tragen. Ihr Vorfahr lebte, beruhend auf genetischen Berechnungen, vor ungefähr 3000 Jahren, und mag tatsächlich Aaron gewesen sein, sagte Dr. Skorecki. Doch das Gesamtbild bei den Leviten war dahingehend eindeutig, dass sie unterschiedliche Vorfahren hatten.«

6 Vgl. http://www.davidicdynasty.org/dna.php. Man sollte beachten, dass die DNA-Tests noch ganz am Anfang stehen, was angebliche davidische Nachkommen angeht.

7 Telushkin, Jewish Literacy, 88-89.

8 http://www.britishisrael.co.uk/beliefs.php; der Internetseite zufolge halten sich die Mitglieder dieser Gruppe auch für Christen.

9 C.H. Gordon, »The Ten Lost Tribes«, in: Shalom Goldman, Hg., The Hebrew Bible and America: The First Two Centuries, Hanover, NH/London: University Press of New England, 1993, 61-69. Zu beachten ist, dass Gordon, der bekannt war für sein breit gefächertes Wissen, auch für einige hochspekulative Theorien bekannt war. Für eine Zurückweisung der Verbindung zwischen den zehn verlorenen Stämmen und den amerikanischen Indianern vgl. Richard H. Popkin, »The Rise and Fall of the Jewish Indian Theory«, in: The Hebrew Bible and America, 70–90.

10 Erschienen 2004 bei Signature Books.

11 Für Southertons Antwort auf einige seiner mormonischen Kritiker vgl. http://www.irr.org/MIT/southerton-response.html.

12 http://wnd.com/news/article.asp?ARTICLE_ID=53068.

13 http://www.shavei.org//en/Pages.aspx?Name=Our+Goals.

14 Ebd.

15 http://wnd.com/news/article.asp?ARTICLE_ID=53068; für relevante DNA-Untersuchungen vgl. http://www.khazaria.com/genetics/abstracts-nonjews.html.

16 DNA-Untersuchungen haben auch die jüdische Abstammung vieler spanischsprachiger Leute bewiesen, die behaupteten, dass sie die Abkommen spanischsprachiger Juden seien, die in vergangenen Jahrhunderten gezwungen wurden, zum Katholizismus zu konvertieren, und oft im Geheimen ihre jüdische Identität bewahrten. Vgl. http://www.khazaria.com/genetics/abstracts-nonjews.html, unter »Latinos with traditions of Spanish Jewish ancestry«.

17 Für Fotos der letzten Hohen Priester vgl. http://www.the-samaritans.com/gallery/gallerymain.htm [derzeit offline].

18 http://www.the-samaritans.com/info.htm [derzeit offline], kursiv im Original. Heutige Samaritaner sprechen modernes Hebräisch oder Arabisch, und die englische Internetseite wurde offensichtlich nicht von Muttersprachlern erstellt. Wenn man sich diese Internetseite anschaut, kann man schnell die historische Zurückweisung spüren, welche diese Menschen erlitten haben.

19 Ebd.

20 Nach Peidong Shen, Tal Lavi u.a., »Reconstruction of Patrilineages and Matrilineages of Samaritans and Other Israeli Populations from Y-Chromosome and Mitochondrial DNA Sequence Variation«, in: Human Mutation 24 (2004): »Beruhend auf der nahen Verwandtschaft der samaritanischen Haplogruppe J sechs-Mikrosatellit-Haplotypen mit dem Cohen-modalen Haplotypus nehmen wir an, dass die samaritanischen M304 Y-Chromosomenlinie eine Untergruppe der ursprünglichen jüdischen Kohanim-Priesterschaft repräsentiert, die nicht ins Exil ging, als die Assyrer das Nordreich Israel 721 v.Chr. eroberten, sondern Assyrerinnen und andere im Exil lebende Frauen heirateten, die aus anderen eroberten Ländern stammten, was eine typische assyrische Politik war,

um die nationalen Identitäten auszulöschen. Das entspricht biblischen Texten, die ein allgemeines Erbe von Juden und Samaritanern betonen, aber auch die negative Haltung der Juden den Samaritanern gegenüber wegen ihrer Verbindung mit Nichtjuden. Solch ein Szenario könnte erklären, warum samaritanische Y-Chromosomenlinien so sehr den irakisch-jüdischen und palästinischen mtDNA-Sequenzen ähneln (Abb. 2B).« Zitiert nach http://www.khazaria.com/genetics/abstracts-nonjews.html.

21 Merrill C. Tenney, John, Expositor's Bible Commentary, 55.

22 http://www.karaite-korner.org/history.shtml; im Original hervorgehoben.

23 Ebd.

24 Die Online-Ausgabe ist hier einsehbar: http://www.jewishencyclopedia.com/view.jsp?artid=1460&letter=A (führt zum Artikel »Anan ben David«).

25 Vgl. http://www.karaite-korner.org/salmon_ben_yeruham.shtml#canto1, zitiert aus Salmons Book of the Wars of the Lord (»Buch der Kriege des Herrn«), ins Englische übersetzt von Leon Nemoy.

26 Der Jewish Encyclopedia zufolge waren die Karaiten »eine jüdische Religionsgemeinschaft, die sich in Bezug auf ihre religiösen Gebräuche und Meinungen dazu bekannte, nur der Bibel zu folgen, unter Ausschluss der rabbinischen Tradition und Gesetze. Doch der Karaismus übernahm in Wirklichkeit einen großen Teil des rabbinischen Judentums, entweder vorbehaltlos oder mehr oder weniger angepasst, während er gleichzeitig Anleihen bei früheren oder späteren jüdischen Religionsgemeinschaften machte – den Sadduzäern, Essenern, Isawiten, Judghaniten usw. –, ebenso wie von den Mohammedanern. Nachdem der Gründer der Religionsgemeinschaft Anan hieß, wurden seine Anhänger zunächst Ananiten genannt, doch als die Lehren der Gemeinschaft weiterentwickelt wurden und sie sich nach und nach vom Ananismus unabhängig machte, nannten sie sich ›Karaiten‹.« Vgl. Jewish Encyclopedia, »Karaites, Karaism«, http://www.jewishencyclopedia.com/view.jsp?artid=108&letter=K&search=karaites.

27 http://en.wikipedia.org/wiki/Karaite_Judaism. So weit ich das nachvollziehen kann, ist die Aussage zutreffend.

28 Edward H. Flannery, The Anguish of the Jews: Twenty-three Centuries of Anti-Semitism, New York / Matwah: Paulist Press, 1985, 284, zitiert nach Our Hands Are Stained with Blood, 221, Fußnote 7. Es ist zu beachten, dass manche Gelehrte, besonders jüdische Denker, im Englischen die Schreibweise antisemitism (statt anti-Semitism) bevorzugen, da es vom Inhalt her etwas wie einen Semitism (deutsch: »Semitismus«), auf die Rasse bezogen, nicht gibt (»Semitism« ist ein linguistischer Begriff, kein rassischer, und bezieht sich auf eine semitische Ausdrucksweise) und der Begriff Semitism auch Araber mit einschließt.

29 Das ist in meinem Buch »Unsere Hände sind mit Blut befleckt« überall dokumentiert. Erstaunlicherweise bewirbt jetzt ein bekanntes (und ziemlich sensationslüsternes) christliches Werk das berüchtigte und vollständig frei erfundene Buch Protocols of the Learned Elders of Zion (»Protokolle der gelehrten Ältesten Zions«), vgl. http://www.texemarrs.com/ [Anmerkung des Übersetzers: Derzeit ist zwar die Werbung von der Hauptseite verschwunden, doch das Buch wird weiterhin im Katalog geführt]. Dort wird auch seit 2007 ein weiteres verleumderisches Buch angepriesen: The Synagogue of Satan: The Secret History of Jewish World Domination (»Die Synagoge Satans: Die geheime Geschichte der jüdischen Weltherrschaft«). Im Zusammenhang mit dem Buch Protocols heißt es auf der Internetseite: »Das meistverwünschte Buch auf der ganzen

Welt! Es ist in vielen Ländern ein Verbrechen, dieses unglaubliche Buch auch nur zu besitzen. Im frühen 20. Jahrhundert aus Russland kommend, ging die Rede, dass dies der geheime Plan der zionistischen Juden für die Weltherrschaft sei. Henry Ford, Industrieller und Perfektionierer der Fließbandtechnik, war davon überzeugt, dass dies berechtigt ist. Ebenso der berühmte Pilot Charles Lindbergh und viele andere. Lesen und studieren Sie es selbst; doch beeilen Sie sich: Jeden Augenblick kann dieses Buch von Gegnern der Redefreiheit für illegal erklärt werden! ,Dieser geniale, doch monströse Plan wurde bestimmt in der Hölle ausgeheckt.‹ – Texe Marrs.« Vgl. http://www.texemarrs.com/Merchant2/merchant.mvc?Screen=PROD&Store_Code=catalog&Product_Code=bboa_learned_elders_of_zion. Es ist wirklich ungewöhnlich, derartige Zitate von einem bekennenden evangelikalen, christlichen Autor zu lesen, besonders im 21. Jahrhundert, doch es unterstreicht einfach, was wir geschildert haben.

30 http://www.rael.org/rael_content/rael_summary.php.

31 http://rael.org/. [Zum Zeitpunkt der Übersetzung waren es schon 37 Sprachen.]

32 Ich bin mir nicht sicher, ob Raels derzeitige Botschaft verändert wurde, da sein Material jetzt auf Hebräisch verfügbar ist. Die Anti-Israel-Botschaft findet man unter http://www.rael.org/int/english/raelspeaks/raelspeaks/april56.html unter dem Titel »If only there was a Palestinian Gandhi« (»Gäbe es nur einen palästinensischen Gandhi«) vom 2. April 2002 [derzeit nicht online].

33 Irving Greenberg, »Cloud of Smoke, Pillar of Fire: Judaism, Christianity and Modernity after the Holocaust«, in: E. Fleischer, Hg., Auschwitz: Beginning of a New Era? New York: Knopf 1977, 25.

34 Artikel 17 des Hamas Covenant, 18. August 1988, http://www.yale.edu/lawweb/avalon/mideast/hamas.htm.

35 Brief Sigmund Freuds an Arnold Zweig vom 2. Dezember 1927, zitiert nach http://www.literaturkritik.de/public/rezension.php?rez_id=6013.

36 Zitiert nach Brown, Our Hands Are Stained with Blood, 221, Anm. 5.

37 Ebd., 163–164.

38 Seinem Menschsein nach bleibt Jesus der Löwe aus dem Stamm Juda, die Wurzel und gleichzeitig der Nachkomme Isais, vgl. Offenbarung 5,5; 22,16.

39 Eine praktische Einführung in die Amidah findet man im Internet unter http://www.hebrew4christians.com/Prayers/Daily_Prayers/Shemoneh_Esrei/shemoneh_esrei.html.

40 http://www.nkusa.org/; diese offizielle Internetseite bietet Artikel, die all ihre Positionen erklären.

41 Vgl. http://www.templemountfaithful.org/.

42 Wörtlich, aber gekürzt zitiert von http://www.templemountfaithful.org/obj.htm.

43 Vgl. deren »Challenge to the Believers from the Nations« (Herausforderung für Gläubige aller Nationen), http://www.templemountfaithful.org/challeng.htm.

44 Vgl. Mitchell G. Bard, Complete Idiot's Guide to Middle East Conflict, New York: Alpha, 2005. Verschiedene Rezensenten haben herausgestellt, dass der Titel des Buches seiner Tiefe und Ausgewogenheit leider nicht gerecht wird.

45 Diese Position wurde intensiv erörtert von Joan Peters in ihrem kontrovers, aber reichlich dokumentierten Buch From Time Immemorial: The Origins of the Arab-Jewish Conflict over Palestine, New York: Harper & Row, 1984; eine angemessene Zusammenfassung der Kontroverse um das Buch findet man unter http://en.wikipedia.org/wiki/From_Time_Immemorial. Für ein gutes Beispiel einer deutlich entgegengesetzten Meinung vgl. Rashid Khalidi, Palestinian Identity, New York: Columbia University Press, 1998. Obwohl Peters eine Journalistin ist, keine ausgebildete Akademikerin – woher einige der scharfen akademischen Kritiken an ihrem Buch rühren –, ist es doch deutlich, dass ihre Ausführungen insgesamt wirklich verdienstvoll sind, wie andere Gelehrte, bspw. Professor Daniel Pipes, herausgestellt haben. Eine aktuelle, allgemeinverständliche Präsentation bietet der prominente Rechtsanwalt Alan Dershowitz, The Case for Peace: How the Israeli-Arab Conflict Can Be Solved, Hoboken, NJ: John Wiley, 2005.

46 Die dritte Auflage wurde 2006 von der American-Israeli Cooperative Enterprise (AICE) publiziert.

47 148 Behauptungen und Tatsachen: Der israelisch-arabische Konflikt im Überblick, Holzgerlingen: Hänssler, 2002.

48 Mitchell G. Bard, http://www.jewishvirtuallibrary.org/jsource/myths/mf1.html.

49 Das sagte Professor Hitti 1946 vor dem Anglo-Amerikanischen Komitee aus.

50 Vgl. www.shoebat.com. Shoebat hatte eine lebensverändernde Begegnung mit Jesus und arbeitet jetzt unermüdlich für das weltweite jüdische Volk. Sein Buch von 2005, Why I left Jihad: The Root of Terrorism and the Return of Radical Islam, ohne Ortsangabe: Top Executive Media, 2005, gewährt wichtige Einblicke von einem Insider.

51 Myths and Facts, http://www.jewishvirtuallibrary.org/jsource/myths/mf1.html#b.

52 Yehoshua Porath, Palestinian Arab National Movement: From Riots to Rebellion: 1929–1939, Bd. 2, London: Frank Cass and Co., Ltd., 1977, 81–82.

53 Samuel Katz, Battleground: Fact and Fantasy in Palestine, New York: Bantam Books, 1977, 55. Das Buch von Katz zählt trotz seines Alters weiterhin zur grundlegend wichtigen Lektüre über das vorliegende Thema.

54 Eine Dokumentation darüber und noch viel mehr findet sich in Arieh L. Avneri, The Claim of Disposession: Jewish Land Settlement and the Arabs, 1878–1948, Übers. Kfar-Blum Translation Group, New Brunswick, NJ: Transaction Books, 1984.

55 Brown, Our Hands Are Stained with Blood, 70.

56 Mark Twain, Die Arglosen im Ausland, Übers. Ana Maria Brock, in: Mark Twains Abenteuer in fünf Bänden, Hg. Norbert Kohl, Bd. IV, insel taschenbuch 1894, 1. Aufl., Frankfurt a.M./Leipzig: Insel, 1997, 520.558.598; obwohl einige diese Beschreibung angezweifelt haben, deuten andere Quellen auf deren Exaktheit hin; vgl. http://www.palestinefacts.org/pf_early_palestine_zionists_impact.php.

57 Für weitere einschlägige Daten vgl. das Werk von Avneri, The Claim of Disposession.

58 Propagandisten gehen hier von einer Million aus; die UN zurzeit von 427 000; vgl. Bard, Myths and Facts.

59 Brown, Our Hands Are Stained with Blood, 72.

60 http://www.forzion.com/full-article.php?news=3497.

61 Zugänge wie der von Elias Chacour, mit David Hazard, Blood Brothers, Grand Rapids: Chosen, 1984, haben das Denken mancher christlicher Leiter maßgeblich beeinflusst, die sich aus humanitären Gründen auf die Seite der Palästinenser gestellt und in diesem Prozess oft die Israelis herabgesetzt haben. Es überrascht dann nicht, dass einige neuere Bücher, die eine Substitutionstheologie verteidigen – nämlich, dass die Kirche Israel ersetzt hat und der Staat Israel keinen besonderen Platz in Gottes Erlösungsplan hat –, auch von als humanitär empfundenen Themen beeinflusst worden sind. Vgl. Stephen R. Sizer, Christian Zionism: Road-Map to Armageddon?, Downers Grove, IL: InterVarsity Press, 2005). Traurigerweise sind sowohl die Theologie als auch die Einschätzung des menschlichen Leidens in Werken wie diesem ziemlich verdreht; mehr dazu in Kapitel 58.

62 http://www.palestinefacts.org/pf_early_palestine_name_origin.php.

63 Ebd., vgl. auch http://christianactionforisrael.org/isreport/july01/history_palestine.html.

64 Walter W. Wessel, Mark, Expositor's Bible Commentary, 751.

65 Craig S. Keener, Kommentar zum Umfeld des Neuen Testaments: Historische, kulturelle und archäologische Hintergründe, Übers. Denzel/Naumann, Bd. 1, Neuhausen-Stuttgart: Hänssler, 1998, 408.

Teil 3

1 Zur Position, dass Jesus im Großen und Ganzen die pharisäischen mündlichen Traditionen gehalten habe, vgl. David Bivin, New Light on the Difficult Words of Jesus: Insights from His Jewish Context, Holland, MI: En-Gedi Resource Center, 2005; dt. David Bivin und Roy Blizzard jr., Was hat Jesus wirklich gesagt? Neue Einsichten aus einer hebräischen Perspektive, Übers. Horst Krüger, Erzhausen: Leuchter Edition, 2006.

2 Diese Sicht wurde mir privat mitgeteilt von dem messianisch-jüdischen Gelehrten Dr. Dan Gruber.

3 Nehemia Gordon, The Hebrew Jeschua vs. the Greek Jesus: New Light on the Seat of Moses from Shen-Tov's Hebrew Matthew, Chicago: Hilkiah Press, 2005, 48.

4 Ebd. zur Diskussion des Shem-Tov-Manuskripts. Zusätzlich zu der Behandlung bei Gordon vgl. besonders die Studien von G. Howard, W. Horbury, W.L. Petersen und R.F. Shedinger, zitiert in Gordon, The Hebrew Yeshua vs. the Greek Jesus, 103-107.

5 Für eine vollständigere Erörterung vgl. Band 5 meiner Serie Answering Jewish Objections to Jesus: Traditional Jewish Objections (erscheint in Kürze), Abschnitt 6.15.

6 Die englischsprachige King James Bibelübersetzung zeigt, dass jehoschua manchmal jeschua genannt werden kann, indem sie sich sowohl auf Josua als auch auf Jesus im Hebräerbrief mit demselben Namen bezieht; vgl. Hebräer 4,8, wo sich »Jesus« auf Josua bezieht. (Im Hebräerbrief wird der Name Iesus im Griechischen für Jesus und auch Josua gebraucht, doch die meisten modernen Übersetzungen unterscheiden zwischen den beiden, um dem Leser eine Hilfestellung zu bieten.)

7 Für eine detailliertere Erklärung mit leicht verständlichen Tabellen vgl. http://www.aramaicnt.org/NEW/index.php?p=23 [derzeit offline].

8 Eine typische fehlerhafte Stellungnahme: »Obwohl manche für ›JAHUschua‹ vs. ›Jahuwschua‹ vs. ›Jahschua‹ vs. ›Jeschua‹ vs. ›Jesus‹ argumentieren, bis der Messias wiedergekommen ist, zeigen mir meine Untersuchungen und mein Glaube wie auch die Arbeiten von Experten der hebräischen Sprache, dass Jahuschua wahrscheinlich die genaueste Schreibweise des Namens des Messias ist. Das macht Sinn, weil diese Schreibweise genau der Name des messianischen ›Sprosses‹ ist, der in Sacharja 6,11-12 prophezeit wird, und auch der von Mosches (Moses) Nachfolger (im Englischen bekannt als Joshua [dt. Josua; Anm. d. Ü.]), der die Israeliten über den Jordan führte, weshalb ich persönlich, aufgrund von reichlich vorhandenen und wissenschaftlichen Beweisen, Jahuschua verwende.« Vgl. http://www.wwyd.org/. Die angeblichen Hebräisch-Experten können auf der Internetseite www.eliyah.com gefunden werden, besonders unter http://www.eliyah.com/yahushua.html. Jeder mit akademischer Kenntnis des Hebräischen wird sofort erkennen, dass es auf dieser Internetseite keine einzige hebräische Expertise gibt.

9 http://www.sacrednamemovement.com/JesusZeus2.htm.

10 Tiger Woods ist ein berühmter US-amerikanischer Golfspieler. Sein Vorname könnte für die Raubkatze stehen und sein Nachname schreibt sich wie das englische Wort für »Wälder«, also würde das Missverständnis »Tigerwälder« oder »Wälder voller Tiger« lauten (Anm. d. Übers.).

11 http://www.sacrednamemovement.com/JesusZeus2.htm.

12 http://www.wwyd.org/. Das ist die treffend benannte Internetseite »What Would Yahushua Do?« (»Was Würde Jahuschua Tun?«). Sie beginnt mit dem Kommentar »Wie mein Bruder im Messias, Michael Rood, sagen würde: ›Zuallererst würde er auf seinen wahren Namen antworten!‹«

13 http://www.sacrednamemovement.com/JesusZeus2.htm.

14 Ebd.

15 Einfach gesagt, ist die etymologische Geschichte des Namens Jesus: hebräisch-aramäisch *jeschua* wurde griechisch *Iesous*, dann lateinisch *Iesus* und kam über das Deutsche zuletzt ins Englische als Jesus.

16 Für diese und andere Ansichten vgl. http://www.truthnet.org/islam/Islam-Bible/5MuslimJesus/index.htm.

17 Die erwartete aramäische Form hätte *kumi* gelautet, was manche griechischen Manuskripte zeigen, im Gegensatz zu *kum*. Aramäischkenner wissen jedoch, dass dies eine Dialektvariante im umgangssprachlichen galiläischen Aramäisch sein kann.

18 Das Aramäische lautet eigentlich *schabaqtani*, doch das Griechische kennt den Laut »sch« nicht, so wurde z.B. hebräisch *Schaul* im Griechischen zu Saul. Für einen neueren, unwissenschaftlichen (und, offen gesagt, recht erfolglosen) Versuch, die Präsenz des Aramäischen hier zu mindern, vgl. Douglas Hamp, Discovering the Language of Jesus, Santa Anna, CA: Calvary Chapel Publishing, 2005.

19 Ein einschlägiges Beispiel wäre Hamp.

20 Auch Apostelgeschichte 2,7 ist zu beachten; dort wird über die überraschten Reaktionen der Juden berichtet, welche die 120 an Schawuot/Pfingsten in neuen Sprachen reden hörten: »Außer sich vor Staunen riefen sie: ›Wie kann das sein? Diese Leute stammen alle aus Galiläa‹« – was sich entweder auf ihren Akzent bezieht oder ihre Muttersprache, die man von ihnen zu hören erwartet hatte, nämlich Aramäisch.

21 Richard Bauckham, Jesus and the Eyewitnesses: The Gospels as Eyewitness Testimony, Grand Rapids: Eerdmans, 2006, 205–206, zitiert M. Bockmuehl, Simon Peter and Bethsaida, in: B. Chilton und C. Evans, Hg., The Missions of James, Peter, and Paul, NovTSup 115, Leiden: Brill, 2004: 82. Vgl. auch J.N. Sevenster, Do You Know Greek? How Much Greek Could The First Jewish Christians Have Known? Übers. J. de Bruin, Leiden: E.J. Brill, 1968.

22 Bauckham, 206, Anm. 9.

23 Für eine weitere Diskussion, wie weit Petrus' Griechischkenntnisse reichten, vgl. Bauckham, 205–210.

24 Craig S. Keener, Kommentar zum Umfeld des Neuen Testaments: Historische, kulturelle und archäologische Hintergründe, Übers. Denzel/Naumann, Bd. 2, Neuhausen-Stuttgart: Hänssler, 1998, 36.

25 Bivin, New Light on the Difficult Words of Jesus, xxv (dieser Abschnitt wurden von den Herausgebern Lois Tverberg und Bruce Okkema, nicht von David Bivin geschrieben, obwohl er sicherlich diesen Worten beipflichten würde). [Anm. d. Ü.: In der deutschen Ausgabe des Buches ist dieser Text nicht enthalten: David Bivin und Roy Blizzard jr., Was hat Jesus wirklich gesagt? Neue Einsichten aus einer hebräischen Perspektive, Übers. Horst Krüger, Erzhausen: Leuchter Edition, [3]2006.]

26 Für Einzelheiten hierzu vgl. Michael L. Brown, »Recovering the Inspired Text? An Assessment of the Work of the Jerusalem School in the Light of Understanding the Difficult Words of Jesus«, Mishkan 17/18, 30, mit Anm. 108. Auf diesen Artikel kann online zugegriffen werden unter http://caspari.com/mishkan/zips/mishkan17-18.pdf [derzeit offline]. Für weitere Ausgaben von Mishkan online vgl. http://caspari.com/mishkan/ [Ausgaben der Zeitschrift können dort gekauft werden; Anm. d. Ü.].

27 James Trimm, http://www.isr-messianic.org/.

28 Ebd.

29 David Bivin und Roy Blizzard jr., Was hat Jesus wirklich gesagt? Neue Einsichten aus einer hebräischen Perspektive, Übers. Horst Krüger, Erzhausen: Leuchter Edition, [3]2006, 14-15.

30 Ebd., 75.

31 Ebd., 75; für eine weitere Diskussion derartiger Aussagen vgl. Brown, »Recovering the Inspired Text?«.

32 Für typische Verschwörungsrhetorik vgl. http://www.remnantofyhwh.com/Hebrew%20Origin%20NT.htm.

33 Die Probleme bei solch einem Unternehmen können gut verdeutlicht werden anhand des Kinderspiels »Stille Post« – doch nach den folgenden Regeln gespielt: Der erste Spieler spricht verschiedene Sätze auf Deutsch ins Ohr des Spielers zu seiner Rechten; dieser Spieler übersetzt die Worte ins Arabische und gibt sie leise an seinen nächsten Spieler weiter, der die arabischen Sätze in eine nichtchronologische, inhaltliche Ordnung bringt und weitergibt. Der nächste Spieler, der sehr gut Arabisch kann, verbessert die Grammatik des vorherigen Spielers, kürzt die Sätze, versucht, sie zurück in ihre ursprüngliche Ordnung zu bringen, und flüstert sie dann in Ihr Ohr. Jetzt sind Sie dran: Übersetzen Sie diese arabischen Sätze zurück ins ursprüngliche Deutsch, Wort für Wort. Sie werden mehr als Glück brauchen, um bei dieser Bemühung erfolgreich zu sein! Und

wenn man dieses Spiel mit geschriebenen Quellen spielt, macht das die Aufgabe nicht einfacher, denn die Schwierigkeiten entstehen durch die Entfernung von der ursprünglichen Quelle, sei sie gesprochen oder geschrieben.

34 Vom 9. Jahrhundert bis 1976 gab es nicht weniger als 68 verschiedene hebräische Rekonstruktionen des Vaterunsers. Und es gab noch mehr aramäische Rekonstruktionen.

35 Brown, »Recovering the Inspired Text?«, 41.

36 Eusebius von Caesarea, Kirchengeschichte, Übers. Philipp Haeuser, durchges. von Hans Armin Gärtner, Studienausgabe, unv. Nachdr. der 3. Aufl. 1989, Darmstadt: Wissenschaftliche Buchgesellschaft, 1997, 191 (= III 39,16).

37 Ebd., 250 (= V 8,2-3).

38 Ebd., 299 (= VI 25,4).

39 Nützliche Quellennachweise für einige dieser Aussagen findet man unter http://www.biblicalhebrew.com/nt/hebrewgospel.htm.

40 Zuletzt Gordon, Hebrew Yeshua.

41 Ich setze voraus, dass die meisten Leser verstehen werden, dass Paulus' Briefe an griechischsprachige Gemeinden in Griechisch geschrieben wurden und besonders Markus und Lukas auch nichtjüdische Menschen ansprechen wollten, weshalb es für sie ebenfalls völlig selbstverständlich war, in Griechisch zu schreiben.

42 Gemäß www.peshitta.org bedeutet es »gerade«.

43 Ein sehr grober Vergleich, was die Nähe dieser Sprachen zueinander angeht, wäre dieser: Hebräisch ist für Aramäisch das, was Italienisch für Spanisch ist; Aramäisch ist für Syrisch das, was Spanisch für Portugiesisch ist.

44 http://www.peshitta.org/ unter dem Link »Peschitta«; ich habe die verschiedenen Fonts und Betonungen des Originals nicht übernommen.

45 Modernes Aramäisch wird heute nur in wenigen Teilen der Welt gesprochen, vor allem im Mittleren Osten.

46 George M. Lamsa, Holy Bible: From the Ancient Eastern Text, San Francisco: Harper SanFrancisco, 1985; von seinen anderen Werken vgl. Idioms in the Bible Explained and a Key to the Original Gospels, San Francisco: HarperSanFrancisco, 1985.

47 http://www.aramaicnt.org/NEW/index.php? [derzeit offline]; es werden auf der Internetseite weitere Links aufgeführt, um diese Behauptungen zu stützen.

48 Für Einzelheiten vgl. Brown, »Recovering the Inspired Text?«.

49 Vgl. Andrew Gabriel Roth, RUACH QADIM: Aramaic Origins of the New Testament, Malta: Tushiyah Press, 2005; ders., Ruach Quadim: The Path of Life, Malta: Tushiyah Press, 2006.

50 Ebd., Anmerkung 33.

51 Craig S. Keener, Kommentar zum Umfeld des Neuen Testaments: Historische, kulturelle und archäologische Hintergründe, Übers. Denzel/Naumann, Bd. 1, Neuhausen-Stuttgart: Hänssler, 1998, 467–468. Er schreibt dort auch: »Da das Wasser in Vers 38 zum Gläubigen hinfließt und nicht von ihm fort (V. 39), könnten Vers 37-38 auch folgendermaßen punktiert und gelesen werden: Wen da dürstet, der komme zu mir; wer

an mich glaubt, möge trinken. Wie die Schrift sagt (die ursprünglichen Handschriften hatten keine Punktation). Vers 38 könnte also besagen, dass Jesus als der Grundstein eines neuen Tempels, als Quelle des Wassers des Lebens die Schriftpassage, die beim Laubhüttenfest gelesen wurde, erfüllt hat (vgl. 19,34; Offb 22,1).«

52 Michael L. Brown, Revolution in the Church: Challenging the Religious System with a Call for Radical Change, Grand Rapids: Chosen, 2002, 174.

53 Craig S. Keener, Kommentar zum Umfeld des Neuen Testaments: Historische, kulturelle und archäologische Hintergründe, Übers. Denzel/Naumann, Bd. 3, Neuhausen-Stuttgart: Hänssler, 1998, 265.

54 Brown, Revolution in the Church, 175-176.

55 Donald A. Hagner, Matthew 1–13, Word Biblical Commentary, Dallas: Word, 2002, 158.

56 Manche würden sagen, dass es falsch ist, von »jüdischen Wurzeln« zu sprechen, weil sich »jüdisch« auf die jüdische Religion bezieht, die sich nach der Zeit Jesu auf ihre eigene Weise entwickelt hat. Deshalb sei es besser, von »biblischen Wurzeln« zu sprechen. Bei dieser Ansicht gibt es folgende Schwierigkeiten: 1) Die Kirche hat Jesus und die Apostel gewissermaßen zu Heiden gemacht. 2) Jesus selbst sagte: »Die Erlösung kommt durch die Juden« (Johannes 4,22), während Paulus klar von Israels Rolle bei der Erlösung der Welt sprach (vgl. Römer 11,11-15.25-27). 3) Jesus war ein Teil der jüdischen Religion seiner Zeit (vgl. Kapitel 36 und 46). 4) Wenn wir von »biblischen Wurzeln« sprechen, gehen die meisten von uns davon aus, dass wir bereits glauben, was in der Bibel steht, weshalb uns das wohl nicht angemessen herausfordert, die Heilige Schrift erneut zu prüfen; und 5) Wenn man davon spricht, »unsere jüdischen Wurzeln wiederzuentdecken«, erfordert das eine greifbare Verbindung zu den heutigen Juden, die auch jeglichen latenten Antisemitismus aufdeckt, der im Leben mancher Gläubigen existieren mag.

57 Zuletzt David Klinghoffer, gefolgt von Hyam Maccobby.

58 Die folgenden Absätze wurden aus Brown, Answering Jewish Objections to Jesus, Bd. 4, 192-194, mit Erlaubnis angepasst. Vgl. dort die weitere Erörterung über den jüdischen Hintergrund des Paulus.

59 Joseph Klausner, Von Jesus zu Paulus, Übers. Friedrich Thieberger unter Mitwirkung des Verfassers, Nachdruck der 1. Aufl. 1950, Königstein, Ts.: Jüdischer Verlag, 1980, 423.

60 Ebd., 422.

61 Ebd., 423, mit Beispielen auf 423-426.

62 Ebd., 427; auch als Beispiel dafür, warum er die Septuaginta zitierte. Zusätzlich merkt Klausner an: »Ja, manchmal zitiert er geradezu nach dem hebräischen Original«, mit Bezug auf den finnischen Gelehrten Antti F. Puukko.

63 David Daube, The New Testament and Rabbinic Judaism, Peabody, Mass.: Hendrickson Publishers, 1994, 336ff. Vgl. weiterhin Michael L. Brown, Answering Jewish Objections to Jesus, Bd. 1: General and Historical Objections, Grand Rapids: Baker, 2000, 1.5.

64 Alan F. Segal, Paul the Convert: The Apostolate and Apostasy of Saul the Pharisee, New Haven: Yale University Press, 1990, xi–xii.

65 Daniel Boyarin, A Radical Jew: Paul and the Politics of Identity, Berkeley: University of California Press, 1994, 2.

66 Zitiert nach Harvey Falk, Jesus the Pharisee, Eugene, OR: Wipf & Stock, 2003, 18.

67 Peter J. Tomson, Paul and the Jewish Law, Minneapolis: Fortress Press, 1991, 52–53.

68 John Dominic Crossan und Jonathan L. Reed, In Search of Paul: How Jesus' Apostle Opposed Rome's Empire with God's Kingdom: A New Vision of Paul's Words & World, San Francisco: HarperSanFrancisco, 2004, 4.

69 W.R. Stegner, »Paul the Jew«, in: Gerald F. Hawthorne und Ralph P. Martin, Hg., Dictionary of Paul and His Letters, Downers Grove, IL: InterVarsity, 1993, 506, 500.

70 Jaroslav Pelikan, Jesus through the Centuries, New Haven, CT: Yale University Press, 1999, 18; Hervorhebung stammt vom Autor.

71 Vgl. auch Risto Santala, Paul the Man and the Teacher: In Light of the Jewish Sources, Jerusalem: Keren Ahvah Meshihit, 1995; auf das gesamte Buch kann man online zugreifen unter http://www.kolumbus.fi/risto.santala/rsla/Paul/paul01.html. Die frühen Kirchenführer Eusebius und Hieronymus bezeugen Paulus' sehr gute Hebräisch-Kenntnisse.

72 Für eine weitere Diskussion vgl. Brown, Answering Jewish Objections to Jesus, Band 4, Abschnitt 5.26.

73 Flannery, The Anguish of the Jews, 1. Dieses Zitat ist so ergreifend, dass ich es viele Male in meinen Büchern, Vorlesungen und Diskussionen wiedergegeben habe, und es findet stets seinen Widerhall bei dem jüdischen Publikum, das es hört.

74 Für ein anschauliches Beispiel für die Empfindlichkeiten, die dabei eine Rolle spielen, vgl. die Diskussion zwischen Rabbi Shmuley Boteach und mir, »Who Really Killed Jesus?«, erhältlich auf DVD oder video; http://www.icnministries.org/resources/video.htm.

75 Für eine detaillierte Erörterung über 1. Thessalonicher 2,13-16 vgl. Brown, Answering Jewish Objections to Jesus, Bd. 1, 164–167.

76 Vgl. wieder Brown, Our Hands Are Stained with Blood.

Teil 4

1 John Nolland, The Gospel of Matthew: A Commentary on the Greek Text, New International Greek Testament Commentary, Grand Rapids: Eerdmans, 2005, 217-218.

2 Für eine interessante Behandlung dieser Passage im Zusammenhang damit, Muslimen zu antworten, vgl. http://answering-islam.org/Authors/Arlandson/fulfilled.htm.

3 Michael L. Brown, Answering Jewish Objections to Jesus, Bd. 4: New Testament Objections, Grand Rapids: Baker, 2006, 209-210.

4 Ebd., 174-175.

5 »Denn das Ziel, auf das die Torah zuläuft, ist der Messias, der jedem, der vertraut, Gerechtigkeit anbietet« (Römer 10,4, Das Jüdische Neue Testament; man sollte beachten, dass dieser Vers oben als eine der negativen Aussagen des Paulus über das Gesetz zitiert wurde).

6 Eine sehr nützliche Zusammenfassung bietet Stephen Westerholm, Perspectives Old and New on Paul: The »Lutheran« Paul and His Critics, Grand Rapids: Eerdmans, 2004.

7 Für eine detailliertere Behandlung des Themas »Paulus und das Gesetz« vgl. Brown, Answering Jewish Objections to Jesus, Bd. 4, Abschnitt 5.29.

8 Vgl. ebd., 282, für weitere Details.

9 Natürlich stelle ich das hier sehr vereinfacht dar, doch der Tenor stimmt; für eine andere Sicht vgl. Peter Tomson, Paul and the Jewish Law: Halakha in the Letters of the Apostle to the Gentiles, Assen/Minneapolis: Van Gorcum/Fortress, 1990.

10 Diesem Thema widme ich mich in der ersten Lektion meiner DVD-Serie Homosexuality, the Church, and Society. Die erste Lektion heißt: »The Bible and Homosexual Practice: Separating Fact from Fiction«. Vgl. http://www.icnministries.org/resources/resources.htm.

11 Die ausführlichste Auseinandersetzung damit ist Dr. Mark Kinzers Werk Postmissionary Messianic Judaism: Redefining Christian Engagement with the Jewish People, Grand Rapids: Brazos, 2005. Kinzer steuert eine ausgezeichnete wissenschaftliche Arbeit bei und wirft viele wichtige Fragen auf. Jedoch sollte ihm nicht gefolgt werden, 1) bei den Auslegungen etlicher Bibelstellen, besonders bei denjenigen, die jüdische Gläubige verpflichten, die Thora einzuhalten; 2) bei seiner Offenheit gegenüber der Möglichkeit, dass Juden ohne den ausdrücklichen Glauben an Jeschua gerettet werden; 3) bei seinem Aufruf an jüdische Gläubige, sich rabbinischen Traditionen zu unterwerfen; und 4) bei seinem Aufruf, die mutige, direkte, »missionarische« Verkündigung unseres Glaubens an andere Juden zu verringern. Ich hoffe, diese Themen ausführlicher in einem Artikel behandeln zu können, der als Festschrift für Moishe Rosen erscheinen soll. Vgl. auch mein Referat »Is a Postmissionary, Truly Messianic Judaism Possible?«, gehalten am 18. April 2007 bei der jährlichen nordamerikanischen Versammlung der Lausanne Consultation on Jewish Evangelism, wo ich einige von Kinzers Hauptschlussfolgerungen gründlich hinterfrage. Das Referat ist im Internet zu finden unter http://www.icnministries.org/resources/resources.htm.

12 Für weitere praktische Einblicke vgl. Jews for Jesus, The Messianic Movement: A Field Guide for Evangelical Christians, San Francisco: Purple Pomegranate Publications, 2005, 97-105; vgl. auch 131-147.

13 http://www.messianicliturgy.com/spiritual_biography_of_jeremiah_.htm. Jeremiahs besonderer Beitrag zur messianischen Bewegung war die Entwicklung einer messianisch-jüdischen Liturgie, da der Synagogengottesdienst komplett liturgisch ist und es für viele messianisch-jüdische Gemeinden wichtig ist, eine Form der Liturgie zu haben.

14 Für eine immer noch nützliche Untersuchung über die Proselyten im Judentum der Antike vgl. Alfred Edersheim, The Life and Times of Jesus the Messiah, elektronische Ausgabe, Albani, OR: AGES Software, 1999, Appendix 12, »The Baptism of Proselytes«, 2:640-643.

15 Vgl. die Diskussion in den letzten wichtigeren Römerbriefkommentaren, einschließlich die von James D.G. Dunn, Douglas J. Moo und Thomas R. Schreiner. Für einen anderen, doch sehr fragwürdigen Zugang vgl. Mark D. Nanos, The Mystery of Romans: The Jewish Context of Paul's Letter, Minneapolis: Augsburg Fortress, 1996.

16 Samuele Bacchiocchi, From Sabbath to Sunday: A Historical Investigation of the Rise of Sunday Observance in Early Christianity, Rom: Pontifical Gregorian University, 1977; D.A. Carson, Hg., From Sabbath to Lord's Day: A Biblical, Historical and Theological Investigation, Grand Rapids, Zondervan, 1982.

17 http://www.worldslastchance.com/full_article.php#topic15 [auf der Internetseite nicht auffindbar].

18 Bezüglich der Tatsache, dass der 25. Dezember ursprünglich ein heidnischer Feiertag war, besagt das allgemeine, traditionelle christliche Verständnis, dass die katholische Kirche die Feier von Jesu Geburt auf diesen Tag verlegt hat, damit die Heiden, die zum Christentum konvertierten, etwas Geistliches zu feiern hatten anstelle ihrer historischen Götzendienst-Feier. Daher wird die (ursprünglich) heidnische Bedeutung des 25. Dezembers erst gar nicht zu leugnen versucht, doch es wird behauptet, dass dieses Datum für heilige Zwecke gewonnen wurde. Ich habe weder Interesse daran, diese Position zu verteidigen noch sie anzugreifen; ich erkläre lediglich, wie manche Christen den Grund für die Feier der Geburt Jesu am 25. Dezember verteidigen.

19 Michael J. Rood, The Pagan-Christian Connection Exposed, Gainesville, FL: Bridge-Logos, 2004, 87. Das verblasst allerdings im Vergleich mit seinen Angriffen auf Ostern: »Ostern ist die Wiederholung von Kinderopfern und Fruchtbarkeitsriten heidnischer Sonnengottanbeter« (64); »Ich werde mich nicht ihren pervertierten, widerlichen Formen satanischer Anbetung unterwerfen. ... Ich bin für ihre Welt gestorben und ich werde nicht wieder zum Erbrochenen der Tammuz-Anbetung zurückkehren« (91-92).

20 Es ist zwar möglich, 1. Korinther 5,7-8 als einen Aufruf zu verstehen, Passah zu feiern, doch es ist am besten, wenn das von Paulus Gesagte an dieser Stelle metaphorisch verstanden wird.

21 Für verschiedene Interpretationen vgl. die Galaterkommentare von Ronald Y.K. Fung, F.F. Bruce und Richard N. Longenecker. Für einen anderen Zugang vgl. Mark D. Nanos, The Irony of Galatians: Paul's Letter in First-Century Context, Minneapolis: Augsburg Fortress, 2001. Dem ist gegenüberzustellen: Vincent M. Smiles, The Gospel and the Law in Galatia: Paul's Response to Jewish-Christian Separatism and the Threat of Galatian Apostasy, Collegeville, MN: Liturgical Press, 1998.

22 Obwohl Matthew Henry in seinen Kommentaren die Sache zu stark vereinfacht, indem er vom Unterschied zwischen Judentum und Christentum spricht, ist seine allumfassende Beobachtung absolut korrekt: »Er werde das nach Ostern, meta to pascha – nach dem Passah tun, sicherlich sollte es so gelesen werden, denn es ist dasselbe Wort, das immer so übersetzt wird; und die Einführung eines neutestamentlichen Festes statt Passah anzudeuten, wo wir doch im Neuen Testament nichts Derartiges finden, bedeutet, das Judentum mit unserem Christentum zu vermengen« (vgl. Apostelgeschichte 12,4).

23 Vgl. Kinzer, Post-Missionary Messianic Judaism, 200.

24 Ebd., 199.

25 Ebd., 201.

26 Ebd., er zitiert Nicene and Post-Nicene Fathers of the Christian Church, zweite Reihe, Bd. 14, The Seven Ecumenical Councils, Hg. Philip Schaff und Henry Wave, Grand Rapids: Eerdmans, 1983, 54.

27 In D.R.W. Wood und I.H. Marshall, Hg., New Bible Dictionary, Downers Grove, IL: InterVarsity Press, 1996, »Easter«.

28 Rood, The Pagan-Christian Connection Exposed, 64.

29 Die New Living Translation verfehlt den Sinn hier völlig, indem sie übersetzt: »May God's peace and mercy be upon all who live by this principle. They are the new people of God« [»Möge Gottes Friede und Gnade auf allen ruhen, die nach diesem Grundsatz

leben. Sie sind das neue Volk Gottes.«]. Die Fußnote enthält jedoch die korrekte Übersetzung: »this principle, and upon the Israel of God« [»nach diesem Grundsatz leben, und auf dem Israel Gottes«].

30 Manche haben auf Offenbarung 2,9; EB und 3,9 verwiesen, wo von denen gesprochen wird, »die sagen, sie seien Juden, und es nicht sind, sondern eine Synagoge des Satans«. Sie behaupteten, dass Juden, die Jesus ablehnen – oder spezifischer: die sich dem Evangelium widersetzen –, nicht wirklich Juden sind. Es gibt verschiedene Entgegnungen auf diese Position: 1) Selbst wenn das die korrekte Auslegung dieser Verse wäre, würde es mit dem prophetischen Gebrauch übereinstimmen, wo Gott Israel anklagte, dass es nicht wirklich wie Israel lebe (vgl. Hosea 1). 2) Dementsprechend redet Gott das ganze Alte Testament hindurch sein Volk weiterhin als Israel (oder als das Volk Juda usw.) an, sogar wenn er sagt, dass sie nicht wirklich sein Volk sind. 3) Manche Ausleger, besonders messianische Juden, nehmen diese Verse wörtlich: Dies waren Leute, die behaupteten, Juden zu sein, aber es nicht waren – mit anderen Worten: Sie waren Nichtjuden! In jedem Fall, unabhängig davon, welcher Auslegung man folgt, können diese zwei Verse wohl kaum die überwältigende Fülle an Beweismaterial aus dem Neuen Testament zunichte machen.

31 Dr. Kay Silberling, »The Ephraimite Error«, 1; http://www.mjaa.org/site/DocServer/EphraimiteError.pdf?docID=141.

32 Ebd., 1.

33 Für weitere Bezugnahmen auf die grundlegenden Schriften aus dem Zwei-Häuser-Lager samt klarer Zurückweisung dieser falschen Lehre vgl. The Messianic Movement: A Field Guide for Evangelical Christians, 121-129. Vgl. auch Tim Hegg, »The Two-House Theory: Three Fatal Flaws«, http://www.torahresource.com/EnglishArticles/Two%20House%20Fatal%20Errors.pdf.

34 Silberling, 2, macht darauf aufmerksam, dass im Neuen Testament der äquivalente griechische Begriff für hebr. goj, nämlich ethnos, »sich auf das jüdische Volk bezieht in Lukas 7,5; 23,2; Johannes 11,48-52; 18,35; Apostelgeschichte 10,22; 24,2.10.17; 26,4; 28,19; 1. Korinther 10,18; Philipper 3,5«.

35 Ebd., 3.

36 Einen praktischen Überblick bietet David Sedaca, »The Rebirth of Messianic Judaism«, http://www.imja.com/rebirth.html. Vgl. auch The Messianic Movement: A Field Guide for Evangelical Christians, 1-85.

37 Sogar für diejenigen, die mit dem messianischen Judentum sympathisieren, kann die Erklärung, dass jemand ein »ordinierter Rabbi« ist, mehrdeutig sein. Durch welche jüdische Autorität wurde diese Person ordiniert? Andererseits gibt es dieselbe Mehrdeutigkeit, wenn jemand sagt, dass er oder sie ein ordinierter Pfarrer ist. Ordiniert von welcher christlichen Autorität? Im Fall des Titels »ordinierter Rabbi« können jedoch die Gläubigen diesen Titel missverstehen, als wäre dieser jemand, der ein ordinierter Rabbi war, bevor er zum Glauben an Jeschua kam, was etwas völlig anderes ist, wenn es darum geht, der größeren jüdischen Gemeinschaft sagen zu können: »Jetzt kommt das Zeugnis eines Rabbis, der ein Gläubiger ist!«

38 http://jdstone.org/cr/files/historic_declaration_mar1997.html.

39 Das bedeutet, dass alle Trauungen im Land von orthodoxen Rabbis vollzogen werden, während Trauungen, die außerhalb des Landes vollzogen werden – seien es zivile oder

religiöse – den vollen Status in Israel bekommen, allerdings sind sie eher »registriert« als anerkannt.

40 http://jdstone.org/cr/files/historic_declaration_mar1997.html.

41 Stern, Kommentar zum Jüdischen Neuen Testament, Bd. 1, 132.

42 Ebd.

43 Für diese Auffassung von »natürlicher Spiritualität«, im Griechischen mit dem Wort *psychikos* ausgedrückt, wörtlich [ungefähr] »seelisch« [oder »natürlich«; es gibt keine genaue wörtliche Entsprechung im Deutschen; Anm. d. Ü.], vgl. 1. Korinther 2,14; EB; vgl. auch Jakobus 3,15; Judas 19.

44 Ein gutes Beispiel für eine respektierte, zeitgenössische christliche Stimme gegen Israel, besonders wegen ihrer Behandlung der palästinensischen Krise, ist David Hazzard.

45 Einige der neueren Bücher: Sizer, Christian Zionism; Colin Chapman, Wem gehört das Heilige Land? Juden und Araber zum Streit um Israel, Wuppertal: R. Brockhaus Verlag, 1984.; ders., Whose Holy City? Jerusalem and the Future of Peace in the Middle East, Grand Rapids: Baker, 2005; für zwei Artikel in wichtigen Publikationen der Sektenbeobachter vgl. Alan Morrison (ein jüdischer Gläubiger), »The Two Jerusalems: A Biblical Look at the Modern State of Israel, Judaism and the Church« in: Spiritual Counterfeits Project (2004), und Stephen Sizer, »Modern Israel in Bible Prophecy: Promised Return or Impending Exile?« in: Christian Research Journal (2006). Für ein reines und bekömmliches Gegengift zu diesen Büchern und Artikeln neueren Datums vgl. Sandra Teplinsky, Why Care about Israel? How the Jewish Nation Is Key to Unleashing God's Blessings in the 21st Century, Grand Rapids: Chosen, 2004. Vgl. auch Kapitel 32.

46 Präteristen glauben, dass Matthäus 24 und ähnliche Stellen mit der Zerstörung Jerusalems durch die Römer 70 n.Chr. vollkommen erfüllt wurden, und sehen keine zukünftige Anwendung für irgendeinen dieser Verse, einschließlich dem, der von der herrlichen Wiederkehr Jesu spricht.

47 Ein guter Anfang ist Dan Juster und Keith Intrater, Israel, the Church, and the Last Days, Reprint, Shippensburg, PA: Destiny Image, 2005; vgl. auch Teplinsky, Why Care about Israel; Brown, Our Hands Are Stained with Blood (mit Dokumentation und einer bibliografischen Ergänzung). Für einen dispensationalistischen Ansatz vgl. Arnold G. Fruchtenbaum, Handbuch der biblischen Prophetie, Asslar: Schulte und Gerth, [5]2004.

48 Der radikale Islamist Fayiz Azzam sagte das bei einer Versammlung in Atlanta, 1990, dokumentiert in dem Film Jihad in America.

49 Vgl. Brown, Our Hands Are Stained with Blood, 165-173.

50 http://www.wnd.com/news/article.asp?ARTICLE_ID=46178; der Artikel stammt von Aaron Klein, wurde am 7. September 2005 veröffentlicht und zeigt detaillierte Parallelen zwischen den beiden tragischen Ereignissen.

51 William R. Koenig, Eye to Eye: Facing the Consequences of Dividing Israel, [ohne Ort:] About Him, 2006; John P. McTiernan, As America Has done to Israel, Longwood, Fla.: Xulon Press, 2006.

52 Vgl. http://www.masada2000.org/geography.html.

53 Vgl. weiterhin Brown, Our Hands Are Stained with Blood, 43-57, mit Verweisen auf andere wichtige Werke.

54 Jimmy Carter, Palestine: Peace Not Apartheid, New York: Simon & Schuster, 2006.

55 http://www.cnn.com/2007/US/01/11/carter.resignations/index.html. Herr Carter hat sich tatsächlich für eine Aussage entschuldigt, die besonders schlecht formuliert war und besagte, dass die Terroristen damit fortfahren sollten, Israelis zu töten, bis eine friedliche Besiedelung ausgehandelt sei. Vgl. http://www.allheadlinenews.com/articles/7006261535 [nicht mehr online].

56 Wie oben angemerkt (Kapitel 53), spricht Paulus im Römerbrief nur in Römer 9–11 von »Israel«, während er in den anderen Kapiteln von »Juden« spricht. Das unterstreicht die Tatsache, dass er in diesen Kapiteln auf Gottes Absichten für die Nation als Ganze verweist.

57 Wieder verweise ich den Leser auf meine Studie von 1992, Unsere Hände sind mit Blut befleckt, die in mehr Sprachen übersetzt wurde als alles, was ich sonst geschrieben habe, was das christliche Interesse an diesem Thema widerspiegelt. Neben anderen wichtigen Studien vgl. Dan Cohn-Sherbok, The Crucified Jew: Twenty Centuries of Christian Anti-Semitism, Grand Rapids: Eerdmans, 1997.

58 Vgl. die oben zitierten Werke in Teil 4, Anm. 15.

59 Ich zitiere das nur, weil es einige Verbreitung durch den Artikel von Alan Morrison im Magazin Spiritual Counterfeits Project gefunden hat, oben zitiert in Teil 4, Anm. 45.